123

新 知
文 库

XINZHI

The Book:
A Cover to Cover Exploration
of the Most Powerful Object
of Our Time

Copyright © 2016 by Keith Houston

This edition arranged with DeFiore and Company Literary Management, Inc.

through Andrew Nurnberg Associates International Limited

书的大历史

六千年的演化与变迁

［英］基思·休斯敦 著 伊玉岩 邵慧敏 译

生活·讀書·新知 三联书店

Simplified Chinese Copyright © 2020 by SDX Joint Publishing Company.
All Rights Reserved.

本作品简体中文版权由生活·读书·新知三联书店所有。
未经许可，不得翻印。

图书在版编目（CIP）数据

书的大历史：六千年的演化与变迁／（英）基思·休斯敦（Keith Houston）著；伊玉岩，邵慧敏译．—北京：生活·读书·新知三联书店，2020.8
（2022.3 重印）
（新知文库）
ISBN 978 – 7 – 108 – 06870 – 5

Ⅰ．①书… Ⅱ．①基… ②伊… ③邵… Ⅲ．①图书史－世界
Ⅳ．① G256.1

中国版本图书馆 CIP 数据核字（2020）第 074232 号

责任编辑	胡群英
装帧设计	陆智昌　刘　洋
责任校对	曹秋月
责任印制	卢　岳
出版发行	生活·讀書·新知 三联书店
	（北京市东城区美术馆东街 22 号 100010）
网　　址	www.sdxjpc.com
图　　字	01-2018-6770
经　　销	新华书店
印　　刷	北京隆昌伟业印刷有限公司
版　　次	2020 年 8 月北京第 1 版
	2022 年 3 月北京第 3 次印刷
开　　本	635 毫米 × 965 毫米　1/16　印张 25.5
字　　数	303 千字　图 80 幅
印　　数	09,001－13,000 册
定　　价	58.00 元

（印装查询：01064002715；邮购查询：01084010542）

埃及抄书吏

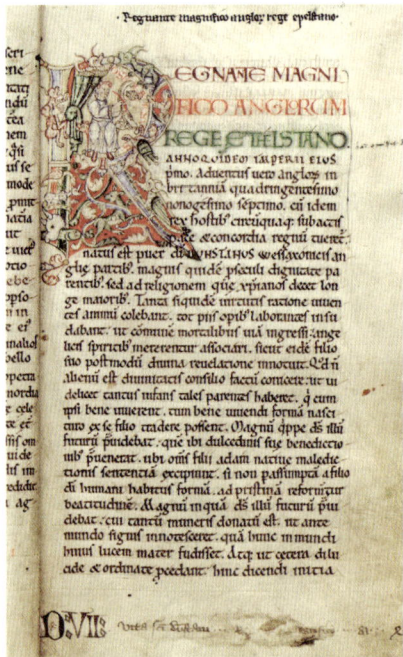

中世纪手抄本

泥金装饰手抄本中的大写字母

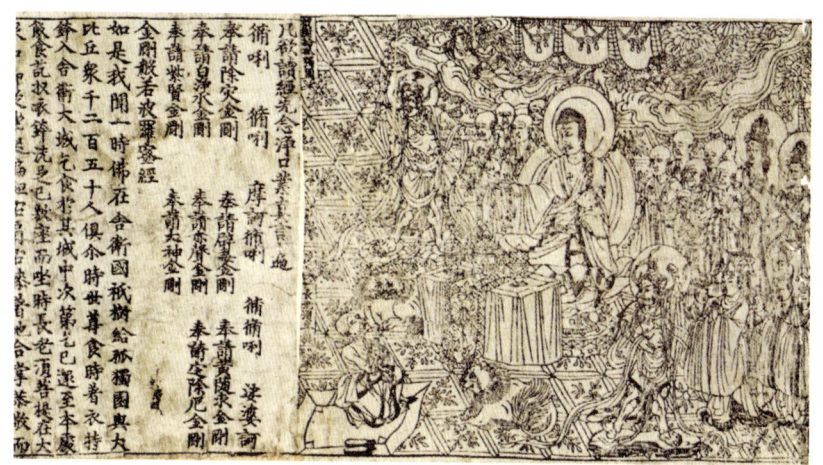

现存有可考年代的最早雕版印刷品《金刚经》

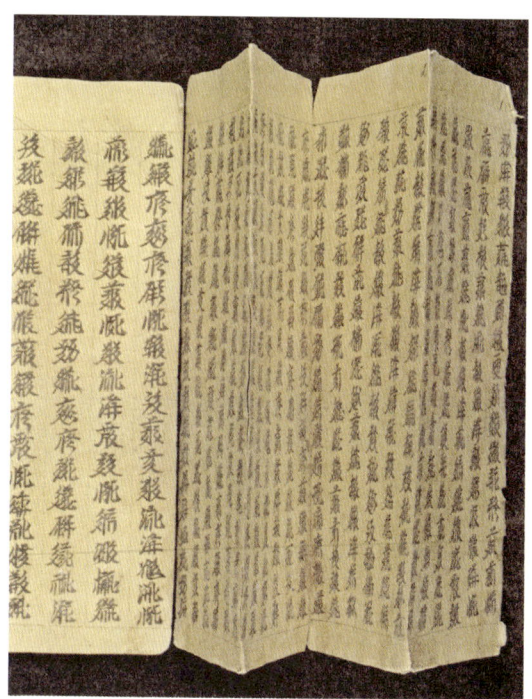

敦煌出土的经折本

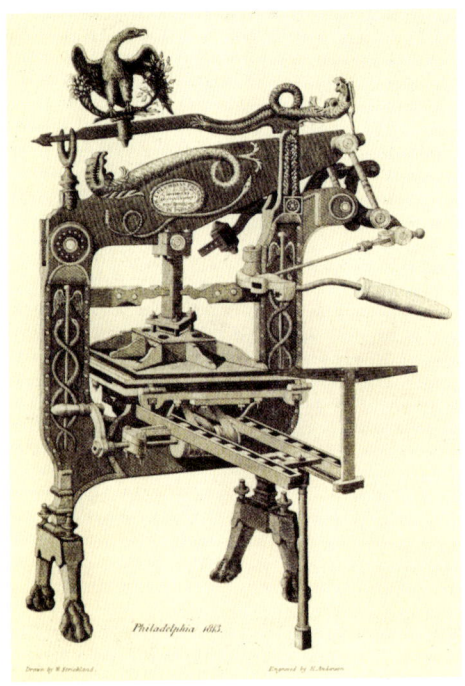

哥伦比亚手动印刷机

19世纪平版印刷工作室版画

新知文库

出版说明

在今天三联书店的前身——生活书店、读书出版社和新知书店的出版史上，介绍新知识和新观念的图书曾占有很大比重。熟悉三联的读者也都会记得，20世纪80年代后期，我们曾以"新知文库"的名义，出版过一批译介西方现代人文社会科学知识的图书。今年是生活·读书·新知三联书店恢复独立建制20周年，我们再次推出"新知文库"，正是为了接续这一传统。

近半个世纪以来，无论在自然科学方面，还是在人文社会科学方面，知识都在以前所未有的速度更新。涉及自然环境、社会文化等领域的新发现、新探索和新成果层出不穷，并以同样前所未有的深度和广度影响人类的社会和生活。了解这种知识成果的内容，思考其与我们生活的关系，固然是明了社会变迁趋势的必需，但更为重要的，乃是通过知识演进的背景和过程，领悟和体会隐藏其中的理性精神和科学规律。

"新知文库"拟选编一些介绍人文社会科学和自然科学新知识及其如何被发现和传播的图书，陆续出版。希望读者能在愉悦的阅读中获取新知，开阔视野，启迪思维，激发好奇心和想象力。

生活·讀書·新知三联书店
2006年3月

致我的父母：莉兹与吉姆

目 录

前 言   1

第一部分 纸 张   1

第一章 从无到有：莎草纸的发明   3
第二章 血腥残忍：羊皮纸的问世   18
第三章 纸浆传说：纸张在中国的起源   35
第四章 从丝绸之路到纸张之路：纸张走向全球   48

第二部分 文 字   73

第五章 神来之笔：文字的出现   75
第六章 印刷与穷光蛋：约翰内斯·谷登堡和活字印刷术的发明   95
第七章 遭遇危机：活字排版遇上工业革命   119

第三部分 插 图   141

第八章 圣徒与抄写员：泥金装饰手抄本的出现   143

第九章	光从东方来：雕版印刷来到西方	162
第十章	蚀刻草图：凹版印刷与文艺复兴	187
第十一章	化学成像：平版印刷、摄影和现代书籍印刷	202

第四部分　书籍的形式　219

第十二章	分页书籍问世之前：莎草纸卷轴和写字蜡板	221
第十三章	新入成员：分页书的问世	239
第十四章	绑紧绳带：装订分页书籍	259
第十五章	尺寸为王：现代书籍的诞生	282

版权页	300
致　谢	304
延伸阅读	306
注　释	309

前　言

> 当阅读一本实体书时，我会记住文字和书的本身——它的形状、护封、质感和版面设计。而当阅读一本电子书时，我只能记住文字。这本书的书感（bookness）直接消失了，或者它从来就没有真正地存在过。
>
> ——弗林·克林肯伯格（Verlyn Klinkenborg），《纽约时报》

这是一本关于书的书。"书"一直是个非常明确的概念，直到最近才有所变化。无论是一本薄而易损的平装书还是一本厚重结实的咖啡桌书，书就是书，这个词的出现不会让人产生任何误解。我们会从书店和旧货市场买书；我们会临时从图书馆借阅，或是永久地从朋友那里借书（有时情形恰好相反）；我们可能虔诚而又小心地捧着它们，或是粗暴地翻开导致书脊破裂；我们可能把它们整齐地摆在书架上，或者随意地堆在床边。借用美国前最高法院大法官波特·斯图尔特（Potter Stewart）的话，我们一看就知道它是书*。[1]

---

* 改写自波特·斯图尔特的一句名言：我无法定义什么是淫秽内容，但我一看就知道。（I know it when I see it.）——编者注

一千多年来，书籍是这个世界最重要的书面记录形式，然而我们所知的书籍却面临着一个未知的未来。正如纸取代了羊皮纸，活字印刷淘汰了抄写员，古籍手抄本（或翻页书）*取代了莎草纸卷轴，如今计算机和电子书也威胁着实体书的存在。电子书价格便宜、使用方便、毫无重量，只需触屏或滚动鼠标，就可以轻松地将数百本电子书下载到手机或者平板电脑上。除非发生大型灾难，否则你的电子书将永远安全地存储在网上，悄无声息地备份在全球各地数据中心的一系列服务器上。你得有坚强的意志才能抵制电子书的诱惑。

然而，小型的灾难（只是并非有形的实体）一直在发生。2009年，显然是试图执行世界上最具讽刺意味的审查法案，亚马逊为了应对版权纠纷，悄悄将乔治·奥威尔《一九八四》的某些版本从其所有者的Kindle电子书上删除。此后，新闻媒体关于读者的电子书毫无预警地消失的报道屡见不鲜。[2] 你在点击"立刻购买"以便获取发送到账号里的新书目录时，你什么也没有买到：电子书经济就像一个不允许任何人买房的房地产市场，而我们这些房客仍然被困在无房区。

把这些问题都放在一边，现在就从书架上取下一本实体书。尽可能找开本最大、品相最典雅的精装本。拿在手里，打开它，细听纸张翻动的沙沙声和书脊胶水的撕裂声。闻一闻！翻阅书页，感受拂面而来的微风。相比之下，被囚禁在平板电脑或电脑屏幕后面的电子书则毫无生气。

本书不讨论电子书。本书探讨的是电子书问世之前人类长期

---

* 值得介绍的是，古籍手抄本（codex）是一个专业术语：它特指一本翻页的书籍，而不是莎草纸卷轴、泥土书写板，或是一千年来书籍所淘汰的其他种种文字记载形式。它的发音是"code-ex"，复数是"codices"。笔者在必须区分翻页书籍与任何其他书写形式的时候，会使用这个术语。

与之相伴并仰赖的实体书籍，由纸张、墨水、硬纸板和胶水制作而成，虽与电子书相似，但无法随意更改。本书探讨的是有着实在重量和气味的书籍：当你从书架上取下它们时，手上会感到沉沉的；当你把它们放下时，会听到"砰"的一声。本书探讨的是文明进步中安静的最强知识载体，它淘汰了泥土书写板、莎草纸卷轴、蜡制书写板，将人类的历史代代相传。

诚然，人们很容易把实体书的存在视为理所当然。书籍一直围绕在我们身边，沉甸甸地陈列在书架上、图书馆和书店里，以至于我们患上了雪盲，对之视而不见。为了撰写本书，我匆匆翻阅了数百本书，即便这样，除了书中的文字和插图以外，很多书我几乎再也没有看第二眼。不过当我偶尔想起再看一眼的时候，我对自己的发现感到惊讶。一本书掉在地上后打开的那页，正好露出一张粘在空白页上的手工莎草纸。这是我第一次看到并触摸这种古老的纸张先祖。包覆在另一本书书脊上看似塑料的材料原来是小牛皮制作的犊皮纸，这种书写材料曾取代莎草纸，后来又被纸张所取代。[3] 有些书内精心制作的插图是用木块或铜板印刷的，甚至是手工绘制的；有些书内在光面纸上粘贴着彩色照片，提醒着人们，昔日要印刷实际生活中的场景并不像现在这样方便。一本书的文字也能告诉你一些关于它的故事，翻阅这样的旧书让人兴致满满，可以看到有些页面上文字是略微凹陷的，当初是由印刷机将墨水压印到页面的，而不是通过抛光的平版印刷的。即使是一本简陋的平装书，其书脊上的胶水和米色的纸张所散发的气味，也会传递出许多自己的制作故事。

1500多年来，人类不断地书写、印刷和装订，成就了这一精致复杂、魅力超群、重量实在的人工制品，本书所讲述的就是这些书籍的历史、制作和书感。是的，本书所讲述的是书，你一看就知道它是关于书的书。

第一部分
纸 张

第一章

从无到有：莎草纸的发明

18世纪末，拿破仑横扫埃及，开启了现代埃及学的研究。那里的一系列发现都令外界激动：黄金面具与少年国王，美貌皇后与无与伦比的图书馆，以不可思议的精度对应着罗盘上东南西北四个方位的重达百万吨的金字塔。[1]

尽管如此，古埃及至关重要的物品如今却不过被视作一种纪念品。莎草纸，这一古代世界用以撰写书籍、开展贸易的类似纸的载体，今天与象征埃及的金字塔、木乃伊一样渐渐失去光彩，不过在它盛行的时代，后两者的重要性远不能与之相提并论。纸张、书页与书籍的故事错综复杂，并不是开始于法老们耀眼夺目的金银财宝或他们高耸的陵墓，而是始于生长在尼罗河沿岸湿地的茂盛的水草。

纸莎草（Cyperus Papyrus）在埃及一直属于入侵物种，但却并没有遭受排斥。埃及边境以南的白尼罗河沿岸与维多利亚湖湖滨是纸莎草的发源地，繁茂地生长着高高的纸莎草。这种植物茎秆呈三角形，顶部长着放射状的细长叶子，根部在水面以下，整株可以高达10英尺。[2] 有时一丛一丛的纸莎草会离开生长的地方，顺水漂流到下游的某处岸边扎根，一些纸莎草就是这样来到埃及的。这些漂

浮的"草岛"曾经是（现在也是）航船的威胁，不过若非如此，古埃及也不会有珍贵的纸莎草湿地。³

从公元前4000年起，在肥沃的尼罗河三角洲，人们就开始种植纸莎草并用来造纸；当然，经过处理的纸莎草还有大量其他用途。⁴对古埃及人来说，纸莎草堪称神奇，它不只是一种书写材料，更是一种生活中的必需品。

埃及的湿地和旱地都比较多，不过树木却并不多见，因此纸莎草成为进口木材的替代品，并且易于获取和使用。这种植物木质化的地下茎很结实，可以雕刻成工具和器皿；制作成木炭后，其燃烧的温度高达1650℉（900℃），足以熔化铁和铜。⁵早期的埃及考古学家认为，莎草纸在点燃后可以用作熏香。1778年，一

一株纸莎草开花的顶部，绘制于18世纪。底部可以看到纸莎草茎秆呈三角形的截面⁶

位名叫尼尔斯·伊韦尔森·舍韦（Niels Iversen Schow）的丹麦古典学者购买了一卷莎草纸书，据称来自吉萨金字塔附近发现的一个秘密藏室。而其余的书卷据说被"当地的"商贩撕毁后点燃，以在刺鼻的烟雾中获得愉悦。[7] 不过，舍韦的书卷后来被认定来自吉萨南部几英里的绿洲，而不是吉萨金字塔。对此，维多利亚时期的学者 F. G. 凯尼恩（Kenyon）颇有微词："说到证实莎草纸的出处，当地发现者的说辞远不如证据来得可靠。"[8] 凯尼恩是第一批"莎草纸学家"（意指对撰写在莎草纸上的古文进行研究的学者）代表人物之一，自那之后，舍韦错误判断书卷来源的故事成为经典案例，提醒这一课题的研究者认真严谨。尽管商贩点燃莎草纸的说法在莎草纸研究文献中被多次提及，然而事实上，燃烧莎草纸与燃烧普通纸的气味没什么差别（作者发现这两种材质燃烧后都会散发出微弱的篝火的味道），因此，莎草纸被当作香使用这一说法的可信性就被削弱了。[9] 同样，殖民时期古玩收藏家的话也不能都作为证据采信。[10]

在古埃及，纸莎草可以用来代替木头建造船只，特别是那种在尼罗河的纸莎草湿地中用于捕猎、收割的简易平底舟。干燥纸莎草的浮力接近于软木的五倍，当船只最终被水浸透并失去浮力后，由大量的纸莎草茎秆扎成的船只易于丢弃和替换。[11] 不过，纸莎草船的价值不仅仅在于其浮力优势。在埃及神话中，女神伊西丝（Isis）乘坐纸莎草船在尼罗河上航行，寻找她的丈夫奥西里斯（Osiris，在故事中也是她的哥哥）的尸体残骸。据说尼罗河里的鳄鱼不敢攻击这种船，唯恐它们遇到的不是胆小的人类，而是愤怒的神灵。[12] 除了猎人以及农民的简易筏子，尼罗河上还有其他类型的大大小小的纸莎草船只：纸莎草驳船可能曾经用于运输建造金字塔的巨大石块；而《旧约》的某些译本中则提到，在尼罗河沿岸芦苇丛中发现的放有婴儿摩西的篮子是用纸莎草编成的，而不是用芦苇编织的。[13] 或许摩西应该像感谢自己的母亲一样，感谢伊西丝使他得以躲过尼罗河凶猛的鳄鱼。

在航海领域，由纸莎草制作的绳索以轻盈坚韧而闻名。人们把纸莎草茎秆纤薄的绿色外皮剥成细条，再编成绳子，用整根茎的话可以编成直径3英寸的粗缆绳。[14] 纸莎草绳声名远播，以至于很多古代作家在讲述历史上的传奇故事时都会提到它。比如，希腊历史学家希罗多德（Herodotus）在公元前5世纪中期撰写了这样一个故事：波斯国王薛西斯（Xerxes）在准备入侵希腊大陆时，下令用埃及纸莎草和腓尼基亚麻编制的绳索在土耳其西北部的赫勒斯滂海峡（今达达尼尔海峡）搭桥。然而，水流十分湍急，搭桥的浮船被冲走了。与新近漫画书中重新刻画的反面人物相似，薛西斯戏剧性地表达了他的愤怒：他下令鞭打赫勒斯滂海峡的海水三百下。这使得他在新近的漫画书中被塑造成一个反派人物。在海峡受到相应的严厉惩罚后，士兵们成功地架设了两座桥梁（每座桥梁使用了四条纸莎草缆绳和两条亚麻缆绳），然后继续入侵希腊大陆。[15]

纸莎草也出现在更多的家庭生活场景中。希罗多德写道，埃及人吃纸莎草茎顶端约18英寸的幼嫩部分。"那些希望获得最佳口感的人，会在食用前把纸莎草放入高温的炉中烘烤一下。"[16] 现代实验表明，尽管白色的海绵层可以被当作某种膳食纤维，但其中的卡路里含量却很低，营养物质贫乏。[17] 纸莎草作为食物的价值缺乏佐证，不过，它却是药物制剂中的一种常见成分：纸莎草灰可以用来治疗溃疡；浸醋后，纸莎草可以用来处理伤口；榨出的汁可以减轻眼睛不适；与葡萄酒混合饮用可以治疗失眠（当然，纸莎草的存在可能有些多余）。[18] 有位失眠病人喝了纸莎草与葡萄酒的混合溶液，身体蜷曲在纸莎草扎成的垫子上，搭盖着用纸莎草外皮编织的毯子，睡得香极了。[19]

生活于公元前15世纪的祭司普耶穆雷（Puyemrê）的墓室中有一幅雕刻壁画表现了纸莎草的收割场面。[20] 在左侧，一些工人将纸莎草装到用成捆的干纸莎草建造的一艘船上；在右侧，另一些工人纵向剥开或劈开茎秆，准备用纸莎草细条编成绳索

纸莎草在埃及人日常生活中有着重要地位，是埃及土地、传统与社会结构的强有力的象征。古埃及人称纸莎草为papuro，意即"法老所有"；下埃及（尼罗河散开汇入地中海所形成的尼罗河三角洲）的象形文字符号就是一丛纸莎草茎秆（♇或♆）；一株纸莎草茎秆的符号（♌）象征着年轻、活力和成长。[21] 尼罗河洪水之神哈皮（Hapi）被描绘为头顶长着纸莎草的神灵，他用一年一度的洪水为两岸土地带来不可或缺的营养物质。在宗教仪式和葬礼上，纸莎草的叶冠被用作装饰品。祭司不能穿用纸莎草以外任何材质做成的草鞋，他们所主持的庙宇也有仿照纸莎草的茎秆建造的柱子。[22]

在这些广泛的用途中，用纸莎草制造与之同名的书写材料是持续时间最久也最为人所知的。

莎草纸作为书写材料是如何发明的，已经无从考证。在莎草纸出现之前，埃及人一直在石器和陶器上刻写象形文字。不过，尽管

与莎草纸相关的资料极为有限，关于文字的起源却有大量的记载。正如希腊哲学家柏拉图所述，在埃及传说中，象形文字是由长有朱鹭头的托特神（Thoth）传下来的。对于埃及人以及后来的希腊人来说，埃及的文字始终没有失去神圣的光环。时至今日，人们仍然沿用希腊语 hieroglyphica 称呼古埃及文字，意思是"神圣的雕刻[文字]"[23]。然而，对于托特所馈赠的文字，传说中的埃及国王萨姆斯（Thamus）却并没有表达敬意。他不仅不感谢神的恩德，还抱怨象形文字会使人类变得心不在焉、健忘失忆：

> 文字的发明会让学习使用文字的人们开始遗忘，因为他们不再需要锻炼他们的记忆力。他们所信任的文字全部来自他人，而一点都不属于自己。这将阻碍他们对自身记忆力的使用。[24]

现代语言学家认为，文字的概念（即使用视觉符号表现口头语言、声音或思想）是从邻近的苏美尔（今伊拉克东北部）传至埃及的。苏美尔人的楔形文字是用楔形工具将角状符号压印在泥板上。受此启发，人们猜测最早的象形文字是由同一个人（或者非常少的几个人）在很短的一段时间内发明的，这就解释了为什么在公元前4000年末，象形文字会奇迹般地在埃及出现。[25]

另外，作为书写材料，莎草纸的来历没有与神相关的传说。两个多世纪的考古发掘都没有发现古代任何描述莎草纸发明的文献。一些莎草纸专家猜测，莎草纸可能是受编织的纸莎草垫子的启发而来，当然事实也可能并非如此。[26] 专家们唯一可以肯定的是，莎草纸是在公元前4000年末前后发明的：在1937年发现的一座约公元前3000年的豪华坟墓中，出土了一个装有空白莎草纸卷的木箱。这种特殊陪葬物背后的寓意尚未被破解（或许是埋葬在坟墓里的高级官员计划用来记录死后生活的），不过，研究人员认为这个陪葬物很可能是一本书，或者至少象征着一本书。[27]

不论莎草纸是何时发明以及如何发明的，它与象形文字的结合创造了一套独立的储存和传播信息的机制——无论世界如何变迁和扩展，这种结合一直是古代世界首要的信息技术。比如，一份可以追溯到公元前1100年左右的埃及文献《温纳姆恩报告》（*Report of Wenamun*），记述了埃及人前往腓尼基（即现代黎巴嫩的沿海地区）用莎草纸卷交易木材的一次航行。[28] 日益崛起的希腊人在公元前6世纪就知道莎草纸的存在，这个时间甚至还有可能更早一些。公元前8世纪，荷马在描写奥德修斯（Odysseus）返回伊萨卡岛复仇的故事时，就曾经提起过纸莎草绳索，但他并没有提及纸莎草也能用作书写材料。[29] 不过奇怪的是，尽管罗马共和国（成立于公元前509年）的民众总是竭力模仿希腊人，但他们在莎草纸的使用上却有些落后了。[30] 学者们认为，直到公元前3世纪亚历山大大帝入侵埃及并派占领的将领们开始在埃及殖民统治后，罗马才从埃及的新统治者那里获得了莎草纸的供给。[31]

由此，莎草纸在数千年间从埃及向外传播，穿越了整个地中海，支撑了古老的埃及文明、骄傲的古希腊城邦以及贪婪的罗马共和国的运行。然而，在整个过程中，却从未有人想过要准确地记录这种不可替代的材料究竟是什么，又是如何制造的。莎草纸发明整整三千年之后，才有一位罗马将军认为应该对这种无处不在的埃及书写材料稍微写上几笔。公元1世纪，盖乌斯·普林尼·塞孔都斯（Gaius Plinius Secundus），又称老普林尼（Pliny），撰写了关于莎草纸的简短描述。尽管总字数不过几百字，但它却是人们得以探寻古老的纸莎草制纸工艺的唯一途径。[32] 同时，它也引发了无尽的争议。

❦ · ❧

老普林尼于公元 23 年或 24 年出生在偏远的罗马高卢省。他是一位模范公民,担任过骑兵队军官、律师,后来在罗马统治下的一个西班牙省担任执政官。公元 79 年,老普林尼在那不勒斯附近的米塞纳指挥罗马舰队的时候,忽然听闻一场自然灾难几乎正在身边发生——距离海军基地只有几里格(长度单位,1 里格约等于 3 英里)远的维苏威火山爆发了。老普林尼立即带领一个船队穿越那不勒斯海湾,援助受困的赫库兰尼姆城和庞贝城。但灾难正在等待着他。老普林尼的侄子在多年后的一封信中写道,他勇敢的叔叔在受灾海岸登陆后因吸入有毒的火山浓烟而死。鉴于老普林尼的同伴们都幸存了下来,因此,可能是这位将军的哮喘和肥胖加速了他的死亡。[33]

老普林尼的一生成绩斐然,但他最为人称道的成就还是他所留下的著作。在他所撰写的诸多书籍中,有一部作品尤为突出,即多达三十七卷的《自然史》(*Naturalis historia*)。这部书是幸存下来的关于古罗马知识与文化的最重要的记录之一。[34]尽管《自然史》整部书的重要性从未受到质疑,然而老普林尼的著作在 20 世纪得到重新审视则要归因于埃及的一位外交官哈桑·拉吉布博士(Dr. Hasan Rajab)。1956 年,拉吉布被任命为埃及驻中国大使,派驻期间他参观了深受敬仰的蔡伦(被誉为造纸术的发明者)的出生地,并由此产生了复兴埃及的莎草纸工业的想法。[35]他梳理了希罗多德、斯特拉博(Strabo)和其他古代历史学家的著作,老普林尼的作品是能够为他提供所需信息的唯一来源。《自然史》的第十三卷,除了讲述奇异的树木和药膏的故事以外,还有现存的唯一一段关于如何制造莎草纸的文字。[36]

然而，拉吉布复兴纸莎草制纸工艺的任务并不简单。综观《自然史》全书，很多线索都对老普林尼描述的可信性（或缺乏可信性）给出了不利的证据。书中略显严谨的段落间穿插着令人瞠目结舌的故事，比如脚尖与脚后跟相连的喜马拉雅部落，以及用脚遮阳的一条腿印度人。[37]这些故事赤裸裸地提醒着人们老普林尼生活和写作的时代，因此，拉吉布和他的团队在查阅老普林尼所描述的莎草纸制作工艺时仍然保留了适度的怀疑。这样做是很有必要的，因为他们发现这段文字几乎从第一句话开始就令人费解。原拉丁文如下：

Praeparatur ex eo charta diviso acu in praetenues sed quam latissimas philyras.[38]

这个开头实在是太简略了。老普林尼写的是"准备用针分割纸"，合理的假设似乎是，被分割的东西是纸莎草茎秆。而最后三个词的意思则更加模糊。"quam latissimas"与宽度有关，"尽可能宽"或"尽可能广"，两种含义都解释得通，而"phylira"按字面意思应译作"菩提树"，这对理解文章内容毫无帮助。[39]

将平均直径不过一二英寸的茎秆"分割"成菩提树那么宽的长条，这显然不是老普林尼要表达的原意，因此，他真正想说的仍然有待解读。拉吉布以及大多数学者的说法是茎秆的髓芯必须沿纵向切成细长条。参考下图，可采用所示两种方法实现：或者将纸莎草三角形的茎秆一面一面地剥去外皮，剥完一条旋转至另一面；或者是不转动纸莎草茎秆，从上到下，一剥到底。[40]无论采用哪种方法，都需要一把锋利的刀子而不是老普林尼提到的针，而且这两种方法都只能得到一系列宽窄不一的长条。

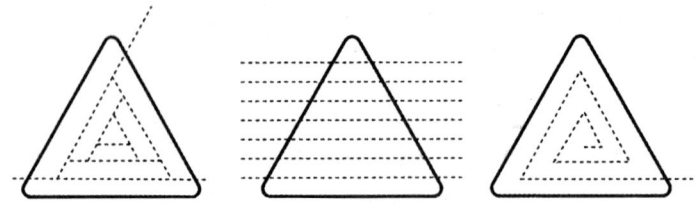

简化的纸莎草茎秆剖面图,显示茎秆在被压成薄片前是如何被"分割"的。左侧,先纵向剥下一条茎秆外皮,再转动茎秆,循环往复;中间,从上到下将茎秆切成薄片;右侧,如伊格纳斯·亨德里克所解读,用针小心谨慎地"展开"茎秆。经现代仪器检测,所有这些方法都被证实适用于古代莎草纸的制造

荷兰莎草纸研究专家伊格纳斯·亨德里克(Ignace H. M. Hendriks)则提出另一种与之矛盾又出人意料的解释。他接受老普林尼提到的针,提出三角形的髓芯应该小心谨慎地保持光滑无痕,不能被切割,以便获得一张又宽又平整的薄片(上面保留着突起的棱,针必须在茎秆的棱线处改变方向)。[41] 尽管这一工序听起来耗时费神,但通过对古代莎草纸与现代纸张的微观比对发现,古埃及可能同时使用了这两种工艺。[42]

关于如何"分割"茎秆这一问题的争议缓和后,解析老普林尼文章的下一个难题在于,如何将这些长条或海绵层组合成一张莎草纸成品。老普林尼对这一步的说明比第一步容易翻译——没有突兀的"菩提树"引起争议,但这一步也并非没有令人困惑之处。老普林尼写道:

> 各种各样的纸都在一张桌面上进行制作,且用尼罗河水浸湿。这是一种泥泞状态的液体,具有胶水的特性。首先将这张桌子倾斜摆放,然后将纸莎草的薄片纵向摆放,长度要尽可能尽着纸莎草本身的长度,切掉两端不整齐的边缘,然后在上面再横向铺上另一层纸莎草薄片。[43]

换句话说，一张莎草纸包含两层纸莎草髓。第一层是将长条形状的纸莎草内茎薄片平铺在桌子上，让它们的长边彼此相邻，第二层则垂直平铺在第一层的上面。古代的莎草纸书卷都具有这种叠层结构：将莎草纸举起来对着光源，很容易看到由相互垂直的两层形成的十字形阴影图案。茎秆的维管束（通过茎运输营养物质）呈深色线条，而薄壁组织（或填充细胞）则略显苍白。

可是，制纸工艺中所需要的"尼罗河水"对于两层纸莎草髓的黏合有什么重要作用呢？莎草纸学家们在对一些早期的埃及莎草纸进行检测时，在两层纸莎草薄片间发现了淀粉（这是植物黏合剂的一个明显标志，如小麦糊），然而老普林尼时代的莎草纸显然没有用淀粉。[44]在没有任何黏合剂的情况下，两层纸莎草薄片通过什么样的作用机制黏合在一起仍然是个谜。哈桑·拉吉布提出了一种错综复杂的理论，即卵形薄壁组织细胞在切割过程中被一分为二，上下相对的纸莎草长条的气窝以形成"燕尾榫"方式黏合在一起；而在伦敦的英国皇家植物园工作的植物学家则认为，茎秆的汁液会在莎草纸晾干后把它们粘在一起。[45]无论真相究竟是什么，被紧紧压在一起、晾干后再取下的两层纸莎草薄片，在长达几个世纪的时间里会一直保持不分离。[46]至于尼罗河水，不管是否泥泞，都不是必需的。

然而，老普林尼也可能并不完全是错的。尼罗河的水在用于莎草纸制作时确实具有不可思议的特性，但这与两层纸莎草髓芯薄片的黏合没有任何关系。科拉多·巴西尔（Corrado Basile）是一位在西西里岛锡拉丘兹（埃及境外为数不多的拥有本土莎草纸工业的地方）工作的莎草纸学家。他发现，现代莎草纸与古代的相比缺少了一种特殊的成分。[47]这种缺失的成分，正是尼罗河水里含量丰富的硫酸铝。巴西尔发现，将纸莎草长条浸泡在硫酸铝溶液后，合成的纸张会变得更白。[48] 此外，研究人员还有意外收获。他们发现，浑浊的尼罗河水中含有的黏土可能有助于调节墨水的吸收，而现代纸制作中这种有用的特性是通过一系列添加剂来实现的（它们中间恰恰包括硫酸铝和黏土）。[49] 老普林尼所述"泥泞的尼罗河水"提供的神秘线索，对于现代莎草纸学家来说真是意义非凡。

莎草纸制作过程的最后阶段是争议最少的。用尼罗河水（或硫酸铝溶液，取决于造纸工人与尼罗河的距离）浸泡纸莎草髓芯长条后，老普林尼写道，"紧紧按压纸莎草薄片，然后在阳光下晒干，之后它们就牢牢地粘在一起了"[50]。最后，一张又薄又轻，长十英寸或十二英寸，表面遍布着茎秆维管束细线的纸张就完成了。[51] 这就是耐用、柔韧性强又易于携带的莎草纸。

幸运的是，由于莎草纸的存在极为必要（老普林尼毫不夸张地指出，"文明生活的方方面面［……］都依赖于纸张的使用"），莎草纸卷通常可以保存数百年。质量最好的卷轴，韧性非常好，只要读者注意不磨损露在外面的边缘，就可以多次卷起再展开。[52] 比如，公元前4世纪保存在亚里士多德图书馆里的莎草纸卷轴，250年后被罗马将军苏拉（Sulla）秘密从雅典偷运到罗马后，仍然可以使用。[53] 即便莎草纸卷已经达到使用寿命，它们仍有可能继续延续自身的价值。19世纪末的一名埃及学家弗林德斯·皮特里（Flinders Petrie）发现，许多棺材是用类似纸的材料制成的，这种材料由多层用过的莎草纸组成，正因为如此，哲学家柏拉图和剧作家欧里庇得斯（Euripedes）失传的作品才得以传世。[54] 数千年来，无数莎草

一张现代的莎草纸被裁剪成5英寸×4英寸的规格

纸卷被埋葬或丢弃在坟墓、垃圾堆和洞穴中,虽然没有采取保存和保护措施,却依然留存了下来,没有它们的存在,就没有莎草纸学这一研究领域。

除非处于极度潮湿的环境中,否则莎草纸会一直保持完整(压制晾干后,莎草纸即使在水中浸泡几天也不会造成不可挽回的损坏)。潮湿的环境极易滋生霉菌和细菌,会造成纸张破损。[55] 罗马皇帝塔西佗(Tacitus)热衷于在罗马所有的图书馆中都存放他所喜欢的一位历史学家的著作,为此他不得不每年额外再制作十册副本,用来替代那些因高卢和日耳曼的潮湿天气而受损的卷轴。[56]

在这种传说中的书写材料上书写是什么感觉?哈桑·拉吉布修建的开罗"法老村",以及科拉多·巴西尔建立的西西里岛莎草纸博物馆,都在根据创办人的要求生产莎草纸,人们今天可以买到与

古埃及纸张有几分相似的空白莎草纸。

现代制作的莎草纸干燥粗糙，且容易破裂，与《自然史》中描述的光滑、柔韧的材料完全不同；而用钢笔在莎草纸上写字，更凸显了古代莎草纸和现代莎草纸的不同之处。老普林尼时代的笔是由空心而干燥的芦苇斜切而成的，笔尖与钢笔类似。在书写过程中，钢笔坚硬的笔尖与现代莎草纸的网纹表面触碰时，声音十分刺耳，让人浑身起鸡皮疙瘩。[57] 笔者一想到老普林尼（更像一位长期忍受这种噪声的奴隶）用一支芦苇笔在莎草纸上刮写出了40万字的《自然史》，就觉不寒而栗。莎草纸学家们竭尽全力，仍然没有破解老普林尼留下来的古老密码。[58]

不过希望还是有的。纸莎草的种植地曾经遍布古代下埃及区域，然而如今纸莎草的生长范围要小得多，并且植株回归了自生自灭的野生状态：莎草纸的品质必然会因此受到影响，可是它至少还为人们保留了改进的空间。[59] 古埃及人也不可避免会生产出不符合标准的莎草纸。老普林尼列举了九种不同等级的莎草纸：上至埃及自留本土使用的上等的、神圣的高档纸（hieratica），下至供给充裕的劣等纸（emporetica），即商店用纸（仅用于包装商店售卖的商品）。[60] 为了规避埃及对于高档纸的贸易禁令，善于寻找商机的罗马人先是购买用过的卷轴，然后再洗掉上面可溶于水的墨水。当然，我们无法再采取这条捷径。或许我们当下的技术水平只能生产出劣等的纸，生产不出高档纸，因此人们应该用它来包炸鱼和薯条，而不是抱怨它作为一种书写材料的品质。最后，即使连老普林尼也承认，制造莎草纸的过程并不简单。他抱怨道："这种工艺里的门道也太多了！"他似乎隐约意识到了在莎草纸制造业完全消亡之后很久，莎草纸学家们为努力解读他的文章所面临的困境。[61]

尽管在现代社会用莎草纸写字并不顺畅，但是人们不应忘记的是，莎草纸这一概念本身是多么重要：有了类似莎草纸这样轻便、柔韧又耐用的书写材料，记载文字的卷轴才可能存在。如果没有卷轴的存在，书籍就不可能诞生。然而，书籍要能生存，莎草纸必须要先被淘汰。

第二章
血腥残忍：羊皮纸的问世

对于公元前 3 世纪的古埃及人而言，莎草纸卷是记录国家历史、艺术和日常事务的载体，其重要性不言而喻。莎草纸卷轴是亚历山大城那不可思议的图书馆中所收藏的数十万册图书的载体，而且空白的莎草纸是埃及在地中海地区对友邦、盟国和贸易伙伴出口的主要产品之一。然而，莎草纸三千年来所占据的垄断地位即将面临威胁。埃及新崛起的希腊邻邦在汗水和鲜血中付出巨大的代价，发明了用兽皮制成的羊皮纸。与粗糙、易碎且边缘易磨损的莎草纸相比，羊皮纸光滑而有弹性。然而，虽然造成了莎草纸的衰落，羊皮纸的兴起却与它的使用效率或是加工过程中的经济因素并无多大关系，而是与野心勃勃的法老密切相关（他们忽略了军事领导的基本规则：永远不要卷入亚洲的陆地战争）。

羊皮纸的发明一般认为应当归功于帕加马的国王欧迈尼斯二世（Eumenes Ⅱ），公元前 197 年至前 159 年希腊一个城邦（位于现在

的土耳其西北部)的统治者。当欧迈尼斯二世被加冕为国王时,帕加马只有一个同名城市和少数几个当地的小镇,然而当他在38年后去世时,帕加马已经成为一个政治、军事和文化强国。[1] 欧迈尼斯二世的主要成就是建立了一座足以与亚历山大图书馆相媲美的巨型图书馆,其时相关机构夸口说最多时馆藏图书总数约有20万册。[2] 帕加马人对于图书收藏的狂热已经到了臭名昭著的地步。与之相邻的赛普西斯镇的居民从已故哲学家亚里士多德的一个学生那里继承了亚里士多德图书馆,为了避免这些珍贵的书籍落入贪婪的帕加马人手中,不得已采取了将书埋入土中的极端做法。[3] 欧迈尼斯二世的野心还不止于抢购书籍。为了给自己的新图书馆配备一位合适的管理员,他主动接近亚历山大图书馆的馆长阿里斯托芬(Aristophanes)并为他提供新工作。埃及国王托勒密(Ptolemy)则将这位图书管理员监禁起来,以确保他一直效忠于自己。[4]

依据老普林尼那部简要且不怎么可信的《自然史》,帕加马羊皮纸的发明故事非常简单。公元1世纪,老普林尼写道,埃及的托勒密国王——可能就是那位由于欧迈尼斯纠缠不休地挖墙脚而被激怒的托勒密——因为帕加马图书馆的崛起而大发雷霆,下令禁止出口后者所依赖的莎草纸。对于这条禁令,欧迈尼斯的回应是命令他的臣民寻找一种可以替代的书写材料。羊皮纸就这样被发明了,并被归功于欧迈尼斯。[5]

老普林尼的这则地缘政治故事缺乏大量的细节。要鉴别他所述故事的时代困难重重:究竟是哪位托勒密(历史上有很多位托勒密)禁止出口莎草纸没有明确,究竟是欧迈尼斯二世还是与他同名的人发明了羊皮纸也未指明。而且如果老普林尼对皇室家族谱系的了解并不可靠,那么他对历史的把握就会更加混乱。在此大约五个世纪前,希腊作家希罗多德(被称为"历史学之父",后来相关领域的任何研究人员都必须拜读他的著作）曾经写道，在莎草纸短缺的时候，爱奥尼亚部落的希腊人在兽皮上撰写书稿。[6]可是老普林尼的观点却是，羊皮纸是在距今更近的更文明的时期由于两大图书馆间的竞争而自然出现的产物，是欧迈尼斯对于托勒密因嫉妒帕加马图书馆而禁止出口莎草纸所给予的适度反击。然而实际上羊皮纸的起源更为古老，其崛起的道路比老普林尼知道的要更为血腥。

正如希罗多德所述，追溯至公元前5世纪，在欧迈尼斯和托勒密发生激烈争斗以前很久，古代世界的人们就已经开始使用皮革作为书写材料了。不过，其实这样的做法还要更加久远。在鉴定为公元前2550年至前2450年的埃及文献中，就有使用皮革作为书写平面的记载。开罗博物馆收藏了一块仅次于上述年代的写有文字的皮革碎片。[7]一千年之后，古埃及《亡灵书》（埋葬在死者坟墓中的咒语合集，帮助他们指引来世的方向）通常使用更耐用的兽皮取代莎草纸作为书写材料。[8]苏美尔人对兽皮的使用也并不陌生。一块公元前800年的楔形文字碑上描述了制作过程：将毛皮浸泡在由面粉、啤酒和"一等"酒混合的溶液中，然后再连同明矾（一种能使动物组织收缩的无机盐）、栎五倍子（也称栎瘿，由穴居的黄蜂幼虫引起的类似坚果的树状赘生物）以及"纯种公牛的最佳脂肪"一起按压。根据在赫梯王国的卡赫美士（位于现在土耳其和叙利亚之间的边界）所发现的记载，山羊皮的制作对采用的材料则没有那么挑剔。按照这个方法，山羊皮要浸泡在羊奶和面粉的混合物中，用油和奶牛脂肪打磨，最后用葡萄汁泡过的明矾、栎五倍子进行处理。[9]

两种方法描述的制作过程大同小异。首先，将毛皮浸泡在充满泡沫的、富含酶的发酵液中软化，扩张毛孔，并通过上升的二氧化碳气泡把毛皮洗干净。然后用手拔毛，或是用刀子刮毛，再用收敛性的鞣酸（如明矾和栎五倍子中的酸）来"鞣制"皮革，使皮质收紧并增加耐久性。各种各样的兽皮都是根据这种基本方法加工的。像狮子、豹子、河马和土狼这样的外来动物，在死后也与牛、羊、猪和驴等驯养的动物一起混在皮革厂中进行加工。[10]

然而，经过浸泡、刮擦和鞣制这一系列的步骤之后，人们得到的是皮革，而不是羊皮纸。令人意外的是，结实、柔韧且防水的皮革是一种非常适合书写的材料，能够被加工到任何所需的平滑程度并且具有良好的吸水性，然而它缺乏硬度、精巧性和便携性，这些正是莎草纸成为理想的书写载体所具备的特性。[11] 尽管帕加马人并不是最早在皮革上写字的人，但是很有可能正是他们发现了将柔软有韧性的皮革处理成紧实、平滑的羊皮纸的方法。

如果不是因为欧迈尼斯在统治中期发动了足以撼动埃及的战争，帕加马人的发明可能永远不会离开它的起源地。公元前173年，罗马开始越来越担心一朵"东方的云"——掠夺成性的希腊国王安条克四世（Antiochus Ⅳ）。他是塞琉古王国的首领，埃及托勒密六世斐洛米托（Philometor）的叔叔，还是古代世界从西爱琴海延伸到东部阿曼湾的一整块狭长地带的统治者。[12] 由于担心安条克四世密谋吞并他侄子的国土，罗马以觐见年轻的斐洛米托国王的名义派遣了一个代表团前往亚历山大城。这个特使团的真正使命是监视该区域越来越躁动不安的氛围。[13]

不久，当地局势就恶化了。曾与母亲共同执政的斐洛米托（其名字的含义就是"笃爱母亲的他"），在母亲去世（公元前176年）

后屈服于野心勃勃的大臣的压力,于公元前170年同意入侵塞琉古王国一块有争议的领土——叙利亚,当时他只有十几岁。[14]

这次入侵是一场彻头彻尾的灾难。

因为预先得到了警告,安条克四世击退了入侵的埃及军队并迅速予以反击,不到一年就占领了埃及。他强迫托勒密六世宣称自己为"保护者",使得这位法老沦落到与傀儡国王相差无几的境地。[15] 只有亚历山大城没有受到安条克四世的控制:当地人在遭遇围城和断粮困境后,宣称托勒密六世斐洛米托的弟弟、他们的"恩人"托勒密八世尤格内斯(Euergetes)*为埃及的合法统治者。[16] 失去了对埃及君主的控制权,安条克四世深感受挫,于是释放了斐洛米托并从埃及撤退。他预测埃及会由于两位国王的矛盾而走向分裂,从而更加容易征服。[17]

然而两位托勒密国王却并没有如他所愿。斐洛米托和尤格内斯言归于好,并决定一致对付他们的叔叔。安条克四世对此极为恼火,因此在公元前168年第二次入侵埃及。军队一路横扫埃及残存的反对力量,长驱直入到距离亚历山大城不足四英里的地方,被由罗马元老院议员盖乌斯·波比留斯·莱纳斯(Gaius Popilius Laenas)带领的一队人马拦住。波比留斯善于调解争端,以脾气暴躁闻名,在托勒密国王向罗马元老院发出救援请求后,受委派前来调解。[18] 当入侵者安条克四世靠近罗马元老院代表团并伸出手臂致意时,波比留斯则直接将罗马元老院的最后通牒牌塞到他的手中,上面写着:离开埃及,否则后果自负。还不等震惊的安条克四世回答,波

---

* 眼尖的读者会注意到整个事件中缺少了托勒密七世。研究人员认为,托勒密王朝中这位不幸的国王是托勒密·斐洛米托的儿子,在斐洛米托与安条克四世开战很久以后才出生。然而托勒密七世刚刚继承他父亲的王位不到两个月,就被他的叔叔托勒密·尤格内斯杀死了。

比留斯就带人在征服者安条克周边的沙地上画了一个圆圈,看他有没有胆量跨越这条线。"在你走出圆圈以前,"波比留斯说,"给我一个回答,让我回复给元老院。"[19]

安条克非常清楚发出这条问询的国家的强大实力,在慎重考虑后他最终恭敬地回答道:"我会以元老院的意志为尊。"波比留斯友好地握住了他的手。于是,塞琉古国王从埃及撒军,托勒密王朝得以收回统治权,成功渡过危机。[20]

这场冲突被称为第六次叙利亚战争,它在历史上鲜少被提及。一百年来,托勒密王朝与塞琉古王朝为了叙利亚的主权问题争执不休。两个同样的对手,为了同一块土地,在此前已经爆发了五次领土冲突,那么第六次也就显得无足轻重了。[21] 如果安条克的入侵在学术圈以外还能够被提及,这多半是由于波比留斯面对入侵者的勇气。作家威廉·萨菲尔(William Safire)曾经写道,波比留斯在亚历山大城外沙地上画圈的故事,正好是词语"界限"(a line in the sand)的起源。(另外一种说法则是该词来源于威廉·B. 特拉维斯的故事。威廉是阿拉摩的陆军中校,曾在墨西哥的沙漠上用他的佩剑画了一条线并告诉他的部下:"愿为自由而战直至死亡的人,请站到我这边来。")[22]

然而,对于古代的抄写员和学者来说,第六次叙利亚战争则是一个分水岭。此后埃及的经济遭到破坏,莎草纸的出口量不断下降并最终完全停止,古代世界的文明社会也因此受到影响。[23] 令人意外的是,帕加马的欧迈尼斯二世(他所拥有的图书馆非常出名)似乎在莎草纸短缺之前就解决了这一问题。

在公元前 168 年和前 167 年,当埃及的战事进入尾声,欧迈尼斯的兄弟阿塔罗斯(Attalus)在罗马处理外交事务。帕加马图书馆的首席学者、来自马鲁斯的克拉特斯(Crates)也在帕加马代表团中。对于罗马给予亚历山大图书馆馆员阿里斯塔胡斯（Aristarchus）的认可，克拉特斯非常艳羡，并渴望能够像他的对手那样获得同样的认可。[24]（那时阿里斯塔胡斯已经接替了被关进监狱的阿里斯托芬）。不幸的是，克拉特斯出师不利：他在罗马城的帕拉蒂尼山掉进了一个露天下水道里，摔断了一条腿。然而，这位图书馆馆长充分利用这段被迫的康复期，多次发表演讲并征服了罗马民众，使得他们对语法和文学批评重燃热情。尽管他演讲的内容已经丢失，但是书写内容的媒介却并没有消失：克拉特斯的书全都是用帕加马流行的羊皮纸制成的。当时罗马的莎草纸极度短缺，因此迫切地想要进一步了解这种大有前景的替代品，随时准备取悦东道主的克拉特斯立即命令向罗马发送一船羊皮纸。从此，羊皮纸开始持续不断地在古代世界流传开来。[25]

那么，克拉特斯引荐的惊艳罗马的羊皮纸，相比此前几百年间使用的皮革有哪些提高呢？[26] 现如今，羊皮纸一般指代未经鞣制加工的皮革，但是这个说法不仅过于简单，而且还自相矛盾。[27] 未经鞣制的皮子是生皮，而不是皮革，而且事实上，早期羊皮纸在前期浸泡时，通常会用植物酸鞣制一下。不过，对定义进行争论并没有抓住重点。羊皮纸区别于皮革的创新之处并不在于化学方面，而是力学方面。[28]

帕加马人发现，先将皮子浸泡、去毛，再在框架上拉伸、晾干，然后进行切割，可以使皮子紧绷有韧性。皮革和羊皮纸多用哺乳动物皮板的真皮层（中间层）制成，微小的胶原纤维是真皮层的构成主体。[29] 生皮去毛后放入盛满配制溶液的大桶中浸泡，纤维会吸收溶液直至饱和，反过来，溶液也会与皮子自身的分泌物相混合，形成黏稠的液体。对皮子进行拉伸会造成一部分纤维断裂，而另一部分纤维会沿着皮子平面绷紧。这些重新排列的纤维干燥后使皮子定型。（相比之下，鞣制是通过化学方法将胶原纤维黏合在一起，主动避免对皮子进行拉伸。研究人员认为帕加马人修改了溶液的配制成分，以尽量减少这种化学影响。）[30]

在完成了拉伸、晾干等步骤后，一种紧致、柔韧的材料就出现了。与软塌塌的皮革不同，羊皮纸轻轻对折后，表面很容易迅速地恢复原状，如果用力折叠，还会出现折痕。与莎草纸相比，羊皮纸既不透明，表面也没有令书写困难的凸起的纤维，因此帕加马人认为，羊皮纸的物理特性使它成为近乎完美的书写材料。[31] 此外，羊皮纸还比莎草纸更结实：被鞣皮匠不小心用刀划破的羊皮纸可以安然缝上，未经装订的羊皮纸可以用锥子扎孔系在一起，而且不会被撕裂——这种特性有助于形成我们所熟知的书的外观。[32]

尽管羊皮纸很结实，但它也并不是牢不可破。与皮革不同，羊皮纸能够"呼吸"，它会随着环境变化而吸收或释放水分，因此过度潮湿或干燥的环境最终会损坏羊皮纸或纸上的内容。羊皮纸发潮后，墨水和插图会从表层脱落，有的会起皱出褶或极度卷曲，还有的极易受细菌或霉菌侵袭，先是慢慢褪色，最终整张羊皮纸都会被吞噬。[33] 另外，干燥的羊皮纸会干裂起皱、变脆，最后断裂。幸运的是，羊皮纸应用最广的欧洲气候相对温和。那里极少出现长时间的极端潮湿天气，可以避免羊皮纸太过潮湿；而且尽管羊皮纸会自然干裂，但是只有持续数年暴露在干旱的环境中才会如此——同样，这种干旱的气候在欧洲大陆也极为罕见。羊皮纸很耐干燥，事实上，它直到被加热至480℉（约250℃）时才开始收缩变色。不过，如果潮湿的羊皮纸被加热，只要温度达到 100 ℉（大约 40℃），它就会皱缩成泡在热水里要洗的袜子一样。[34]

尽管羊皮纸有这样那样的缺点，它仍然是一种毋庸置疑的优质书写材料——触笔光滑，寿命较长，使用时无须小心翼翼。它完全可以取代莎草纸，而且事实正是如此。每一种使用羊皮纸的新文明都将之同化在自己的文明中。比如，《死海古卷》的发掘即能证明，犹太人（今天的古代以色列人）是最早使用羊皮纸的人之一，且对羊皮纸情有独钟。1946 年，人们在死海附近的洞穴中发现了数百份文件和碎片，其中百分之九十以上是写在羊皮纸上的。这些卷轴的年代可以追溯到公元前 200 年到公元 50—70 年，展示出羊皮纸是如何迅速地取代埃及的莎草纸的。[35] 即便如此，古代的犹太律法对于制作这种新型书写材料的管理较为严格。由于加工生皮的工厂经常使用恶臭的马粪给皮子去毛，因此律法规定这类工厂的选址必须在城外，并且在常年刮的西北风的下风口；一位嗅觉极其灵敏的犹太律法人士宣称最小安全距离为城墙外 50 腕尺（合 75 英尺）。用于正式仪式的文件只能选取"洁净的"动物的皮子：牛、绵羊、山羊和鹿的皮子可以接受，而骆驼、野兔、猪和蹄兔的皮子则不能使用。[36]

羊皮纸成为犹太传统必不可少的部分。长达十四卷的《密西拿托拉》是 12 世纪拉比摩西·迈蒙尼德（Moses Maimonides）编写的《托拉》的姊妹篇，规定不同的文本使用特定的羊皮纸。迈蒙尼德写道，《托拉》只能写在被称为 gewil 的羊皮纸（整张羊皮纸）上，而且必须写在毛发侧。一张生皮被分割成两层后可以制成 kelaf 羊皮纸（肉侧）与 duxustus 羊皮纸（毛发侧），分别适用于书写 "Tefillin"（佩戴在头上与左臂上的经文匣里所装的经卷）与 "Mezuzah"（放在门柱上的经卷）。皮子被分割后，不论是 kelaf 羊

死海古卷残片,一种记录有文字的皮革或羊皮纸手稿,是现存最古老的羊皮纸手稿之一

皮纸,还是duxustus羊皮纸,都只能用露出的内表面写字。还有,非以色列人或撒玛利亚人制作的羊皮纸不能用于抄写经文。[37]

尽管迈蒙尼德详尽地列出了使用羊皮纸的各种礼仪细节,然而他对其生产过程的记录则含混模糊。《密西拿托拉》中关于羊皮纸制作的寥寥几行文字令人费解,按照其中描述的加工过程可以生产出类似于皮革的材料,而不是羊皮纸。关键的拉伸过程被省略了(尽管在《死海古卷》中发现的羊皮纸确实有拉伸、滚压或按压的痕迹),最后用"栎五倍子或类似的材料收缩皮子毛孔"完成制纸过程,这看起来很像是在鞣制皮革。[38]

像此前接纳莎草纸一样,基督教界欣然接受了羊皮纸;新宗教在整个西方世界的传播,也体现在书写材料的持续变化中。到了公元5世纪,越来越多的基督教书籍使用羊皮纸而不是莎草纸,而且基督教书籍的数量也远多于任何其他类别的书籍。[39] 奇怪的是,直到公元1022年罗马教皇本笃八世(Benedict Ⅷ)任职之前,罗马教廷仍然使用莎草纸发布教皇诏书("教皇训谕")。[40] 这或许要归因为天主教的保守主义，不过当时任何一位罗马主教都深知，《启示录2》中将帕加马标榜为"撒旦所在地"[41]。本笃八世是第一位能够抑制内心的不安而在"帕加马纸"上写字的教皇，尽管这种纸张早已在基督教手稿中得到了广泛的应用。

羊皮纸作为手稿最基本的组成部分之一，究竟是如何制作而来的，中世纪的基督教作家们与拉比摩西·迈蒙尼德一样对此毫无兴趣。尽管它已经成为欧洲最重要的书写材料，但是关于它的制作工艺却鲜有记载。最终，隐秘地藏在一本14世纪的参考文献后面的一页记录，打破了这方面的沉默与冷漠。[42]根据当时的风气，这卷没有标题的书稿摘录自许多不同的作品，并按照整理者的意愿装订在一起。该书如今归大英图书馆所有，有自己的目录编号（具体为Harley MS 3915），由于其中摘录了《多样的艺术》（De diversis artibus）一书中的大段文字而被经常引用。《多样的艺术》是一本撰写于12世纪的艺术和手工艺手册，一般认为作者是自称为西奥菲勒斯（Theophilus）的一个僧侣。[43]尽管西奥菲勒斯对于调漆、玻璃吹制和书籍装订等各种主题都大书特书，然而却并不涉及羊皮纸的制作：书中谈及博洛尼亚山羊皮造纸工艺的那一页并没有署名，可谓一个没有归属的孤儿。[44]这段文字全文引用如下：

> 剥下山羊皮，竖直放置在水中泡上一天一夜。取出来不停地洗刷直到水干净为止。换一个全新的容器，倒入熟石灰和水，搅拌均匀形成浓浓的混合液。将山羊皮放入混合液中，把皮的血肉侧卷在里面。每天用棍子翻动两三次，放置八天（冬天的话放置十六天）。然后，取出山羊皮，去毛。倒掉容器中的混合液，重复之前的程序，使用等量的水和石灰，将山羊皮放入石灰溶液

中,像之前一样连续泡八天,每天翻动一次。将山羊皮取出、冲洗,直到冲过的水仍然非常干净。将皮子放入另一个装满清水的容器中,浸泡两天。取出山羊皮并给它系上绳子,绑在圆形框架上。晾干,然后用锋利的刀刮毛,再放在没有太阳的地方阴干两天。将皮子打湿,用浮石粉揉搓皮子的血肉侧。两天后再洒一点水将皮子打湿,继续用浮石粉完全清理皮子的血肉侧,浸湿整张皮子。然后绷紧绳子,平衡张力,使纸张定型。晾干之后,羊皮纸就做好了。[45]

这是一种工艺上的转变。与古代模糊不清的浸泡—刮擦—拉伸方法不同,这一时期羊皮纸的制作方法有所改进,形成了一套要求严格、含有大量细节和多个步骤的制作程序。版画中明确提到了

约斯特·安曼(Jost Amman)1568年的木刻版画描绘了羊皮纸制作的准备过程。一块皮子放在干燥框架上被拉伸,再用一种月亮形的刀具将皮子上的毛发刮干净

山羊皮，体现出当时山羊和绵羊在数量上要远多于牛，在饲养方面也更加简单。曾经用于去毛的动植物发酵物质已经被石灰（一种能够灼烧未加保护的生皮的强有效碱性矿物质）取代；加入了额外的浸泡步骤，以使去毛皮子彻底软化。最后，通过打湿、干燥、刮擦和抛光等一系列细致的处理，一种表面极其光滑的书写材料就制成了。[46]

驱动这些技术进步的主要原因，是一个独立的羊皮纸造纸行业的出现。此前，修道院可以自己养牛并取皮制成牛皮纸，然而到了13世纪，制作书籍的僧侣们对书写材料的需求，则由全新的专业制纸匠满足。[47]随着羊皮纸造纸行业的成熟，许多行业术语也应运而生：捆着绳子、用于固定皮子的小圆石被称为"pippins"，绑住毛皮以便晾干的框架叫作"herse"；刮皮子用的一种形似月亮的刀叫"lunellarium"（这种刀没有尖锐的刀锋，不会割裂皮子）；完成的羊皮纸往往会用浮石粉或多孔的火山石抛光，以改善纸的颜色和质地，这个过程叫"pounce"。[48]

在掌握了羊皮纸的基本制作工艺后，一个熟练的羊皮纸制作工匠可以进一步涉足细分的品类和处理工艺。他们有时用白垩溶液对羊皮纸进行漂白，并使用石灰、蛋清、面粉和金属盐等物品制成的混合物来控制羊皮纸的含水量，尽量避免环境对羊皮纸的损害。[49]透明羊皮纸用途广泛，可用于描摹、制作窗纸甚至是放大镜。其制作工艺是：用腐烂变质的蛋清、阿拉伯树胶（用刺槐树液制成的黏合剂）或动物胶等物质来处理皮子，并在拉伸阶段有意不把皮子绷得太紧。[50]色泽鲜艳的紫色羊皮纸颜色较深，需要使用反光的金色或银色墨水，制作这种羊皮纸所使用的染料来源于一种被称为"骨螺"的海洋蜗牛。[51]

羊皮纸的名称随着其制作工艺的进步而不断演变。在最初的几百年间,罗马人称之为"膜"(membrana)或者"皮",然而到了公元3世纪,一个新名词开始流行起来,羊皮纸被称为"帕加马纸"(pergamena charta)。经过一段时间,这个词演变成古法语中的pergamin、parcemin和perchemin,此后又演变成中世纪英语中大量的变体,如parchemeyn、perchmene、parchemynt和pairchment。[52]法语中还引申出相关术语:"羊皮纸"(parchment)表示生皮来自常在农田放牧的绵羊或山羊;"犊皮纸"(vellum)源自古法语的"牛犊"(vel)一词,表示与小牛皮有关。[53] 用小牛皮制作的纸质地略粗糙,因此非常适合绘画,有时被插在羊皮纸书需要插图的地方。然而,羊皮纸与犊皮纸之间的区别往往并不明显,因此,如今"犊皮纸"用来指代各种特别精美、品质上等的羊皮纸,而与它用哪种动物的皮制成无关。[54]

面对一张整洁、光滑的象牙色犊皮纸,人们很容易忘记它最初是一张兽皮。无论是新笔还是旧笔,都能毫不费力地在上面顺滑书写,羊皮纸甚至能赋予一支毫不起眼的中性笔以奢华与权威。具有吸水性的纸张会吸收墨水从而使线条模糊,而不会渗水的羊皮纸却能让墨水安然留在表面,晾干后呈现出光泽感。作为一种书写材料,且与莎草纸形成鲜明对比(至少与现代莎草纸相比是如此),羊皮纸优势明显,难以超越。

尽管羊皮纸具有不可思议的光滑性和令人舒适的外观,但它却无法回避自己的出身。无论是在昨天还是一千年前,羊皮纸都是一种血腥的、漫长的、非常粗暴的制作工艺的最终成品:始于牛犊、羊羔或其他动物幼崽生命的终结,之后是一系列严酷的解剖步骤,直到羊皮纸在另一端出现。就像法律和香肠一样,如果你喜欢羊皮纸,最好不要去看它是如何制作出来的。

对于那些好奇心超常的人来说,揭示羊皮纸出身的蛛丝马迹并非难以找到。许多羊皮纸的表面仍然依附着细微的毛发,把羊皮纸举到灯下,可以看到纤细的血管纹理——如果在屠宰动物时没有把血放干净的话,纹理的颜色会更深更明显。[55] 即使是最好的犊皮纸,其皮子通过细致地去毛和抛光工艺已使得毛面和内面几乎无法分辨,也仍然无法掩盖其原材料:不同于兽皮附着于活体时所呈的形状,羊皮纸会向弹性更差一些的毛发侧卷曲。[56] 然而,相比这些可见的提示,另一种非常特殊的羊皮纸——幼兽犊皮纸——的制作方法更令人不安。

"幼兽犊皮纸"是一种品质极高的羊皮纸,羊皮纸工匠很乐意花一些时间来制作它。人们早就知道,最好的羊皮纸取材自最幼小

一张被切割成约 $4\frac{1}{2}$ 英寸 × $3\frac{1}{2}$ 英寸大小的现代犊皮纸样品。从羊皮纸的内面(纸张的弯曲与供体动物皮质的弯曲是相反的)可以看见血管纹理

一张被切割成约 4 英寸 ×3 英寸大小的现代犊皮纸样品。该面为羊皮纸的毛面,上面仍然有一些短毛

的动物的毛皮。考古证据(特别是在意大利"靴子后跟"部位所挖掘出的动物残骸)表明,不到 12 个月大的牛犊被屠宰的比例稳步上升,这与羊皮纸的产量日渐增多步调一致。[57] 这不仅是由于牛犊的毛皮不易有蚊虫叮咬、疤痕等瑕疵,还在于它们的皮质更薄因而更加容易加工。既然最好的羊皮纸是用最幼小动物的毛皮制作而成,由此可以推断,用夭折的或死胎的牛犊或羊羔制成的犊皮纸的品质必然是最好的。[58] 这种神奇的材料被非常直白地称为"子宫犊皮纸"或"流产犊皮纸"并大受欢迎,这不仅是由于作为书写材料它有着很高的品质,还由于它取材于未受尘世玷污的动物因而具有无可怀疑的纯洁性。因此,书写魔法咒语或魔法书(grimoire,用左手即恶魔之手书写)的作者十分珍视这种子宫犊皮纸。它与神秘学的联系是如此强烈,以至于在一些中世纪的意大利城市,子宫犊皮纸的生产被宣布为非法。[59]

第二章 血腥残忍:羊皮纸的问世

这就是羊皮纸：一种通过血腥的过程制造出来的圣洁的浅色产品，一种在几个世纪甚至上千年间可以抵御沙漠的炎热以及欧洲的寒冷的精致的书写材料，一种可供古代和中世纪的作家撰写所处时代最重要的宗教、文学和科学著作的媒介。用一支好笔在一张羊皮纸上写字，你可能就再也不愿意回过头去使用纸了——那么，为什么今天没有一本书是印在羊皮纸上的呢？

第三章

纸浆传说：纸张在中国的起源

整个世界的运转离不开纸张。人们用纸来印制书报杂志、合同收据、出生与死亡证明、海报、地图、选票、护照、纸币、支票、名片、贺卡、扑克牌、棋盘游戏、照片以及各种印刷品，用纸来制作礼品包装、菜单、啤酒垫、香烟、一次性内裤、咖啡过滤纸、砂纸、壁纸、纸碟和一次性纸杯。自1980年以来，全球纸张消费量翻了一番；到2012年，美国人均纸张消耗量相当于5.57棵四十英尺高的树木。也就是说，平均每个美国人每年可消耗近500磅的纸张。比利时的首都布鲁塞尔是欧洲联盟主要行政机构所在地，比利时的人均纸张消耗量高达750磅以上；与之相反，印度的人均纸张消耗量几乎不超过20磅。[1]在电子邮件、网站和电子书广泛使用的时代，我们对纸张的依赖程度不仅没有降低，反而在不断增加。

当然，最重要的是纸张与书籍之间的相互依赖。我书柜里所有的书，没有一本不需要用纸。除了少数研究、收藏或者买卖古籍的人以外，绝大多数人接触到的主要是用纸制作的书籍。然而，书籍最开始出现的时候，世界上完全没有纸张的影子。在纸张出现很久以前，书籍的形式就已经确定了；而在纸张出现后，仅仅用了几个世纪,纸张就毫无疑问地取代了羊皮纸,正如羊皮纸曾经取代莎草纸一样。² 没有纸,就没有我们今天所熟知的书籍。

在考古记录中,莎草纸和羊皮纸曾同时并存使用是显而易见的。从埃及、欧洲以及近东地区墓葬和垃圾堆中出土的数以千计的文献可以看出,莎草纸和羊皮纸在应用上存在着此消彼长的态势。然而,纸张的起源却不那么容易研究。如今,纸张的重要性已经不言自明。可是,即便它已经几乎成为制作书籍的唯一材料,数个世纪以来,人们对于纸是由谁发明的、纸是在哪里发明的以及为什么发明纸,仍然感到非常困惑。

在缺乏任何令人信服的证据对之反驳的情况下,19世纪的西方学者绘制了纸张演化的时间轴,这条轴线从最初不起眼的起源一路呈弧线愉快上扬,向西方社会投射耀眼的光彩。这些学者指出,当时常见的布浆纸是用废弃的亚麻布衣服捣烂成分离的纤维制成的,大约是在13世纪的某个时期在意大利或德国发明的。在辉煌的文艺复兴引领变革之前,信仰异教的阿拉伯人用原棉勉强制成一种劣质的纸,隐约地暗示出他们已经从中国学到了造纸的秘密。³ 19世纪40年代,以德国人弗里德里希·戈特勒贝尔·凯勒(Friedrich Gottlob Keller)和加拿大人查尔斯·费内提(Charles Fenerty)为代表的善于创造发明的西方人引进了体现最先进技术的木浆造纸,以补充供应量逐步下降的废弃亚麻布。⁴

然而在19世纪末20世纪初,一系列的考古发现指明了纸张真正的起源地。首先,1878年至1884年间,埃及学家对撰写在莎草纸、羊皮纸和纸张上的手稿进行研究后取得了一系列的重大发现。

由奥地利阿克德克·莱纳（Archduke Rainer）收藏的这些手稿，后来经维也纳大学的学者进行检查，发现无一例外全部是由亚麻布头制成的。其中一些用阿拉伯语撰写的信件，可以追溯到公元8世纪末期，清楚地表明阿拉伯人制作布浆纸的时间比欧洲人所假定的发明时间要早很多。1900年，中国甘肃省敦煌市附近的藏经洞出土了大量纸质文献，其内容可以追溯到公元5—10世纪。这些纸张全部都是用树皮和废弃麻布的纤维制作而成。[5]

所有这些艰辛的挖掘、化学分析和历史考察，最终只是得出了中国的学者、历史学家甚至是小学生一直都知道的结论。纸是很久以前在中国发明的，远不是在传统学者和基督教神学者所钟爱的地中海地区；中国人取材广泛，用树皮、麻布、亚麻布、废旧渔网等原材料制作纸张，而西方的造纸者使用类似的原材料进行实验已是千年之后。[6]如果19世纪的西方人想询问的话，中国人甚至可以告诉他们是谁发明了造纸术。

在纸张发明之前，古代中国的书籍可以写在手边任何现有的材料上。文字可以刻在骨头（有时甚至是人骨）和龟甲上，刻在金属和黏土上，刻在石头、玉器和木头上。[7]不过在现代汉语里，据说所有的古籍都被写在竹帛上（即竹简和丝绸）。相比其他的书写材料，古代的中国人主要还是将文字写在竹帛上。[8]

竹子之于中国，正如同纸莎草之于埃及。竹子可以用来制作垫子和篮子、钓鱼竿和农具、弓箭（以及后来的火器）、脚手架和建筑物，还有乐器。[9]和纸莎草一样，它也是一种重要的书写载体：裁切成一根筷子长、两根筷子宽的竹片，可以长期作为书写材料。[10] 正如莎草纸通常被粘贴成 20 页一卷的标准卷轴，单枚的竹片（又称为"简"）也被编联起来成为类似于垫子的一卷，整卷长度固定，在八英寸到两英尺之间。这被称为"简册"（"册"是象形文字，表明用绳将两枚竹片编联在一起）。研究人员认为，这些简册推动形成了古代中国书籍从上到下、从右到左的独特布局。[11] 竹子价格低廉、供应充足，唯一的缺点就是重量不可小觑：衡量一名古代中国学者的学问，要看他读了多少车的书；曾经有一位皇帝，由于每天能处理一"石"（重达六十磅）的奏折而被人称颂不已。[12]

丝织品具有透气性，不仅能够很好地吸收墨水，而且在使用传统的毛笔书写时能够提供舒适的书写表面，是沉重竹简的完美补充。帛书价格昂贵，但是由于便于携带，因此是私人信件和其他函件的理想载体，有时甚至还会成为阴谋的帮凶。公元前 3 世纪，在残暴的秦王朝统治末期，一个名叫陈胜的起义者用朱砂在一块绸帕上写了"陈胜王"三个大字，然后把它塞进鲤鱼肚子，以便让迷信的士兵们买到这条鱼后相信陈胜率领的起义是天意使然。[13] 尽管后来帛书已经完全被纸张所取代，但它所具有的特性使它仍然有用武之地。第二次世界大战期间，藏在大富翁游戏盒内偷偷运入战俘集中营监狱的丝绸"逃生地图"帮助了数以千计的被俘盟军士兵。这些游戏盒由英国秘密情报局支持的伪装慈善机构送入，图版上"免费停车"处的一个红点示意盒内隐藏了一张丝绸逃生地图。[14]

竹简与帛书相得益彰，彼此取长补短。重要的文件可以在廉价的竹简上起草，一旦完稿后再誊抄到帛书上。而简朴实用的竹简卷轴也可以附上绘制在丝绸上的插图，从而生动起来。[15] 然而，尽管竹简和帛书之间的搭配美妙和谐，但是竹简太重，而帛书又太贵。随着古代中国文明的进步和行政机构治理要求的提高，社会需要一种新型的书写材料。[16]

❦ · ❦

公元 1 世纪后半叶的中国在某种意义上来说正处于黄金时代。曾经发生过焚书坑儒事件（活埋不配合的文人，以保证政权的意志能够得到贯彻实施）的专制的秦王朝已经成为遥远的记忆，而东汉的统治（公元 25—220 年）相对平和。尽管洛阳王室及臣民的阴谋斗争由来已久且仍在继续，多种艺术形式仍然呈现出一派繁荣景象：诗歌、绘画、戏剧、文学、舞蹈都得到了鼓励和支持。[17]

纸的故事正是从这个有竹、丝、艺术和阴谋的世界开始的。公元 75 年，一个名叫蔡伦的宦官进入了皇宫。尽管《后汉书》（记载东汉历史的纪传体史书）中简短记录了蔡伦的生平，但人们对他所知甚少。比如，他的出生日期不详，入宫原因也不详；尽管史书上评价蔡伦"有才学"，不过最终也只明确列出改进造纸技术这一个才能。[18] 蔡伦是一名宦官，净身后进入皇宫成为被皇室役使的一员。人们认为，可以放心地让宦官来保护帝王的后宫，甚至是照料帝王的饮食起居，而不必担心他们为了后代子孙争夺权力和财富。[19] 然而即便知道这些，在很大程度上蔡伦的身世仍然是一个谜，唯有等他与地位更高的人物发生交集后，才能得窥他的生活和行动。

蔡伦入宫担任宦官两年后，年纪轻轻但聪慧过人的窦氏从咸阳出发，向东行进二百五十英里来到洛阳。窦家原本财力雄厚，由于与先皇汉明帝发生争执而衰败，作为长女的窦氏决心光复门楣。一年后，16 岁的窦氏嫁给当时的皇帝汉章帝，开始逐步掌控朝政。[20] 但即使贵为皇后，窦氏仍有众多竞争对手。

窦皇后政治道路上的第一个障碍是当时皇帝宠爱的宋贵人。由于窦皇后没有子嗣，宋贵人的儿子刘庆被立为太子，这对窦皇后的权力形成了不容忽视的挑战。宋贵人患病，寻找草药以缓解疼痛，窦皇后趁此机会向皇帝进言，说宋贵人企图用草药对皇帝施行巫术。严刑拷打之下，宋贵人承认自己图谋不轨，皇帝震怒，褫夺了宋氏的贵人封号及其子的太子之位。据说不久之后宋氏"忧虑而死"——这不过是自杀的委婉说法。《后汉书》简明扼要地写道，对宋贵人进行拷问之人正是蔡伦。[21]

随后，窦皇后又将怒火转向皇帝的另一位宠妃梁贵人。她指使蔡伦写匿名信诬陷梁贵人的父亲"极尽险恶之能事"。梁家三代皆遭蔡伦毒笔之害：梁贵人的父亲以"莫须有"的罪名入狱，并于公元83年死在狱中；同年梁贵人也"忧虑而死"；更糟糕的是，梁贵人的儿子（章帝新立的太子）刘肇被窦皇后掌控、洗脑，终生只认窦皇后为母。[22] 公元88年，汉章帝驾崩之时，窦皇后的权势达到顶峰：十岁的刘肇即位称汉和帝，直到成年之前一直由窦太后临朝摄政。入宫仅十来年，窦太后完全掌控了朝廷。

随后窦太后迅速提拔了蔡伦。她以汉和帝的名义，将这位听命于她的宦官擢升高位。蔡伦成为皇帝的私人顾问，后来又兼任尚方令（尚方是主管武器杂具制造的机构）。[23] 公元105年，当时窦太后已驾崩数年，蔡伦才终于摆脱了由于窦太后的名声和恩宠而笼罩的阴影。他站在朝堂之上，展示自己在庭院进行的实验所取得的成果：用植物纤维制成的轻薄、平整的片状物。先将植物纤维捣碎，然后放入院子中的水池进行浸泡，过滤以后按压、晒干成光滑的表面。古代中国人将这种片状物称为"纸"，这也是最初问世的纸张。[24]

与其他古代发明家一样，蔡伦并没有准确且详尽地记录他制

作纸张的步骤。《后汉书》的作者明确记录了造纸术的基本事实，不过，从现代的角度来看，古代造纸术的配方也许不如之前莎草纸和羊皮纸的那么重要。自蔡伦第一次通过捣碎、过滤、按压的方法将植物纤维制成纸张开始，两千年间，这种制纸工艺从未中断。

与莎草纸这类层压的书写材料不同，制作"真正的"纸张的第一步是获取大量的纤维。[25] 据《后汉书》记载，蔡伦的配方混合了构树（又称楮树，一种桑科落叶乔木）内皮、麻绳边角料、废弃麻布、旧渔网的绳子等。[26] 制作纸的原材料极为广泛，如芦笋茎、树皮、仙人掌、棉花、象牙、皮革、粪肥、苔藓、荨麻、纸莎草（茎秆或剖片）、泥炭、花粉、马铃薯、大黄、缎子、海草、稻草、甘蔗、烟草、蓟、木浆、羊毛等，只是蔡伦在原材料的选择上不可避免会受制于当地的资源和风俗。[27] 尽管蔡伦的配方有一丝女巫的气息（竟然使用构树内皮和旧渔网！），然而从他本人的角度来看，他的材料清单一定就像今天人们使用木浆一样自然。

蔡伦所用的首要原料——构树内皮，几乎是造纸原料的不二之选。构树在中国的种植与培育由来已久，比蔡伦所处的时代还要早一千余年：它的果实可以供人食用，叶子可以饲喂桑蚕，树皮可以入药。[28] 此外，在蔡伦的家乡，人们还会将构树内皮敲打成薄片，用于制作衣服，或是作为临时书写材料。[29] 这样看来，将柔软的浅色的构树内皮应用于"真正的"纸张的制作，是一种合乎情理的变革，构树也成为造纸的代名词。直到现在，中国、日本和韩国在使用古法造纸时仍然会使用构树。[30]

成熟的构树在用于造纸之前，需要先进行修剪，或者砍倒后只留下树桩，这样它们可以再次繁茂生长，每年都可以收割。收集起来的树枝先用高温蒸煮，剥去外皮，然后再撕下内皮。将内皮洗净,与生石灰或草木灰一同水煮以便软化。然后再用木槌击打,使其进一步软化。在蔡伦的时代,造纸是具有顽强生命力的手工行业,如今,在中国和日本一些继续用古法制纸的村落里,这个行业仍然存在。[31]

蔡伦选用的其他造纸原料同样取决于当地的风俗习惯和需求。大麻一般作为一种纤维作物进行种植,可用来制作绳索、网和织物(占卜师和巫师也会利用大麻花卉的催眠效力,特别是在中国偏远的北方边疆地区),充裕的废弃麻制品一定会吸引工匠的注意。[32]正如蔡伦把自己家乡的构树皮纳入造纸原料一样,这项古老的传统启发使用麻头、破布,这也预示了造纸工艺的新发展。

蔡伦时期以及此前的一些中国古籍中都曾提到,人们在河水中清洗捶打麻头、破布,不过这样做的原因不明。公元前3世纪有一

纸匠从漂浮着捣碎的纤维的水槽中取出竹制模具。这幅木版画摘自1637年的《天工开物》一书,是已知最早反映中国纸匠造纸过程的作品。[33]这里所显示的模具是一个"组合"模具,中间是较细的竹条编的帘床,外用较宽的竹条制成的帘架加固和支撑

则记载,描述一个制作药霜的作坊就要求工匠在水里冲洗和敲打麻头、破布,但这种情况极其罕见。这种做法有着某种西西弗式的悲情,却看不出任何明确的目的。然而,蔡伦却接受了这种做法,并将其应用在制纸工艺中。在原材料到位后,蔡伦将构树皮、麻头、破布和其他废旧纤维浸入水中直至它们分解,然后在石臼中彻底捣碎,形成丝状的黏稠的纤维悬浮物。[34]

接着,蔡伦从水槽深处浑浊的浆液中奇迹般地变出纸来。他将一个绷着布面的简易竹框模具垂直地浸入浆液中,放平再取出,布面就出现了一层缠结在一起的纤维。晃动竹框模具去除多余的水分后,蔡伦将模具连同抄起的纤维一同放在太阳下,并急迫地等待它们晾干。[35]

人们对于蔡伦使用的造纸模具的设计有诸多猜测。最简单的

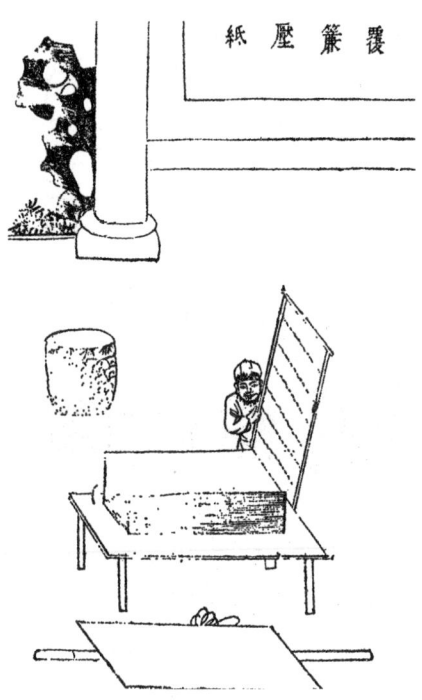

一张张纸从模具上取下后叠积起来

第三章 纸浆传说:纸张在中国的起源

固定式布面模具，与上文提到的相似，基本上中间只是一块平铺的布，外绷一个坚硬的竹框支撑，时至今日，仍然为一些传统的纸匠所使用。蔡伦的造纸模具很有可能与此模具相同。[36] 其他传统的纸匠则使用相对复杂的"组合"模具，不过这里的复杂只是一个相对概念。组合模具是由多个部分构成的精巧装置，设计各异，但总体的设计原则都是相同的：用一个坚硬的框架（帘架）支撑一块可移动、有弹性的筛垫（帘床），垫子用"定纸框"（帘夹儿）固定住，以免纤维外溢。这种组装的模具浸入水槽中以及取出的方式，与固定式布面模具相同；前述工序完成后，取走定纸框，使帘床与帘架分离，然后将一层黏结起来的纤维取出后"平铺"到干燥的表面。这种模具可以立即重新组装制作新纸张。用这种方法制作的纸一般

把潮湿的纸张摊在夹墙上，并在两堵墙之间架火烤砖将纸烘干。17世纪所采用的方法必然比最早期的方法先进许多。蔡伦时期，工匠们很有可能是将纸留在模具上在太阳下晾干

会呈现出平行的"压线纹理",这是编制帘床的竹子或草(后来是线),与用于捆绑帘床的线或动物毛发间隔交叉形成的。尽管组合模具已经应用了很长时间,但是由于蔡伦时期的纸张没有类似的标记,所以人们比较确定的是,蔡伦一定是使用简单的"竹子+布"的固定式布面模具制作纸张的。[37]

捶打、捣碎树皮和麻头、破布,浸泡在水中并用模具取出纤维,滤掉纤维中的水分,将模具连同抄起的纤维一同放置晾干,然后,蔡伦终于可以小心翼翼地从模具上取下一张纸。[38]人们无法确切地得知最早的纸张用毛笔书写时效果如何,或是能否经得住折叠、弄皱或打卷,但或许人们可以通过合理的猜测离真相更近一些。现代纸匠采用构树皮和布面模具制作的纸张,与蔡伦的做法必然有所偏差,然而使用这些传统工具与原材料,人们得以在一定程

一张用构树皮纤维制作的纸,大小约为 $5\frac{1}{2}$ 英寸 × $4\frac{1}{2}$ 英寸,是作者在克丽茜·荷根(Chrissie Heughan)的指导下,使用细铁丝网模具手工制成的

第三章　纸浆传说:纸张在中国的起源

度上重现古代中国的蔡侯纸。古法制作的纸张很重,像布一样,而且毫无疑问十分粗糙,不过却也非常结实——芦苇笔会划破纸面,钢笔尖会磕磕绊绊,只有中国古代的毛笔可以流畅地在纸张上书写。蔡伦只要对他的纤维配方进行一些调整,并对模具进行更多的练习,所造出的纸便能在昂贵的丝绸和使用不便的竹简间找到完美的平衡。[39]

朝廷对蔡伦的发明非常满意。公元106年,也就是蔡伦公布发明成果的第二年,他被任命为"中常侍",随侍幼帝左右,参与国家大事,地位与九卿等同。此时窦太后驾崩已久,但是由于投靠了邓太后(另一位因皇帝年幼独掌大权的女性),蔡伦不仅加官进爵,还有更加丰厚的俸禄。[40]

蔡伦的失势也来得非常突然。公元121年,邓太后驾崩,昏庸无能的汉安帝亲政。这位新皇帝是刘庆的儿子,此前,刘庆被窦太后和蔡伦合谋废黜了太子之位并被驱逐出皇宫。安帝牢记此深仇大恨,决意复仇。[41]他下令要蔡伦自首并为所犯的罪行接受惩罚,但蔡伦最终却没有出现。在沐浴更衣,穿上自己最正式的官服后,这位造纸术的发明者也"忧虑而死"(这回轮到他了)。[42]

尽管下场凄惨,然而蔡伦的名誉却并没有受损。直到公元7—10世纪的唐代,蔡伦用来捣碎植物纤维的石臼仍然在皇家博物馆里进行展示,以便人们能够看到"蔡侯纸"是从哪里造出来的。[43]据记载,在更晚的10—13世纪的宋代,成都为蔡伦立了一座祠堂,以示对这位造纸术的发明者的尊重,有名气的造纸世家都要去那里瞻仰朝拜。[44]造纸术与火药、指南针、印刷术(在后面的章节中会有更多的介绍）一起被称为中国古代的"四大发明"。[45]

在机关算尽的宦官、渴望权势的摄政太后以及神奇的造纸术的背后，还有另外一个故事。那就是蔡伦，蔡侯纸的发明人，其实根本就没有发明造纸术。考古学家已经在年代定位为公元前1世纪和公元前2世纪的瞭望塔和坟墓中发现了碎纸片，表明古代中国人用麻头、破布制造纸的时间，至少比蔡伦出生的时间早两百年。[46]历史文献也证实了这项历史发明的另一个版本。造纸术的发明时间实际上非常古老。一枚公元前217年的竹简上记载道，巫师将麻制成纸（尽管是麻做的鞋），以驱除一个头发直立的人的"邪恶之气"。其后，公元前93年，据说汉武帝让一位觐见的王子用纸盖住他畸形的鼻子，以免他容貌上的缺陷冒犯龙颜。[47]

以上这些都指向了一个问题：如果蔡伦明显没有发明纸张，那么为什么他与这项发明紧密地联系在一起呢？其中最有可能的原因是，蔡伦（或是他的一位不知名的下属，其发明成果被蔡伦据为己有）改良了这门工艺，使其实用可行。比如，他可能开创性地使用了构树皮，或是改进了用于从纸浆槽中提取纤维纸张的模具。[48]无论蔡伦具体如何改进了造纸术，他的名字将永远与这一工艺联系在一起。经过数十年宫廷阴谋的磨砺，这位古人必定精于人际关系谋略，其影响延续至今。

第四章
从丝绸之路到纸张之路：纸张走向全球

　　尽管现如今东方的纸与西方的书密不可分，然而它们的融合并非一蹴而就。由于辽阔的亚洲草原、沙漠以及山脉的阻隔，蔡侯纸历经几个世纪才传播到欧洲，又经历了更长的时间才普及开来。事实上，纸张在书籍制作方面的功能，仅仅是推动其传播的多种力量之一；人类对宗教、战争甚至是纸内裤的狂热对于纸张的普及也功不可没，或许还更加重要。

　　造纸工艺就像之前的丝织工艺一样，都是古代中国人小心翼翼保守的秘密。据传那些试图私自外传丝绸生产中任何核心技术的人，无一例外地会受到严厉惩罚，有些甚至被处以死刑。蚕茧、蚕以及用于喂养蚕的桑树都被视为国家机密。尽管尚无证据表明底层的纸匠也受到这种极端的知识产权保护措施的束缚，但是在长达几个世纪的时间里，造纸术一直是中国以及与其关系亲密的数个东亚

盟国的独有工艺。[1]

正是在这种培育性氛围中，纸张作为竹帛的替代品盛行起来。首先，它的生产工艺逐步得到简化和优化：除了蔡伦时期使用的树皮、麻头、碎布和渔网，还增加了黄麻、藤、草、芦苇、稻麦秸秆以及适量的竹子（由于供给充足、纤维较长而受到重视）。[2] 蔡伦时期简单的固定式布面模具被组合式模具所取代，日均纸张生产量大幅提高。[3] 作为书写材料，纸张的品质也有所改善：加工成形后，纸张从组合式模具柔软的垫子上移开，经过按压挤水，书写表面会更加平整均匀。后来，大约在公元8世纪，纸匠们尝试给他们的纸张"上浆"，即通过特定处理预防纸张被液体浸湿，避免因墨水洇纸而影响书写效果。对纸张上浆，必须将纸张浸入热气腾腾的、装满明胶的大桶中，再小心翼翼地将其取出，而不能撕裂、磨损或沉入桶底，然后再用力按压，将多余的明胶挤回桶中。这道工序又湿又滑，处理起来非常棘手，大量的纸张在上浆过程中遭到损害，因此中国造纸匠把上浆室称为"屠宰场"。[4] 最后，无论纸张是否上浆，都会用石头或光亮透明的玛瑙将其表面抛光，形成有光泽的纸张。[5]

造纸工序极为复杂。从砍伐构树树枝到成品纸的完成，一位中国造纸者在细数每一步操作后不禁感叹道："片纸不易得，措手七十二。"[6] 造纸本身并没有可供与外国交易或售卖的核心机密（也无须将蚕或蚕茧藏起来以避免被窥视），它依靠的是大量的小秘密，每一个小秘密都在生产这种获利丰厚的商品的过程中起着增值的作用。

除了造纸工艺的变革，中国纸匠还面临着各种蛀书虫的威胁。尽管没有哪种生物被命名为"蛀书虫"，但是无数种吃纸的甲虫、蟋蟀、飞蛾、衣鱼和蟑螂*以及用于防治这些虫子的药剂，都有可能形成钻透一整卷书的破洞。⁷后来，当造纸术向更远的西方传播时，一些阿拉伯作家甚至专门给"蟑螂王"留下了哀求的词句，恳请它不要破坏自己的稿件。对于这个问题，中国纸匠则采取更加实际的处理办法。在公元 7 世纪，法令规定所有的纸张都要进行防虫害处理，中国的制纸匠于是研制了一系列化学威慑武器：黄檗的树皮可以产生一种驱走虫类的有毒黄色染料，或者在纸张上涂抹铅黄（一种铅、硫和硝石的混合物，听起来毒性就很大）也能取得相同的驱虫效果。⁸他们认为，对要保存的纸质书卷采取物理预防措施也同样重要。公元 6 世纪的一位太守贾思勰写道，书柜应该用麝香和温柏熏蒸以防止昆虫在其间繁殖，每年夏天应该将书卷打开三次，检查是否被蛀虫侵袭。他提出应该选择晴朗的天气在宽敞通风的房间里查看书卷，还要注意避免阳光直射，以免纸张变褐和吸引昆虫。⁹贾思勰的认知已与现代图书管理员无异，即我们保存纸张的方式至少和我们制造纸张的方式同样重要。

古代中国一方面不断改进和完善造纸工艺，另一方面对技术机密守口如瓶。然而世上没有不透风的墙，丝帛与纸张的秘密也概莫能外。公元 3 世纪，缫丝技术已经传到日本。公元 300 年，这门技术又传到了印度。即便是对缫丝工序缺乏真正了解的希腊人和罗马

---

* 有一种昆虫的名称与笼统的"蛀书虫"的概念极为相似；然而，令人困惑的是，这种所说的"书虱"既不吃纸，也不是虱子。这些小昆虫偶尔会破坏装订在一起的纸张，不过它们更喜欢吃的是显微镜下可见的霉菌。因此，书虱横行表明书籍存放的环境过于潮湿，这一危害远远大于书虱对书籍本身造成的威胁。

人（他们曾经天马行空地构想出"丝之树"），在获知了桑蚕的秘密后，最终也共同放弃了不切实际的猜测。[10] 随后，造纸技术也在无意间传播开来。中国的僧人需要学习纸张以及笔墨的制作工艺，以便为新信众制作传播佛教教义的小册子。他们满怀热忱，在传教的过程中将造纸技术带到了东部的韩国、日本，南部的印度支那以及西部的印度。[11] 然而，在没有受到中国文化影响的地区，纸张的传播受到了遏制；纸张的进一步扩展，需要依靠一种全新的、更有活力的宗教。

到了公元 8 世纪中叶，在先知穆罕默德去世一百多年后，一个庞大的阿拉伯伊斯兰帝国横跨了北非、中东和亚洲。当时它正值倭马亚王朝（第一个强盛的穆斯林王朝）时期，国家领土陷入内外交困的危机之中。[12] 公元 732 年，在与查理大帝的祖父查理·马特（Charles Martel）进行了普瓦提埃战役后，穆斯林在欧洲的扩张得到抑制，帝国在中亚和北非的边境则分别受到了土耳其人和柏柏尔人的挑战。[13] 最终，部族纷争使倭马亚哈里发的统治摇摇欲坠。公元 750 年，声称与先知穆罕默德的叔叔有直系血缘关系的阿布·阿巴斯·萨法赫（Abu al-Abbas al-Saffah）推翻了倭马亚王朝的统治，创建了阿巴斯王朝。这位新哈里发看到自己的野心在欧洲暂时受阻后，就把注意力转移到了相对容易入侵的东方。[14]

阿巴斯发动政变一年后，在齐亚德·伊本·萨利赫（Ziyad ibn Salih）的指挥下，阿拉伯远征军离开撒马尔罕市（即如今的乌兹别克斯坦）东行，前往中国管辖的土地。远征军到达怛罗斯（现在译为"塔拉斯"）后，与唐朝爆发了一场堪称传奇的怛罗斯之战：据说萨利赫全面击溃了驻守当地的中国军队，五万名大唐士兵战死沙场，还有两万名士兵被俘。这些俘虏中有一小部分人是应征入伍的中国造纸工匠，他们遵循传统方法开始在撒马尔罕造纸，并推动了这门技术在整个阿拉伯世界的传播。[15]

传说中那些激动人心的细节，如大批军队被困，进退维谷，而囚犯知晓此前被勒令禁止传播的工艺的秘密，一想便知实在是过于简单了。大约三百年后，诗人、作家阿布·曼苏尔·萨阿里比（Abu Mansur al-Tha'alibi）在他撰写的《奇妙而有趣的故事大全》（Lata' if al-ma'arif）中首次记录了怛罗斯之战的故事。[16] 正如书名所示，萨阿里比并不关心这场大获全胜的战争的历史意义：在中世纪的穆斯林作家看来，这是一部英雄史诗，是一系列重大事件、显要人物以及著名地点的碰撞与结合。事实上，萨阿里比以及与他同时代的人都不知道纸是如何传到撒马尔罕的，可是，如果说纸张就那么凭空出现了——某一天一个不知名的工匠忽然穿过城门开了一家卖纸的店铺——这种说法也不太说得过去。如果必须就撒马尔罕为何成为造纸行业的中心之一给出某种符合逻辑的解释，那么这个逻辑就是：造纸术是中国人发明的，一支中国军队在怛罗斯被击溃，因此，纸张一定是来源于在那场战斗中被俘的因犯。[17]

阿拉伯人很喜欢这种新的书写材料，并充满热情地接纳了它。公元762年，怛罗斯之战十余年后，阿巴斯政权将首都从大马士革向东迁至靠近中心地带的巴格达，远离了战争不断的欧洲。纸张正是在这里兴盛起来。[18] 依照传统，哈里发的指令必须使用莎草纸或羊皮纸来记载。然而，莎草纸需要从遥远的产地运输而来，另一种书写材料羊皮纸又太过昂贵。相比之下，中国纸张的生产不受地域限制，而且价格低廉。在哈里发哈伦·拉希德（Harun al-Rashid，公元786—795年在位，阿尔弗雷德·丁尼生轰动一时的维多利亚时期诗歌《追忆一千零一夜》的主角）统治的鼎盛时期，巴格达建立了第一家造纸厂，产品一经推出，几乎立刻得到政府的肯定和采用。[19] 阿拉伯帝国庞大的官僚机构纷纷引进这种新型的书写材料，财政部、邮局、内阁、军事办公室、中央银行以及美其名曰为"慈善机构"的税收机构,对纸张的需求量与日俱增。[20] 新首都呈现出一派繁忙景象:官员、学者、伊玛目在拥有上百个店铺的不断扩张的文具市场里摩肩接踵;人们在这里既可以找到供职于智慧宫(世界上第一个被承认的综合性大学)的基督教翻译人员,也可以看到伊斯兰教神职人员。[21]

伴随着纸张在整个阿拉伯帝国的传播,阿拉伯的造纸工匠们不断对纸张加以改进;相应的,纸张也潜移默化地改变着那些经手它的人。当造纸术穿过伊朗、伊拉克、叙利亚、埃及、摩洛哥、西西里岛,最终到达西班牙时,已是巴格达建立第一批造纸作坊的三个世纪以后,阿拉伯人已经将造纸从家庭手工业发展成为真正的制造行业。碎布料无须再用人工捣碎,取而代之的是用水力驱动的锤子;亚麻布和麻制布料比未经加工的植物纤维更为容易捶捣,因此无须引进中国植物;此外,纸张上浆不再使用明胶,只要小麦淀粉就足矣。[22] 然而,并不是所有的改变都是技术上的改进。中世纪时阿拉伯纸张是挂起来晾干的,而没有挤压水分这一步骤,这就要求上浆时必须把浆糊涂抹均匀,使粗糙的表面变得光滑。[23] 尽管存在这样那样的瑕疵,阿拉伯人在生活的方方面面都会用到纸。以阿拉伯数学家阿尔·花剌子模(al-Khwarizmi)命名的数学算法符号,最初需要用指尖在铺着沙子的托盘上写出数字,如今则写在不易擦除的纸上。[24] 从食谱、流行爱情小说到宗教评论,新的文学形式不断涌现。[25]

对于当时信奉伊斯兰教的阿位伯人而言,纸才是王道。羊皮纸和莎草纸走向没落,取代它们的纸张在伊斯兰哈里发的全力支持下,继续征服亚洲和北非。信仰基督教的欧洲以不安的目光注视着这股浪潮缓慢地逼近,公元8世纪,当北非的摩尔人越过蓝色的地中海并征服伊伯利亚半岛支离破碎的西哥特王国后,这种不安演变为恐慌。摩尔人在那里建立了一个叫作安达卢斯的伊斯兰国家:伊斯兰教传到了欧洲,不久之后,穆斯林所钟爱的书写材料也将随之而来。²⁶ 就其本身而言,基督教欧洲根本不情愿伊斯兰教和纸张传到欧洲。

1150年,西班牙的克萨蒂瓦市(位于安达卢斯东海岸中部,靠近如今的巴伦西亚)建立了一家造纸厂,欧洲的造纸业正是由此开始。²⁷ 发现于西西里岛的一份可以追溯到1109年的纸质手稿表明,欧洲人已听说过这种纸,不过在当时基督教盛行的欧洲还没有造纸厂。羊皮纸一直是虔诚的基督徒专用的书写媒介,对于这种当时占领了欧洲大陆大片土地的异教徒所偏好的书写材料,他们充满了怀疑。²⁸ 1141年,一位被称为彼得尊者的修道院院长不屑于将普通纸张与羊皮纸进行对比,还对莎草纸进行了抨击。他写道:"如果上帝在天堂阅读《犹太法典》,那么这本书的材质会是什么呢?是我们日常所用的公羊皮纸、山羊皮纸,还是用废弃的旧内衣布片或是东方沼泽地里的杂草等肮脏的材料制成的纸?"²⁹ 这种对纸张的不满情绪愈演愈烈,最终在1221年,神圣罗马帝国皇帝腓特烈二世(Frederick II,中世纪欧洲最强大的统治者之一)公开宣布,从今往后,任何写在纸张上的政府文件都是无效的。³⁰

到造纸术传入西班牙时,欧洲人对已经攻入欧洲大门的入侵者的怨恨演化为一场全面战争。基督教十字军进攻了穆斯林占领的安达卢斯,甚至连克萨蒂瓦在建的造纸厂也没放过,欧洲的纸张生产受到威胁。尽管《古兰经》把基督徒称为"圣书的子民"(People of the Book），但十字军不仅烧死他们眼中的异教徒，还轻易就烧毁了书籍。他们会利用一切机会将愤怒的目光投向那些制造了羊皮纸的竞争对手的伊斯兰造纸厂上。[31]

不过事实的发展恰恰相反。尽管阿方索十世（Alfonso X，当时刚摆脱外部统治的西班牙中部地区卡斯蒂利亚王国的国王）限制使用纸张书写文件，但西班牙的造纸业在基督教的猛烈冲击中挺了过来并不断走向繁荣。[32] 考虑到当时的欧洲对纸张的反感，人们尚不清楚为什么会出现这种情形。一种推测是，由于安达卢斯南部的摩尔统治者对采用伊斯兰教治国日益狂热，因此温和的穆斯林造纸匠逃往了北方更加宽容的基督教地区。还有一种推测是，在新占领的领土上建立的基督教管理机构办理公务需要大量的纸张，从而刺激了纸张的供给。[33]

1244年，克萨蒂瓦造纸厂处于基督教徒控制之下，在随后的一个世纪里，像它一样的造纸厂散布于欧洲南部各地。尽管修道院的院长、修道士以及国王仍然对这种新的、异教徒使用的书写材料心存疑虑，然而对宗教缺乏敬畏之心而又囊中羞涩的抄写员们则很快就改用纸张抄写书籍和其他文件。[34] 穆斯林造纸匠们开始被他们的欧洲竞争对手赶超，正当基督教会抱怨纸张受到了伊斯兰教的玷污时，东方的穆斯林神职人员很快就面临着从"喝红酒"与"吃猪肉"的西方人那里进口纸张的窘境。[35] 更糟糕的是，随着13世纪晚期水印艺术臻于完善，穆斯林学者如果把一张纸举到灯下，可能就会发现幽灵般的十字架、十字军盾牌甚至是基督的脸。[36] 至少有一部中世纪的《古兰经》是抄写在带有十字图案水印的纸张上的，令穆斯林神职人员心生疑窦，并催生了一项法特瓦（伊斯兰律法的裁决或教会），明确解释非穆斯林制造的纸张也是可以安全使用的。[37]

约斯特·安曼于1568年创作的版画,描绘了一位造纸工人的工作场景。工人身后是用于挤去多余水分的挤压设备,以及一排用水力驱使转动的杵锤,然后纸张就完成了

水印，从几何图形到工具、动物、植物以及宗教符号等任何图案，是通过模具上凸起的设计印制到纸上的。欧洲的造纸工匠自12世纪中叶起已经开始使用金属丝网制成的模具，用较粗的金属丝打造的设计图样很容易固定到模具的细网格上。[38] 如今，水印通常用来标示纸张的造纸厂，然而中世纪的造纸匠希望通过水印传达的意图仍然是个谜。或许是造纸工厂里那些不识字的捞纸工利用水印来区分不同型号的模具，或者是个别的造纸厂利用水印来标记当天所完成的纸张，然而这两种解释都不能完全令人信服。[39]20世纪初，有人提出了一种新观点，却令基督教徒与伊斯兰教徒都深感不安。

在中世纪，欧洲的造纸业被限制在一个长条地带，包括西班牙北部、法国南部、意大利的伦巴第和托斯卡纳等省，一个自称受旧罗马帝国迫害的基督徒后裔的宗教派别正巧出没在这一地区。[40] 卡特里派（又称清洁派）相信三位一体的"高尚之神"与"邪恶之神"相互对抗，后者创造了世界，并让罪恶遍布其中。他们认为撒旦是真实存在、至关重要而又恐怖可怕的神，这与天主教的一神论完全矛盾。[41] 由于无法说服卡特里派抛弃他们的异端邪说，1208年，借口一名天主教使者于当地遇害，教皇英诺森三世（Innocent III）发起讨伐卡特里派的行动，卡特里派自此消亡。[42]

很久以后的1909年，一位名叫哈罗德·拜莱（Harold Bayley）的作家出版了一本中世纪水印图录。他在这本名为《文艺复兴之新曙光》(*A New Light on the Renaissance*)的书中写道："水印（无论它们后来可以用于何种商业用途）最初的功能是标识，因此具有非常明确的含义，它们呼唤着我们去寻求答案。"[43] 拜莱所提到的答案，就是卡特里派秘密团体仍旧存在，他们藏身于市井之中，在造纸厂兢兢业业地工作，让他们的异教标记随着纸张遍布基督教世界,并扩散到基督教世界以外。⁴⁴拜莱还写道,这个隐秘的宗派促进了文艺复兴运动,推动了宗教改革,他们用壶与水罐(暗喻圣杯)、独角兽与牡鹿(代表"纯洁派"自身)以及其他标记传达他们一直都在,没有消亡。⁴⁵

当然,《文艺复兴之新曙光》一书并没有引起学术界的关注,同样也没有遭受批评。1924年,英国皇家地理学会在一篇发表的文章中提及了这本书,对拜莱的"以壶罐暗喻圣杯"的假说表露了些许怀疑;1943年,达德·亨特(Dard Hunter)在《造纸术》(*Papermaking*,关于造纸工艺的典范之作)一书中也提及了拜莱的研究,但并没有做出任何评价。⁴⁶无论是否过于深奥,拜莱的书都是为数不多的严谨研究之作,尝试解释了中世纪的纸张上为什么印有水印。

单独地看,中世纪的欧洲造纸匠们为了战胜阿拉伯竞争对手而不断对造纸工序进行的改良一点也不复杂。事后想来,有些创新几乎是平淡无奇的:以"基座"为例,这种木制支架可以使模具放在桶上沥水,这样就减轻了捞纸工助手的工作,使他无须站在纸浆桶边举着模具。⁴⁷此前压纸工用来挤干成摞的潮湿纸张的压杆也让位于螺旋压榨式脱水装置。块状的小麦浆糊被明胶(中国人早先就已使用)所取代,这些明胶提取自从羊皮纸制造者那里购买的皮革和羊皮纸碎片,而羊皮纸制造者的市场却不断被新式纸张制造者所蚕食。⁴⁸

造纸匠也开始不同程度地依赖机械化生产。过去工匠们亲力亲为,用类似巨型鸡尾酒搅拌棒一样的木棍混合纸浆桶内的各种物质，如今这项工作则由机械驱动的桨轮来完成。[49] 抛光纸张用的石头被水力驱动的锤子所取代，锤子上下挥动对纸张予以一记重击后，纸张就成为光滑平整的成品。（再后来，人们开始使用巨型木头辊筒以达到更好的效果。）同时，他们还从罗马浴室中凸起的地板（奴隶在地板下点燃火炉加热上面的房间）得到启发，在造纸厂的墙壁内部和下面建造了加热通道，缓慢地对桶里的湿纸浆进行脱水处理，从而帮助捞纸工更加快速地用模具制成纸张。只是在造纸厂做苦力的童工看来，这种加热系统才是有缺陷的，他们需要爬进加热通道给火添柴，还得注意避免被烟呛死。[50]

提高生产效率的新改良却带来了一个意想不到的问题：桨轮、加热桶和锤子都无法解决造纸匠对亚麻破布（纸张最主要的原材料）的基本需求。[51] 虽然各种服装面料中都会使用亚麻，但内裤无疑是更换最勤的，因此"丢弃的亚麻内裤"成为造纸匠们青睐的原材料（这一点也成为彼得尊者等教士贬低纸张的理由）。[52] 纸张由于自身的优势受到越来越多人的欢迎。

公元 13 世纪，随着中国的另一项发明纺车的传入，亚麻内衣短缺的问题得以缓解。[53] 然而，故事并没有到此结束。事实上，这不起眼的纺车催化了一场将要改变欧洲文化面貌的革命。这一在人类历史上具有划时代意义的重大变革，最初并没有得到充分的重视（后面的章节中会有所涉及，此处不再赘述），而对于造纸匠而言，纺车传入后的几个世纪中大致情形是这样的：亚麻破布越多，可以生产的纸张越多，但这不过是把制作书籍的瓶颈转移到了手动抄写欧洲书籍的抄写员大军身上。15 世纪 50 年代，约翰内斯·谷登堡（Johannes Gutenberg）发明活字印刷解决了这一问题后，书籍出版的速度呈爆炸式增长，纸匠们则发现他们又回到了原点。纸张一经生产立即销售一空，然而纸张的生产速度又得受限于能够获得的生产所必需的亚麻破布的供给量。[54]

这种情形在纸张的价格中也得到体现——即使造纸厂如雨后春笋般在欧洲各地出现,纸张的价格几乎不受影响。不过,羊皮纸的价格却遭受重创。当造纸术刚刚传入欧洲时,两种书写材料的价格大体相同,而到了16世纪末期,羊皮纸的价格则要昂贵许多,质量又明显下降。[55] 尽管宗教类图书或是重要作品仍然将羊皮纸作为不二之选——直到1480年,剑桥大学还只接受羊皮纸书籍作为贷款抵押品,然而纸张赢得了最后的胜利。欧洲人购买和阅读书籍的热情空前高涨,旧世界普通人群的预期寿命大幅提高,造纸匠们又开始为收购亚麻内裤的困难而苦恼。[56]

废旧亚麻布料的短缺一直延续到现代。1636年,在英格兰,人们谴责造纸厂进口的废旧亚麻布料是导致黑死病暴发的原因;1666年,为了应对又一次废旧亚麻布料短缺的危机,英格兰颁布了一项法令,禁止人们使用亚麻布作为丧葬服装,从而使得每年节省了20万吨的亚麻布。[57](直到19世纪,英国人和德国人仍然认为用亚麻布包裹死者下葬是不爱国的行为。[58])另一方面,随着邮政服务越来越好,更多的纸张和纸板用于包装物品,纸张供应的压力与日俱增;同时,由于棉制服装和羊毛服装价格较低,废旧亚麻布料的供应量进一步减少,因此出现了职业"拾荒人"(收集用于制纸的废旧布料,以及可以熔化为油脂的动物骨头,并以此为生),他们穿过伦敦的大街小巷,收集废弃的亚麻布,再卖给佩蒂科特街的废旧亚麻布料商人。[59] 到了1818年,纸张短缺的问题已经变得极为严峻,甚至报纸尺寸超过22英寸×32英寸便是违法行为。[60]

废旧亚麻布料短缺的危机不只限于欧洲。1776 年，美国独立战争爆发之际，北美第一家造纸厂（1690 年设立于费城）运营还不到一个世纪，它见证了刚刚建立的美利坚合众国也四处搜刮足够的废旧亚麻布料用来造纸。不过，当时新生的美国需要的是包装火药的"武器级别"的纸张（就是人们常说的"弹药纸"），而不是印刷书籍的普通纸。[61] 纸张供应已经上升为涉及国家安全的问题，当局也因此做出了反应。马萨诸塞联邦的政要下令，联邦内每个地区必须建立一个"安全委员会"，以确保为制纸储存足够的废旧亚麻布料；同期至少要有一家造纸厂在纸上印上水印，直白地劝诫人们"节约废旧亚麻布料"。美国的造纸匠们可以免除兵役，这种情况至少一直持续到 1812 年，而且当时在大西洋两岸，几乎每一家报纸以及期刊都在鼓励他们的读者节约废旧亚麻布料。[62] 亚麻布料短缺的情况似乎已经不能更加糟糕才对。

然而情况确实变得更糟了。

在美国摆脱了殖民统治，全世界还没来得及喘息之前，美国在独立战争中最有力的盟友法国又陷入了法国大革命。1793 年，国王路易十六及其王后玛丽·安托瓦内特被推上断头台（法兰西第一共和国的"国之剃刀"）。在接下来相对平和的十年间，新法兰西共和国的公民路易斯-尼古拉斯·罗伯特（Louis-Nicolas Robert）最先构思了一种将从此永远改变造纸行业的机器。[63]

罗伯特是圣莱济·迪多（垄断法国排版业和出版业的迪多家族的后代）开设的造纸厂的一名职员。多年来，为了改善薪酬和工作环境，厂里的捞纸工、伏辊工和杂工一直与唯利是图的老板进行激烈的抗争。因此，当罗伯特提出有望取代难以对付的员工的造纸机器的设想时，迪多予以了热切的支持。[64] 罗伯特设想的机器看似简单，实则不然：他重新设计了纸浆桶、模具等传统的制纸工具，将模具改为铁丝网传送带，桶中的纸浆可以缓慢而持续地沉积到传送带上。黏结成型的纸带穿过一对滚轴以挤出多余的水分，然后纸带被切成若干张，再挂起来晾干。

造纸机的工作速度缓慢，迪多也不是最优秀的管理者。他轻蔑地将罗伯特的努力描述为"毫无意义"，还把这位郁闷的发明家驱逐到附近的一家面粉厂以便他恢复热情。1798 年，罗伯特最终完成了一个可实际运转的模型。他就此写信给法国政府，谦卑地乞求专利局免费授予他专利："我的资金现状不允许我支付这项专利费用［……］只能恳请您委派一些工作人员检查我的工作成果，并充分考虑这项发明的巨大用处，免费授予我专利。"[65] 尽管有些鲁莽，但他成功了。第二年，政府不仅免费授予他专利，还慷慨地为他提供了 3000 法郎，以缓解他经济上的困顿。

第一笔资金到位后，再靠"无端网"（endless wire）造纸机融资就没那么容易了。虽然迪多承诺以两万五千法郎的价格收购罗伯特的专利，却并没有如期支付款项，导致罗伯特 1801 年被迫与他对簿公堂并收回专利权。然而当时迪多已经让他在英国的堂兄约翰·甘布尔（John Gamble）把罗伯特的方案送到伦敦。在那里，甘布尔将造纸机图纸卖给了造纸兄弟亨利·富德里尼耶和西利·富德里尼耶（Henry and Sealy Fourdrinier），富德里尼耶兄弟开始努力尝试将罗伯特的设备商业化。[66] 他们在赫特福德郡的一家造纸厂安装了一台样机后，消息传了出去，没想到英国造纸工人与他们的法国同行一样群情激奋：1813 年，卢德运动达到高潮，暴动的威胁迫使富德里尼耶兄弟把造纸厂的窗子用木板钉死，并在屋顶囤积了大量硫酸之类的化学物质，以便击退狂暴的卢德分子。[67] 要再花整整十年以及六万余英镑，长网造纸机（Fourdrinier machine，以富德里尼耶的名字重新命名）才进入商用，为此兄弟俩一无所获，早已走

向破产。⁶⁸

不过，当时长网造纸机已经有了自己的生命。到1830年，在贫困潦倒的罗伯特去世仅仅两年之后，他发明的机器的后代在市场上应用甚广，数量巨大：有些长网造纸机上安装了金属丝网"水印辊"，使得机器制造的纸张也能呈现出直纹、链纹和水印；有的机器则安装了真空抽吸，以便将传送带上黏结成型的纸张中多余的水分抽出来。一些机器设置了能够加速干燥的加热圆筒，能生产无限长的"卷筒纸张"，而无须对每张纸单独进行干燥处理，进而使用"轧光"辊进行抛光与压平，使其光滑精致。⁶⁹在人类完全放弃粘贴一张张莎草纸制作卷轴后，经过一千年的摸索，造纸匠终于造出了一种机器，可以生产出连续的完美的纸卷，完全看不出接缝。与

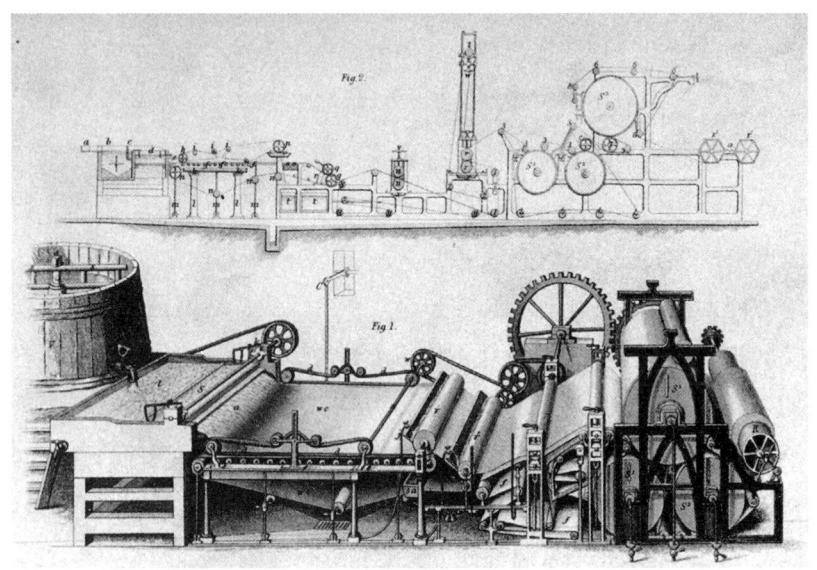

两台长网造纸机同时期的图解（约1854年）。根据图1，纸浆从桶v穿过过滤器s，流到金属丝网传送带wc上。通过辊r'和r''挤出的水分，排入"节水装置"sa，并将再次回到大桶中。纸浆被导流到毛毡f上进一步挤压，之后通过蒸汽加热的辊S1、S2和S3干燥。最后纸卷成品缠绕在卷筒R上⁷⁰

第四章 从丝绸之路到纸张之路：纸张走向全球　　63

长网造纸机带来的矛盾相比,这样的小小讥刺根本算不得什么。本就极度缺乏亚麻破布的造纸业却改用了会大量消耗亚麻破布的新造纸设备。

到了19世纪中叶,美国只有两家手工造纸厂还在运营,取代造纸工人的八百台长网造纸机对于废旧亚麻布料的巨大需求令人吃惊。仅在1855年,美国的造纸业就消耗了4.05亿磅亚麻布料,其中大部分都依赖于进口。当时流传着这样的故事:缅因州加德纳的斯坦伍德与托尔造纸厂由于急需造纸纤维,竟然进口埃及木乃伊,仅仅是为了获取木乃伊盒(分层堆积、类似于混凝纸的材料,用于制作石棺)中的纸莎草和亚麻纤维。他们将这些原材料扔到纸浆桶中,制成可供屠户、杂货商等使用的粗糙牛皮纸。据说工厂中有的工人因为没有给这些亵渎神明的原材料消毒而感染了霍乱。[71]

书籍历史学家和埃及学家都自我安慰,认为这不过是一个荒唐的故事,他们还援引了马克·吐温讲过的一个类似的荒诞故事:埃及有条铁路上运行的火车,十年间都是以燃烧木乃伊作为燃料的。[72]学者们推断,斯坦伍德与托尔造纸厂很可能确实从埃及进口了废旧亚麻布料,但这些废旧亚麻布料却未必包裹着当时在埃及地位尊贵的死者。[73] 2003年,勇敢的图书管理员S. J. 沃尔夫(S. J. Wolfe)为了查明真相,找出了一则发布于1855年的广告。这是为了宣传康涅狄格州的诺威奇市建立二百周年庆典而发布的广告,这张独立的印刷页在底部对纸张的来源进行了简要说明:

这页纸是由美国康涅狄格州格林维尔市的切尔西制造公司

（世界上最大的造纸厂）生产的。制作这页纸的材料来自埃及。它出自古代的陵墓，曾经用于包裹木乃伊，对其进行防腐处理。[74]

木乃伊纸是真实存在的。这种做法可能从未传到康涅狄格州格林维尔以外的区域，只是在没有人确切知道的时期，切尔西制造公司的工人们确曾把古埃及木乃伊的包裹布消解成纤维并用来制造纸张。[75]

很巧的是，正是被误解为木乃伊掠夺者的斯坦伍德与托尔造纸厂，亲身示范了造纸厂有什么样的可能去摆脱对废旧亚麻布料的依赖。1863年，该厂位于加德纳的分厂成为美国第一家使用木浆造纸的工厂。[76]

人们对废旧亚麻布料替代品的寻找由来已久。早在1684年，牛津大学耶稣学院的教师爱德华·路伊德（Edward Lhuyd）就曾经推断，纸张可以用石棉这种纤维状的天然矿物制成。[77] 在一封写给伦敦皇家学会期刊的信中，路伊德附上了一张他制作的易碎的石棉纸片样品，然而不久之后，他就因为其他工作而分散了注意力，没有开展进一步的研究。[78]（也许并非巧合，路伊德在生命后期饱受哮喘折磨，最终死于胸膜炎——一种影响肺部内层的炎症。因此，"像石棉造纸匠一样死去"的说法才没有同"像制帽匠一样疯癫"流传开来。[79]）而人们提出的其他造纸原材料，毒性还在其次，主要是极为怪异，比如美国开国元勋之一的罗伯特·R.利文斯顿（Robert R. Livingston）曾取得一项使用一种叫作"青蛙唾沫"的藻类来造纸的专利。[80] 与人们在寻找废旧亚麻布料替代品的过程中用于实验、申请专利并最终放弃的玉米壳、海草、玉米、稻草、海滩水草、棕榈叶以及其他奇奇怪怪的材料一样，利文斯顿的藻类尝试也是无果而终。[81]

与这些失败的尝试相比，使用木浆造纸的想法可谓不足为奇，也毫无新意。蔡伦及其后人曾经利用构树树皮造纸，但使用木材的想法则是很久以后由法国博物学家雷奥穆·费雷尔特·德·雷奥米尔（Réaumo Ferreult de Réaumur）提出来的。1719年，雷奥米尔向法国皇家学院讲述了他游历新大陆的见闻，在那里他观察到黄蜂用咀嚼过的木浆制作质地像纸一样的巢穴。人类能不能模仿这些勤劳的昆虫制造出真正的纸张？二十八年过去了，直到去世之时，雷奥米尔仍然在等待着答案。这距离造纸业普遍接受他的想法还有百年之久，而将这一想法付诸实施的时间还要再靠后一些。[82]

最终的突破性进展出现在1844年。一位名叫弗里德里希·戈特洛布·凯勒（Friedrich Gottlob Keller）的不得志的德国发明家，厌倦了只能编织和装订的乡下生活，受到雷奥米尔关于木浆造纸设想的启发，制造了一台用石辊碾碎木材的破碎机，并利用生成的木浆成功地制作出了纸张——尽管表面粗糙、颜色发黄，但确是纸张无疑。然而，当凯勒希望从自己的发明中获利的时候，他却比路易斯-尼古拉斯·罗伯特还要不幸。德国政府对木浆纸不感兴趣，凯勒被迫与一位名叫海因里希·弗尔特（Heinrich Voelter）的造纸商合伙。1852年，当他们需要为破碎机的共有专利支付续展费用时，凯勒无法支付他那一部分的费用；因此，这项专利只好完全归弗尔特所有，弗尔特也因此一夜暴富。[83]造纸商们终于摆脱了亚麻内裤这种原材料的束缚。

随着19世纪走向尾声，造纸商逐渐摆脱了简单粗暴的工业破碎机。他们不再通过外力强行将木材碾碎，而是采用炼金术的工

序，用亚硫酸或碱性盐将木头碎片蒸煮后转化为纸浆。[84] 然后，用次氯酸钙漂白纸浆，使得棕色的木浆纸呈现令人满意的白色。[85] 而传统用于上浆的明胶，由于造价比其他所有原料加在一起还高，因此为硫酸铝（又称"造纸明矾"，与用于提高古莎草纸张亮度的化学物质相同）与树脂（即松香）的混合物所取代。其中，明矾能让树脂黏附在纸浆纤维上，并在纸张成品上形成防水（如墨水）涂层。明矾和树脂也是同样直接加入纸浆桶，进一步简化了纸张生产的流水线。[86]

经历了旷日持久的战争、革命以及改变全球面貌的工业化，在"漫长"的19世纪即将结束时，造纸行业也发生了巨大的变革。当然，书仍然是书，使用硬纸板或皮革作为书皮，用同样的老式纸张作为书页，不过图书行业却在急剧发展壮大。例如，英国在19世纪初只有七百余个用于手工制纸的纸浆桶，以及少量造纸机器，然而到了20世纪初，情况已经截然不同，造纸量增加了十倍。从任何角度来说，这都是一场革命。[87] 不过造纸业的剧烈变革是要付出巨大代价的，危机正在造纸厂的纸浆桶中酝酿着。

追溯到19世纪早期，机器制造出来的纸张由于整洁和均匀而为消费者们喜爱，因此，主流的审美观适应新的生产方式发生了改变。当读者们希望他们的纸张尽可能明亮、洁白和光滑时，造纸商调整了制纸配方以迎合顾客的需求。不过，由于他们用力过猛，问题也就随之而来了：造纸商漂白纸张所用的氯会分解保持纸张完整的纤维素；加入的氯越多，破坏效果就越明显。然而，这相比造纸商新采用的上浆剂造成的危害，只算得上微乎其微了。硫酸铝具有极强的酸性，当印刷厂要求使用更加平滑、吸水率更低的纸张以提高印制质量时，用铝剂处理纸张的严重后果开始显现。[88]

早在1823年，苏格兰科普作家、讲师约翰·默里（John

Murray）发现，新近印刷出版的书籍几乎在他眼前就开始变黄和脆化。作为一名业余的化学爱好者，他测试了——以及舔了——这种不耐用的纸，发现纸张具有明显的涩味，pH 值呈酸性。默里在写给《绅士杂志》(Gentlema's Magazine）的信中用极其确定的字眼描述了这种现象："我拥有一大本 1816 年牛津出版的、英国外交部发行的《圣经》（从未使用过），毫不夸张地说，它快化成粉末了。[……] 我已经对这种不良变化观察了很多年，可以毫不犹豫地说，如果按照这种情况继续发展下去的话，过去 20 年中印制的书籍，再过一个世纪就会看不到了。"[89]

无可否认，默里的抱怨过于情绪化。许多作家都曾经为纸张质量的下降感到惋惜，在一众为此而发牢骚的名人中，默里不过是个后来者。比如，1594 年，莎士比亚就曾因为纸张质量的问题而戏谑地写道：

> 如果我能描绘出你那双目的神韵，
> 用清新的诗句镌刻你俊美的仪容，
> 未来的人们会说我的诗虚饰失真，
> 造化之工永远也画不到凡夫俗生。
> 于是我那被岁月熏黄了的诗作，
> 将像一位嚼舌老人那样被人轻视。[90]

1750 年，德国赞美诗作家阿哈思韦鲁斯·弗里奇（Ahasverus Fritsch）哀叹道，"一百年前"纸张的质量比现在"好一倍"，他认为纸张质量显而易见的下降与对纸张数量需求的增长有关。[91]

但默里的观点是毋庸置疑的：纸张自生产以来从未如此迅速地变脆易碎，尽管这个问题不能仅仅归咎于造纸商。工业革命后的空气环境对书籍不利：火力发电厂排放的二氧化硫渗入纸张使其更加酸化，家庭和图书馆取暖以及照明所用的煤气也会产生类似的不良后果。甚至连人们逐步转向更加温暖、舒适的居住环境也会对图书造成损害，因为更加温暖的室内条件会加速不合标准的酸性纸张的老化。[92]最令人难以想到的是，20世纪30年代，人们发现木浆纸甚至会在没有过量的漂白剂或酸存在的情况下缓慢而又无可避免地破碎：木质素是木材中大量存在的一种复杂分子，它与紫外线发生反应后会破坏将纸张黏合在一起的纤维素。[93]20世纪80年代，当美国国会图书馆首次提出解决书籍变脆的问题时，据估算，美国大型研究型图书馆所拥有的25%的书籍——总计7500万册——一经触碰就会化为乌有。一场"缓慢的火灾"正在全世界范围内毁灭书籍，人们必须要采取行动了。[94]

大规模脱酸的概念由此而生，像图书馆员一直以来期待的那样，以数十本或数百本的规模批量处理易碎书籍，一劳永逸地解决延长图书寿命的问题。[95]在多数情况下，这类处理过程的基本原理大同小异，即必须用碱性"缓冲剂"浸渍酸性的纸，将其pH值提高到安全水平并予以保持，但实际操作中细节差别很大。比如美国国会图书馆于1982年首次尝试大规模脱酸的时候，甚至要求美国宇航局和航天巨头诺思洛普提供帮助，以便进入它们的巨型真空室；当时图书馆计划在真空室中用一种名为二乙基锌的化合物熏蒸书籍。[96]然而这项工作开展得并不顺利。

用二乙基锌处理过的书籍会莫名其妙地产生难闻的气味，原本光洁的纸张也因为出现色彩斑斓的环圈而影响外观。更糟糕的是，二乙基锌很容易爆炸：它遇水发生剧烈反应，分解出易燃的乙烷气体并放出大量的热，是一种极其不安全的化合物。[97]在早期，图书馆的测验车间就由于偶然间将少量二乙基锌与水混合而引发了火灾；后来，数百磅的二乙基锌由于疏忽而被相邻系统的浓盐水淹没，事故引起的爆炸掀翻了真空室的墙壁。美国航空航天局和诺思洛普公司表示将专注发展太空飞船和飞机，二乙基锌也因为太不稳定而不再用于进行大规模脱酸。[98]

另一方面，大英图书馆也已实验了一套系统，情节有点类似于漫画书里超级英雄的起源故事。将书籍在某种单体中浸泡一夜，诱导这种单体的分子彼此连接形成复杂的聚合物，然后用伽马射线使所得聚合物在分子水平上与书籍结合。这样可以中和书页中的酸性物质，并对纸张进行物理强化，纸张虽然会略微增厚，但也会更加结实。这种"接枝聚合"技术虽然成功，但到目前为止，除了用于试验的几百卷书外，并没有取得进展。[99]

美国国会图书馆目前使用的方法比较简单：将书籍放在氧化

现代工业化长网造纸机的"干燥"端。纸浆在"潮湿"端被放置在塑料网状传送带上，然后传送到干燥辊（包覆起来是为了减少能量消耗），最后缠绕到卷筒上等待运走

镁（一种白色的惰性矿物质）溶液中浸泡 90 分钟。这种方法乏善可陈，但是效果明显；这并不是什么高科技，但很有效。截至本书发稿时，378 万册书籍已经采用这种方式进行了处理，尚有成百上千万册的书籍仍然未得到有效的保护。[100]

一本现代书籍的未来命运如何？这取决于你手中书的版本。请翻到封面之后、前言之前或书末未编号的页面，上面记载有出版与版权信息。这就是"版权页"。请注意页面上是否印有魔法般的文字——"用无酸纸印刷"。（这些文字可能被永久纸张标志的符号 ∞ 取代，也可能与这一标志符号并存。这个符号表示本书符合国际 Z39.48-1992 标准，即"图书馆、档案馆出版物与文件纸张的永久性标准"。[101]）如果有这些文字，表明你所阅读的书得益于一场持续了一个世纪的争论，在纸张生产过程中已经净化了有害的化学物质；如果没有这些文字，表示你的书数十年后可能会自我毁灭或者出版商忽略了以目前这种方式标记"用无酸纸印刷"。时间会检验一切。

最开始，让纸张能够保存更持久的尝试完全是无心之举，只不过是 19 世纪引入化学方法制取木浆时的意外收获。将木材通过物理手段研磨成浆比较困难而且花费大，所以造纸商们纷纷转向化学制浆——这一过程巧妙地破坏了机械木浆中降低纸张强度的木质素。[102] 另一项省钱的措施也发挥了同样重要的作用。造纸商曾经使用昂贵的氧化钛作为"填充剂"来使纸张变白变滑，但是后来发现使用廉价易得的粉笔效果同样好。不过粉笔与酸的反应会破坏纸张，因此造纸商又开始寻找碱性上浆剂——以前曾经用过，不过认为没有应用的必要——作为酸性明矾的替代物。不断试验的结果就是逐渐生产出稳定的无酸纸,并且带来了其他好处:碱性纸排水快,干燥所需的热量(和能量)较少,造纸机也不会受到酸性纸的腐蚀。[103]

尽管无酸纸的优点显而易见,但是它无法完全取代能够自我毁坏的上一代酸性纸。由于以化学制浆法生产的"化学浆纸"(因为它不含机械磨木纸浆)产量更低,所以价格仍然要比机械磨木加工的纸浆所生产的纸高。但是价格差异不大(通常每本书的制作成本差异不超过一美元),因此出版商会持续交替使用这两种纸出书。图书预计的印刷数量、所采用的印刷技术、适合图书内容的纸张规格,以及目标读者的需求,都会影响出版商最终决定图书使用寿命更长的无酸纸还是价格更偏宜的酸性纸。一本书能否有保存一百年或者更久时间的无酸纸版本,更多的是取决于制书成本的盈亏平衡点和造纸术的进步。

纸质书籍看似是老式的物件,不过它们的生产工艺却是完全现代化的。造纸厂一般修建在河流或湖泊附近,以便于将水抽到巨大的长网造纸机的纸浆槽里。体型最为庞大的机器长度相当于一排房子,它们像冰川一样,延伸到工厂的地面以下。地面上,一列列干燥辊包覆于保温罩中,发出嘶嘶声的蒸汽管道不断为其供给热量。用化学制浆法所造的卷筒纸张通过 pH 值呈中性的植物淀粉液体后完成上浆工序。厂房内空气潮湿,机器轰隆作响,不停运转。今天,造纸是顺畅优化的工业过程。

第二部分
文 字

第五章
神来之笔：文字的出现

大约五千年前，生活在幼发拉底河和底格里斯河之间肥沃平原上的居民发展出世界上最为古老的定居文明，他们开始使用文字——将口头语言转化为符号刻在石头或泥板上。[1] 人们认为，古代美索不达米亚地区的苏美尔人发明的楔形文字是被赋予形式的思想，是从难免出错的人脑中提取出来的概念和记忆，是为后人镌刻的记录。[2]

不过，并不是所有人都能识得楔形文字。

1657年，第一批楔形文字出版，发现它的是一位名叫彼得罗·德拉·瓦莱（Pietro della Valle）的意大利旅行者，奇怪的是，当时的学者们并没有意识到这一发现的重大意义。[3] 有人认为这些楔形符号只是随意的装饰图案，一些持极度怀疑态度的人甚至根本不相信这些符号与人类有任何关系——对他们来说，这些楔形文字的生硬刻痕很可能是鸟类在新制成的泥板上匆匆而过时留下的脚印。[4]

幸运的是，如今人们对苏美尔人初期的文字有了更加深入的了解。自德拉·瓦莱时期以来，已有数千块楔形文字泥板陆续出土，其中一些甚至可以追溯到公元前4000年。这些最早的泥板印着绵羊、牛以及其他农产品的写意图案。[5] 不过，早期泥板符号的关键在于，与它们一同出现的还有用于表达数字的标记：人类历史上的第一份书面文件极有可能是一份农民的销售清单。[6]

苏美尔人究竟是如何发明这套书面的记账体系的，学术界对此一直没有达成一致，不过在 20 世纪 70 年代末，一位名叫丹妮丝·施曼特·贝塞拉特（Denise Schmandt-Besserat）的法裔美籍考古学家提出了一个颇为令人信服（或许仍然有所争议）的理论。施曼特·贝塞拉特在为中东各地出土的泥板文物编目分类时，注意到一种大量存在的小型陶筹（clay token），它们只有一英寸宽，用途不明。其中最古老的陶筹呈现为简单的圆盘形或圆锥形，发现地可以追溯到所在区域最初期的农业发展阶段（大约在公元前 7000 年早期），但是施曼特·贝塞拉特更感兴趣的农业发展阶段则要晚得多，大概在公元前 3300 年。[7] 这一时期的陶筹刻有用线条绘制的绵羊、牛、大麦穗以及其他类似图案，通常会伴随着球形泥土"信封"（bullae，或译"封球"）一同出土，甚至会装在这种"信封"之中。据施曼特·贝塞拉特推测，这些就是当时的收据。古代农民在交易农产品时，不得不寻找某种双方都可以接受的方式记录他们的交易，而通过在密封的泥土信封里附上与每只绵羊、每头牛或每捆大麦对应的陶筹，既可以记录交易的对象，又可以防止记录被篡改。[8]

这不是一个完美的会计体系。一旦泥土信封被封上，只有打碎它才能确认里面的内容。有些精明的农民想出了解决办法：在泥土信封的表面印上将要密封的陶筹的印记，这样不用打破封球就可以确认里面记录的内容了。如此一来，信封里的陶筹除了用作在信封表面留下记号的图章，反而变得不那么重要了：农民们刻有标记的坚硬而可长期存在的陶筹，直接被陶筹上的符号取代了。[9] 在这些带有标记的球形泥土"信封"出现几个世纪之后，乌鲁克古城（Uruk，今伊拉克境内）以及周边的许多其他地方都出现了楔形文字泥板。文字出现了。[10]

其他方面的进展也随之而来。早期苏美尔人所使用的圆形木棒被楔形的尖笔所取代，创造出带有尖角的楔形文字。[11] 楔形文字符号的词汇大为扩展。而且，公元前2800年左右，苏美尔人将发明往前更迈进一步，除了用符号代表文字，也开始用符号去记录各种声音。楔形符号 ⌇⌇ 表示"芦苇"，发音为 gi，在他们的语言里与"补偿"发音一样。因此 ⌇⌇ 可以用来表示"芦苇"、"补偿"以及任何其他具有相同发音的单字或音节。[12] 楔形文字还不是真正的字母表（甚至每个音节都被分解成抽象的字母），但已经很相似了。

2英寸×2½英寸的楔形文字泥板，上面刻有楔形文字。这块口袋大小的样品出自土耳其中部的安纳托利亚，制作时间大约在公元前1875年至前1840年[13]

❦・❧

从美索不达米亚平原越过沙漠向西便是埃及，古代埃及人也决心建立属于他们自己的文字体系；而且，与他们的近邻美索不达米亚人创造的楔形文字一样，他们最早的象形文字也镌刻于硬质表面上，如泥板、陶器、石头等。[14] 方尖碑和圣殿墙壁上所发现的巨大的铭文吸引了维多利亚时代四处寻宝的考古学家，不过古埃及少数有文化的人也喜欢在陶器碎片和石灰岩薄片上刻字。[15] 这些临时用于传递信息的媒介被称为碎陶片（Ostraca），早先在古希腊语中叫作"陶器罐"或"硬壳"，遍布于埃及和整个古代世界。[16] 它们的功能类似于记事本，可以方便快捷地记录洗衣清单和其他临时性文件，也可以画画草图或者写写爱情诗，甚至还可以用于公务，比如税收凭据以及选票。[17] 最后一种用途后来发展成为陶片放逐法：通过在碎陶片上刻上他们选择的被放逐人的名字，雅典公民每年都有机会放逐一名城邦公民。[18]

当然，如果埃及人一直满足于在石头和陶器上刻字，我们今天熟知的书籍就不会出现了。正如中国人用便利的蔡侯纸替代了沉重的竹子和昂贵的丝帛，古埃及人同样渴望找到一种新型的书写材料，比上百吨重的方尖碑更便于携带，比碎陶片更庄重耐久*。[19] 后来，古埃及人将纸莎草茎秆木髓切成条状，层叠之后形成莎草纸，从而解决了书写材料的问题。2010 年，人们在红海沿岸一个淤塞的港口发现了一堆字迹模糊的莎草纸碎片，使用时间可以追溯到 4500 年前，是最早的莎草纸书写文件；不过，最古老的空白莎草纸是以收起的卷轴的形式出现的，制作时间还要向前再追溯 500 年。这卷空白莎

---

* 考古学家一般用"shard"（中间字母为 a）指代玻璃碎片，用"sherds"指代陶器碎片。

草纸于 1937 年出土于一座豪华的坟墓，它仅仅比象形文字晚出现不到一个世纪。[20]

随着书写材料从笨重的泥板转为便携精巧的莎草纸，埃及抄写员不得不寻找新的书写工具来匹配。苏美尔人使用钝的木制尖笔作为书写工具，用拳头握住尖笔，像用筷子戳饺子那样戳向泥板。埃及人改用灯芯草笔或毛笔蘸墨书写，笔触流畅，线条优美，与美索不达米亚抄写员的书写方式完全不同。[21]

总的来说，与墓室雕刻或者莎草纸卷轴等头条考古发现相比，出土的毛笔、硬笔和墨水明显没有那么令人兴奋。即便如此，经过多年的辛苦挖掘和推论，人们对古埃及抄写员这一行业以及他们所使用的工具有了相当完整的认识。比如，在 1911 年至 1913 年，著名的埃及学家弗林德斯·皮特里在开罗附近的塔尔汗挖到了一个庞大的墓地，大量的墓葬物品使人们得以比较细致地窥探公元前 4000 年后期埃及人的生老病死。皮特里是他那个时代的伟大人物，工作起来简直可以无视自身需求，对优生学有着异乎寻常的信念（皮特里的大脑被保存在伦敦皇家外科医学院的一个罐子里，他本人死前以"典型英国头骨标本"的名义将大脑捐赠给那里），并且喜欢在炎热的天气里裸体工作。[22] 此外，他还是当时一位出色的考古学家，他在塔尔汗发掘了几千座可追溯到公元前 3200—前 3000 年之间的墓葬。在散落于众多墓葬中不可胜数的随葬品中，皮特里发现一些陶罐上涂绘着粗糙的墨黑的象形文字，这显示出墨水与莎草纸一样，几乎和象形文字本身一样古老。[23]

埃及墨水成分简单且经久耐用。很多莎草纸卷轴就像它们书写当天那样清晰易读，对它们的化学分析显示，埃及墨水的黑色颜料来自碳元素，很可能是从木炭或烧焦的木制器皿上刮下来的，墨水由炭粉、阿拉伯胶及水混合而成。[24] 这与印度墨水以及黑色水彩颜料的配方几乎完全相同——埃及人早已发明了优良的配方，此后人们一直在不断地改进这个配方。[25]

由于掌握了埃及墨水的年代及化学成分，此前对史上最早的"笔—墨"书写体系认知上的多项空白，便可通过埃及的古代艺术与文学得到填补。抄写员一直在埃及文化中占有一席之地，也是石匠、雕塑家和画家深爱的创作主题。艺术家们创作了无数描绘工作中的抄写员的艺术作品：抄写员的手中握着一支笔，耳朵后面还随意地别着一两支备用；有些抄写员是站着的，一只手拿着一张莎草纸，另一只手在书写；还有些抄写员盘腿坐着，膝盖上放着展开的莎草纸卷轴。[26] 最著名的描绘抄写员的作品是一组木版画，出土于一座可以追溯到埃及第三王朝（公元前2686—前2613年）的坟墓。墓葬的版画显示，这座坟墓属于一位名叫赫西拉（Hesire 或 Hesy-Ra）的官员，文字中对他的多重身份进行了热情洋溢的赞颂[27]：

> 契德-海特普（Qed-hetep）的长者，敏（Min）的父亲
> 守护神梅赫特（Mehyt，法老熟识之人）圣像的塑造者
> 皇家抄写员的监督者
> 上埃及最伟大的十人之一
> 赫西拉。[28]

所谓"皇家抄写员的监督者"，更有可能是指赫西拉的职责是对抄写员进行监管，不过他在木版画中的形象仍然是每天将抄写员的工具包搭在肩上。这种工具包非常具有标志性，所以有一个象形文

版画中雕刻的人物是赫西拉（他的名字由最左侧的象形文字拼写而得），他是埃及第三王朝的一位高级官员，考古学家认定他的身份为"皇家抄写员的监督者""首席牙医"。赫西拉的肩上挂着古埃及抄写员所用的工具，包括一个用于混合红色和黑色墨水的调色板、一个细长的笔盒和一个装干墨块（或是用来浸墨的水）的小袋，它们用一根绳子拴在一起

字专门取自它的外观——🖋，意思是"抄写员"。该字包括一个装毛笔的细长盒、挂在盒上的用于混合墨水的调色板，以及一个用来润湿毛笔的水袋。[29] 调色板上圆形的凹槽说明当时的墨是制成与之相配的墨块的，再加上当时墨的成分与水彩相似，研究人员推断，古代埃及人的书写方式与如今小学生画水彩画极为相似，都是先将毛笔浸湿，再在圆形的墨块上蘸取颜色。

赫西拉渴望以一名抄写员的形象出现，这点是可以理解的。埃及人将象形文字称为🖋〰️𓏤𓏤（即"神明的文字"），视其为托特（月亮神）亲自传给人类的艺术，因此应以尊重和谦卑之心使用象形文字。比如，如果在墓墙上绘制代表动物或人的符号时不用心，他们可能会苏醒过来，吃掉留给坟墓主人的食物；不过如果这些象形文字被人刻意破坏，坟墓主人的灵魂也无法苏醒并享用食物。刻成特定象形文字形状的护身符可以让这些符号的含义得以实现：安克（ankh，⚲）带给人长寿，乌加特（udjat，，即古埃及守护神荷鲁斯之眼）则会保护佩戴护身符的人。[30] 此外，埃及的墨水可溶于水，古埃及人因而相信，如果莎草纸卷轴的内容被冲洗干净，那么谁喝掉这些洗出的墨水，谁就能知晓卷轴上曾经记载的秘密。[31]

赫西拉时代之后大约一个世纪，笨重的"石板配绳索"的书写工具包已经让位于木制或象牙制的工具盘，上面嵌有混合墨水用的凹槽，以及专门存放毛笔的插槽。[32] 考古学家已经发掘出土了数千块类似的工具盘，有些仍然沾有墨水，或者插槽中插有备用的毛笔。这些发现又反过来为研究人员提供了更多关于埃及抄写员书写习惯的信息。抄写员后期使用的调墨板带有两个墨槽，通常用于存放红色和黑色墨水，其中红色墨水用于抄写标题、数字总和等重要的文字。抄写员书写用的细长毛笔是用生长于尼罗河三角洲的灯芯草制成的。埃及人会用石头击打或用嘴巴咀嚼灯芯草的末端，待其软化后，再用刀子削尖成笔状。[33] 抄写员书写时像艺术家作画一样，笔与莎草纸保持垂直，握笔处距笔尖一两英寸，下笔从容优雅，笔触流畅。[34]

❦ · ❧

埃及抄写文化的理论和实践（相信象形文字具有魔力；抄写员使用的调墨板、毛笔与手工墨块，以及他们在社会上的崇高地位）延续了长达两千五百多年。但尊贵的埃及王朝就没有那么幸运了。

公元前 1070 年，埃及分裂为下埃及和上埃及：下埃及由法老统治，领地包括地中海沿岸和尼罗河三角洲；上埃及在下埃及南部，由一位大祭司以法老的名义进行管理。事实上，上下埃及的名称只是幌子，它们其实是两个互相独立的国家。在接下来的七百年里，埃及历经一连串的内战、分裂和入侵事件，国力衰弱，愈加动荡不安。[35]

公元前 332 年，亚历山大大帝把埃及从波斯王朝的占领中解放出来，结果任命自己为法老，埃及最终被强行并入希腊化世界。[36] 经历了亚历山大大帝数位继任者多年的统治后，托勒密王朝在与占领叙利亚的邻国旷日持久的战争中精疲力尽，罗马人决定攻取埃及，扩大领土范围。在托勒密王朝最后一任法老克利奥佩特拉七世统治时期，埃及与马克·安东尼（Mark Antony，罗马后三头联盟之一，努力推动罗马从共和国走向帝国）结盟，结果却选错了盟友。公元前 30 年，安东尼的军队在与他的对手屋大维（Octavian，后来成为罗马第一位皇帝）的战斗中一败涂地，据说埃及艳后克利奥佩特拉让毒蛇咬了她的胸部，自杀身亡。埃及成为罗马的一个行省。[37]

对于希腊人和罗马人来说，埃及既让人蔑视，又令人尊重。一方面，他们认为埃及文化保守、野蛮，在侵占者的正义力量下急速堕落，每况愈下；另一方面，他们又被埃及的古代遗迹以及上面镌刻的晦涩难懂的文字所吸引。罗马人尤其喜爱这些珍贵的宝藏，以至于今天罗马城内的埃及方尖碑比整个埃及现存的数量还要多。[38] 然而，罗马的学者却不知道如何解读那些洗劫来的器物上面的象形文字。公元前 1 世纪，西西里岛的狄奥多罗斯（Diodorus）对象形文字进行了大胆的假设，认为"埃及文字并不是通过彼此连接的音节表达意义，而是通过所描绘对象的重要性来表达意义的"。接着他给出了一些具体的例子：

第五章　神来之笔：文字的出现　　83

现在"鹰"这个词对他们来说代表一切迅速发生的事物，因为这种动物几乎是飞行速度最快的生物。然后，通过合适的比喻，"鹰"所描述的概念被传递给所有迅速的事物，或者每一个适合用迅速形容的事物，就像它们本来就叫作"鹰"一样。鳄鱼可以用来表示所有邪恶的事物；眼睛则代表正义的捍卫者，以及整个身体的守护者。[39]

狄奥多罗斯关于象形文字的错误阐述出现在其长达四十卷的巨著《历史丛书》（*Bibliotheca historica*）的第二卷，不过后人也不应该对他太过苛责——显然，他探讨的领域极为广泛。他对于古埃及文字如何表达意义的解读反映了那个时代的主流观点：罗马人无法相信象形文字可以超越他们的表意文字，而且在很长的一段时间里，他们认为任何文字都无法超越罗马文字。[40]

终于，对象形文字的研究在18世纪晚期迎来了突破性进展。丹麦考古学家约尔根·索伊加（Jörgen Zoega）曾经前往罗马，研究古罗马人掠夺的数量庞大的具有考古价值的宝藏。他开始猜测，象形文字是否比考古学家此前想象的更加复杂。索伊加提出象形文字包含表音元素，即从某些方面来说，这套文字体系不仅传达了信息与概念，还传达了文字符号的发音。不过由于观点缺乏资料支撑，索伊加感到十分沮丧。即便是在拥有无数埃及方尖碑的罗马，索伊加也缺乏足够的文本支撑他进行更加深入的理论研究。[41]

到了1799年，资料缺失的局面被打破了。拿破仑的军队占领了一个叫作拉希德的埃及村庄（又称罗塞塔，位于亚历山大港东北部几英里处），并在那里发现了一块灰色的石碑，上面刻着用三种不同的文字撰写的铭文。发掘石碑的工程师皮埃尔·布沙尔（Pierre Bouchard）认出了其中的象形文字和希腊字母，但是不能确认三种铭文中的第二种文字。（后来考古学家认定它为一种简化的古埃及文字，即"通俗体文字"，当时并没有破译出来。）布沙尔把这块石碑带给法军驻埃及司令雅克－弗朗索瓦·梅努（后来改称阿卜杜拉－雅克·梅努）。梅努命人将石碑清理干净后对希腊语部分进行翻译，结果发现石碑上的三种铭文是同一段文字的不同译本。梅努派人将石碑送到开罗的埃及研究所，那里的学者们在石碑表面涂上墨水，再将上面的文字拓印到纸上。石碑出土后不到一年，欧洲各地的学者都取得了铭文的黑白拓片。[42]

"罗塞塔石碑"只在法国人手里保存了两年。1801年，英国和奥斯曼帝国的联合部队先后攻占了开罗和亚历山大港，当时"罗塞塔石碑"正巧被送到亚历山大港以免受到破坏。石碑马上成为英国人的战利品并被运往伦敦，此后一直在大英博物馆展出。[43]然而，由于欧洲各研究机构早已得到石碑铭文的拓片，破解石碑铭文的竞争如火如荼。与英法在埃及争夺殖民权的斗争相呼应，英法两国的研究机构当然也是破译铭文的主要竞争对手。[44]

英国医生、语言学家、科学家托马斯·杨（Thomas Young）是第一个在象形文字解读上取得突破的人。1819年，他在一篇专门为《大英百科全书》撰写的文章中提出，通过比较一些反复出现的文字图形，他已经推断出一些通俗体文字（用来表示"托勒密""克利奥佩特拉"等古希腊人物姓名）是表音文字，而不是表意文字。此外，他还写道，尽管他还没能完全解读象形文字，但许多通俗体文字与形状相似的象形文字存在着对应关系。[45]

年少成名的法国语言学家让－弗朗索瓦·商博良（Jean-François Champollion）对托马斯·杨的文章非常感兴趣，并把这位英国人的想法融入自己的调查研究之中。1822年9月27日，商博良在巴黎铭文与美文学院（Académie des Inscriptions et Belles-Lettres）的一次内部邀请演讲中声明他已经成功破译了象形文字。商博良向听众们展示了他如何将"罗塞塔石碑"的铭文与其他古代文本进行比较，以及他如何利用他对科普特语（古埃及语演变的最终阶段）的了解来解决难题。（他没有透露自己如何获得灵感，只说当时突然大喊一声"Je tiens mon affaire！"["我做到了！"]，随即昏倒在地，整整五天人事不省。）⁴⁶他解释说，象形文字的秘密就在于，它既是表音文字，也是表意文字。比如，"趴卧着的狮子"这一象形文字（）既可以用来表示"狮子"，也可以表示"l"或"r"的发音（取决于上下文）。⁴⁷当时现场的观众，包括坐在其中的托马斯·杨都非常兴奋。那些延续数千年的神秘卷轴和铭文现在终于可以解读出来了。

❥ · ❦

研究语言发展进程的语言学家很久之前就已经追踪到了腓尼基（古埃及的贸易伙伴，现黎巴嫩一带）文字与二十六个英文字母之间直接的传承关系。古埃及人用象形文字表示意义和发音，而腓尼基人则在公元前1000年创立了一种严格意义上的字母表，仅包含与发音相对应的字母。⁴⁸腓尼基字母与之后出现的希腊字母明显相似，这些希腊字母又被传给了希腊的继承者伊特鲁里亚人；后来，伊特鲁里亚字母被罗马人采用并进行了修改。在这个过程中，字母有增有减，但更多的则是从辅音变成元音。很少有人质疑腓尼基字母转变成罗马字母的过程，同时腓尼基人一直被誉为字母文字的发明者。⁴⁹然而在象形文字被逐步破译之后，情况开始改变。

1904年到1905年间，距离之后发掘开罗城外巨大的塔尔汗墓尚有数年，弗林德斯·皮特里带领一支探险队来到塞拉比特·卡迪姆（Serabit el Khadim）——一座位于西奈半岛的山顶寺庙（古埃及人在此地区开采绿松石）。当时他发现了大量的象形文字铭文（后来经过考察，这些铭文可以追溯到公元前1800年左右），其中一些是用更加神秘的文字撰写的。[50] 皮特里无法破解这些新符号，但是他注意到这些符号的数量最多有30个，不论是相较于楔形文字等表音文字，还是象形文字等表意文字，它们的数量都远远低于人们的预期。他认为这些新符号的数量不足以构成一个字母表，直到十年之后，人们才真正了解这种"西奈文字"。[51] 1916年，一位名叫艾伦·H.加德纳（Alan H. Gardiner）的埃及学家在其发表的论文中，将塞拉比特铭文与其他一些理论结合在一起进行检视，得出了令人震惊的结论。[52]

加德纳知道，肥沃的尼罗河三角洲对大批的古代迦南（一个边界模糊的地理区域，包括腓尼基以及后来成为黎巴嫩、叙利亚、约旦和以色列的一部分地区）居民有着极大的吸引力。正因为尼罗河三角洲是富饶之地、希望之乡，所以《圣经》中记载着雅各以及以色列人前往埃及的故事。在几个世纪中，西奈半岛一直是迦南与埃及之间的要塞通道。[53] 值得注意的是，加德纳知道这些来到埃及的迦南人说何种语言，甚至能拼写他们的文字；语言学家在破解楔形文字的基础上对现代阿拉伯语、希伯来语、马耳他语、阿姆哈拉语溯本求源，发现它们均源于数千年前迦南、美索不达米亚以及阿拉伯半岛所使用的"闪米特"语言。[54]

由于在塞拉比特一地发现的象形文字中提到了"口译员"，所以加德纳猜测埃及语和迦南语之间曾经有过一定程度的交流。[55] 在这种想法的驱动下，他从神秘的塞拉比特铭文全篇中挑出循环出现的连续的四个符号（他希望它们代表一个词或字），并对它们进行简单的语言模式匹配。他发现这四个符号与分别代表房子、眼睛、赶牛棒和十字架的埃及象形文字相似，于是他从这个方面进行了尝试。加德纳在闪米特语中找出与上述事物相对应的单词（bēt、

ʿaīn、lāwī、tāwī），但只保留其起首字母发音，然后组成闪米特语单词 bʿlt 或 Baʿalat。在希伯来语（古闪米特语的一个分支）中，这个单词的含义是"夫人"（the Lady），是对当地人信仰的女神如塞拉比特矿工的守护神哈索尔（Hathor）的尊称。加德纳由此找到了解读西奈文稿的关键。

加德纳又将这一规则应用到另外十一个符号上，将符号与相应的事物进行匹配，再保留它们的闪米特名字的首音节，不过由于"原始西奈"文字的数量极其有限，要完整地翻译这些符号根本不可能（至今仍然不可能）。[56] 即便如此，腓尼基字母显然不再是人类史上的首创字母，语言学家们现在有可能得以构建一个源于象形文字的语言谱系，基本上可以涵盖人类曾经创造的每一种字母文字。英文字母也是古埃及文字的一个分支，历经四千年的漫长岁月演变而来。

埃及象形文字与闪米特语音的融合敲响了楔形文字的丧钟。直到如今，语言学家仍然不清楚究竟是谁创造了在塞拉比特发现的文字（或许是不识字的迦南矿工参照他们在身边看到的象形文字进行了改造，或许是管理着来自不同国家矿工的埃及口译员发明的，甚至有可能完全是舶来品），不管究竟是谁创造了这些文字，他选择了线条柔和的象形文字，放弃了棱角鲜明的楔形文字。[57] 不久之后，埃及的莎草纸出口到地中海各地，成为新文字的书写材料，而印压楔形文字的泥板则成为历史。[58]

字母的发展变化如火如荼，书写的基础技术却没有什么巨大的创新。至少在"原始西奈"文献出现一千年后，埃及和闪米特的抄

写员仍然在阿拉伯树胶中溶解煤灰以制作墨水,仔细咬碎灯芯草的末端,然后将灯芯草纤维修剪成笔尖状。

公元前6世纪,古代书写必备的"三驾马车"组合——莎草纸、笔刷和墨汁首度瓦解。早在此两百年前,腓尼基人便将字母传到希腊,不过当莎草纸随着字母文字传到希腊海岸时,当地的抄写员选择了一种全新的书写工具。古希腊人不用笔刷,而是改用硬笔写字,他们称之为芦苇笔,用中空的芦苇或藤条制作而成。[59] 抄写员先将芦苇秆切割成合用的长度,然后再剥叶塑形,并将前端削出明显可辨的笔尖的形状,因此希腊人书写的文字更加容易识别:与勾勒出宽而平的笔画的埃及笔刷相比,芦苇笔窄而扁平的笔尖在莎草纸上创造出极具特色的粗细分明的笔画,这是从中世纪到现代手写稿的特征。[60] 如果说埃及的灯芯草笔是钝的毡头马克笔,那么希

发现于埃及俄克喜林库斯的莎草纸碎片。这张6英寸×3英寸的莎草纸残片可以追溯到公元前250年—前150年,内容为荷马史诗《伊利亚特》第六卷的开篇文字。抄写员用原始的希腊文进行抄写,工具几乎可以肯定是芦苇笔和碳素墨水。左边的空白区域可能是衬页(即空白的第一页,在莎草纸卷轴卷起来时可以保护其他页面),也可能是分隔不同章节的白边。[61]

第五章 神来之笔:文字的出现

腊的芦苇笔就是字迹清晰、整洁的钢笔。

考古人员发掘出大量的芦苇笔，希腊、罗马和埃及的莎草纸文件经常是用这种硬笔书写的，不过古代抄写员几乎从未提及他们的书写工具。[62] 但是希腊人和罗马人在谈到墨水时则充满激情。希腊作家提到尝试如何用颜料制作墨水，包括乌贼（墨鱼）的墨汁、葡萄发酵后残留的汁液、焚烧象牙后得到的象牙黑汁（又称"象牙墨"）。（一些既没钱又没道德底线的希腊抄写员会窃取坟墓中火葬后的人骨头，用来代替象牙制作这种珍贵的墨水，此举虽然不用花钱，但令人毛骨悚然。）[63] 尽管罗马人的文字出现得相对晚一些（极有可能是公元前3世纪），他们同样醉心于复杂的墨水制作工艺。[64] 生活在公元前1世纪的建筑师维特鲁维斯（Vitruvius），专门描述了如何建造一种特殊大理石熔炉，用于焚烧松木树脂以便获得煤烟灰。[65] 老普林尼提到，在墨水中加入苦艾可以防止饥饿的老鼠啃噬卷轴（他对如何制作莎草纸的描述语意不清，委实令人困惑）。[66]

尽管希腊人和罗马人有了这些研究和发展，他们却没有抛弃古老的配方，仍然用水、阿拉伯树胶和颜料制作易处理的水溶性墨水。这种墨水的字迹易于擦掉，而这也是人们引以为傲的：比如，公元1世纪的罗马诗人马提亚尔，在把写的诗送给赞助者时会同时附上一块海绵，这样赞助者就可以擦掉那些不喜欢的诗句。[67] 然而，随着埃及与东方邻国之间纷争不断，莎草纸的出口数量逐渐减少，情况日益严峻。没错，在确有需要的情况下，莎草纸上的水性墨水可以完全擦洗干净，但除此之外，墨迹是可以永久保存的。用来取代莎草纸的羊皮纸则存在着更大的问题：羊皮纸不透水，水溶性墨水无法牢固附着其上，一旦墨水晾干，稍加晃动字迹就会脱落。有了新的书写材料，就有了对新墨水的需求。

❧ · ❧

希腊人和罗马人都有寄送规避审查的情书以及秘密军事命令的悠久传统。希腊暴君希斯提亚埃乌斯（Histiaeus）曾将他信任的信使头发剃光，然后把军事命令文在信使的头皮上，等到信使的头发长出来后，再派他去传递秘密信息。另一个希腊人德马拉托斯（Demaratus）为警告斯巴达人薛西斯军队将至，将信息写在木制写字板上，用新鲜的蜡进行覆盖。罗马诗人奥维德（Ovid）以歌颂求欢和禁忌之恋而闻名于世，他建议用牛奶代替墨水书写秘密信息；只有撒上煤灰，使其附着于用牛奶书写的文字上，信息才会显现。（奥维德还补充了一种更加刺激的做法，即将这些机密信息写在自愿传递的中间人的皮肤上。）[68] 老普林尼也毫不意外地对信息的秘密传送表达了自己的见解，他在《自然史》中描述了如何使用某些植物的汁液来秘密通信。[69]

有一种隐形墨水由于配方独特而显得尤为另类。公元前3世纪，希腊移民城邦拜占庭一位名叫菲洛（Philo）的工程师描述了他称为"隐显墨水"（sympathetic ink）的物质。[70] 他写道，干树瘿做的墨水不会在莎草纸上留下任何痕迹，但用硫酸铜溶液擦拭时，隐藏的文字就会出现。[71] 菲洛是人们发现的唯一记载这种巧妙工艺的人（古代间谍一般不会在引退后出版揭秘性质的回忆录），他也神奇地准确预见到中世纪甚至其后的抄写员还会使用这种墨水。到了公元2世纪，抄写员们使用的墨水与菲洛配方唯一的不同之处在于，在笔触碰到羊皮纸之前将干树瘿和硫酸铜这两种主要成分进行混合，而不是在书写之后。

希腊人和罗马人用干树瘿、硫酸铜（他们称之为"铜的血液"）制造这种新型墨水，不过不久之后，抄写员就用"绿矾"（硫酸亚铁）取代了硫酸铜。[72] 如今，这种用抄写员的配方制成的墨水被称为"鞣酸铁墨水"，它是莎草纸和羊皮纸完美的书写搭档，到了12世纪，它早已使传统的碳墨水黯然失色。[73]

鞣酸铁墨水深受欢迎的关键在于它能与羊皮纸紧密结合。用笔从瓶中取出鞣酸铁墨水并在羊皮纸上书写后，这种淡色的墨水渗入羊皮纸中，随着它与空气中的氧气发生反应，墨水颜色逐渐加深，变成永久带有光泽的蓝黑色。墨水变干后，几乎不可能擦掉。[74] 不过，着实有些可笑的是，因为使用了鞣酸铁墨水，中世纪抄写员的工具包中专用的擦除工具几乎与书写工具一样多。工具包里不仅有鹅毛笔（取代了芦苇笔，但保留了它们独特的分裂笔尖）、角状墨水容器、削笔刀与直尺，还有可以轻轻擦拭羊皮纸的浮石、可以进行更加直接操作的剃刀，以及修复被擦拭的表面以便重新书写文字的粉笔。[75] 由于羊皮纸极其昂贵，所以很难想象一本书会由于内容过时或无关紧要而被整本抛弃，所以"重写本"（palimpsest）的概念诞生了："重写本"一词源于希腊语palimpsestos，意思是"再次刮掉"，是指原内容被擦除后又被重新使用的文档。[76] 但是，鞣酸铁墨水的特点就在于其持久性，所以许多重写本仍有以前文字的痕迹。从2011年公开的"阿基米德重写本"（"Archimedes Palimpsest"）可以看出，一本中世纪的祈祷书里隐藏了希腊发明家阿基米德两部遗失的作品。如今一些最珍贵的古代书籍正是依托重写本而留存，只有在紫外线灯下仔细检查才能发现。[77]

鞣酸铁墨水的制造是一项复杂的、炼金术一般的工作。首先，需要收集和晒干球形的树瘿：在强盗出没的欧洲森林中发现的橡树瘿是令人满意的，而眼光更加挑剔的人则青睐那些从叙利亚阿勒颇省进口的树瘿。[78] 西班牙本身就出产绿矾，其形态为绿色的粉末或晶体（后来，制作商用冗长的原始工业流程生产绿矾，从开始到结束需要长达四年的时间），而阿拉伯树胶和阿勒颇树瘿一样来自近东地区。[79] 这些材料集齐后，中世纪的抄写员开始了墨水制作工序，时间从两个小时到两个月不等。先是将干树瘿压碎或捣碎，然后根据各自的喜好，用雨水、葡萄酒或啤酒（当时人们认为这些液体比饮用水更纯净）进行浸泡、烹煮或发酵。树瘿液提取完毕后，加入粉末状的绿矾和捣碎的阿拉伯树胶，使混合物变得黏稠。[80] 这种制作方法的重大隐患在于鞣酸铁墨水的主要成分之一绿矾，它通常以一种脱水（且更便携）的形式存在，很容易让人与含水的绿矾晶体发

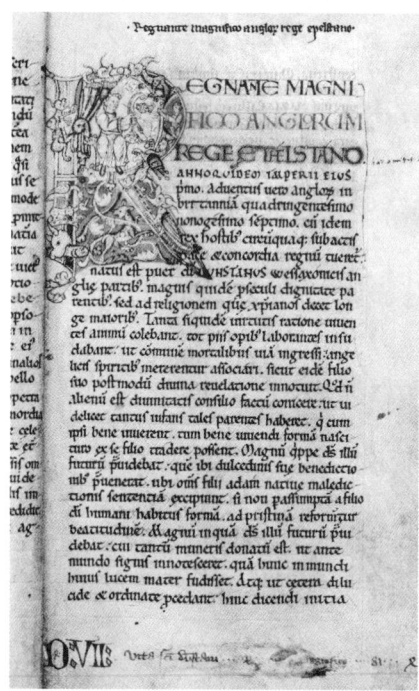

11世纪末的抄写工艺：用铅制或银制笔尖蘸取鞣酸铁墨水，在羊皮纸上书写文本，并以多种颜色进行装饰。值得注意的是羊皮纸的半透明质感，以及隐在装饰性的大写字母中的抄写员的自画像。两图中的文本用的是我们所熟悉的拉丁字母的"原始哥特体"，标志其介于最早期的小写字母与后期德国书籍常用的有棱有角的哥特式字体之间[81]

第五章 神来之笔：文字的出现

生混淆。用脱水的绿矾制作的墨水含有过量的硫酸，所以今天的图书保管员们经常发现羊皮纸手稿的酸性文字正在慢慢侵蚀书页。[82] 19世纪生产的酸性纸张给人们留下了脆弱的书籍，而中世纪生产的酸性墨水则给人们留下了脆弱的文字。

与复杂的制作工艺相对应，鞣酸铁墨水一旦接触空气，也会发生一种复杂的化学变化，让墨迹历久不褪色。这些淡棕黑色的墨水在不使用时必须保存在密封的瓶子中（抄写员们学会了在密封瓶子前向瓶子里吹气，以便用不易发生反应的二氧化碳代替氧气），才能保持水溶性，从抄写员的笔尖流出时才能迅速被羊皮纸吸收。[83] 然而，一旦墨迹晾干，空气中的氧气会使从树瘿中提取的单宁酸与绿矾发生化学反应*，形成一种更深色的、不易溶解于水的颜料，附着在羊皮纸的纤维上，且永久地固定在那里。[84]

虽然，一种全新的墨水配方并不能成为所有人都满意的发明。不过书写技艺本身就偏于保守，鞣酸铁墨水的问世则为其后几个世纪的图书抄写奠定了基础。从罗马帝国兴起一直到文艺复兴鼎盛期，抄写员都是依靠一支笔尖分岔的羽毛笔、一罐鞣酸铁墨水和一张光滑的羊皮纸来工作的。几百年里，图书也一直是以这种相同的、令人愉悦的慢条斯理的方式书写的——直到有一天，一个叫谷登堡的人启动了临时改装的葡萄榨汁机，然后一切就都不同了。

---

* 亲爱的读者，我几乎不需要向你解释，墨水中的硫酸亚铁（绿矾）在空气中氧化成三价铁价态，允许在铁（Ⅲ）以及苯邻二酚和/或五倍子酸盐组成的单宁酸之间形成一种铁——单宁的电荷转移复合物。

第六章

印刷与穷光蛋：约翰内斯·谷登堡和活字印刷术的发明

1448 年，约翰内斯·谷登堡（Johannes Gensfleisch zum Gutenberg）在离家近 20 年后，终于回到了他的家乡德国美因茨市。然而对他来说，久别回家却喜忧参半，因为他的姐姐埃尔丝过世了，他即将接管埃尔丝所居住的房子——谷登堡府（Gutenberghof，又称"犹太山屋"），谷登堡一家的姓氏便是由此而来。[1] 谷登堡出身虽不高贵，但也是名门之后，中年的他并没有因为姐姐的过世而意志消沉。在自我放逐期间，他一直酝酿着一个计划，以重振他的命运。他所需要的就是找到一个愿意投资给他的人。[2]

谷登堡的家乡变化不大。被誉为"金色的美因茨"（Golden Mainz）的奥雷亚莫格塔（Aurea Moguntia）是一个位于美因河岸的带城墙小镇，是中世纪晚期城镇的缩影。街道是一条条泥泞的小路，好一点的会铺上木板，沿着小路有一条排污用的明渠。行人必须时时警惕，因为高层可能会直接从窗户往外倒夜壶。美因茨的人口有六千左右，多年来由于接连暴发的黑死病而减少了很多，而活下来的人至少能从这城墙内的 40 个教堂中的某一个里寻求到安慰。[3]

谷登堡时代的美因茨由三股截然不同的力量控制着。一股来自外部：这座城市的大主教是当时德国七大"选帝侯"之一，美因茨便是国家政治棋局中的一颗棋子。还有两个派系在城内争执不休：美因茨的古老家庭（贵族）与日益崛起的中产阶级公会一直不断发生冲突，中产阶级包括金匠、泥瓦匠、盐商、理发手术师等（在那时候，有一把好的剃须刀就算得上又是贵族又是中产阶级）。约翰内斯·谷登堡出生时是个贵族，但在外这些年中，他成了一个真正的工匠。他之所以计划回美因茨，是因为美因茨特殊在既有熟练的金匠，又有富有的教职人员和虔诚的信徒。[4]

谷登堡最初离开美因茨似乎是为逃避贵族和公会之间的敌对气氛。美因茨实行的是年金制度，富裕的市民可以一次性贷大笔款项给市政府，此后市政府每年以贷款额 5% 的回报永久偿还给年金持有人及其继承人。公会的成员为了给这个市政府的庞氏骗局（Ponzi scheme）出资而被课以重税，于是处处与贵族作对，使这个城市陷入了争斗不休的恶性循环。公会不时在市议会中占得上风，市政府也多有支持他们的官员；贵族之家对此的反应是怒气冲冲地带着他们的钱财躲到城外的庄园里去；最后，这座城市逐渐处于经济崩溃的边缘，公会只好退步。1429 年，约翰内斯·谷登堡的养老金在市政内斗中被削减了一半后，他便从美因茨消失了，决心在一个稍微正常点的地方重新开始。[5]

1434 年，谷登堡再次露面，以原告的身份出现在斯特拉斯堡一案中。斯特拉斯堡位于美因茨以南 100 英里处。被告尼可拉斯·冯·沃斯塔特是美因茨的一位行政官，负责管理美因茨市政与财政。在离开美因茨前，谷登堡得到了沃斯塔特的承诺，即他本人会对谷登堡缩水的那部分年金负责。而沃斯塔特访问斯特拉斯堡正好为谷登堡让他兑现这个承诺提供了机会，不管沃斯塔特是否自愿。法庭判决谷登堡胜诉，沃斯塔特需支付310枚莱茵河地区用作货币的金币或莱茵弗罗林，这笔数相当于一个富裕工匠一年的工资。[6] 除了这笔意外之财外，谷登堡现有的收入还有斯特拉斯堡市最初支付给他哥哥弗莱利的年金，但是几年前他们的母亲去世后，这笔年金就应转而支付给谷登堡。[7]

斯特拉斯堡比美因茨市更大更拥挤，人口更多，但是没有沉重的债务、内部的你争我斗和麻烦缠身的大主教"选帝侯"。[8] 随着案件的结束，已经35岁的谷登堡有着可支配的收入，所生活的城市人口众多，市民行为端正。他利用宁静的环境和相对充裕的财富，在附近的村庄圣阿波加斯特（St. Arbogast）建造了一所宅院和工作坊。[9] 根据史书记载，谷登堡在新家安顿下来，自由地追求自己的事业，慢慢地展现出作为工匠的能力和作为企业家的天赋。

正如每个虔诚的德国人那样，谷登堡知道每隔七年，朝圣者就会蜂拥到亚琛大教堂去参观四件圣物：圣母玛利亚在耶稣诞生之夜所穿的长袍、基督的襁褓、用来包住施洗约翰乱动的脑袋的布和耶稣被钉在十字架时穿的遮羞布。[10] 当时，在参观圣物时挥舞镶有镜框的小镜子，在朝圣者中间成为一种时尚；据说，通过收集圣物散发出的"光线"，镜子会被赋予圣物的能量，为之后看到镜子的人带来祝福。[11] 随着1439年朝圣的临近，谷登堡谋划着利用这种宗教狂热。他在自己的工作坊里制作这些"神圣之镜"，打算把它们卖给即将来到亚琛的大批朝圣者。[12]

为什么一个中上阶层家庭的平凡后代会对制作镜子有所了解呢？从第一本研究谷登堡的书开始，学者们一直在关注这个问题。这个问题很重要，它牵涉着谷登堡之后的职业生涯，然而谷登堡本人并没有留下任何关于他的教育或工作经历的信息。大家普遍接受（尽管不够完美）的答案是：谷登堡的父亲曾在美因茨担任铸币厂的监督员。该厂是德国获许铸造莱茵金币的三家铸币厂之一，同时还为美因茨的神父打造珠宝和徽章。¹³ 假设谷登堡从小就接触到铸币和锻金技术，那么他应该会看到铸币厂的工匠们如何将字母和图像雕刻在钢字模上，然后将其打造成模具来铸造金币；他也应该学会了如何将熔融态的金属与不同性质的合金混合。¹⁴ 所以在制作朝圣者用的金属小镜子时，我们可以相信谷登堡知道从何下手。

售卖镜子的生意并不长久。1438 年暴发的一场瘟疫，延迟了计划于次年进行的朝圣活动。同年，谷登堡与三位斯特拉斯堡中产阶级投资者建立的伙伴关系在争吵中破裂。在接下来的诉讼案件中，法庭的陈述透露了他们共同参与的秘密计划：有一家报纸报道了制作镜子这一新闻，提到谷登堡要求将模具熔掉，以防止它们落入坏人之手。¹⁵ 最引人注目的是报纸提到了一个未命名的装置，由四个部分组成，用两个螺丝连接在一起，这个装置也会被拆开，以掩盖其真实用途和操作方法。¹⁶ 谷登堡的前合作伙伴们在接受一大笔钱后选择和解；在法庭审判之后，人们对他们的消息知之甚少。而 1444 年后，关于谷登堡的书面记录也没有了。¹⁷

直到四年后，这位昔日的镜子制造商再次出现。在斯特拉斯堡败诉后，谷登堡回到了他的出生地。

1450 年，满血复活的约翰内斯·谷登堡与美因茨金匠、基尔特公会成员约翰·福斯特（Johann Fust，有时拼作"Faust"）达成了一项协议，以 6% 的利息借了一笔高达 800 莱茵金币的贷款。¹⁸ 谷登堡的推销说辞一定很有说服力，因为福斯特后来证实

说，他自己是从别人那里借钱来贷给谷登堡的。谷登堡把钱投入他的新车间，但很快就违约拖欠利息。[19] 福斯特当时一定勃然大怒，然而，两年后，根据法庭判决的记载，他答应再借给谷登堡800莱茵金币，条件是谷登堡要让他的养子彼得·施沃夫（Peter Schoffer）担任工头。谷登堡同意了，他雇用了施沃夫，福斯特支付了第二笔贷款。[20]

为什么福斯特在吃亏之后还会再投一大笔钱进去？谷登堡在他的投资方面前展示的成果当然是活字印刷术的发明：有了这项发明，只需费最少的劲，就可以将一本书多次重复印刷。在那个一部手抄本《圣经》的价格相当于普通劳动者一年工资的年代，能将书籍无数次印刷，就相当于获得了铸莱茵金币的许可证。[21] 因此，即便不是完全满意，福斯特也乐意让谷登堡捣鼓印刷车间里堆满的各种各样的设备，期待着这一过程能够得到完善，从而带来真正的巨大利润。

对于谷登堡来说，他面临着一个艰难的决定：应该先印刷什么？学者们一致认为，谷登堡最终选定的是一本名为《文法艺术》（*Ars grammatica*）的拉丁文教科书。这本书是罗马帝国末期的文法学家埃利乌斯·多纳图斯（Aelius Donatus）写的，到了谷登堡时代，它已经成为标准的初学者读本。[22] 这个选择十分明智。拉丁语是一门古老且鲜活的语言，去教堂或者上学便意味着要接触这门语言。谷登堡本人应该是小时候学习过这门语言，并且成年以后偶尔会说几句。[23]

谷登堡印刷的第一本书已成为羊皮纸残片，粘在其他作品里，但幸存的50多部印刷残本则揭示了什么是当时的革命性事物，尽管它看起来再普通不过。[24] 谷登堡印刷的多纳图斯文法书是一本小书，只有28页，用的是当时欧洲常见的密集的哥特字体（又称

"编织"字母)。²⁵ 书页上偶尔会出现红色字体，给单调的单栏文字带来活力；被称为"加红字标题者"的文士，经常会修饰大写字母并添加段落符号（¶）。²⁶ 仔细地看，会发现文字有点过于整齐。虽然每个字母外形上略微有所不同，相邻的两个 a 会有细微的差异，好像是出自一双熟练的"人手"，但是同一字母的不同实例表明，这些字母并不是相似，而是相同。谷登堡的多纳图斯文法书里的 a 不是无限多样的，而是有十个具体的版本。研究古人书法和印刷文本的古文书学家们认为，谷登堡在 1450 年已经印刷了此书，他的第一本书。²⁷

谷登堡很快另有灵感，不再局限于印刷普通的拉丁文教科书。就在谷登堡工作室印刷出第一批《文法艺术》的同时，一位参观者的到来为美因茨增光添彩。著名的红衣主教尼古拉斯（Nicholas of Kues，朋友称他库萨努斯［Cusanus］）正从事一场"盛大的使节出访"（接受教皇派遣访问德国），因为教皇希望这位他钟爱的能手可以解决争端，提升教会的影响力，并筹集一点资金。²⁸ 这不是库萨努斯第一次访问美因茨，他的上一次访问在 25 年前。当时库萨努斯在美因茨参与了一场法庭诉讼——他可能在那时认识了一个名叫约翰内斯·谷登堡的人。一直以来，历史学家都想知道库萨努斯和谷登堡是否曾经相遇；在一个崇尚贵族出身的社会里，他们俩算得上同龄人，都是雄心勃勃的平民，如果他们的人生道路有交集的话，也许会有很多要讨论的话题。然而，就像谷登堡生活中其他的事情一样，这种人们所期望的心灵交会也缺少具体证据。即便他们俩相遇了，二人谁也没有提及。²⁹

但可以确定的是，1451 年，库萨努斯的盛大出访活动将他带到了美因茨。在这次特别出访中，这位红衣主教最重要的事便是就教会的日常手册（"祈祷书"）的内容继续进行讨论。教会因神学纠纷而四分五裂，库萨努斯希望能有本唯一且权威的祈祷书——他的祈祷书——来控制一些教友所表现出的异端倾向。[30] 基于此，学术界大肆对谷登堡和库萨努斯之间任何可能存在的友谊进行猜测与假设。历史学家说，如果库萨努斯知道了谷登堡的发明，他会立马抓住这个机会，印刷无数本祈祷书，每一本都没有人为失误，每一本都符合他的书写喜好。但是，无论两人是否合谋印刷新的祈祷书，美因茨固执的大主教却另有想法。他支持了另一版本的祈祷书，争端愈演愈烈，谷登堡原本可借机印刷畅销书的可能也成为泡影。[31]

尽管这个挫折令人沮丧，库萨努斯却不能沉溺其中。信奉基督教的塞浦路斯岛受到奥斯曼土耳其人的威胁，教会需要资金协助防御。为了筹集必要的资金，教皇尼古拉斯五世授权库萨努斯销售一种叫作"赎罪券"的宗教工具，信徒们可以购买赎罪券来赎罪。赎罪券的授予仅需一份简单的书面合同，库萨努斯要求美因茨圣雅各修道院的院长迅速准备 2000 份这样的合同，以备集中销售。[32] 但是修道院院长没有如人们预想的那样让内部抄写员来完成这项工作，相反，他委托了谷登堡来印制这 2000 份赎罪券。谷登堡在 1454 年和 1455 年印刷了这些赎罪券，使用的是印刷《文法艺术》的活字。[33]

对于历史学家来说，现存的美因茨赎罪券是重要的历史证据，但对于印刷者谷登堡来说，印刷这些赎罪券不过是种正事之外的消遣。受尼古拉斯的宗教狂热的启发——或者，至少是意识到一个无处不在的富有的教会所带来的商业机遇——谷登堡一直在致力于一项计划，那就是在遍布神圣罗马帝国的大教堂和修道院中寻找客户。1452 年，谷登堡说服约翰·福斯特再借给他 800 莱茵金币，并让这位出资人参与计划。他们将共同出版最神圣的书。[34]

值得一提的是，"印刷之父"谷登堡确定不是印刷术的发明者。[35]人类"印模、压痕等行为"出现的时间远远早于谷登堡及他印刷的《圣经》。倘若《牛津英语词典》的说法可信，那么人类的印刷历史远远早于抄书历史。例如，考古学家在伊拉克发现了有8500年历史的石印，古代的美索不达米亚人就是用这些石印在陶制罐子和盒子上做标记的。[36]（这项考古发现也证明，数千年来人类的心性几乎没有什么变化，因为这些最早的印章之中有一枚石印刻的是男性生殖器的抽象图案。）[37]即使我们将印刷的定义缩小到书面文字的印刷，谷登堡依然是个后来者。古埃及人用木制印章在陵墓内的泥瓦上印下象形文字，而且费斯托斯圆盘（一件在克里特岛发现的、目前可追溯至公元前2000年的神秘文物）的泥面也有一系列明显的类似于文字的凹痕。[38]

但是，即便谷登堡没有发明印刷术，也应该毫无疑问是活字印刷的先驱吧？所谓活字印刷，即单个的字母和字符可以被重新排列以印刷出各种各样的文本。

事实并非如此。一位名叫毕昇的中国平民抢先了德国人四百多年。正如与之同时代的中国历史学家沈括所说：

> 庆历中，有布衣毕昇，又为活版，其法用胶泥刻字，薄如钱唇，每字为一印，火烧令坚。先设一铁版，其上以松脂、蜡和纸灰之类冒之。欲印，则以一铁范置铁板上，乃密布字印，满铁范为一板，持就火炀之。药稍镕，则以一平板按其面，则字平如砥。
> ……

> 每一字皆有数印，如"之""也"等字，每字有二十余印，以备一板内有重复者。不用则以纸贴之，每韵为一帖，木格贮之。[39]

这就是活字印刷术，基本和字典的定义一致，每份文本都是由独立的小方块上的字符印刷而成，这种小方块可以根据需要重新排列或使用。[40] 不幸的是，只有上述文学记载了毕昇的发明。[41] 中国人有从石碑墨拓铭文的传统，也会用木制雕版进行印刷，但对于毕昇在将字符刻在胶泥块上时，采用的是阴刻还是阳刻这一最基本的问题，无法给出解答。[42] 更糟糕的是，尽管沈括对于毕昇的活字印刷系统的描述，带有目击者的自信口吻，却没有任何物证可以证实。我们没有用这种方法印刷的文本，也没有找到这种设备留下的任何痕迹，即便沈括声称"昇死，其印为予群从所得，至今宝藏"。[43] 唯一可以肯定的就是，在11世纪中期，一位名叫毕昇的男子使用胶泥活字发明了一种活字印刷术，而他的发明在产生持久的影响之前便消亡了。[44]

但是，中国人对活字印刷术的探索并没有停止。在毕昇使用胶泥活字两个半世纪以后，远在谷登堡投身于这一课题很多年之前，元朝一位名叫王祯的官员从新的角度解决了活字印刷的问题。当时中国的书籍大多使用木制雕版印制而成，每块木板都被切割成对开页面的大小，上面刻有文字和插图。[45] 这并非活字印刷术，也就是说，每块雕版只能用于印刷特定的对开页面，每本新书都需要制作一套新的雕版。然而，王祯发现可以将雕版印刷的简洁性和毕昇活字印刷术的灵活性结合起来。因此，王祯于1313年撰成著名的《农书》，于附录中总结了毕昇发明的胶泥活字印刷，然后解释他如何改进以创造出巧便的新木活字印刷术，并欲以活字嵌印《农书》。[46]

首先，将木块切割成正方形，然后刨平。接着，让善于书写的匠人将需要刊刻的文字写到一张蜡纸上，并将蜡纸铺于正方形木块；撕掉蜡纸后，湿润的墨水便会在木块上留下文字完美的镜像。之后的步骤，对于熟练的木工来讲就很简单了，将文字都雕刻出来，再锯成单字。47 这种单字的木块有很多很多。王祯试印《旌德县志》时，总共使用了六万多个单字木块。如何简便地排列这些数量巨大的字块，一定是对他智慧的考验。最终，他决定用两个转轮排字盘来解决这个问题。不同于普通的旋转盘，转轮排字盘分隔成若干小格。其中一个排字盘上放置了大量的活字，按韵编号和排列；另一个排字盘则用来放置常用的活字，以及数字等特殊字符。取字时，一人执韵依号数喝字，一人站在这两个可旋转的七英尺高的排字盘中间，按照顺序取出活字。48

准备好所需的木活字后，对每页进行排版、涂墨和印刷。先将木活字块嵌入以竹片分成小格的木框中；接着用刷子按列涂墨；最后将纸覆于其上，轻轻按压，就可以将墨迹转移到纸上。王祯成功地设计和制作出中国第二套完整的活字印刷系统，也成功地用这套系统印刷了书籍，不过，这套系统也没能成功地保留下来。49 随着时间的流逝，中国（和后来的韩国）的印刷工人为了找到一套切实可行的系统，诉诸更为不寻常的材料。他们在毕昇的胶泥活字和王祯的木活字基础上增加了青铜活字、锡活字和铜活字；后来，在18世纪，他们还尝试使用瓷器作为活字材料，但是行不通。50 没有迹象表明中国古代的工匠、工程师或科学家不如西方同行聪明，然而中国的活字从未得到广泛应用。究竟是为什么呢？简单来说是因为中国人对印刷要求标准高，而且汉字构造繁复，处理难度大。

中国墨水是主要的原因之一。尽管中国墨水与古埃及、希腊和罗马的墨水基本上是相同的，但中国人已经将墨水的品质提升到了一个新的高度。用松木制墨之前，先去除所有的树脂（明朝宋应星于《天工开物》中记载道，"凡松树流去香，木根凿一小孔，炷灯缓炙，则通身膏液就暖，倾流而出也"），然后在竹篾搭建的拱棚中烧掉松木，以获取净化后的松烟。[51] 为了达到所需的稠度、香气和颜色，人们会在松烟中混入动物胶和其他物质，如麝香、珍珠粉、蛋白、朱砂、黑豆和樟脑。[52] 最后，将黏稠的悬浮液倒入模具（饰以精致的雕刻图案，本身便是艺术品），制作出易于保存的固体墨块。[53]

最终的成品是无与伦比的专供书法之用的墨水。当老普林尼将通过巴巴里库姆港出口的"印度墨水"和罗马最好的墨水相比较时，他在不知不觉中赞美的是中国墨水（第一次出口西方便是通过这个熙熙攘攘的次大陆航运中心）。即使到了18世纪，欧洲的作家们仍在哀叹本国的墨水比不上他们所钟爱的"印度墨水"颜色黝黑、耐久不褪。[54] 中国人自己可能早就已经开始相信这些吹捧：到了10世纪，人们在墨水中混入萝卜、毛地黄汁、胆汁等物质来止血。[55] 尽管对于书法家和医生来说，中国墨水有着十足的吸引力，但是它对那些试图超越简单雕版印刷的工匠来说，却是一块绊脚石。水性墨水不能很好地黏附在金属、胶泥或瓷器上，从而导致印出的图像有墨点，不清楚。[56]

中国的另一项著名发明也同样阻碍着活字印刷术的广泛使用。中国的纸张太脆弱了，难以承受形成清晰图像所需的压力，因此印刷工人将纸张覆于活字时，只能手持刷子轻刷，不能用机械压印机。除此以外，中国的水性墨水容易洇透纸张，无法双面印刷。[57]

然而，中国的活字印刷术最终是因经济和其他种种原因而惨遭淘汰。正如王祯发现的那样，常用的汉字有五万个左右。要打造一套包括常用汉字的活字，需要制作数以万计的活字块，花费巨大。(据说有人刻造过二十多万个活字。)⁵⁸木活字需要逐字刻制，没有证据表明中国的印刷工人曾尝试过使用金属或其他易成型的材料来铸造活字块以加速这个过程。此外，活字的印刷方法也不利于其本身推广：印刷工人发现，比起一页一页地定稿、印制、分拣活字块，还是自古以来将整个页面都刻在木板上更快一些。⁵⁹中国的印刷工人被他们想要复制的结构复杂的汉字拖了后腿。

再回头来讨论 15 世纪 50 年代中期，约翰内斯·谷登堡和他印刷并出售《圣经》的雄心壮志。虽然活字印刷术的理念不是谷登堡提出的，但要说他的功绩的话，那一定是他将活字印刷术付诸实践，系统地处理了这个烦琐、复杂的过程的方方面面，直至它趋于完善。如果墨水不能满足他的需求，他就到处去找合适的；如果单独裁切浮雕字符成本太高，他会想办法批量生产；如果需要较大的压力才能印出效果最好的页面，他便会挑选可以承受这种压力强度的工具和材料。谷登堡并非印刷之父，却是印刷的助产师。

谷登堡的第一步便是创造印刷《圣经》所需的字母和其他字符。谷登堡肯定接触过在当时的艺术家中流行的雕版印刷，但是他的直觉告诉他，印刷量一旦变大，雕版将相当耗时，并且字体会很粗糙，无法再现他心中的文艺复兴时期的字迹。⁶⁰在与一位名叫汉斯·邓恩（Hans Dünne）的斯特拉斯堡金匠合作后，谷登堡开始制作一系列精巧的钢铁活字块，每个活字块高约 7 毫米，上面是极小的浮凸字母或标点符号。⁶¹制作冲字模时，会先将字母或其他

左边，一个冲字模；中间，用冲字模印压的铸模；右边，以铸模铸造的铸件（即活字），此乃俯视图和侧视图，略有放大。铸件底部的"刻痕"可以方便排字员通过触碰让铸件转向。[62]

字符（全部出自身份未知的抄写员之作品）轻轻地反刻在软钢锭上，然后谷登堡或邓恩会使用硬的钢铁刻刀和锉刀（file）*一笔一画刻出浮凸字母。[63] 荷兰现代字体设计师弗雷德·斯梅杰尔斯（Fred Smeijers）将这种操作描述为雕刻冷黄油；即使如此，谷登堡印刷的《圣经》中有 290 个不同的字符，刻模也是一项不小的工程，还选了两名工人专门来帮忙。[64]

珠宝匠会制造钢印以将图案印压到他们的作品上，美因茨铸币厂的雕刻师也会制作冲字模以在铸币模具上印压文字，类似这样的刻模工作对他们来说是再熟悉不过的。（珠宝匠刻在钢印上的文字是反的，做法和谷登堡一样，所以珠宝上的记号是可读的；然而美

---

* 一种挖孔器（Counterpunch）。挖孔器这种刻模工具虽早已被淘汰，但名字却留传了下来。挖孔器用于掏空 O、R、D 等字母的封闭部分，所以当今字母中任何封闭部分都被称为"字怀"。

因茨铸币厂刊刻的文字是"正的",因此印在铸币模具上时字母是反向的。用模具印压钱币之后,字母又会转正。)然而,从这里起,谷登堡的做法开始有所不同。

　　谷登堡或邓恩会拿起制作好的冲字模,用木槌小心翼翼地在一小块黄铜或者铜上击打冲字模,以此制造出铸模(matrix,源自拉丁语,意思是"母亲"),上有内凹的、正向的字母印痕。[65] 这一工序中最关键的部分就是让所有铸模的字母凹陷深度相同;由于无法准确拿捏击打的力度,谷登堡可能先用稍微大一点的力量捶击冲字模,然后再用锉刀打磨铸模表面,以使字母的内凹深度相等。[66] 冲

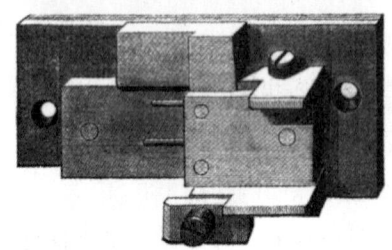

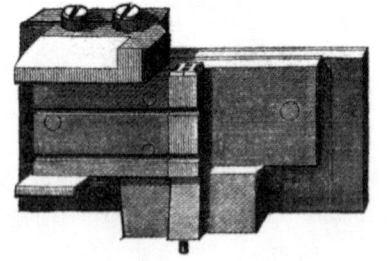

最上方的图片是模具底部,铸模已经移除。铸造的铅活字显示铸模于正常作业中的置放位置。中间的图片是半边的拆卸模具,铸造的活字与铸模皆已移除。最下方的图片显示的是模具的另一个半边,可见铸造的铅活字。铅活字下方附着多余的活字金属,其"凸起物"显示熔融金属倒入模具窝洞后流经的路径。[67] 谷登堡的模具都没有传世,但后期模具的构造与操作原则应该没有太大的改变

字模的置放位置也必须分毫不差:它必须对齐铸模的边缘,且所有铸模的底部边缘到字母底线(想象字母 x 和字母 m 平贴安坐的地面)的距离也得一致,以便对齐印刷文字。[68]

有了铸模,谷登堡就开始部署他的秘密武器了。在前文斯特拉斯堡法庭诉讼中提到的由四部分组成的装置即铸造金属活字的模具,当时因为事涉机密,必须拆开,以免落入他人之手。[69]谷登堡最初的设计并未流传下来,但后期的模具具有代表性(几乎可以肯定如此),我们便可明白为什么斯特拉斯堡诉讼中的一位证人说"没有人能够看明白或者弄清它是干什么的"[70]。谷登堡铸字模具的结构一定错综复杂,犹如填字游戏般玄妙难解。

然而从概念上讲,谷登堡的手工模具不过是一个宽度可调的窝洞,底部可安放一个铸模。将铸模插入模具底部并适当调整其宽度(例如,l 或 i 比 x 或 m 窄)后,接下来的步骤相对简单,将一些金属熔液倒入模具,使劲摇晃,让液态金属流入铸模的凹槽,然后敲开铸模,就可以得到初制的活字。[71]总之,手工模具是整个印刷系统的关键;如果没有这个开创性的设备,谷登堡不可能制作出足够的活字。

通过研究现存《圣经》印本中不同批次的纸张的分布情况,并追踪拼写、间距和其他印刷特征,专家们认为,拼组印刷页面时需要四名工人(后来认为是六人)。每页大约有 500 字,大约需要 2600 个字符,如果像通常假定的那样,每个拼版工都有一个三页的工作区(第一页组装,第二页印刷,第三页拆解,拆下的字母放回活字盒中),那么谷登堡就需要铸造四万六千多个活字。[72]他的模具至关重要,能使一个熟练的操作员每天铸造大约六百个活字。[73]

谷登堡或他的员工倒入模具的是什么金属,这是目前另一个未知的问题。他可能进行过无数次的尝试,遭遇过无数次的失败,外加进行一些明智的猜测,最终才确定了他的"活字金属"的构成。历史学家不得不转向早期的印刷匠寻求指导。对谷登堡《圣经》印本问世后大约一个世纪铸造的活字的分析显示:铅的含量最高,占82%;锡占9%;质地较软的金属元素锑占6%;其余为微量的铜。[74] 由于今天的活字印刷厂仍然使用同样的金属比例铸造活字,因此我们有理由相信,谷登堡当时曾使用类似的配方。[75] 谷登堡应该也发现铅经济实惠,可以用作基底,而加入锡有助于熔融的金属更容易流入模具,加入锑则使铸造的活字更坚固、更耐用。不仅如此,锑在冷却时收缩性相比其他金属更小;用纯铅制作的活字会在冷却后贴附于铸模的一侧,品质明显较差。[76](这个金属配方并不完美。锑是一种有毒物质,在谷登堡之后的两个世纪里,通常情况下,英

约斯特·安曼于1568年创作的《印刷工》木刻版画,描绘一位工匠正在将熔融的金属倒入模具

国活字铸造厂的工人都习惯性地在下班时喝半品脱混合植物油的红酒，以"解有毒气体锑的毒性"[77]。）

谷登堡的木箱中大约摆放着四万六千个金属活字，也训练了一批熟练操作这一神秘新技术的工匠，所以他开始着手编排和印刷《圣经》。我们从大量的版画中了解到谷登堡工作坊的运作模式，例如1568年约斯特·安曼创作的《印刷工》（*Der Buchdrucker*）。随着活字印刷风靡欧洲，这些版画在后来的几十年里被大量印刷。[78]这些木刻版画主要告诉我们，活字印刷是一种非常传统的工艺：安曼画笔下的任何工人若出现在现代铅字印刷厂也会立即感到亲切熟悉。

印刷流程的第一步是拼组活字页面。我们只能推测谷登堡的四位拼版工如何作业，但安曼的木刻版画描绘了印刷匠熟悉的场景，画中的拼版工从一个木盒子中拣出活字并放到木制或金属的"排字盘"上，一次可以拼组数行字。[79]王祯发明了两个精巧的旋转盘来排汉字活字，但谷登堡和他的后继者发现拉丁字母更容易操作：印刷工人将大写字母放在一个箱子中，根据使用频率进行排列，而将小写字母（lowercase letter）放在下方的一个箱子（a lower case）里，小写字母因此而得名。[80]"排字盘"是一种放置活字的手持托盘，是排字的主要工具。相对于传说中的手工模具或印刷机本身而言，"排字盘"构造简单，受到的关注很少。首部对"排字盘"进行深入研究的作品是写于1971年的《排字盘研究》（*Disquisition on the Composing Stick*），该书作者马丁·K.斯佩克特（Martin K. Speckter）是纽约一位广告业高管。[81]然而，这一高深的研究作品与斯佩克特的另一成就相比却黯然失色：1962年，斯佩克特发明了问叹号（‽），它是一个用于表示疑惑、激动或者反问的标点符号。[82]令人遗憾却也不意外的是，《排字盘研究》与问叹号都已鲜为人知。

约斯特·安曼1568年的木刻版画描绘了一个印刷工作坊。拼版工在后面从装活字的木箱中取出活字。左边，一个印刷匠从压纸格上取下一张印好的纸。与压纸格相铰接的是"夹纸框"，这是一种固定纸张的框架。[83]（安曼将夹纸框描绘成一块固体，但实际上它与纸张印刷区域相对应的地方有一系列穿孔。）右边，印刷匠正用一对"拓包"或"墨球"替活字上墨

当排字盘上放满上下颠倒的、从左至右排列的活字时，排版工会小心翼翼地将之滑到活字盘（galley）。活字会一行接一行排满一页，校对之后，会用一个名为"版楔"（quoin）的木楔子牢牢将之固定在一个版框（chase）内。[84] 现代的印刷工人将这套包括版框、活字和版楔的设备称为"印版"（forme）。有人推测谷登堡似乎也如此称呼自己的那套设备，因为在斯特拉斯堡保卫商业机密的"焦土行动"中，他坚持烧掉一系列框格。[85] 然而不管他怎么称呼"印版"，下一步就是使用墨水为印刷做准备。

墨水对于谷登堡取得成功至关重要。水溶性墨水不适于金属活字，中国古代的印刷工人早已为此付出代价。分析现存的《圣经》印本，我们知道谷登堡使用的是广受当时艺术界欢迎的鲜艳、黏稠的油画颜料。[86] 因扬·范·艾克（Jan van Eyck）等荷兰画家的使用而

风靡、用亚麻籽油*熬制而成的油画颜料具有适合印刷的黏稠度。[87]在此基础上，谷登堡进一步调制颜料配方，直到找到符合他喜好的色泽。通过对现存的谷登堡《圣经》印本所用的油墨进行化学分析，我们可以知道他的墨水含有碳、铜、铅和其他金属化合物，因此带有反光光泽。[88]谷登堡还给加红字标题者推荐特殊的颜料，即用朱砂制红色，用天青石取蓝色。这些加红字标题者通常会在作品留白处手绘大写字母和其他装饰图案。[89]

正如约斯特·安曼的木版插图所示，一个工人会一手拿着一个"拓包"或"墨球"给放置在压印机床上的印版上墨。这些蘑菇形的工具都有一个短木柄，木柄的另一头是一个装满羊毛或是动物皮毛的羊皮袋。工人先将一个墨球浸到墨水里，然后与另一个墨球摩擦，让墨水均匀地附于二者；最后，正如他们的名字所暗示的那样，手持两个墨球以画圈的方式替印版上墨。[90]

谷登堡应该会指示一名工人从准备印刷《圣经》的一大包纸中剥一张空白纸（前一天晚上就将纸浸湿，以便更好地吃墨），然后吩咐他把白纸固定在"压纸格"上。"压纸格"是一张扁平的衬垫薄膜，可均匀分散印刷机压印盘的压力。[91]但是，这种传奇的印刷机是什么样子的呢？当时，由螺丝或杠杆驱动的手动印刷机已经很普遍，用于制作葡萄酒或压榨橄榄。装订工人在装订书籍中使用了各种螺杆印刷机，但这些都不够好。[92]谷登堡印刷机的压力是经过仔细校准的：压力太小，只能印出模糊而斑驳的效果；压力太大，脆弱的铅活字会被压碎。同时，印版和纸张必须精确对齐或"套

---

* 在工业革命兴起、墨水成为大量生产的商品前，大多数印刷工人通常会自行熬煮亚麻籽油，用以调和颜料。印刷厂的工人都会围着熬煮亚麻籽油的大锅，并且在里面煎炸面包。这些即兴的"野餐工人"会留意油的温度，因为温度太高油就会沸腾而溢出；正如一位作家所说，"着火的热油四处乱窜"，毁了所有人的午餐。

准"，以便文本能够印刷到页面的正确位置。

不幸的是，我们既不知道谷登堡是如何克服这些困难的，也对他的手工模具的确切形式或活字合金的具体成分知之甚少。毫无疑问的是，谷登堡逐一解决了这些问题。首先，拼组好活字页面，将活字锁紧，然后上墨；接着，将纸张固定于压纸格，将位置对准印版所在的上方；最后，压印盘会下压，然后拉起。谷登堡会从压纸格中把纸张拿出来，然后举起来对着灯看。看到最后的成品，他应该松了一大口气。

印好的成品让人拍手叫绝。尽管谷登堡有意模仿教会青睐的手写哥特字体，尽管文本也是完全依循传统方式编排，但是印刷机印出的每一页《圣经》都是革命成果的缩影。当时读《圣经》的教众浑然不知谷登堡高超的印刷技艺，看到每个单词均墨色均匀，整个文本严格对齐，页面空白完美一致，无不惊得目瞪口呆。谷登堡的《圣经》作为传达上帝圣言的载体，已经近乎完美，达到了人工技艺的巅峰。[93]

然而，世间之事不可能尽善尽美。学者们认为，谷登堡用犊皮纸印刷了三十多本《圣经》，又用纸张印刷了约一百五十本。摊开印本，页面规格为17英寸×24.5英寸，因此只就犊皮纸印本而言，谷登堡就需要约五千张犊皮纸（每张的正反两面都要有横贯两版的印刷面积）。此外，他还需要从意大利进口十倍于犊皮纸的纸张来印刷纸质版的《圣经》。[94]《圣经》印本本身也表露了谷登堡的经济考虑最终战胜了对美学的追求：每本的前九页都是四十行文字，页面舒适美观；第十页成了四十一行，页面有一点拥挤；而后

谷登堡"四十二行圣经"页面（一）

谷登堡"四十二行圣经"页面（二）

面的一千二百多页，每一页都有四十二行。于是，这些《圣经》印本得了个众所周知的绰号"四十二行圣经"。[95]

谷登堡将他的忧虑抛诸脑后并继续向前。到 1454 年秋天，他已经做了足够的准备，可以将几页印刷样本送到法兰克福书展（持续到今日的每年一次的出版界盛会），以引起人们的兴趣。[96] 一年后，《圣经》印刷完毕。谷登堡的排字工人排版了 300 多万个字符完成 1282 页的《圣经》。工作室的印刷机也压印了 237170 次，印刷了近 6 万张犊皮纸和纸张；印好的 180 多本《圣经》也全数被预购，即使不是全部收到了现款。[97] 这是一项了不起的成就，但总设计师谷登堡的功劳几乎立即就被人抢走了。

谷登堡的失败与 1455 年 11 月 6 日的法律文件，即所称的赫尔马斯伯格公证书（Helmasperger Notarial Instrument）有直接关系。11 月 6 日当天，在美因茨一个方济各会修道院的食堂，约翰·福斯特向公证人乌尔里希·赫尔马斯佩格（Ulrich Helmasperger）要求谷登堡偿还拖欠自己的贷款和五年未付的利息。或许意识到大局已定，谷登堡没有直接出面，而是委托他所在教区的牧师、近侍和仆人组成的代表团为他辩护。[98]

他们败诉了。

谷登堡总共欠福斯特（谷登堡应该更愿意用某来代指福斯特）2020 枚莱茵金币。[99] 我们不知道谷登堡是否曾经凑齐了偿还这笔巨额债务的钱，但显然他的鲁莽交易毁了他：珍贵的印刷机、模具、铸模、活字，以及库存的全部"四十二行圣经"印本都落入了福斯特的手中。[100]

仅仅在赫尔马斯佩格判决之后两年，美因茨又出现了一系列印刷精美的宗教书籍。这些即所称的 1457 年与 1459 年《美因茨圣咏集》，制作尤其精良：赞美诗用黑色小字印刷，重要诗句都用红色标记；圣咏用较大的黑色字印刷，大写字母为红色；带装饰的大写首字母采用蓝色和红色，字体也更大。印刷专家认为，这三种颜色都是"同时"印刷的：每个装饰性大写字母错综复杂的蓝色和红色部分都是独立着墨的，然后与剩下的黑色和红色印版一起排版。再用印刷机印制整张页面。一定是谷登堡开创了这种复杂的印刷工艺，但是功劳却被两个男人抢走了：每本《美因茨圣咏集》的最后一页都印有这两个男人的联合盾形纹章，他们成立了福斯特与舍弗公司（Fust & Schöffer）。约翰·福斯特是一个不择手段的商人，彼得·舍弗也不过是谷登堡工作坊内毫不起眼的经纪人，但是他们二人印制的书籍与谷登堡《圣经》一样精致，让人很难去鄙视他们。[101]

这二人几乎没有时间享受他们的新成就。1462年6月，教皇选中的美因茨大主教候选人阿道夫一世（Adolf von Nassau）带领一队雇佣军和强盗贵族军团抵达美因茨。当时在位的大主教迪特尔·冯·艾森伯格（Diether von Isenberg）对他即将被迫离开感到不满，便向美因茨人宣布他会抵制教皇派来掠夺的土匪。然而，当阿道夫的军队攀墙进城，数百名效忠迪特尔的民众被压制之后，迪特尔早已逃之夭夭。美因茨的民众生性叛逆，不好管教，此次因为支持迪特尔而被驱逐出城。当时美因茨的印刷业才刚萌芽，但是大约十几个在谷登堡印刷工作坊（或者是后来的福斯特与舍弗公司）里学到了印刷技术的工人也遭受牵连，一并被驱逐到了城外。[102] 这些印刷匠随后分散到欧洲各处。星星之火，可以燎原：谷登堡的"四十二行圣经"出版后不到15年，欧洲的每个国家都有一家印刷厂，书籍的制作模式至此永远改变了。

第七章
遭遇危机：活字排版遇上工业革命

约翰内斯·谷登堡的钢模、黄铜铸模、手工模具、铅活字、版框、印版、印楔与压印机——这些工具统称为印刷机——彻底打破了欧洲学者、抄写员和神职人员垄断的封闭世界。在谷登堡的《圣经》出现之后的半个世纪，新出现书籍的数量比之前几千年的总和还要多，自此图书产业加速发展：1454 年至 1500 年，人们印制了 1260 万本古籍（incunabula，这些最早的书籍在拉丁语中被称为"摇篮"或"襁褓"）。此后，每一百年图书产量就会增至三倍以上。18 世纪后半叶，仅西欧就印刷出版了 6 亿多册图书。[1]

并非所有人都对这一新趋势感到高兴。从印刷业起步开始，撰写反对印刷的长篇大论就成了知识分子的最爱，尤其是那些认为耐心抄写文本蕴含道德价值的人。例如，在威尼斯——早期印刷业最重要的中心之一，一位名叫菲利波·德·斯特拉塔（Filippo de Strata）的本笃会修士强烈反对印刷商为迎合大众市场而出版格调不高的古典诗歌。15 纪末，他批判道："手写是执笔的少女，印刷是效颦的妓女。"菲利波的愤愤不平源于他对从事图书印刷的下等人（如他所言）的普遍反感——卑微的工匠、叛逆的仆人、在新兴印刷业找

到工作的外来酒鬼。他还认为，至少葡萄酒销售的税收可能会因此增加。²

无论菲利波之流如何愤恨不满，印刷术的传播不可阻挡。正如几个世纪之后弗兰兹·卡夫卡（Franz Kafka）写到的那样，书籍是一种麻醉剂，一个不断发展的社会需要它们来解决问题。³ 然而，到了19世纪，印刷产品供不应求，已问世数个世纪的谷登堡发明的印刷设备亟待改进。

19世纪末的世界正处于一个新铁器时代（Iron age）。英国各地工厂的蒸汽机都在源源不断地冒出蒸汽，美国紧随其后。各种传统木制设备被更大、更坚固的钢铁设备所取代。⁴ 连墨守成规的印刷业也不例外。这个诞生于15世纪的行业长久以来进步甚少，但终于鼓起勇气，向着新时代迈出蹒跚的步伐。

第一步确实是试探性的。多年来，人们多次尝试用铁制部件加固木头制作的印刷机，但都失败了。直到1772年，一个名叫威廉·哈斯（Wilhelm Haas）的瑞士铸字工人设计了一种全部由金属打造的螺旋印刷机。他用铁和黄铜代替木头，制造的印刷机能比传统印刷机印刷更大的纸张。但是当地的印刷公会不打算让一个铸字工人插手他们的生意，他们要求哈斯在铸字和印刷之间做出选择。哈斯于是放弃设计印刷机，继续回去铸字。⁵

尽管如此，哈斯进行试验的消息还是在印刷业传开了。随后出现了更多的铁制印刷机。最终，1803年，斯坦霍普（Stanhope）印刷机出现了。这台印刷机由来自伦敦的贵族查尔斯·斯坦霍普（Charles Stanhope）设计，他因痴迷于政治而为人所知，同时也是一名发明家。⁶ 斯坦霍普坚固耐用的铁制印刷机是首台值得注意的新式印刷机：它并不单纯是木制印刷机的铁制版本，而是设计了一个杠杆系统，使得操作者印压力道倍增；如此一来，首次实现了只需一拉杠杆就能操作印刷，不用再费力地拧紧和松开螺丝钉。⁷ 斯坦霍普的印刷机问世之后，众人纷纷仿效，其中一些仿造的印刷机甚至留存至今：巴洛克风格的美国"哥伦比亚"（Columbian）印刷机，因铸刻在顶部的铁鹰而闻名；更低调的英国"阿尔比恩"（Albion）印刷机，至今仍是活字印刷厂常见的设备。

事实上，斯坦霍普印刷机以及受其启发而仿制的印刷机与谷登堡时代使用的印刷机只是略有差异。纸张和活字印版会被放进印刷

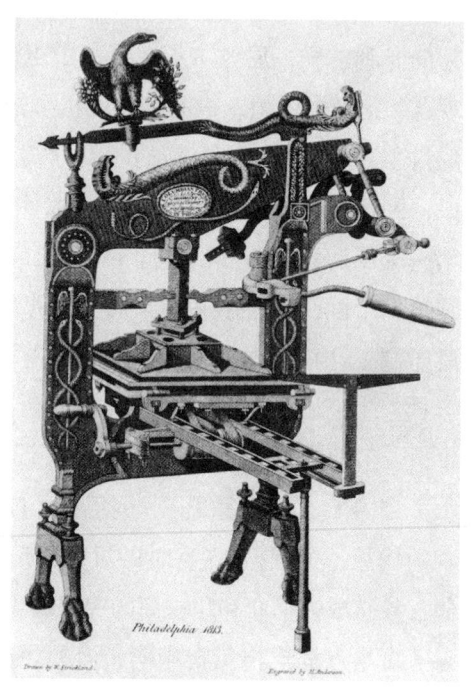

乔治·克莱默（George E. Clymer）1813年发明的哥伦比亚手动印刷机。顶上的铁鹰"伸展双翅，鹰爪攫住朱庇特的雷电。雷电两头分别是象征和平的橄榄枝和象征丰饶的羊角，镀着漂亮的古铜色和金色"。铁鹰被当作平衡物，以便每次印刷后拉起压印盘⁸

第七章　遭遇危机：活字排版遇上工业革命

机底座上一个滑动的"框架",手动上墨之后,框架便滑动至压印盘下的指定位置,然后拉动杠杆完成印刷。⁹当然,还有更多令人惊叹的传动装置、杠杆和装饰,使印刷变得容易许多,但它们仍是让人费心费力的手动设备。尽管改进了印刷机的操作方式,第一批铁制印刷机在技术革新上是一个矛盾体,好比是印刷厂的碳纤维筷子或钛珠算盘。

1790年,印刷机的第一道曙光出现了。英国化学家、科普作家威廉·尼科尔森(William Nicholson)申请了一项专利,其发明是"一种新建构的机器或仪器,用于在纸张、亚麻、棉、羊毛等材料上印刷,比现在使用的机器更加简洁、便宜且精准"¹⁰。和所有优秀的专利一样,尼科尔森在表述中更多地谈及了他的抱负,而非实现这些抱负的能力。没有独特的机械知识,对印刷也没有什么兴趣,尼科尔森却提出一套全新的印刷方式:他设计的机器由多个圆筒构成,圆筒彼此顺畅紧贴转动,以取代框架与压印盘间的垂直印压。第一个圆筒载着曲面活字印版;第二个圆筒覆盖着皮面,将墨水上到第一个圆筒上;第三个圆筒将纸张压在上了墨的旋转印版上,完成印刷。这是对古老设计的重新思考,巧妙且前所未有。但这台机器从未生产出来。由于缺乏金钱和动力,尼科尔森转而研究其他的事情,但他的想法却自行茁壮成长。¹¹

25年后,弗里德里希·柯尼格(Friedrich Koenig)承袭了尼科尔森的构想。柯尼格15岁时做过印刷厂的学徒。读完莱比锡大学后,他在梦想成为书商和印刷商的弗里德里希·里德尔(Friedrich Riedel)手下做事。柯尼格负责印刷,但是手动固定纸张、拉杠杆印压、移开印好的纸张这种辛苦乏味的工作又令他感到沮丧。一定有更好的办法。[12] 柯尼格隐约记得威廉·尼科尔森设想过圆筒印刷机，于是拼凑了一种新型印刷机，四处向德国一些知名的印刷厂推销。但他遭遇了彬彬有礼的冷漠回绝，于是被迫转向远方，前往俄罗斯寻找愿意合作的伙伴，结果依旧受到沙皇政府官僚作风的阻挠。最后，他决定在英国碰碰运气。英国的情况比欧洲大陆要好。1814 年 11 月，确切地说是 11 月 29 日上午，柯尼格总算即将实现他的雄心壮志。[13]

那天早上，《泰晤士报》的印刷工人和往常一样，等着把印版装进斯坦霍普印刷机，以印刷当天的报纸。他们等了又等，但是印版一直没有来。有消息称，由于拿破仑战争肆虐欧洲大陆，当天报纸的印刷可能会耽误。于是印刷工们坐下来等待。但他们被骗了：早些时候，排好的印版已被送到了附近的一幢大楼里，弗里德里希·柯尼格的全新印刷机正在那里等待。[14] 对《泰晤士报》的老板约翰·沃尔特（John Walter）来说，这种托词是必要的。正如富德里尼耶兄弟的发明在传统造纸厂引起轩然大波一样，弗里德里希·柯尼格对机械驱动印刷机的改良也没有得到伦敦印刷工人的青睐。约翰·沃尔特担心在报社安装一台机械印刷机会遭到恶作剧和破坏，所以柯尼格的印刷机由工人们安装在报社隔壁，而安装工人必须保密，倘若走漏消息，将被罚款一百英镑。

这台备受争议的印刷机包括一个扁平的底座，上面放置印版，底座会在两个放着纸张的圆筒和一个内置的油墨装置下来回穿梭。它介于传统手工印刷和威廉·尼克尔森的全"旋转式"设计之间，而且并非全自动化，需要手动装纸再取走印好的纸张，但是沃尔特相信《泰晤士报》的印刷工及其助手看不出来其中的区别。[15]

约翰·沃尔特全程监督把当天的印版偷偷送给柯尼格。当印刷工们意识到被骗时，印刷已经完成。柯尼格的印刷机以每小时

1100多张双面报纸的速度印好了当天的报纸。(顺利的时候,《泰晤士报》的印刷工操作斯坦霍普印刷机每小时能印出200张单面报纸。[16])沃尔特亲自撰写当日社论,用无数溢美之词颂扬了新的印刷机。人们甚至认为,他可能一个字母一个字母断续地拣选活字,自己排版了这篇文章,以便他的排版工人和印刷工人毫不知情。在这样做的时候,沃尔特还发现了柯尼格印刷机的另一个优点:从前,要印制足够数量印刷品的唯一方法是多次排版同一张页面,这样可以同时在多台斯坦霍普印刷机上操作。但是有了这台快速的机械化印刷机,每页只需排版一次。如果《泰晤士报》的排版工人意识到他们的雇主在计划什么,他们一定会不寒而栗的。

结果,当天的事件迅速传遍《泰晤士报》报社,员工无不感到震惊。沃尔特宣布被解雇的工人在找到其他工作之前可以获得全额工资,因此新印刷机带来的冲击得以缓和。此次对旧秩序的颠覆可谓一场不流血的政变。[17]

弗里德里希·柯尼格1814年的双滚筒印刷机,曾被秘密地安装在《泰晤士报》印刷厂旁边的大楼。纸张要一张一张地放在圆筒上,印刷机基座上放置的印版会来回移动进行印刷

世纪的车轮隆隆向前，印刷改革的点点滴滴最终汇成一股翻天覆地的洪流。在弗里德里希·柯尼格的印刷机用于印刷《泰晤士报》两年后，一位名叫爱德华·考伯（Edward Cowper）的英国印刷商为制作弧形"铅版"（stereotype，一整页活字印版的薄金属复制件）申请了专利。这种铅版可以包裹在滚筒外，为之后完全用以滚筒构成的印刷机铺平了道路。[18]1838 年，美国的大卫·布鲁斯（David Bruce）发明了一种比手工更快、更可靠的活字铸造机。九年后，纽约一位名叫理查德·M. 霍（Richard M. Hoe）的发明家造出第一台可实际操作的轮转印刷机（rotary press），尽管它得依靠一套不稳固的排字系统（而不是更稳固的铅版）将活字固定在旋转的滚筒上。[19]

这些独立的改进终于在 1863 年汇拢在一起。这一年，宾夕法尼亚一位名叫威廉·布洛克（William Bullock）的新闻记者申请了一项专利，其描述的新印刷机仿佛是集前人的所有技术于一身的"怪物"。布洛克的蒸汽驱动型轮转印刷机使用富德里尼耶长网造纸机批量生产的卷筒纸，一系列装有弧形铅版的滚筒会双面印刷卷筒纸，切纸机器在纸张通过时会将其切成单张。[20]这台机器每小时能印刷一万二千份完整的报纸。[21]不幸的是，威廉·布洛克留在世人心目中的不仅有他的发明，还有他惨烈的离世方式。1867 年，布洛克的一条腿被卷进印刷机后受伤，出现坏疽，随后他死于失败的截肢手术。（传闻布洛克是试图将不听话的传动带踢回皮带轮时受伤的。）[22]

撇开布洛克血淋淋的退场方式不谈，印刷技术在 19 世纪得到不断创新。19 世纪 20 年代报纸只是四页的周报，到 80 年代已经可以生产 16 页的日报，给周边的出版配套带来巨大的压力。[23]路易斯-尼古拉斯·罗伯特的无端网造纸机问世后，碎布头等造纸原材料便长期供应不足；同理，弗里德里希·柯尼格和威廉·布洛克的机械印刷机出现之后，替报纸、广告和书籍排字的拼版工便长期受到无情的关注。用排字盘排字的速度已经无法匹配蒸汽印刷机。

因此，19世纪涌现出众多的发明家和创业者。如果印刷从业者迟迟不肯接受机械化印刷机，那么铅字自动化排版将成为一个竞争残酷的领域。

第一台引起大众关注的排字机是佩奇排字机（Paige Compositor）。詹姆斯·W. 佩奇（James W. Paige）之前是一位石油商，魅力十足却不太诚实，善于自我推销，总是受到计划无法顺利完成的诅咒。19世纪70年代初，佩奇便开始研发自动排字机，但这台运气不佳的机器注定也打破不了他所受的诅咒。[24] 佩奇无休止地修补机器，让在背后不断资助他的萨缪尔·克莱门斯（Samuel Clemens，其笔名马克·吐温更为人所知）越来越痛苦。到19世纪80年代末，马克·吐温对佩奇的投资高达17万美元，这也导致这位作家陷入财务困境。[25]

马克·吐温和詹姆斯·佩奇的合作始于1880年，当时一位共同的熟人带着这位作家去看佩奇正在酝酿中的排字机。马克·吐温多年来从事印刷和排字工作，他为这位魅力十足的发明家及其不可思议的机器所折服。[26] 当时《汤姆·索亚历险记》大获成功（且带来不菲收入），马克·吐温坚定地向佩奇投资了2000美元，尽管他并不看好能够收回这笔钱。正如他后来描述的那样："我经常冒这样的险，几乎每次都以失败告终。"[27]

佩奇向马克·吐温展示的机器解决了机械排字方面三分之二的问题。排字工人从木箱中挑出铅活字再放到排字盘上，佩奇的机器有一个字母键盘，按键之后，活字会从机器上方并排的沟槽滑落，排成一行文字。另有独立的拆版装置接收待拆活字版（dead matter，已经排好版并且印刷完毕的版页），将活字分发回正确的沟槽里。唯一欠缺的是无法"排齐"活字，比如调整单词间距，使每行完美对齐页边空白，正如谷登堡时代以来大多数印刷书籍所呈现的那样。[28] 1886年，佩奇搞定了一款新机器——排列和分发活字的速度比人工要快得多，但依然无法克服排齐的问题。马克·吐温认为如此即可，请求佩奇就这样卖掉，但佩奇坚称排齐功能必不可少。马克·吐温最终选择让步，而佩奇又开始研究集排字、对齐和拆版功能于一体的新机器。

尽管马克·吐温对佩奇无休止的拖延感到恼火，他依然持续投入资金。这位作家的问题在于他对印刷业太过了解：年轻时他是一个排字工，亲眼见证了工人们如何因排字变得脾气暴躁，坚信印刷厂会举双手赞成佩奇的主意。他认为佩奇的机器是一个永远不会酩酊大醉的机械雇员，不管是凌晨三点还是下午三点，都会一样的勤

由J. W. 佩奇设计、马克·吐温资助的佩奇排字机的专利图片。它由18000多个零部件组成，能够排版铅字和拆版归档，非常容易发生故障。佩奇花了十四年时间进行改造。但当时的竞争对手，如奥特玛尔·默根塔勒的莱诺铸排机（linotype-machine，意为"整行铸排机"）已经证明，重新铸字比拆版归档容易得多[29]

奋,而且不会成立工会与老板作对。[30] 尽管佩奇一开始向马克·吐温保证这项工程会在几个月内结束,开销会控制在 9000 美元以内,没想到他埋头苦干了四年之久才完成,马克·吐温又另外投资了 15 万美元——相当于现在的 400 万美元。[31]

最终的"佩奇排字机"复杂得惊人。这台机器由 18000 多个部件组成,只需一名操作者。排版、对齐和拆版的速度是人工的六倍。在拆版前,机器可自动排除损坏或有裂痕的活字。[32] 这台机器申请专利的描述内容多达 59 页,专利审查更是耗时 8 年,期间一名审查人员死亡,另一名精神失了常,准备专利材料的律师更被送往了精神病院。[33] 佩奇排字机是机械工艺的惊世之作,但它也有致命缺陷。

佩奇的机器试图通过复制排版工人的动作——排版、对齐和拆版——来完成印刷,这就注定了他的失败。不可否认,它排字的速度超快,但这是一匹容易兴奋的纯种马,而不是稳重可靠的驮马。佩奇曾向报社推销,报社认为不够可靠而犹豫不决。到了 1894 年,其他更简单设备的成功,暴露出佩奇排字机不过是个精致的傻瓜。马克·吐温几乎破产,佩奇则贫困而死、被人遗忘。[34] 马克·吐温怨气十足地在自传中写了一篇《机器插曲》:"我和佩奇见面时总是热情洋溢、言词友好,但他再清楚不过,如果他被捕兽夹夹住,我会斥退所有救援的人,亲眼看着他死掉。"[35]

如果詹姆斯·佩奇能了解一下如雨后春笋般涌现的排字专利,他或许就不会如此悲剧收场。1822 年,在佩奇开始研究排字机五十年之前,美国发明家威廉姆·丘奇(William Church)在英格兰申请了一项专利:由三组机器构成的"改进的印刷装置",恰能完成佩奇想要

实现的功能。³⁶ 丘奇的键盘驱动排字机可能是同类设备中第一个获得专利的。他的自动铸字机也可能是首创，而且对比之下，他的印刷机和现今的设备最像。³⁷ 然而，丘奇对他的"印刷设备"的相关优点毫不在意。他的问题也在于发明家的通病——无法长期专注于某件事，他的设备都只停留于实验阶段。³⁸ 不到十年，丘奇已经把排字机的所有想法完全抛在脑后，转而投向了搭载惴惴不安的乘客往返于伦敦和伯明翰之间的蒸汽机车（乘客之所以惴惴不安，是因为他们座位的旁边就是锅炉。当时锅炉发生爆炸是很常见的事）。³⁹

丘奇申请专利时提出的概念比他设计的排字机更持久：如果可以简单地熔化活字后重新浇铸，为什么要麻烦地拆版归档呢？某位作家将这一概念称为"丘奇原则"。这一想象力的飞跃促使排版进入工业时代。⁴⁰

第一位成功运用丘奇原则的是奥特玛尔·默根塔勒（Ottmar Mergenthaler）。默根塔勒 1854 年出生在德国哈克特。他从少年时就喜欢摆弄钟表，青年时期开始在比蒂格海姆附近的钟表店做学徒。⁴¹ 当时普法战争结束，很多士兵从战场返乡，德国就业市场趋于饱和。1872 年默根塔勒移民美国，在表兄奥古斯特·黑尔（August Hahl）位于马里兰州巴尔的摩的电气车间找到一份工作。如果不是因为 1876 年夏天大受挫折的发明家查尔斯·T. 摩尔（Charles T. Moore）打来电话，他可能会在这里一直干下去。⁴²

摩尔设计了一种打字机，可以将文字打印在一条长长的薄纸带上，之后把纸带裁开贴在正常大小的纸上。⁴³ 这台机器使用"平版印刷"油墨（一种常常用来印刷艺术品的油性混合物），但摩尔的样机性能不稳定。摩尔归咎于机器制作粗糙，但早慧的默根塔勒则看到了设计上的缺陷。几天后，他就提出一系列改进措施。但是，摩尔的资助者——其中有一位是法庭记录员、秘书和技术爱好投资者詹姆斯·克利芬（James O. Clephane）——不愿意承担改进的费用。[44] 只因相信默根塔勒的判断——这款机器可以成功改进，奥古斯特·黑尔接下了这份工作，承诺不修好便不收费。[45]

随着项目的推进，一个事实逐渐明晰：詹姆斯·克利芬才是真正的创新者。过去几年中，他一直令克里斯多夫·莱瑟姆·肖尔斯（Christopher Latham Sholes，最先成功发明第一台商业打字机）感到头痛。克利芬不断用折磨的测试来检验肖尔斯的样机。耐心耗尽的肖尔斯对商业伙伴詹姆斯·丹斯摩尔（James Densmore）怒吼道："我受够克利芬了！"精明的丹斯摩尔这样回复：

> 实事求是的纠错正是我们所需要的。宁可现在发现问题，总强过投入生产后再发现不对劲。克利芬说杠杆不坚固，我们就加强它；他说空格杆或墨棒不灵活，我们就让它运转顺畅。我们所获得的一切赞美，都应归功于克利芬。[46]

詹姆斯·克利芬完全有理由这么苛刻。如果传闻属实，他素以法庭记录快速和准确而出名，而且感兴趣于将这些记录尽快印刷出来。[47] 克利芬与马克·吐温都清楚地认识到排版是印刷的主要瓶颈。他最希望的就是"缩小打字机与印刷页面之间的距离"。[48] 克利芬主动联系摩尔，想要设计平版打字机。默根塔勒致力于解决打字机故障时，促使他不断向前的也是克利芬。

不管默根塔勒如何打磨摩尔的机器，相对于复杂精细的平版印刷来说，它的输出结果太不精确了。[49] 克利芬提出另造一台机器，直接把字符敲在混凝纸上，然后以一整页为单位浇铸金属印版。默根塔勒对此表示怀疑。举例来说，为了使字母"W"和标点"."在印版上凹陷得一样深，前者所需的压力要大得多，而字符的高度稍有不同都会破坏打印出来的页面。默根塔勒认为混凝纸打字机注定要失败。[50]但在克利芬的要求下，他坚持了下来。机器在1878年晚些时候出炉，但并不成功：浇铸的金属印版顽固地粘在混凝纸模具上，导致印刷页面凹凸不平，这也验证了默根塔勒的想法。默根塔勒就此放弃，但克利芬可没有丝毫动摇，他在华盛顿特区的一个机械车间继续这项发明。五年之后，克利芬依然徒劳无功，也没有离他的目标更近。受到磨炼的克利芬回头求助巴尔的摩的默根塔勒。[51]这次两人打算采取德国传统的方式开展设计。

1883年，默根塔勒向克利芬提出新设想，这次不是排字机而是铸字机。在目睹了摩尔和克利芬苦苦挣扎于平版印刷和立体印刷等印刷技术之后，默根塔勒回头采用最古老的印刷技术：他的机器是增强版的手工模具，一个由键盘控制的奇妙装置，可将黄铜铸模排成一行，再浇上金属溶液铸造活字。完成印刷后，活字再被扔回熔炼金属的锅炉。"丘奇原则"提出将近七十年，终于得以实现。

从1883年到1890年，默根塔勒打造出一堆乱七八糟的样机。[52]他最早的机器最简单、最笨重，使用一系列平行的黄铜棒，每根棒子上沿着长度刻着字母表中的每个字母。为了铸造一行活字，操作员上下移动黄铜棒，将适当的字母置入模具前端，好比玩弄密码箱上的旋转锁，再把金属溶液倒进去。整根棒子需要宽度一致才能保证金属溶液不会跑出去。但这意味着"i"和"I"等窄条形的字符之间空间很大，而"m"和"Q"等较宽的字符紧紧挤在一起。打字机和计算机编程细心设计了等宽字体来隐藏这种缺陷，但对像上述这样的字形应用固定间距看起来会很奇怪。[53]

默根塔勒的第二台机器去掉了垂直棒，在原本放垂直棒的地方放置雕刻有字母的小型黄铜铸模，和谷登堡当年的做法一样。但默根塔勒并没有把所有铸模一个一个都放进模具，而是设计了一种储存盘（rack/magazine）。只要按下按钮，铸模就会在气压作用下弹出储存盘，滑落到模具前端排成一条直线。默根塔勒最终呈现的"方形底座"机以更先进的传送带替代气压作用，把铸模从储存盘传送到模具，然后再送回储存盘。[54]

　　默根塔勒的成品是一台蒸汽朋克风格的庞然大物。要铸造一行活字（一句话或报纸专栏的一行字），操作员必须坐在机器前端的键盘旁边敲打文字，储存盘上的铸模成排高悬于机器上方，与机器间以杠杆相连。操作员按下代表某个字母的按键之后，相对应字母的黄铜铸模从储存盘滑落到键盘上方不断滚动的传送带。一行字输完后（字快满行时，机器会响铃），操作员拉起铸造杠杆，晃动模具前的一排铸模（液压夯锤使它们紧紧靠在一起），再灌注熔融的金属。成品是刻好字的活字铅块。[55] 铸造完毕，金属铸模被分送回它在储存盘的适当沟槽中，而最后一步操作可能也是最具前瞻性的：如下图所示，每个黄铜铸模都对应独特的用于辨识的锯齿图

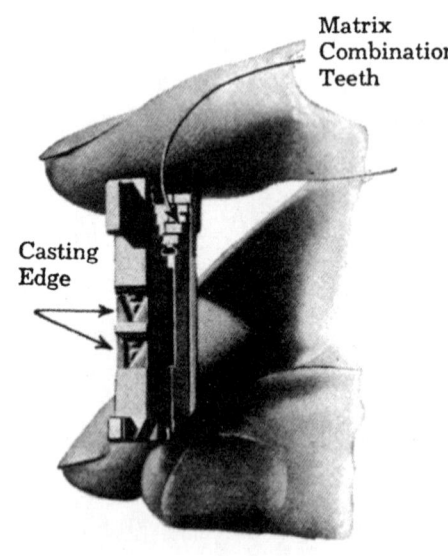

莱诺铸排机的铸模（某些代表两个字符，可利用打字机的转换键来选取）可借助V字形上缘的锯齿状图案辨识取用。每个图案都有一个二进位数字，锯齿表示1，无锯齿代表0

案，这样铸模才能准确无误地直接回到它之前的沟槽中。[56]

解决了排字和拆版的问题后，默根塔勒开始研究机械排字的另一个棘手问题——对齐。他采用的方法简单而巧妙：将垂直的长条"齐行楔"（spacebands）插入字行的金属铸模间，充当字间距。当前的字行浇铸完成后，液压夯锤将齐行楔拱起来，单词被迫分开，直到字行两端抵住预先设定好的位置。[57] 这实在是个巧妙的解决方案。

1886年，默根塔勒在《芝加哥论坛报》的办公室里展示了这款机器并受到热烈拥护。亲眼见证闪闪发亮的铅块从机器中吐出来，报业大亨惠特罗·里德（Whitelaw Reid）惊叹道："你成功了，奥特玛尔！你成功地铸造出一行活字（a line o'type）。"此后，这台机器便被称为莱诺铸排机（Linotype，整行铸造排字机）。[58] 排字工人再也不会遭遇活字不够用的问题了，精心排好的印版再也不会一

1940年左右的A版31型莱诺铸排机。1890年后，所有的莱诺铸排机都有键盘、储存盘、模具和拆版系统等基本配置

不小心被弄乱了，拆除归档使用完毕的印版这样的枯燥工作不复存在（先前总是分配给被称作"印刷工魔鬼"的倒霉学徒，马克·吐温年轻时就干着这种杂活）。[59] 在发展迅猛的报纸业，莱诺铸排机的问世彻底改变了排字工作。托马斯·爱迪生将莱诺铸排机列为"世界第八大奇迹"，但是书籍印刷者对此并不信服。[60]

约翰内斯·谷登堡为书籍印刷者定下了很高的标准。他的"四十二行圣经"文本无比整洁，页边留白也极为规整，正如20世纪著名的字体设计师赫尔曼·扎夫（Hermann Zapf）所言，它"灰色的内文区域几近完美，合适的字间距避免了呈现出河流或者孔洞一样的间隙"。[61] 虽然速度快且使用便利，但要印出如此精确的文本，莱诺铸排机却办不到：大约是第一批莱诺铸排机上市后，一位名叫詹姆斯·索斯沃德（James Southward）的英国印刷商就严厉痛斥，称机器本身不耐用，对齐机制死板且印出的线条不均匀。[62] 此外，莱诺铸排机完全无法设定表格、数学方程和化学公式等复杂字符。它或许可以勉强印制廉价小说或低俗怪谈杂文，但若要印制品质更高的作品，默根塔勒发明的这种又脆弱又嘈杂的机器是没有人愿意用的。[63] 人们需要一种新的机器，但它不是来自印刷界，而是来自数字、数学和数据领域。

1880年美国人口普查首席执行官查尔斯·西顿（Charles W. Seaton）上校面临一个棘手的问题。作为负责过1870年全国人口普查和1875年纽约人口普查的资深老将，西顿发现他的部门面临一个前所未有的困难：5000多万美国人的资料堆积如山。[64] 汇集人口普查数据的传统方式（以手工方式统计种族、年龄和就业情况等人口统计数据）

已经不能满足需要。未来十年人口预计将激增1500万甚至更多，下一次进行人口普查时，1880年的人口普查列表资料可能又不够完备了。

西顿此前已经开始着手解决手工制表的问题。早在1872年，他就为一个奇妙的设备申请了专利，这个设备由一系列滚轮组成，可以简化对一长串卷纸输入数据的工序。[65] 当时一份报告称，"西顿设备"将制表速度提高了五倍。当然，美国政府对此印象深刻，通过了一项国会法案，拨款1.5万美元购买西顿的专利。20世纪，人们对这台机器的重新评估要保守一些，认为西顿的设备最多可以提高33%的效率，而且西顿显然也不愿意依赖自己的设备。在1880年的人口普查中，这位心急火燎的首席执行官找到一个有机械头脑的熟人——养老金办公室的托尔伯特·兰斯顿（Tolbert Lanston）先生，恳求他开发一种加法器来加快制表过程。[66]

1865年，21岁的托尔伯特·兰斯顿参加了接近尾声的内战，退伍后就职于华盛顿养老金办公室，处理战后大量退伍军人失业或受伤等问题，在那里平平淡淡地度过了22年。[67] 但是查尔斯·西顿看中的，根本不是这位公务员在养老金工作方面的专长。托尔伯特·兰斯顿在这22年的辛苦工作之余，充分利用了业余时间。尽管没有接受过任何工程方面的正式训练，托尔伯特·兰斯顿自己设计出了液压升降食品架、可调节马蹄铁、邮袋锁、火车车厢耦合器、缝纫机、水龙头和窗框[68]，并为这些发明申请了专利。查尔斯·西顿向他寻求帮助也就不足为奇了。19世纪80年代早期，在西顿的请求下，兰斯顿开始着手研发一款可能化解人口普查局即将面对危机的加法器。[69]

饱受文书工作之累的人口普查官员当然不止西顿一个。该部门还有一位名叫约翰·肖·比林斯（John Shaw Billings）的医生正在缓慢评估人口普查期间收集的"生命统计资料"，包括被调查人群的性别、年龄、种族和其他身体特征。[70] 在与刚从哥伦比亚矿业学院毕业的下属赫尔曼·霍勒里斯（Herman Hollerith）共进晚餐时，比林斯博士若有所思地说："应该发明一种机器，专门做把人口和类似的统计数据制成表格这种单纯的机械工作。"[71] 虽然霍勒里斯只是有名无实的采矿工程师，而且只勉强通过了簿记课程和机械课程，但他坚信比林斯的建议是可行的。[72] 由于无法说服年长的比林斯和他一起钻研这个项目，霍勒里斯于1882年离开人口普查局到麻省理工学院任教，并在业余时间专心研发可以制表的机器。[73]

在1880年人口普查工作缓慢进展之际，兰斯顿和霍勒里斯都受到查尔斯·西顿的招揽，两人虽然没有亲自碰面，但有了心灵上的交会，事实证明，这对二人都影响至深。首先，在1882年的某一天，西顿向年轻的赫尔曼·霍勒里斯展示了兰斯顿的加法器。霍勒里斯大开眼界，后来买下了加法器的使用权，并且在研究数据加法统计（不是单纯加法）时从该设备中获取灵感。[74] 几年后，西顿邀请兰斯顿到人口普查局观看霍勒里斯的机电制表机的样机。[75] 这次轮到兰斯顿产生兴趣了，他对制表机的数据输入方法尤其感兴趣。

后来，霍勒里斯写到他的发明时，说自己想起铁路检票员仔细地在车票上打孔以记录乘客的眼睛颜色、性别或其他特征，于是借用这个概念，把一个人的生命数据编码成一个个打在长方形卡片上的孔洞。置入制表机后，每个孔洞会让一根钢制弹簧针构成一个电路，从而在类似汽车里程表的刻度盘上增加计数。[76] 当查尔斯·西顿向托尔伯特·兰斯顿展示这一切时，另一个新的想法又萌生了：兰斯顿认为，霍勒里斯的打孔卡可以应用于机械排字。当然，这不是人们第一次提出排字机的想法（马克·吐温和詹姆斯·佩奇的不幸遭遇众所周知），但在19世纪80年代中期，奥特玛尔·默根塔勒具有革命性的莱诺铸排机尚未成形，仍然只能算是一种构想。兰斯顿看到了商机。[77]

1885年，查尔斯·西顿去世，大感震惊的托尔伯特·兰斯顿于是着手落实构想。[78] 他的专利申请（揭示了他最喜爱的项目）从加法器转为自动化排字机。1887年，他从养老金办公室辞职，成立兰斯顿莫诺铸排机公司（Lanston Monotype Machine Company）。[79] 同年，该公司的车间制造出第一台莫诺铸排机（Monotype，单字自动铸排机），它和奥特玛尔·默根塔勒的"世界第八大奇迹"一样令人震惊。[80]

表面上看，兰斯顿这种新机器与默根塔勒具有划时代意义的莱诺铸排机有很多共同之处。操作人员先敲击键盘，以便用抓取的铸模浇铸活字。并且同莱诺铸排机一样，新机器也完全回避拆版的问题，将使用过的活字扔回熔炉重新铸造。然而，除了这些表面上的相似之处外，莫诺铸排机的其他一切都几乎与其对手莱诺铸排机不同。最引人注目的是，它不是一台机器，而是两台。

莫诺铸排机的第一部分是键盘，具备很多字母，好像一台肥胖版

左边是莫诺铸排机键盘，右边是莫诺铸排机自动铸字机，大约制造于1916年。用键盘将纸卷打孔，纸卷被送入铸字机，铸字机会通过高压空气去解码

打字机。借用赫尔曼·霍勒里斯打孔卡片的构想，莫诺铸排机的键盘会在纸上打孔，而不用在纸上打印字母：当操作员输入文本时，键盘会接受信息并打孔，然后吐出纸卷，纸上的文字已经被编码。完成的纸卷会被送入单独设立的、课桌大小的铸字机，用高压空气解码孔洞，于是一连串闪闪发光的活字便铸造出来，依序进入连接的活字盘，排列得整整齐齐。同奥特玛尔·默根塔勒的机器一样，莫诺铸排机也用固定的黄铜铸模铸造字母；但是与莱诺铸排机不同的是，莫诺铸排机铸造单个的活字，以便通过重新排列或插入活字来纠正错误。[81]

莫诺铸排机采用模块结构，有多种运用方式。铸字机每分钟铸造 140 个字符，处理编码纸卷的速度远快于打字员敲击键盘的速度。因此，使用莫诺铸排机的客户会雇用好几个打字员，方能让铸字机全速运转。铸字机的速度如此之快，莫诺铸排机的使用手册上吹嘘着："从地上捡起掉落的活字根本不划算。"换言之，重新铸造整张印刷页面的速度都比捡活字的速度快。[82] 人们可以在不同的大楼甚至不同的城市给纸卷编码，然后用邮件将之送给印刷厂铸字，文字的错误可以通过粘贴修补的孔洞（或重新打孔）来修正。很大程度上讲，莫诺铸排机的纸带是磁带和软盘的前身：犹如电脑储存数据并在需要时读取数据的方式一样，铸字机的操作员可以先处理急件，或者将打孔纸卷存放起来以备将来使用。[83]

莫诺铸排机的排齐活字机制也非常有前瞻性。如果奥特玛尔·默根塔勒对齐行楔的使用从工程角度来看很实用，那么兰斯顿的解决方法也同样有力地证明了他的数学偏好。莫诺铸排机键盘上每个字符的宽度为五到十八个"单元"不等。以大写字母"W"为例，它的宽度可能就是十八个单元，而最窄的字符如"i"或者"."，宽度就是最小的五个单元。使用一系列的齿形架和齿轮，当用户输入一行文本时，键盘会动态保持所有字母的宽度和字间隔的数目。和莱诺铸排机一样,当一行文本快满时,铃声会响起,给用户一个机会在需要时对最后一个字母加上连字符。最后,当用户按下一个键表示该行已完成时,键盘会机械化计算出对齐整行所需的字间宽度。*键盘上方的圆柱测量器向用户显示计算出的宽度,用户便通过一组特殊键在纸带上适当地打孔做标记。这意味着打孔的纸带必须从尾端送入铸字机,铸字机就可以在浇铸前选择字行的宽度。当铸字机吐出闪闪发光的活字时,活字是从底部到顶部、从右到左出来的。

兰斯顿的莫诺铸排机公司理应为这一机械奇迹感到自豪。其用户手册中赞美道:"在见到[莫诺铸排机]对齐得如此完美的文本之前,印刷工人有理由相信,这样的效果只有复杂而神秘的对齐系统才能办到,只有需要操作员进行复杂而令人头疼的计算的系统才能办到。"[84] 莫诺铸排机复杂巧妙且操作智能,是眼光敏锐的书籍印刷商首选的排字设备。

莱诺铸排机和莫诺铸排机都无法取代对方:前者价格较低,操作便捷;后者用途广泛(它的个别机型可以通过手工设定,因此莫诺铸排机就是一个设施齐全的活字铸造厂)且印刷品质更高。不过,两种机器都有提升的空间。人们倾向于用莱诺铸排机印刷报纸,用莫诺铸排机印刷书籍。这两种机器的发明者都从中获利,利润之大是马克·吐温和詹姆斯·佩奇做梦都想不到的。尽管奥特玛尔·默根塔勒和他所成立的公司之间有过一系列商业纠纷,但是他依然因为

---

* 如果 l 是字行所需的宽度,s 是字距的数目,c 是所有非空格字符的累积宽度,那么对齐该行所需的字距宽度 w 的计算公式为:$w = (l - c)/s$。莫诺铸排机的键盘其实就是按照这一数学公式执行运算的机械计算机。

这个发明过上了优渥的生活。1899 年，他因肺结核英年早逝，死时仍腰缠万贯。[85] 托尔伯特·兰斯顿，堪称完美的发明家，余生一直孜孜不倦地改良其发明的机器。1910 年，他申请完最后一项莫诺铸排机的专利后就中风了，三年后去世，享年 70 岁。[86] 与马克·吐温和佩奇的失败案例不同，默根塔勒与兰斯顿二人的发明在他们死后仍延用了几十年：从 1900 年到 1950 年，几乎所有的书籍都是由莱诺铸排机、莫诺铸排机或者二者的仿制机器印刷而成的。

到 20 世纪中叶，凸版印刷逐渐后继乏力。这种使用了一千多年的印刷方法（在雕刻出的字母和其他字符的凸起表面着墨）正在被精密逼真的摄影术及"平版"技术所取代。平板先经过感光处理来吸收或排斥墨水，借以印出字母和插图等。莱诺铸排机、莫诺铸排机及二者的仿制机器皆很快改进，将字母曝光在感光照相纸上，而不是用铅浇铸，但这也只是权宜之计，该来的还是要来。所谓照相排版（Phototypesetting）是机械排版的最后一搏。

最后，在莱诺铸排机和莫诺铸排机的这场对决中，一个不起眼的小角色给书籍印刷投下了最深长的阴影。19 世纪 80 年代末期，当默根塔勒与兰斯顿为各自的发明辛苦劳累时，赫尔曼·霍勒里斯的业务却蒸蒸日上。他将他的机电制表机租给人口普查局，1890 年人口普查的进度比之前的那次加快了两年，预计节省了 500 万美元开支。后续几年，霍勒里斯创建了一个商业帝国，该帝国最终成为电脑的代名词，即国际商业机器公司（International Business Machines，IBM）。[87] 如今，个人电脑（赫尔曼·霍勒里斯制表机的后代）取代了机械式莱诺铸排机和莫诺铸排机。文本和图像悄无声息地以电子数据的形式任意腾挪进行排版，准备好印刷前不再需要触及实体世界。印刷而成的书籍或许只是硬邦邦的大同小异的人工制品，但书籍的制作却的的确确是一个数字化处理过程。

第三部分

插 图

第八章
圣徒与抄写员：泥金装饰手抄本的出现

书籍的演进日新月异。如果我们画一条线代表书籍的写作史，那么这条线上会有一些突出的节点，分别代表象形文字、莎草纸、活字印刷的发明，还有一百多个小节点，代表其他方面的创新。图书插图就是这样一个节点，它是这条假想线上的关键转折点，是一个史无前例的突破，让之前的一切相形见绌，也为未来奠定了基础，标志着中世纪泥金装饰手抄本的诞生。

泥金装饰手抄本的诞生是由世界历史进程中的一个冲突引发的。在公元4世纪，罗马帝国陷入混乱。虽然它名义上还是一个统一的政治实体，但事实上早已分列为东、西两个部分，分别由位于君士坦丁堡和罗马的两个皇室执政，二者纷争不断。[1]特别是西罗马帝国身处险境，居住于其边境地区的公民主张本土化，他们认定自己归属本土部落而不是陌生的罗马精英，民族主义呈上升趋势。罗马的作家、演说家和政治家们称这些公民为"野蛮人"，但蒸蒸

日上的哥特人、汪达尔人、匈奴人、盎格鲁人、撒克逊人和法兰克人可不同意。当时的他们还都是新新人类，疲惫的西罗马帝国已经无暇应对这些矛盾。[2]

在公元 4 世纪的后半期，矛盾开始激化。376 年，大量的哥特人在巴尔干定居，后由罗马人统治；十年后，在东、西罗马帝国的内战中，匈奴人和哥特人都站在东罗马帝国一边，一起对抗西罗马帝国；410 年，哥特军队洗劫了罗马。与此同时，罗马的影响力在整个帝国已呈衰败之势，在这些"野蛮人"侵入之前，它的边界已经在后退了。罗马帝国在北非的行省被汪达尔人征服；高卢则由法兰克人占领了；在英国，盎格鲁人和撒克逊人逐渐掌握权力。最终，在 476 年，16 岁的傀儡皇帝罗慕路斯·奥古斯都路斯（Romulus Augustulus）被迫让位于日耳曼的军事领袖鄂多亚克（Odoacer），自此西罗马帝国不复存在。[3]

距离被围困的罗马 1000 英里，远在欧洲最西边的爱尔兰岛躲过了这场最严重的动乱。按照罗马帝国的标准，爱尔兰一直属于穷乡僻壤，那里没有什么道路，也没有什么城市，甚至连大一点的城镇也没有。然而就是在这里，随着罗马政权的倾覆，一种新型的书籍制作工艺诞生了。诱因就是爱尔兰各部落间有了新的宗教信仰：431 年基督教由帕拉迪乌斯（Palladius）主教带入爱尔兰，并在牧师帕特里修斯（Patricius）的努力下得到巩固。[4]

圣帕特里修斯，现在人们称他为圣帕特里克，他和爱尔兰的关系并非一帆风顺。他 16 岁时被海盗绑架到岛上，并在此作为奴隶艰苦生活了六年。由于受到脑中一个声音的指引而顿悟，他最终从爱尔兰逃离并回到不列颠。[5] 几年后，他以一名福音派牧师的身份回到爱尔兰，总会遇到多疑的德鲁伊德（祭司）和凶残的强盗，他只得靠贿赂各部落的首领加入基督教，并使他们将儿子奉献给教会，这才没让自己最终以身殉道。最终，他的努力得到了回报。公元 5 世纪，帕特里克刚到爱尔兰传教，到公元 6 世纪，岛上的修道院已是星罗棋布，再到公元 7 世纪，这些宗教活动中心里的抄写员开始尝试新的书籍装饰和制作形式，以更好地用文字展示上帝的荣耀。古老的其他宗教的信徒可能已经装饰了他们的宗教典籍，中世纪的僧侣们也渴望装饰（illuminate）他们精心抄写的圣经、圣歌、祈祷书。[6] 尽管这个词后来用于泛指进行繁复装饰的手抄本，但对于学究（或古文字学家）来说，只有用闪亮的金子或高贵的银子装饰的手抄本，才是名副其实的泥金装饰手抄本（illuminated manuscript）。[7] 一个华丽装饰书籍的新时代即将到来。

在我们深入探讨泥金装饰手抄本镀金饰银的世界之前，还有一事需要探讨：泥金装饰手抄本的前身是什么？

从公元前 2000 年中期开始，越来越多的埃及人用一种无法解读的抄本来做陪葬品，早期的考古学家认为这些是宗教经文，类似于《圣经》或《古兰经》。但是，在 19 世纪，一部这样的卷轴得到了破译，正如其书名《在日间走出坟墓之书》（Book of Going Forth by Day）所示，内文更多地关注来世，而不是此生。它的目的是帮助读它的人到达来世，无论他们是法老、贵族还是平民，并提示他们在最终审判中有几分胜算。卷轴的译者是普鲁士人，叫卡尔·理查德·累普济乌斯（Karl Richard Lepsius），他将该书俗称为《亡灵书》（das odtenbuch），这个朴实而简短的标题引起了大众的兴趣。[8]

《亡灵书》以第一人称进行叙述，描述了人死后的美好旅程，其中包括将死者的灵魂转变为强大的动物,让死者在死后上升到更高的地方,呼吁诸神保护死者的祈祷文或咒语。因此,把这本书叫作"死者指南"也未尝不可。如果一切按计划进行,死者将最终面对胡狼头神阿努比斯,他将死者的心和羽毛进行称量,决定他们会怎么样。(在现场见证判决的是托特,他被认为是赋予古埃及人文字的神。)幸运的灵魂可以期待在"和平之地"的极乐世界获得永生;他们可能会与太阳神拉乘坐太阳船遨游天际,甚至和奥西里斯共同统治冥界。那些不合格的灵魂,则会被扔进噬魂的阿米特的大嘴,传说阿米特是鳄鱼、河马和狮子合体的怪兽,丑陋而凶残。[9]

所有这些都写进了《亡灵书》。随着时间的推移,书中配上了越来越多的插图。在最早的卷轴中,抄写员要为接下来添加插图留出空白,但事情渐渐向相反方向发展:在后来的卷轴中,插图师可随心所欲绘制插图,抄写员只得在插图周围的空白处写字。一个富有的买家可以从二百条左右的咒语中精挑细选做成小册子,以帮他铸就所中意的来世之路,而不那么富裕的人只能选择事先已经写好文字并配有插图的现成抄本,小册子上留有空白线,以备生命即将终结的时候写上死者的名字。[10] 但是无论《亡灵书》在买家活着时价值几何,等到买家死后,所有卷轴的命运都一样:和昔日的主人埋在一起,或许,几千年以后被好奇的考古学家和盗墓贼挖出来。

事实证明,沙漠里的坟墓是保存莎草纸卷轴的好地方。《亡灵书》得到深入研究的一个主要原因就是很多复本被留存了下来,丰富多彩的插图完整无损,令埃及古物学者钻研不休。[11] 尽管书的内容可能有点单调,但很明显,古埃及人已经在书籍插图艺术方面达到大师水准。那么,作为古埃及的继承者,希腊和罗马这另外两座古代文明的灯塔会延续这一传统吗?

问题恰恰也就出在这里。相比干燥的埃及墓穴,地中海北部的

《享奈弗亡灵书》的复制品。其原件可追溯到大约公元前 1275 年。享奈弗生前是官至"皇家书记员"和"神祭抄写员"的高级官员。托特，象形文字的神圣创造者，手持调色板和画笔，站在天平的右侧，准备记录阿努比斯的判决 [12]

温带气候不利于莎草纸的保存，所以只有少量配了插图的莎草纸残片从古典全盛时期的希腊和罗马流传下来。而且，它们都来自托勒密时代的"希腊化"的埃及而不是欧洲本土，虽然得益于埃及有利的气候条件保存了下来，但是全部都不完整，令人沮丧。[13] 希腊人和罗马人都是了不起的艺术家，这一点毋庸置疑：博物馆收藏了很多绘图精致的花瓶和古典时期的雕塑，城市里充满了效仿古罗马和雅典柱廊的建筑。但是，我们对于他们如何为书绘制插图还不是完全了解。中世纪泥金装饰手抄本的工艺和审美不会是突然冒出的，但我们对它们的来源确实知之甚少。

应该说，中世纪手抄本的初期范本都很朴素，而最古老的爱尔

描述公主布里塞伊斯被从阿喀琉斯帐篷绑走场面的公元4世纪莎草纸残片。这幅插图出自荷马的《伊利亚特》，是少数留存下来的古希腊手抄本插图

兰手抄本，一本叫作《斗士：圣科伦巴的诗篇》（*An Cathach*）的赞美诗，隐约地预示了接下来那些装饰华丽的书籍。《斗士》可以追溯到公元560年，它由黑色和红色两种墨水书写，红色墨水用来写放大的首字母，也用于画不太多的点状和螺旋线装饰。这份手稿写得不太齐整，不过这正印证了一个传说：此书是圣科伦巴（Saint Columba），爱尔兰的另一位圣人，在一束"神奇之光"的帮助下只用一个晚上匆匆抄写而成的，这束"神奇之光"看来并不怎么明亮。[14]

科伦巴可不仅仅是个普通的抄写员。他于公元6世纪末去世，生前在爱尔兰和其他地方建立了一系列重要的修道院，包括位于苏格兰西海岸之外崎岖不平的爱奥纳岛（Iona）的一座修道院，帮助将基督教介绍给异教徒皮克特人（Picts）和盖尔人（Gaels）。[15] 在科伦巴夜间匆匆抄写完《斗士》的一百年后，受到他传教的启发，英国北部有更多的修道院建立起来。在这些修道院的围墙里，修道院抄写员正在耗费大量精力抄写着一些有史以来最具代表性的书籍。[16]

"海岛"（即不列颠群岛）的书籍制作进入上升期的标志是一系列非常卓越的书。例如《达罗经》(Book of Durrow)，它是 17 世纪从一个农民手里抢救出来的，这位农民把它当作圣茶袋，为他生病的牛制作圣水。《达罗经》被认为写于公元 650 年到 700 年之间。其异教色彩的设计以及文字时不时出现的弯曲摆动的线条成为科伦巴简朴的《斗士》抄本向后面装饰华丽的杰作过渡的分水岭。[17]《林迪斯芳福音书》(Lindisfarne Gospels) 大约于公元 715 年在诺森伯兰（Northumberland）海岸附近的一座修道院里完成，它的创作者们更加自信，大胆尝试了马修、马克、卢克和约翰的整页肖像插图，并将首字母放大成无序延伸而抽象的形状。[18] 超过所有这些的是著名的《凯尔经》(Book of Kells)。《凯尔经》完成于公元 800 年左右，是了解科伦巴时代以来书籍制作所有信息的载体。它应该是西方世界最著名的一本书。

《凯尔经》以爱尔兰都柏林东北部的凯尔修道院命名，它在成书后大部分时间都是放在那里的。它是爱尔兰僧侣抄写艺术的顶峰，也是他们与世隔绝的生活遭受丑陋的外部世界侵入前的最后一部伟大作品。该书由 680 张犊皮纸组成，包含《马太福音》《马可福音》《路德福音》《约翰福音》，视觉效果与抄写员们完成它们时所在的缮写室安静而阴郁的氛围形成鲜明对比。装饰华丽的首字母、风格独特的四位布道者肖像，还有类似于后来的伊斯兰艺

《凯尔经》中的装饰符号"chi rho"。这个早期的基督教教徽来自希腊字母 chi（χ）和 rho（ρ），它们合在一起是"Christ"一词的缩写[19]

术品的"地毯"页——整页都是复杂的几何图形,所有这些跃然于羊皮纸上。[20] 整部书都是用红色、黄色、紫色和黑色的墨水完成,时至今日仍然如 1200 年前一样光鲜亮丽。事实上,直到最近,这些墨水才稍显出岁月的痕迹;2000 年,为了到澳大利亚进行展览,装订好的四卷中有一卷在空运的过程中,由于飞机振动,颜料受到了"轻微"的损害。

《凯尔经》文字精美,近乎机械印制,内文周边饰以编织的丝带和扭曲变形的动物,这些造型许多都呼应了老普林尼《自然史》中荒诞不经的动物插图。它的另一个特点是大量使用"渐弱"(diminuendo),一种将大的装饰性大写字母和小的未经装饰的正文文字顺畅连接起来的格律法。从大写字母开始,每个字母或一组字母依次变小,装饰也越来越少,直到把读者的眼光引到正文文字上面。[21] 尽管正文中这些未经装饰的文字显得并不重要,但其本身却在讲述一个创新和进化的故事:爱尔兰的抄写员们发明了一种圆形的"海岛"手写体,与欧洲大陆青睐的棱角分明的罗马字母完全不同。[22] (今天仍然可以看到海岛字体的文字,但是它已经走下了修道院手抄本的宝座,仅仅出现在典型爱尔兰酒吧这种不太神圣的场所。)

与《凯尔经》中光鲜的图片和考究的字体一样重要的是正文中适度设置的空格。此前古罗马作家还从来不把单词分开写(曾在单词之间加圆点,但到公元 2 世纪就不再使用了),他们的传统是连续书写(scriptio continua),单词都连在一起,给阅读造成困难。因此,除了将罗马突兀的大写字母变得柔和外,爱尔兰僧侣们还开始在单词与单词之间增加空格,以减轻他们的写作负担。[23] 《凯尔经》及其同时代的书籍所反映出来的那个时代书写的艺术性,和它们自身所呈现的艺术性同样重要。

自从到处劫掠的维京人把他们的长船驶到了翡翠岛迷人的海岸，进而又驶到偏远的修道院所在的岛屿海岸，爱尔兰书籍制作的繁盛期便终结了。[24] 以华丽的福音书而闻名的林迪斯芳修道院于公元 793 年被洗劫。爱奥纳岛修道院，就是公认《凯尔经》成书的地方，分别在公元 795 年、公元 802 年和公元 806 年被袭击，68 名僧侣被杀害。在公元 825 年的一次袭击中，该修道院的院长被杀，这是压死骆驼的最后一根稻草。在接下来的几十年里，爱奥纳岛上的宗教珍宝——包括《凯尔经》和圣科伦巴的遗物——都被撤离到凯尔镇的一座新修道院里，这座修道院建在内陆，远离爱尔兰危险的沿海水域。[25] 黑暗时代（Dark Ages）已经降临爱尔兰。

斯堪的纳维亚的海盗们使苏格兰人和爱尔兰人的生活变得很痛苦，与此同时，欧洲大陆因罗马沦陷而留下的阴影终于消退了。爱尔兰人带着他们的书写技能和对美的感知逃到欧洲大陆，泥金装饰手抄本不久便出现于欧洲大陆。[26]

"野蛮人入侵"罗马的谣言被大大夸张了。毫无疑问，古老的西罗马帝国偶尔也会诉诸暴力维系权力的再平衡，但历史学家在如何解释这些入侵事件上犹豫不决。是一个堕落腐朽的帝国会不可避免地要被充满活气的、训练有素的北欧人推翻，还是一个成熟文明的国家被野蛮好战的部落人不幸地摧毁了？

首先，取代罗马当政精英们的日耳曼游牧部落，在数量上远远超过他们将统治的城市人口。当他们开始履行新的职责时，这些部落的自由放任在一个彻底基督教化的罗马社会面前败下阵来：在入主一两个世纪之后，这些外来者基本上就皈依了他们臣民的宗教。[27] 此外，面对管理如此庞大领土的挑战，罗马新的部落统治者或多或少都要学习一点拉丁语——国家通用语言，这让拉丁语作为学者、牧师、律师和文职人员的首选语言在整个欧洲继续得以使用。[28] 公元800年，在查理大帝的加冕礼上，热情主动的罗马教皇利奥三世称呼这位在罗马帝国废墟上（武力）统一各蛮族国家的统治者为罗马人的新皇帝："上帝为查理加冕，这位伟大的带来和平的罗马皇帝，万寿无疆，永远胜利。"[29] 查理大帝简直就是复辟的旧皇帝。

政治、宗教和艺术在查理大帝统治下的神圣罗马帝国兴盛起来。[30] 新皇帝发现他的法兰克同胞思想活力不足，于是招揽了一批著名的异域学者，让他们负责建设百废待兴的王国——那些腐败无知的文盲神职人员也未能幸免于查理大帝的改革。[31] 早在公元6世纪，有影响力的罗马基督徒努尔西亚的本笃（Benedict of Nursia）放弃了他继承的财富，制定了一系列隐修生活的规则。[32] 除宣扬诚实工作的价值、告诫物质财富的诱惑外，圣本笃制定的规则还包括每天阅读宗教经文（夏季三小时，冬季两小时），在四旬斋期间完整地阅读一本有价值的书，旅行时应随身携带一本书。[33] 查理大帝坚定地提醒神父们履行他们的义务，谕令所有的修道院应该保证他们的书正确、不出错，更明确表示所属神职人员不能再坐享其成而不思进取。[34]

因此，得益于这位加洛林王朝最伟大的子孙严厉的要求，在大多数人都是文盲的欧洲大陆，修道院成为书籍最后的庇护所。修士们在图书馆里放置了几十册甚至数百册的书（至少足以满足四旬斋期间阅读的需要）；他们借阅和抄写书籍，以扩充藏书，偶尔也会把书卖给富有的非宗教人士；他们制作并分发专门的书目，以方便修道院间借阅的管理。³⁵ 那些抄写和收集书籍的修士渐渐意识到，装饰书籍也很重要。早在查理称帝的二百年前，教皇格里高利就曾宣称"图片是文盲的书籍"，因为那个时候只有不到七分之一的非宗教人士会写自己的名字，所以他这样说也没错。（有些不幸的人甚至不会握笔写下"X"来标记他们的名字，而只能触摸合同或契约的羊皮纸来"签署"它。）³⁶ 讽刺的是，查理大帝自己也不识字，晚上睡不着觉的时候，他会拿着笔在羊皮纸上一遍又一遍地练习自己的名字，但他至少可以满意地凝视当时欧洲各地修道院制作的装饰华丽的泥金装饰手抄本了。³⁷

这些负责延续欧洲书写历史的修士，虽然如此珍视静默，却始终在发声抱怨他们的命运。³⁸ 由于工作的时候禁止大声说话，他们在页面边缘的空白处不停地宣泄，抱怨疾病的苦痛和恶劣的工作条件。一位精疲力竭的抄写员写道："写作是一项繁重的工作，它使你腰弯背驼、视力下降、胃部痉挛和身体扭曲。""谢天谢地，天快黑了。"另一个抄写员写道。他急切地盼望着黄昏的到来，好结束他一天的工作。³⁹

修士们辛勤工作所在的阴暗的房间，被称为缮写室（Scriptoria）。除了教堂本身，缮写室是中世纪修道院最重要的建筑，而当时的设计平面图、信件和书籍中所描绘的缮写室与僧侣所待的其他房间没有太大区别。例如《圣加尔修道院平面图》（*Plan of St. Gall*），这张羊皮纸平面图描绘了一座理想化的公元 8 世纪修道院，上面详细描画出四十多座房子被分隔为无数个房间，包括鹅饲养员的住所、鸡饲养员的住所、医务室、啤酒酿造师的粮仓、一个名字不吉利的"血屋",以及安静坐落在教堂的十字形正厅和耳堂角上的两层楼的缮写室和图书馆。[40] 在这个假想修道院,位于楼上的图书馆摆放着藏书柜,楼下的缮写室则有七张写字台整齐地排列于七扇窗下,中央还摆放着一个柜子,用来存放未完成的作品。[41]《圣加尔修道院平面图》没有显示缮写室有取暖设备,现实中的缮写室也是没有取暖设备的;这些房间实在算不上暖和,冬季几乎无法居住。

英格兰的一些修道院没有专门的缮写室,修士们就在院子周围带立柱的拱廊或围廊下摆放写字台。这些在室外工作的修士,幸运的话,可能会享受到一扇挡风的油纸窗户,或者垫在脚下的一张草席,以隔开冰冷的石地板,但修道院走廊怎么也不能算是一个令人愉快的工作场所。"你现在看到的这本书是在室外的座位上写的,"一位不快乐的修士写道,"我抄写的时候已经冻僵了,白天有阳光的时候没有抄完的部分,是我借着烛光完成的。"[42] 当然,修士的视力会得益于户外的工作环境,但是在户外一点点风也会把书页吹得乱七八糟,一滴雨会在瞬间毁掉几个小时的工作。上帝施予在走廊工作的修士一点点,却还是带走了大部分。在以寒冷著名的不列颠群岛的其他地方,一些修道院表现出人性化设计:有些爱尔兰的室内缮写室被安置在修道院的厨房或取暖室旁边。[43]

这些黑暗、寒冷、透风或憋闷的"书籍制作工厂"通常要容纳 3—23 名修士。一般认为 12 人的配置恰到好处,但一些较大的修道院让 100 个修士和助手轮班作业,以最大限度地提高生产力。[44] 缮写室是个纪律严明的地方。由于禁止大声说话,修士们用简单的手语互相示意,或者像顽皮的小学生一样传便条。监督者警觉地徘徊在修士身边,修士必须在院长批准后才能请假。[45] 在天主教加尔都西会(11 世纪建立于法国的隐修会),对于不听

话的修士有一种非常法国式的惩罚：据一份可追溯到13世纪的文献描述，不愿履行抄写职责的修士将被禁酒。⁴⁶

当修士被说服坐在桌前时，会组成一条生产线。从一端输入羊皮纸、羽毛笔、墨水和黄金，从另一端便出现内文精心编排的手抄本，饰以黄金装点的图片。由于很多中世纪手抄本出土时仍属半成品，因此手抄本生产线的细节一目了然。⁴⁷

找到所需要的相关用品后，制作泥金装饰手抄本首先要做的是在页面画直线，为写作做准备。抄写员用锥子或小的有尖头的轮子以一定的间隔在每页羊皮纸的两边"扎"孔，就像一个测绘人员使用测距轮对道路进行测量一样，只是对象是页面，而不是道路。接下来，用直尺画出相对的两个孔之间的连线：最早的手抄本上，这样的线是抄写员用削笔刀或一块被削尖的骨头画出来的，但11世纪以来，人们有时用一种尖尖的"铅锤"来画出一条灰线，这种铅锤也是石墨铅笔的祖先。⁴⁸正如约翰内斯·谷登堡故意模仿当时的手写笔迹一样，许多最早的印刷书籍也忠实地复制了中世纪最佳手抄本中这种淡淡的连线。⁴⁹

一张画好了线的羊皮纸以近乎垂直的角度支在抄写员的木桌上，抄写员一只手牢牢地拿着羽毛笔，另一只手拿着削笔刀，接下来就是抄写文字了。⁵⁰修道院会雇用熟练的"仿古专家"（antiquarii，擅长书写精致古雅体字的文士），也会雇用不那么有经验的抄写匠（scriptores），让他们承担普通的书写任务。⁵¹这些抄写员不需要读懂他们所抄的单词，甚至著名的《凯尔经》的抄写员也无法完全读懂经书内容：这本最著名的泥金装饰手抄本充斥着拼写错误和其他文本错误。⁵² 要是能有一个目光敏锐的校正者（corrector），情况则会有所改善。他们是经验丰富的抄写员，在更严格标准下对新抄写的手稿进行校对。⁵³

不管抄写员是否理解他所抄的内容，抄写的过程都是缓慢而有条不紊的。每一个字母都是用铁胆墨水一笔一笔地写成的，认真的抄写员每天会削数十次羽毛笔，以保持每行字迹基本均匀。他削羽毛笔用的那把削笔刀，其实和他的羽毛笔一样重要。他能使用削笔刀为基准线扎孔，在墨水渗入页面之前把错误的线条刮掉，或者把卷边的羊皮纸铺平，以便更容易在上面写字。⁵⁴ 抄写完后，他会拿起完整的一页，以专业的眼光审视上面整齐的线条和规整的文字，然后把它传给一位精通平面艺术的同事。

将一篇手写的文字转换成一份图文并茂的泥金装饰手抄本是一个复杂的过程，比抄写文字本身成本高得多，也要耗费更多的精力。在保存下来的加洛林时代的手抄本中，只有不足百分之一的手抄本是真正有插图的。即使在书籍装饰艺术达至巅峰的15世纪，也只有不足十分之一的手抄本是配有插图的。这种装饰专门用于最受尊敬的文本，后来则专供最富有的客户。

手抄本的装饰工作一开始很简单。插画师使用铅锤或银尖笔，在空白处起稿，这些空白是专为装饰性首字母和插图留出来的。⁵⁵ 早期的插画师大多是修士，随着时间的推移，越来越多的专业画家进入这一领域。为了加快速度，对称的装饰图案，如边界线，则透过薄薄的半透明的羊皮纸在另一面描画。⁵⁶ 然后就可以开始真正的泥金装饰了。

插画师首先在将要贴金的地方涂上一层底漆，以形成一个适当的基底，底漆是用蛋清、阿拉伯树胶、动物胶或明胶制成的。某些情况会使用一种被称为石膏的以白垩为主要成分的厚底漆，可以形成一个三维的底层，用于制作微型的多面的黄金浮雕。[57] 底漆干燥后，抄写员轻轻地朝纸上呵气，润湿底漆上黏着的或不平整的区域，然后再铺上一片极薄的金叶或银叶。他们要用光滑的蓝宝石、石榴石或紫水晶等珍贵宝石为这些金叶或银叶打磨出光亮的表层，在他们打磨的时候，呵出的潮气足以使其固定住。[58] 不那么讲究的抄写员还会选择用其他东西来打磨：15 世纪的一本艺术家手册建议："狗、狮子、狼、猫、豹和所有干净的食肉动物的牙齿都可以用。"[59]

这些金叶非常轻，一丝微风就可以将之吹起来。将纯金锭夹在被称作"锤金皮"（goldbeater's skin）的十分优质的羊皮纸中间，然后锤打这样的一叠，直到锤打出所需要的厚度为止，金叶就制作完成了。羊皮纸制造业用的是让人作呕的原材料，生产过程也会接触有毒物质，这可是这个行当的传统。锤金皮也不例外，它由牛肠制成——最好使用从营养不良的牛身上取出的牛肠，因为喂养良好的牛的器官太油腻——随后对牛肠进行脱脂、剥离、拉伸和干燥处理。[60] 最终产品是一张耐用而且柔韧的羊皮纸，大约一千分之一英寸厚。[61] 事实证明，锤金皮非常有用，它可以使泥金装饰手抄本保持几个世纪之久：直到 20 世纪 60 年代，金匠仍在使用这一锻金工艺；图书修复师用它来修复受损的羊皮纸；在第一次世界大战和第二次世界大战之间短暂而辉煌的几年里，它作为飞艇气袋的首选材料被大量带到天上，格拉夫·齐柏林飞艇就使用了这种材料。[62]

将金叶（或更少见的银叶）抛光固定于页面以后，插画师就开始绘制插图了。首先用黑色墨水勾勒出图案，就像画漫画书的单张一样；接下来，将中性底漆涂在需要上色的区域，然后填充上各种墨水。[63] 所使用的墨水与现代色漆相似，由悬浮在黏性介质（如蛋清）中的颜料构成，同时掺杂了尿液和耳垢等添加物，以达到所需的稠度、颜色和不透明度。[64] 这些颜料佐证了当时世界已对国际贸易司空见惯：蓝宝石是由在阿富汗开采的青金石制成的，朱砂来自西班牙原产矿物朱砂，而生产藏红花所使用的黄色番红花是由穆斯林商人从亚洲带到欧洲的。[65] 然而，在插画家所使用的所有颜色中，一种名为红铅（Minium，也叫"橙铅"）的颜料，在泥金装饰手抄本的艺术性和工艺发展历程中做出了不可磨灭的贡献。

制作红铅时，先在空气中焙烧一种叫作"白铅"的颜料，然后刮掉形成在其表面的焦橙色外壳，并将其磨碎。[66]（白铅是把装有铅和醋的罐子埋在温热发酵的动物粪便中制成的。[67]）所得的橙红

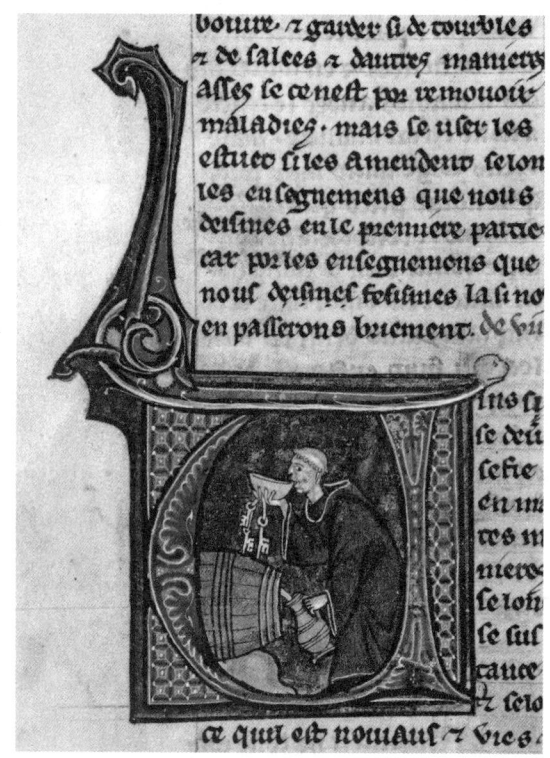

一个口渴的修士——也许是个抄写员？——享用修道院地窖里储藏的物品。在这份13世纪后期的手抄本中，泥金装饰的大写字母具有那个时代哥特式的典型风格[68]

第八章 圣徒与抄写员：泥金装饰手抄本的出现

色颜料比外来的颜料如青金石和朱砂明显更加实惠，它通常用于装饰文字，如不同的字母，也用于比较精细的插图。广为使用的廉价的红铅最终催生了一套术语，这些术语一直到今天人们仍在使用：那些使用红赭石墨水（rubrica，红墨水）来装饰字母和符号的抄写员被称为加红字标题者（rubricator），而他们所写的突出显露的标题是红字标题（rubrics）。用红铅画插图的插画家被称为"红铅师"（miniators），他们的插图（他们装订成书的小画）就叫"细密画"（miniatures）。[69]

画线、缮写文字、装饰、涂色等工序结束后，在缮写室生产线上的修士应该很高兴地看到总算完工了。正如一位抄写员在一部手抄本的最后一页上所记录的："现在我已经抄写完了整本书：看在上帝的份上，请给我一杯酒。"[70]

泥金装饰手抄本的技术在数百年间都没有受到任何挑战，即便其周遭的中世纪世界已经悄然发生了变化。神圣罗马帝国作为欧洲的主要政治力量继续存在，但内部的社会却有所转变。有技术的农民离开农村，来到城镇，而城市本身，如约翰内斯·谷登堡的家乡美因茨，正在一点点地争取从旧的封建贵族统治中独立出来。金钱承担着越来越重要的角色，它比继承来的头衔更有说服力。[71]

书籍总能反映当时的社会状况，因此，社会变了，书籍也随之发生变化。它们原来只保存于修道院和教堂，现在进入了更广阔的天地，受到那些富豪的追捧，成为社会地位的象征。一个新兴的职业抄写员和插画师阶层应运而生，他们制作奢侈的、泥金装饰的手抄本，以充分证明其所有者的财富。[72]特别是插图版《时祷书》(*Book of Hours*)常被列入富有藏书家的收藏名单中。这是一本宗教色彩很浓的书,记录了宗教仪式日历和不同时间所念的祈祷文。其中一本书最具代表性:它创作于1412年至1416年之间,经过精心缮写、配图和装订,书名名副其实,它就是《贝里公爵的豪华时祷书》(*Les tres riches heures du duc de Berry*)。它代表了泥金装饰手抄本的顶峰,书里用透视手法画的插图极为逼真,还使用了十种鲜艳的墨水进行涂饰。这部手抄本真可谓一场可移动的视觉盛宴。[73]

但贝里公爵这本著名的时祷书却是这种消逝的艺术类型的谢幕。谷登堡的印刷机可以批量印刷书籍,但速度太快,无法手工插图,人们常常指责它扼杀了泥金装饰手抄本,但这只是片面之词。在谷登堡诞生前一个世纪,另一种形式的印刷术由一批新兴的世界旅行者带到欧洲,它才是泥金装饰手抄本真正的终结者。

第九章

光从东方来：雕版印刷来到西方

13世纪末，圣乔治宫臭名昭著的热那亚监狱塞满了威尼斯囚犯。热那亚和威尼斯这两个著名城邦在战争和贸易方面一直是死对头；1298年，热那亚人占了上风，刚刚战胜威尼斯人，赢得了一场决定性的海战。战争十分惨烈，据说威尼斯海军将领安德烈亚·丹多洛（Andrea Dandolo）把自己绑在战船的桅杆上，头狠狠地撞在木头上，头破血流而死。大约八千名威尼斯水手被抓捕入狱。[1]

圣乔治宫的囚犯是可以在大楼周围闲逛的（当然不能离开），监狱的生活并不脏乱，也不残酷。富有的囚犯睡在四柱床上，有床幔可以保护隐私，他们还可以让亲戚送来礼物和用品，以使自己更好地度过监禁岁月。[2] 在这些富有的俘虏当中，有两个人想充分利用他们这段暂时的不幸：一个是名叫鲁斯蒂谦（Rustichello）的比萨人，他是亚瑟王系列小说的作者，其作品的文学价值尚不确定；另一个是来自威尼斯的商人，名叫马可，他的名字取自那座城市的守护神。他姓波罗（Polo）。[3]

鲁斯蒂谦兴奋地听着他的狱友讲述在遥远东方蒙古可汗的领土上度过的17年中发生的故事。马可·波罗告诉这位作家他在圣地（Holy Land）、土耳其、波斯和阿富汗跋涉了三年。他讲述了自己和父亲以及叔叔如何到达忽必烈庄严的上都宫殿（Xanadu），并受可汗之命作为宫廷的使者前往蒙古国的偏远地区。⁴ 这位商人还描述了中国和欧洲日常生活的许多差异，比如中国独特的铜钱，每枚铜钱上都打了个孔，可以方便地把一摞铜钱串在一起。此外，马可·波罗还提到了在蒙古领土上广泛流通的纸币。每一张纸条都可以从政府金库兑换特定数量的硬通货，并且可以像硬币一样存储、交易和运输。⁵

这位商人（或许是作家，因为很难分辨哪些是马可·波罗的讲述，哪些是鲁斯蒂谦的叙述）充分利用中国的纸币，用它来速记曾到访的城市。"河间是一个高贵的城市，"他解释说，"居民崇拜偶像［佛教徒］，对于死者实行火葬，使用纸币，依靠工商业谋生。"仅仅几行之隔，马可·波罗提到了"长芦镇"。"这也是一个大城市，位于大汗的领域，属契丹省。居民使用纸币，崇拜偶像，死者施行火葬。"⁶ 马可·波罗解释说，这种纸币是用一种人们熟悉的物质制造的，他把它描述为"一种在树的木质和厚厚的外皮之间的白色细皮"，上面书写文字标明币值，并盖上了可汗的朱印。⁷ 他还提到一点，中国已经印了数百万张纸币。

马可·波罗在13世纪到过中国（他依照某个几百年前曾统治过的维吾尔王朝的名称，将中国称为Cathay），一个当时的技术强国。⁸ 中国人早在五六世纪的时候就发明了火药，但当时尚未传到欧洲；马可·波罗到达中国的时候，指南针的应用还在初级阶段，日后将成为革新海上航行的工具；纸币的价值由国家决定，而不是

由某种稀有之物决定，被人们称为"法令货币"，它的使用或许是全球有史以来最伟大的金融创新。[9]

比前述技术和金融创新更重要的是一千多年前的信息革命，这场革命正是随着纸的发明而开始的。在马可·波罗那个时代，二十份西方手抄本中，只有一份是写在纸上的（对一位欧洲抄写员来说，纸的异国情调几乎不亚于今天人们眼中的羊皮纸），但在中国，"蔡侯纸"早已取代竹子和丝绸成为书写材料之首选。[10]马可·波罗告诉鲁斯蒂谦他在成都待过，不过他没有提到成都有座庙是为中国纸张的守护神蔡伦而建的。[11]要发行马可·波罗盛赞不已的纸币，先得有纸，但光有纸却还不够。马可·波罗以及西方其他的有识之士都知道，没有书写技术上奇迹般的进展，中国就不可能每年发行无数的纸币（在马可·波罗的时代，中国每年发行3700万张，经济萧条时会发行更多）。[12]在这点上，中国再次超越了西方。所提及的奇迹般的进展，中国人称之为"印"，也就是印刷，当时中国人已经应用这种方法好几个世纪了。[13]

印刷术何时起源于中国，目前还无法确定。与人们公认蔡伦是造纸术的发明者不同的是，印刷术并没有公认的具体发明者。而且，与欧洲后来开发的活字也不同，没有人像约翰内斯·谷登堡那样留下法律声明和拖欠的贷款作为线索供后人追本溯源。相反，印刷术发明的关键在于它的名字"印"。这个字的原意是指用黏土印章给文件盖上一个印以证明文件为真的行为，这一传统已深深植根于中国历史。[14]

公元前221年，秦始皇通过派遣间谍、贿赂和诉诸武力一统天下，成为秦朝的开国皇帝。[15]秦始皇暴虐无道：他焚书坑儒，一次就活埋了四百多位儒生；他下令将数十万罪犯和战俘阉割，并命其为自己建造一支兵马俑军队在阴间保护他。[16]秦始皇通过威吓、利诱、攻打等手段，最终统一六国，成了至高无上的统治者，他会在官方文件上用一枚华丽的玉玺盖章，以此展现他的权威。正如蔡伦不是纸的最初发明者一样，秦始皇也不是浮雕印章的发明者。然而，他命人将和氏璧雕琢为传国玉玺之后，便赋予了印玺权威尊贵而影响深远的血统。从此以后，历代中国皇帝都将他们的权力赋予类似的印章（用石头或金属雕刻而成），"印"也渗透到中国社会的各个层面。制作古代印章的材料有铜、黄金、皂石、玉石、象牙和犀牛角，五花八门；现存的木简和竹简文件上留下的黏土封印，说明这些印章已被广泛使用。[17]

但在这里，我们接触到中国印刷史中令人费解的部分。就像古代苏美尔人和他们的文字泥板一样，中国的文士和官僚们依靠一种可塑性强的介质——湿黏土——来封缄他们的竹简。然而，大约公元前300年，丝绸成为书写材料，一个世纪后又有了纸张，这些新材料需要不同的封缄方法。不难想象中国人的做法：他们不是把印章盖在湿黏土上，而是把墨水涂在印章上，再盖在纸张和丝绸上。如此一来，原本意为"封缄"（to seal）的"印"有了新的含义，即"印刷"（to print）。奇怪的是，这一切都是默默发生的，并未掀起任何波澜：例如，一块出现印章的丝绸碎片被断代为公元1世纪的文物，而盖有朱红墨水印章的纸质文件被确定为公元5世纪的文物，但在那几百年中，没有人声称是自己做出了如此的创新。[18]我们只知道印刷术起源于中国，但珍贵的史料甚少。

古文献学家试图拼凑出中国早期文字和印刷的发展史，就在1900年，他们得到了一个令人兴奋的消息。消息来自偏远的敦煌（位于中国北部甘肃的戈壁沙漠边缘），在公元366年始凿的石窟中出土了数万份文献。[19]一个叫王元箓的道士在一面假墙后面发现了10英尺见方的藏经洞，从地板到天花板堆满了书籍、字画和其他文献，所剩空间几乎不能容两人肩并肩站立。[20]藏经洞里有中文、藏文、梵文、东伊朗文、维吾尔文典籍，甚至还有希伯来文《旧约》。谦逊的中国抄写匠缮写的作品最终用本尊说出了自己的历史。[21]

其中有一份文献很特别，它是某个大部头作品散落的残片，很好地简要印证了印刷如何从简单的蘸墨印章发展为更加精致复杂的技术。这份文献是《温泉铭》的碑刻拓本，黑底白字，几乎完美复制了唐太宗（626—649年在位）为骊山温泉撰写的行书碑文。[22] 长期以来，中国一直把最重要的文字和图像刻在石头上以传承后世，但这篇残存的文献表明，这些篆刻的石头并不仅仅是纪念碑，还可以是通过"拓印"一遍又一遍地复制文本的母版。[23] 在敦煌发现的《温泉铭》至少可以追溯到公元654年，是拓这种操作方式绝佳的例证。拓为印刷的发展奠定了重要基石。[24]

拓印的过程是这样的。首先，将一张纸润湿（可以用清水或淘米水，但白芨水最佳，白芨是一种兰科植物），然后将纸铺在要复制的铭文上。用刷子刷一下，让纸嵌入刻文凹陷处，石碑上的立体字迹就呈现于纸上了。接下来，等纸张即将干燥时，用一个拓包蘸上墨水轻拍纸的表面，篆刻的凹陷文字就呈现于黑色背景之上，即得黑底白字。[25] 先施淡墨，白色字迹会从浅淡的黑底中显现出来；如果此时拓文已足够清晰，拓片就制作完成了，通常称为"蝉翼拓"。如果需要更高的清晰度，必须再施一层有光泽的浓墨以使细节显示出来，这样就制作出"乌金拓"。最后，将纸从石面上揭下来。

制作拓片需要专业技术，人们追捧顶级的拓片，不仅是为了它们所复制的内容，也是为了它们的制作工艺。唐太宗著名的《温泉铭》碑刻问世之后，中国出现了一批专门从事拓印的专家，今天他们的劳动果实"黑老虎"（碑帖拓片的俗称）常常让艺术品收藏家倾囊而出。[26]

然而，中国纸币却不是这样生产出来的。拓印是一个费时费力的过程，绝不可能用来印制数百万张纸币。很明显，这些纸币是用凸版印刷术在白纸上用黑色墨水印制的（黑字白底），而不是采用黑底白字的拓印法。²⁷ "印"还得进一步发展，以获得革命性的进展。

汉朝在公元 220 年倾覆，分裂成彼此征战的三国，后来短命的隋朝在公元 589 年重新统一天下（公元 626 年，唐太宗夺取了政权），此间中国一直处于黑暗时代，饱受分裂冲突、连年内战和外族入侵之苦。²⁸ 中国的普通老百姓开始寻求一种新的宗教帮助他们超脱困厄。与西方一样，中国的僧侣和寺庙成了文学传统的守护者。当时，云游的僧侣已经从印度沿丝绸之路把佛教传扬到中国，并带来了大批的佛教经文。²⁹

有别于基督教和伊斯兰教，佛教没有需要不惜一切代价传承的神旨，但在这个凡尘世界，它的信仰者同样乐此不疲地传播教义。唐太宗在位时期，在北京的房山有一座寺庙，庙内僧侣将佛陀的教诲和信徒的注疏篆刻在了一个洞穴的墙壁上，所篆经文的总面积达 100 平方米。后来的数年中他们又刊刻了八个这样的石窟。³⁰ 他们的石经并不是孤立的案例。返回中国的学者们不断从印度带回新的佛经和经文译本，中国的佛教经典《大藏经》不断得到扩充。³¹ 佛教如此博大精深，足以令人欣慰，但对它的保护和传扬则完全是另一回事。

中国和日本比邻而居，疆域比日本广阔，且历史更为悠久，因此古代日本吸收借鉴了很多中国文化。如果中国的皇宫漆成红色，那么日本也会照做；如果中国的文人士绅喜欢玩蹴鞠，日本的上流

阶层也会效仿；如果中国的皇帝和皇后在朝廷文书上加盖印章以示权威，日本统治者也会为自己篆刻印章。[32]

按照日本的传统，天皇去世后必须迁都。日本于是在公元694年将首都迁至新址藤原，一个仿照中国当时的首都洛阳而建的都城。公元710年，日本再次迁都至往北几英里的奈良，该城的布局仿效的是当时中国的新首都长安。[33] 佛教得到中国朝廷的认可后，日本统治者渴望让百姓看到自己也虔诚信佛。[34] 公元732年，奈良的一座主要佛寺铸造了一口重达49吨的大钟；数年之后，这座寺庙在塑造一座50英尺高、500吨重的佛像时使用了50磅黄金。日本有百分之十的人口参与了这个巨大的工程，从金属加工匠到木匠，不一而足。而且在公元752年，十多万名佛教徒见证了最终的开眼供养仪式。[35]

孝谦天皇生于公元717年（当时日本国内佛教氛围浓厚），一直热衷信仰佛教。[36] 然而，她对一位佛僧的喜爱让统治阶层起了疑心：公元762年，孝谦天皇将她的宫廷搬到奈良的寺庙里，以便和一名叫道镜的和尚有更多的相处时间。坊间盛传两人关系暧昧。公元9世纪的一份文献记载，道镜和尚与孝谦天皇"同床共枕"，但言词含蓄，只是点到为止。[37] 孝谦天皇虽然宠幸道镜和尚，却更加关注如何能长生不老，而她这位情人的心灵指导似乎为她提供了一条出路。为了避免罹患她年轻时曾肆虐日本的天花，孝谦天皇聘请了116名和尚来驱除那些致病的恶魔。767年，她在五十大寿时更是推行了一项仪礼，坚信这样可以使她永远免受这种疾病之苦。

根据佛经《无垢净光大陀罗尼经》的记载，有善相师告诉一位印度佛教徒，说他七日后必当命终。佛陀收下这位受惊的弟子后，却信心满满。他告诉弟子，若想延长寿命，必须抄写77遍咒文（祈祷词），并将之放进77座宝塔内。只有这样，他的罪孽才能得到宽恕，他的生命才能得以保全。孝谦天皇把这个传说当作她的救赎之法。宁可过于谨慎，她下令抄写一百万份咒文，并把它们分别放进几英寸高的微型宝塔里。

根据官方记载，这一壮举是在公元770年完成的。这位女天皇的救赎咒文音译自梵文，并用汉字书写在大约18英寸长、2英寸宽的纸条上。文字是印刷的，而不是手抄的。从少数幸存的咒文条来看，浅色纸张印着深色咒文，应该使用的是凸版印刷法。专家们一致认为，整篇咒文先全部刊刻在一块木块上，然后再涂上墨水进行印刷。[38] 虽然中国和韩国也有其他更早的印刷文献，但这些文献的成书日期难以确定，而孝谦天皇大手笔的一百万份咒文条可以说是第一批年代确切可考的大批量雕版印刷品。[39] 唉，这一切努力都是白费的；不管有没有一百万份咒文，孝谦天皇在仪礼结束的那一年驾崩了。[40]

孝谦天皇的一百万份咒文可能是最早被证实使用雕版印刷的印刷品，但考古学家在对敦煌发现的文献进行编目后发现，中国人也同样精于使用这一新技术。在众多手抄文献、拓片和印章中，有一幅16英尺长的卷轴，以七张纸糊贴而成，用阿穆尔软木染料染成黄色。卷首是极精致的插图，描绘佛陀正在给一位旁跪于地的弟子说法，四周环绕着僧侣、官员和天神。[41] 卷末是卷轴的制作者或者资助者的题文："咸通九年四月十五日王玠为二亲敬造普施。"[42] 该日期为公元868年5月11日。这部《金刚经》(*Diamond Sutra*，英国国家图书馆手稿排架号 Or.8210/p.2) 是现存最古老的印刷书，也

《金刚经》是现存有可考年代的最早的印刷书籍,此为卷首插图和摊开的经文,图为佛陀接受弟子须菩提顶礼跪拜

是第一本印有图片的书。⁴³

  这部《金刚经》是敦煌藏经洞中发现的二十件印刷品之一(相比之下,仅《金刚经》手抄本就有五百本)。这些印刷品的内容可谓五花八门。⁴⁴ 有单页的咒文,每页上都印有佛陀画像,应该是寺庙供品,有点类似谷登堡印刷的赎罪券。有农历书,上面印有造型各异的人物和动物,以及装饰精致的地图。有长篇的佛经,全无插图。除此之外,还有一小沓纸条上只是重复印着一模一样的佛陀图像——沉默而神秘,没有解说文字。⁴⁵ 无论是救赎灵魂的佛经,还是协助耕田种地的农历书,它们都是被印刷出来的:"印"终于有了它在现代的意义。

  这些珍品在 11 世纪早期就被封存在敦煌的藏书洞里。1006 年,附近的佛教王国于阗遭到伊斯兰教入侵者的洗劫,敦煌的僧侣们担心遭遇同样的厄运,为了保护这些珍贵的经书,将之藏进一个洞穴,然后用泥土和石膏把入口封了起来。果不其然,敦煌于 1035

年被侵占，但入侵者不是伊斯兰教信徒，而是来自西夏王国的佛教徒。[46] 尽管敦煌藏经洞对于现代学者来说至为重要，但是在11世纪敦煌被占领时，它的消失对于偌大的中国来说几乎没有什么影响。那时，雕版印刷已经深入中国人的生活之中。

促进中国雕版印刷复兴的人，是生活在10世纪的冯道，一个处事圆滑的官员。在《金刚经》印本问世仅几年，冯道出生，从籍籍无名的布衣晋升至位高权重的宰相，曾连续侍奉过七位皇帝。当代的中国历史学家把他定义为一个道貌岸然的阿谀奉承者。[47] 公元932年，冯道下令刻印儒家"九经"，总计150卷。这个庞大的项目花了二十多年的时间才完成，但是直到最近几年，冯道才被恰当地誉为"中国印刷业的谷登堡"。[48] 印刷术在冯道去世后得到迅速传播：接下来的几个世纪里，中国印刷了有关占星术、解梦、炼金术、传记、宗教、历史、诗歌等方面的著作。插图也与印刷文本同步发展：有描画草药的医学论著，有详细描画梁、柱和榫的建筑图纸，有人体解剖图，还有天文钟和星象的示意图。[49] 当欧洲的抄写员仍用羽毛笔辛苦地缮写时，中国的印刷匠正在印出成千上万的插图本。

如同莎草纸、羊皮纸和活字所有这些前现代的书籍制作的相关发明，中国的雕版印刷匠对他们的工艺也守口如瓶。抄写员没有记录过只言片语，雕版印刷匠也没有印刷过相关图片。但是，像羊皮纸和活字一样，雕版印刷从未真正消失过；古代雕版印刷的细节也许不为人所知，但这一工艺却得以保存下来。

雕版印刷起始于一块木头。从古代留存下来的雕版可以看出，梨树、枣树和紫杉树在当时是最受欢迎的，现代的印刷匠更喜欢黄杨、银杏和皂荚树。先把木头锯成几大块，检查是否有节疤和其他瑕疵，然后放进水中浸泡约一个月。将浸泡过的木材切割成平整的方块，然后将软化的表面打磨光滑。接着，书写者用笔和墨水把所有要印刷的内容写在一张蜡纸上（墨水会留在蜡纸的表面），然后将纸张面朝下铺在木板上进行拓印。现在就可以刊刻木板了：使用足够锋利的刀具（现在使用刻刀、凿子和 U 形凿）进行雕刻，刨花和木屑四下飞舞。内容是反刻的，不印刷的区域会被挖空，然后这块木板就可以拿来印刷了。[50]

（细心的读者可能觉得上一段有点重复，事实也是如此；14 世纪初王祯试验木活字印刷时，完全遵循的是传统制作雕版的方式，只是在印刷前，将雕版切割成一个一个的活字块。但王祯发现，木活字并不能捕捉到书法家写的每个字的神韵。雕版印刷合乎中国人的审美，但木活字则不能。）

用雕版来印刷简单而快速。印刷匠先准备好中国著名的"印度墨"，用鬃毛刷在雕版表面均匀上墨，然后再于其上覆一张纸。他们会用软垫按压纸张，以确保均匀受墨，然后将印好内容的纸揭下。以这样的方式工作，一个经验丰富的印刷匠一天大概能印 2000 次。即使是鼎盛时期的谷登堡，在催促一群工人操作印刷机的情况下，也难以达到这个速度。[51]

马可·波罗接触过中国古老的印刷传统，看过无数的印刷文本和图片，但都不为所动。至少，这是他由别人代写的回忆录中给人留下的印象。他除了讲到纸币时间接提过印刷外，从未讨论过雕版印刷。[52] 这位威尼斯商人着迷的是纸币本身。

从公元前 2 世纪起，两千多年来，人们熟悉的圆形方孔铜钱充分满足了中国经济发展的需求。[53] 然而，到了 9 世纪初，这种传统的货币体系遇到了突如其来的困难：中国迅速兴起的佛教团体铸造了太多佛陀铜像，铸造铜钱的原材料开始欠缺。迫于无奈，在公元807年和公元809年，朝廷发行了名为"飞钱"的汇票。在首都长安做生意的商人在回家前用铜钱购买飞钱，回家后可到当地政府将飞钱兑换成铜币。[54] 这种方式对于相关人等是一个福音：商人不再需要携带大量笨重又无法循线追查的铜钱，还能不为盗贼所注意；长安获得了充足的铜币现金流；地方政府获得免息贷款，借贷从百姓购买票券到他们将票券带到目的地兑换为止。[55]

在随后的几个世纪里，中国使用纸币的规模越来越大。如马可·波罗大约五百年后向鲁斯蒂谦述说的："可汗不费分毫，每年皆印制数量庞大之纸币，其币值必等同于全球宝藏价值之总和。"可汗发行了"数量庞大"的纸币，上面用汉字标明其用途和面额。他还奖励告发伪造纸币者，同时警告这些伪造者，一旦被抓到，他们可能会被斩首。[56] 纸币还印有各种图案：成串的铜钱和写意的龙、马、凤等，四周饰以金银花、莲花和菊花等。[57] 每一张中国纸币背后所隐藏的技术，都足以令同时期西方的抄写员或艺术家感到震惊。

威尼斯和热那亚在1299年尽释前嫌，化干戈为玉帛，关押在圣乔治宫的马可·波罗与同胞得到释放。这位流浪的商人回到家乡。他的父亲和叔叔在他不在的这段期间，很好地管理了家族的财富（这三人从亚洲带回了一批价值不菲的宝石）。所有的文献皆记载，马可·波罗此后只是一位富裕的普通商人。他于1324年去世。[58]

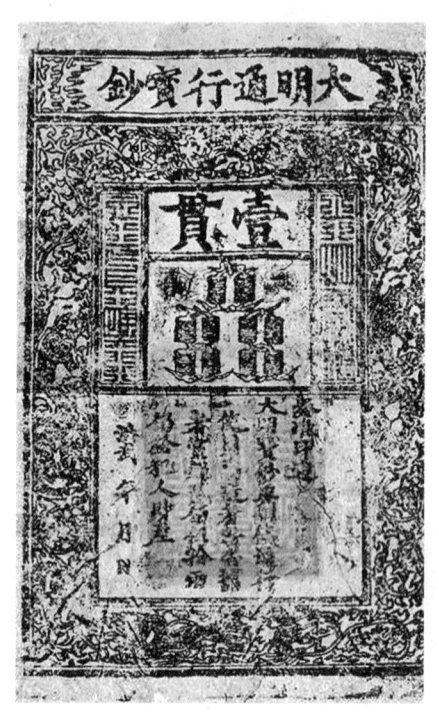

大明通行宝钞

在他死后的一个世纪里,鲁斯蒂谦所撰《马可·波罗游记》的手抄本在学者和历史学家中广泛流传。多年来,它一直是欧洲了解神秘东方的土地和人民的主要来源。传说,一份手抄本被绑在威尼斯的里阿尔托桥上,挤满了大桥的商人和顾客常常迷失在鲁斯蒂谦对马可·波罗旅行历程的精彩描述中。[59] 即使背着"百万"(Il Milione)的绰号(据说此书中有上百万个谎言),这本游记依然一次次被翻译再翻译,抄写再抄写,最后,当西方的印刷技术赶上马可·波罗记忆中的中国印刷水平时,它又被一次次地印刷再印刷。[60] 人们对游历世界的马可·波罗的狂热崇拜由来已久。

1854年,在"英国书之爱协会"(Philobiblon Society of Great Britain)的期刊上,罗伯特·柯曾(Robert Curzon)发表了一篇长

达六页的文章,描述了他自己去参观"意大利一些最著名图书馆"的旅行。[61] 身为第十四任"哈灵沃思佐奇男爵"(Baron Zouche of Harringworth),罗伯特·柯曾其实是一个失败的学生、一个软弱的英国议会议员,以及一位不太情愿的外交官。他后来坦承自己并不适合担任公职。从1833年起,他前往欧洲和中东各地游历,发表的游记获得了一定的赞誉。在一次意大利之行中,他访问了那不勒斯、锡耶纳、梵蒂冈等地的图书馆。[62]

柯曾在文章的开头讲述了他在意大利报纸上看到的一则关于印刷起源的逸事。一位名叫潘菲洛·卡斯塔尔迪(Panfilo Castaldi)的意大利抄写员(生于1398年,去世于1490年)曾受雇为威尼斯附近的费尔特雷镇抄写法律文件。据说,卡斯塔尔迪曾使用威尼斯的穆拉诺岛上制作的玻璃印章来减轻工作量。他用玻璃印章印出精美的大写字母轮廓,然后再用羽毛笔和墨水进行修饰。1426年之前的某个时候,据说卡斯塔尔迪听说已故马可·波罗生前从亚洲带回一些图书,这些书都是用木制雕版印刷的,十分工整。卡斯塔尔迪利用这一信息(也许是亲眼看过这些书)"制造了木活字,每一个活字块上刻着一个字母"。[63]

别再附会了!历史学家可能会这样想。这是真的吗?马可·波罗是否将印刷术——具体来说是将雕版印刷——引入了欧洲?这并不是一个别出心裁的想法。早在16世纪,欧洲作家便猜测商人们可能在蒙古帝国的殖民地俄罗斯看到了印刷的纸币,换句话说,木版、纸币或印刷故事可能已经从印度群岛通过海上向西流传。然而,这是马可·波罗这位最早的旅行作家第一次与西方印刷术的发明扯上关联。[64]

柯曾提到的这篇文章是费尔特雷本地人雅各布·法琴博士(Dr. Jacopo Facen)写的。法琴是一位受人尊敬的医生,也是一位多产的作家，他的著作涉猎广泛，涉及诗歌、考古学、地质学、采矿、昆虫学和宗教等，但他最感兴趣的是费尔特雷镇的历史。位于多罗迈特（Dolomites）的山脚下，在法琴的时代，费尔特雷是南欧各国势力争夺的一颗棋子（法琴目睹了小镇先是由法国控制，然后又被奥地利控制，最后又被意大利控制）。于是这位医生把重现小镇的历史视为他的个人使命。[65] 带着这一使命，1843年，法琴在一本记录当地歌曲和历史的书中写下了潘菲洛·卡斯塔尔迪的故事。[66] 该镇居民为他们重新发现的当地英雄卡斯塔尔迪建了一座纪念碑，但是除了费尔特雷，几乎没人相信法琴写下的故事。柯曾在谈到法琴的文章时保持了谨慎的中立态度，并遗憾地说，他未能亲自检查据称已归档在费尔特雷档案中的印刷文献。这位英国勋爵写道："我只能让别人来证明这个神奇的故事的真实性了。"[67]

柯曾希望得到的证据并没有出现。它也很可能根本不存在。没有证据表明马可·波罗从中国带回了雕版，也没有证据表明他曾明确提到印刷过程，除了曾提到它与纸币上的印章有关。即使在那时，马可·波罗也并非唯一对中国纸币赞叹不已之人：至少有七位与他同一时代的欧洲旅行者提到了中国纸币。毫无例外，马可·波罗和同时代的人都更关心这种先进货币形式所潜藏的商机，而不是它们的制作方法。[68]

上述传闻似乎与阿布·曼苏尔·阿尔塔（Abu Mansur al-Thaʿalibi）描述七百多年前纸是如何传到伊斯兰哈里发国的传奇故事极其相似。阿尔塔利用已知的事实编造了一个令人愉快的故事：中国会造纸，阿拉伯人在怛罗斯战役中俘虏了中国士兵，而这些俘虏中肯定有会造纸的工匠。到了法琴这里，虽然缺乏证据，他也利用一系列诱人的事实建构了玻璃印章和雕版印刷的简史。也许是因为过于轻信当地的传说，或者急于看到家乡从19世纪的阴霾中解脱出来，他写下了内心所认定或希望的真实。⁶⁹ 最后必须说一下 19 世纪《马可·波罗游记》的著名翻译家亨利·尤尔（Henry Yule）。这个苏格兰人翻译了马可·波罗的游记，并对法琴的主张持怀疑态度："说真的，如果在费尔特雷有人还关心故乡的真正名声，那就让他尽自己的最大努力，从雕像的基座上移去荒谬的虚构假说吧。如果卡斯塔尔迪有其他更真实的理由配得上一座雕像的话，那就保留他的威名；如果没有，就将它烧成诚实的灰烬！"⁷⁰

如果卡斯塔尔迪或其他人在谷登堡印刷"四十二行圣经"之前的几年里曾关注过中国的雕版印刷，肯定是通过某个微不足道的没人记住的人了解的：也许是一个在摇摇晃晃的骆驼背上穿过丝绸之路的商人，也许是一个造访俄罗斯下诺夫哥罗德（Nizhny Novgorod）的蒙古贸易前哨"中国"区的游商，也许是沿着印度海岸行驶的货船上的一个水手。任何一个敢于冒险探访东方的人，都可能带回一块用于印刷的木制雕版。而正是这块雕版引发了欧洲书籍制作的一场革命。

天主教会率先利用这种新的艺术媒介。教会知道，朝圣者就是金矿。来到修道院、大教堂和其他重要宗教场所的人喜欢购买纪念品以作留念。教会很乐意为他们提供纪念物品，以换取朝圣者适当的献祭。信徒们在离开时从原初礼品店（proto-gift shop）买到的主要纪念品是"祈祷像"（Andachtsbilder），这些宗教图片描绘了基督教传统中的场景和人物。⁷¹ 信徒将这些单张的图片安放在家中临时搭建的神龛，这样能得到更好的祝福，而这种神龛的效力取决于里面供奉的神祇在天主教体系中的地位。例如，据说圣阿波利纳的

图像可以防止牙痛，而圣罗克的图像则可以抵挡瘟疫；圣塞巴斯蒂安的图像可以防止受到伤害，多年来最受欢迎的圣克里斯托弗的图像可以保护旅行者。[72] 教会内处于神圣阶层顶端的人物法力最强：1428年，一座房子发生火灾被烧毁，据说主人供奉的圣母玛利亚和婴儿耶稣的画像却完好无损。[73] 朝圣者对他们的纪念品很满意，教堂对他们带来的财富也很满意，唯一真正的问题是，每一张祈祷像都必须手工绘制，制作成本高，售价也不菲。

可能改变这一局面的某种新的艺术的最早线索出现在1412年。当时，多明我会打算将他们的教派成员平信徒加大利纳（Catherine of Siena）封圣。为了推动这一计划，多明我会一位名叫托马索·德·安东尼奥（Tommaso d'Antonio）的修士在威尼斯提供了证词，指出加大利纳的祈祷像是"容易复制的"（de facili multiplicabilis）。至少这是西方人第一次知道可以轻易复制任何图像。[74] 雕版传到欧洲的确切证据很快也出现了，那是四个殉道的圣徒陪同圣母和圣婴的祈祷像，印刷年代目前暂时可追溯到1418年，而且显然是用雕版进行印刷的。[75]

专家们承认所有这些事件的时间点都不太精确。一些历史学家认为《布鲁塞尔圣母像》实际是1450年的印刷品，应该还有一幅1418年的原作。[76] 另一幅早期雕版印刷的图像——描绘圣克里斯托弗抱着婴儿耶稣渡河，普遍认为其问世可追溯至1423年。所以，至少在1423年，雕版印刷就已首次亮相于欧洲。总之，这些印刷品和杂乱的相关间接证据表明，雕版印刷传至欧洲的时间应该还要更早。约在1400年，即谷登堡印刷他的第一本书的半个世纪前，中国古代的雕版印刷已经开始悄悄地取代了欧洲勤劳的抄写员这一群体。[77]

这些早期的印刷品非常质朴。例如布鲁塞尔圣母的图像和五年

1423年的《布克斯海姆的圣克里斯托弗》的摹本,是欧洲最早的雕版印刷品。这份唯一留存下来的原件是手工上色的

后印刷的圣克里斯托弗的图像,都是依循中国方式印刷的:先用蘑菇形的拓包在雕版上均匀地涂一层薄薄的水溶性墨水,接着将一张纸覆在雕版上,通过摩擦和抛光使雕版上的图文(大部分)墨色均匀地转移到纸张上。[78] 图案的设计简单而直接,甚至可以说像儿童画,因此它们很像涂色本,有着粗黑的线条和大量未涂色的空白部分。出现这种情况的部分原因是第一批木工和印刷匠缺乏经验(较粗的线条更容易雕刻也不易磨损,后续的印刷用的可能就是这样的雕版),但这也可能体现了当时的审美观。早期的印刷品都是用手工"上色",有些印刷匠会提供模板作为参照,方便插画师为黑白印刷品涂色。[79]

欧洲的雕版印刷匠越来越有信心,开始拓展他们的印刷技术。例如，16世纪中叶，法国印刷匠兼解剖学家查尔斯·艾蒂安（Charles Estienne）利用一些老旧废弃的绘有裸体人像的雕版，在人体上嵌入他刻上器官、骨头和其他身体细节的木塞。他的著作《人体解剖》(De dissectione partium corporis humani libri tres) 于1545年出版，书中的解剖图以其艺术性和新颖的构造而闻名。艾蒂安对素材安排十分随意：他把古罗马大教堂前的男性雕像躯干部分替换成心肺图；同样，他把色情书籍中一幅摆出不雅姿态的女性裸体图的腹部裁除，放上女性生殖器官。这类处理的另一个名字叫混搭。[80]

雕版本身的艺术性越来越高，到了15世纪初，一大批技艺精湛的艺术家开始参与"容易复制的"雕版印刷品。1498年，后起之秀德国插画家阿尔布雷克特·丢勒（Albrecht Dürer）震惊了整个艺术界，他制作了一套极其精细的雕版来描绘《启示录》中记载的事件。[81] 丢勒的《启示录》名副其实，既展现了他的艺术天赋，也显示了他敏锐的商业头脑。虽然他的作品事实上仍然是二维平面——每个区域要么上墨，要么空白，不是"有"就是"无"，但丢勒创作出了一系列不可思议的阴影和纹理。他用类似凿子的工具（被称为刻刀）勾勒线条或者挖出凹痕以刻画图案的表面和阴影。他的作品完全超越了其他涂色本风格的版画，连文艺复兴的著名学者伊拉斯谟都这样写道：添加颜色就会"破坏（丢勒的）作品"。[82]《启示录》的出版也是一种精明的营销策略，得益并进一步刺激了15世纪最后几年笼罩在欧洲的千禧年狂热情绪。[83] 当牧师们在讲坛上喊出最后的审判即将来临时，丢勒细节生动、令人惊恐的木刻版画正好可以用来向信徒展示世界末日将会如何到来。

在丢勒突破简单的黑白印刷品所能达到的极限的同时，另一位德国人试图让雕版印刷跳出单色的限制：汉斯·布克迈尔（Hans

阿尔布雷克特·丢勒 1498 年的木刻版画《启示录·四骑士》[84]

第九章 光从东方来：雕版印刷来到西方

汉斯·布克迈尔的恐怖作品《受死亡惊吓的情侣》。这是一幅明暗对照法印刷的版面，采用了一块黑色的"线条版"和两块制造不同红色阴影的"阶调版"。[85]

Burgkmair）被认为是多版印刷技术的先驱，这种技术后来被称为"明暗对照法"（chiaroscuro）印刷。[86]1510年他印制了一幅标题非常轻松的版画——《受死亡惊吓的情侣》（Lovers Surprised by Death），描绘双翼死神的到来令一对幽会的恋人惊恐万状的情景。这是已知首次使用彩色色块来强化传统黑色线条的版画。为了实现这一效果，布克迈尔雕刻了三块不同的雕版，并将它们依次覆于同一张纸上，以产生黑色线条和阴影、雪白亮块和两条截然不同的"阶调"带。用其中任何一块雕版都无法印出如此复杂的图像，但把它们放在一起则可以印出丰富而引人注目的画面。[87]

随着时间的推移，雕版图像的尺寸也在不断增加。威尼斯艺术家蒂齐亚诺·韦切利奥（Tiziano Vecellio，如今多称他为提香，以表达敬意）将他的许多绘画作品都转印成了版画，尤其是在 1514 年或 1515 年转印 7 英尺高、4 英尺宽的巨型作品《法老的军兵葬身红海》（*Destruction of Pharaoh's Host in the Red Sea*）。这幅画尺寸太大，必须雕刻十二块印版。[88] 几年后，接受神圣罗马帝国皇帝马克西米连一世的命令，阿尔布雷克特·丢勒创作了尺寸更大的《凯旋门》：一座精美的罗马式拱门两侧展示了马克西米连的家世和一生的业绩，并点缀着大量的装饰图案，面积超过 100 平方英尺，至少由 192 块木版拼成。[89] 丢勒抱怨说，他必须"自费"为马克西米连工作三年。但他其实多虑了：版画完成后，皇帝赐予丢勒每年 100 弗罗林的终身津贴，只不过在命令签署之前皇帝就去世了。丢勒是个精明的商人，他将此案告上法庭，最终打赢了官司。[90] 在经历了金钱、名誉和法律上的纠葛后，到 16 世纪初期，雕版印刷已经真正地成熟，雕版印刷的时代确已降临。

然而，在提香、丢勒与其同辈艺术家们把版画推入艺术领域之前，它已经让欧洲的抄写员和书籍制作者刮目相看。用少量雕版印刷品修饰手抄本是世界上最简单的事情（用这种方法为书籍添加插图可以追溯到 1433 年），但是当木刻工人意识到他们可以像复制图片一样容易地复制文字时，一切就变了。[91] 因此，从 15 世纪 30 年代起，在大约二十年的时间里，我们所称的"木刻本"（blockbook）如蜉蝣一样朝生夕死，谱写了一曲最短暂的插曲。约翰内斯·谷登堡"战无不胜的活字"在不到一代人的时间里取而

代之。[92]

木刻本使用的是只刻有文字的雕版印刷的。这样的书数量也不多，目前已知的有 36 种，全部来自低地国家或德国南部。数量极少的这类作品的成书年代及其重要性都存在争议。有些专家将其确定为 15 世纪 30 年代，另一些专家则在对纸张进行分析后，提出成书于 15 世纪 50 年代初。[93] 这短短二十年对于五百年的印刷史来说或许无关紧要，但是谷登堡在 1454 年印刷了"四十二行圣经"，让此事又成为人们关注的焦点。一位来自科隆的印刷匠在 1490 年写道，谷登堡受到了这些早期木刻本的启发。对此说法我们是否能全盘接受？如何看待那本模仿谷登堡印制的第一本《文法艺术》的木刻本呢？它精准复制了谷登堡的字体并将其刻在木版上进行印刷，这根本就是公然剽窃。[94] 雕版印刷与活字制作孰先孰后，犹如鸡生蛋还是蛋生鸡的问题。

无论欧洲印刷业的萌芽时期发生了什么，最终的结果都是显而易见的。活字逐渐成为印刷文本的首选方式，然而雕版也因为太实用了而未被摒弃。随着时间的推进，一位印刷匠把活字与雕版结合起来，开创了未来书籍的雏形。[95]

1461 年的圣瓦伦丁节，德国班贝格镇（Bamberg）的印刷匠阿尔布雷克特·菲斯特（Albrecht Pfister）出版了寓言集《宝石》（*Der Edelstein*），它是一个世纪前瑞士作家乌尔奇·鲍纳（Ulrich Boner）的作品。[96] 之所以知道这些信息，是因为菲斯特把他自己的名字、印刷书籍的时间和地点印在了书的背面；然而，除此之外，他大多数的其他情况都只能靠推测。和谷登堡一样，人们仅仅只能通过出生城市和教区的官方记录对菲斯特略窥一二，但这样的文献非常少。菲斯特似乎做过牧师，然后被任命为班贝格主教的秘书；后来才开始尝试印刷，只剩他那些幸存的书籍可以证明这一点。[97] 不过，

《穷人圣经》的一页

这些书却讲述了自己的故事。

《宝石》是菲斯特印刷的第一本书，很明显，这位从牧师转行的印刷从业者有着崇高的志向。全书共176页，每页均排版工整，不知为何使用的是约翰内斯·谷登堡的活字（这是谷登堡1450年印刷他的第一本书《文法艺术》时用过的），但更有趣的是，书中文字间穿插着一系列图片，以早期雕版的线条艺术、涂色本风格呈现。这些扭曲的、受墨不匀的图片似乎是在内文印好之后，手动压印上去的。但就是借着这试探性的一步，菲斯特一举颠覆了上千年的印刷传统。插图书籍印本即将登场。[98]

受到鼓舞后，菲斯特试图提升自己之前凑合进行的这一印刷工艺。他接下来印刷的图书是一部《穷人圣经》(*Biblia pauperum*)。这种内容简短、带有插图、版面紧凑的"穷人圣经"主要是向那些无法阅读上帝的话语或无经济能力购买完整版《圣经》的人传递基督教义的。[99]这部书于1461年底印制完成，菲斯特大大改进了他原来的方法。这一次，他将木版画和活字结合在一起，因此每一页都是单独印刷的（约翰内斯·谷登堡和他的徒弟所用的油性墨水不仅适合铅字印刷，同样适合雕版印刷），拉一次印压机的杠杆就能印好。[100]这是一个小小的改良，却被接受而传承。雕版能完美印刷那些无法用文字表达的东西——美丽的人脸、运转的时钟、卷曲的叶子。在接下来的一个世纪里，雕版的图片出现在建筑学、植物学、工程学、解剖学、动物学、服装设计、考古学和钱币学等类书籍中。[101]谷登堡的铅活字战士们在之后的四百年统领了书籍世界，但是如果没有结合雕版印刷，他们也无法做到这一点。

第十章

蚀刻草图：凹版印刷与文艺复兴

阿尔布雷克特·菲斯特在15世纪60年代中期去世，没能看到他改良的雕版印刷和活字印刷相结合的印刷方法统领世界。[1]即使在泥金装饰手抄本占主导地位的鼎盛时期，十本手抄本中也找不到一本有插图，但到了1550年，也就是菲斯特第一本雕版插图书出版不到一个世纪，一半以上的印刷书籍都以这样或那样的方式进行了装饰。但对于雕版印刷，这只是短暂的辉煌。

雕版的缺点在其普及后不久就显现出来了。即使是最坚硬的木材做成的雕版，在长期使用后也会磨损，经过反复印刷后，雕版上的线条会变得模糊。[2]中国的印刷匠从来没有遇到过类似的麻烦，他们每块雕版只用于印很少的次数，几年、几十年甚至几百年才用一次。但在谷登堡的活字印刷系统中，数量有限的字母和字符活字每隔几页就必须重复使用。铅活字能承受频繁的印刷次数，但与坚固的铅活字绑在一起的插图雕版就不大适应了。[3]就本身而言，这不是一个无法克服的问题，有些印刷匠将木刻雕版拿去铸造金属印版，免得因过度使用而损毁。但是雕版印刷的发展还受到另一个更为根本的限制。[4]丢勒、提香等艺术家已经把雕版工艺水平推到极致,但用雕版制作的印刷品却无法再现创作者所希望的细节。⁵借用现代术语表达,雕版的解析度(每英寸的线数)太低。

1476年,来自佛兰德斯布鲁日的书籍制造商科拉尔·芒雄(Colard Mansion)重新印刷了一本老书《名人的命运》(*De casibus virorum illustrium*),书中的警示故事告诉人们,骄傲自大的人注定不能善终。⁶芒雄的职业生涯见证了雕版印刷和活字印刷两种印刷技术的诞生,他深知有钱的客户仍然不看好印刷的书籍。就在此前的几年,本笃会修士菲利波·德·斯特拉塔才撰文指出"手写是执笔的少女,印刷是效颦的妓女"。当时,芒雄已经开始尝试印刷以降低成本,但他依然要精心模仿手抄本的样子。⁷这意味着每次印数只有很少的几本,而且出于同样的考虑,他在《名人的命运》中留出空白,方便买书的客户请人手工绘制插图进行装饰。因此他的书里没有劣质的雕版插图。

芒雄的"精致"商业模式无法持久。数本现存的《名人的命运》手绘插图本印证了他的营销计划,但在后来的版本中,他还是放弃了高标准,并决定印刷图片来填补空白。⁸这些图片的独特之处不在于其风格,亦非其内容(这些插图与当代的雕版画没什么区别),而在于它们是先印在单独的纸上,然后粘贴到书中的。对他的这种做法有一种明显的推论:芒雄已经不再心高气傲,试图吸引买家购买一批没卖出去的书。后来这种解释被证明是错的。芒雄进行了实质性的修改,重新设计了版式,以适应新增加的插图。粘贴这些插图进去肯定是有意而为的。如果它们是以雕版印刷的,芒雄可以直接把木版嵌入印版去印刷。但他为什么没有这样做? ⁹

因为图片不是以雕版印刷的。芒雄是第一个使用欧洲下一项伟大印刷技术的工匠,那就是雕刻铜版,即用珠宝匠的工具将图像精心刻在金属上。

用雕刻的铜版来印刷要求极为严格,任务艰巨。先在铜版上涂上大量的颜料,使其灌进所有线条和凹陷处,然后抹去溢出的多余颜料,之后必须使用特殊的滚筒印刷机,其压力强度足以将一张湿润的纸张压入铜版的线条中。正是因为这个简单的原因,芒雄只得靠剪刀加浆糊拼贴出《名人的命运》:活字图案和铜版图案不可能用同一个压印机同时印出。用杠杆或螺丝驱动的标准印刷机无法从铜版中提取出太多图像,而滚筒式印刷机施加的几吨重压力会将活字印版压碎。[10] 与柔和温驯的旧式雕版印刷相比,"凹版"印刷完全是勇猛的野兽。[11]

意大利16世纪博学家乔治·瓦萨里(Giorgio Vasari)声称意大利人最早使用铜版印刷。瓦萨里是一位作家、艺术家和建筑师,一直工作生活在寄居的佛罗伦萨。在《艺苑名人传》(*Lives of the Most Eminent Painters, Sculptors, and Architects*)中,瓦萨里客观地评述了文艺复兴的众多艺术家。他解释说,早在一个世纪前,佛罗伦萨的金匠马索·菲尼圭拉(Maso Finiguerra)便发明了铜版印刷。[12] 菲尼圭拉是公认的黑金镶嵌艺术大师,即用对比鲜明的黑金来镶嵌银制品(如刀柄、杯子、皮带扣)表面雕刻的图案。菲尼圭拉和其他艺匠经常用墨水涂在银制品上,然后把雕刻的图案"印刷"在纸上,以此记录他们的设计。[13] 这些都没有引发特别的争议(菲尼圭拉有一些黑金镶嵌版面得以留存下来),但瓦萨里竟把他这位佛罗伦萨同乡标榜为铜版印刷术的发明者。[14] 很可惜,瓦萨里的说辞站不住脚。从已发现的铜版印刷品来看,第一批铜版印刷品出现在15世纪30年代的德国莱茵河河谷地区;1426年出生于佛罗伦萨的马索·菲尼圭拉,除非是个神童,否则无法对他的德国同行产生任何影响。[15]

即便如此,瓦萨里这一观点的基本前提很可能是正确的。金属雕刻是一种古老的行当,源于金属加工和珠宝业,可以追溯到古代。希腊人和罗马人都用这种方式装饰手持式铜镜的背面,中世纪的珠宝商继承了这一传统,在银器和金器上雕刻装饰图案——就像菲尼圭拉一样,他们用草率涂抹的墨水和一张白纸记录他们最好的作品。[16] 在木刻雕版印刷传至欧洲后不到数十年,或许是就在轻松复制雕刻图案的同时,一些不知名的德国金匠或印刷匠把金属雕刻和印刷结合在一起,促成了书籍制作的又一次飞跃。[17]

起初,尝试使用的印刷匠并不喜欢铜版印刷这种方式。整个过程耗工又费时,第一步是将需要印刷的图案转移到一毫米或两毫米厚的铜版上。一些艺术家用尖锐的笔针徒手在铜版上画画,把原图立在镜子前面,这样可以得到印版需要的反转图案。还有些艺术家用粉笔在纸上起稿,然后将他们的画面朝下放在铜版上,再不断地打磨,最终把粉笔画出的线条转印到铜版上。

图案转移到铜版上之后,雕刻师拿起珠宝匠的雕刻刀(一种尖锐的金属工具,顶端是一个方便把握的木质圆头)开始雕刻铜版。他们缓慢而小心地沿着图案线条刻画,不停刮出弯曲的刨花,在铜版上留下浅浅的沟槽线。[18] 这是一项艰巨的任务。即使是一条直线,不间断地画下来也是很难的,当刻刀偏离了预定路线时,雕刻师的心就会一沉。修复错误的唯一方法是翻转铜版,把刻错的地方敲出来,然后把它翻回去再次打磨平整。[19]

约斯特·安曼1568年的木刻版画,描绘了一位正在工作的雕刻师。随附文字将他描述为一位"设计师",夸赞他可以复制"人和动物的形象、各种植物的图案、文字和大写字母、历史场景和客户指定的任何内容"。而且,值得注意的是,"我也可以把所有这些都刻在铜版上"[20]

铜版雕刻完毕后,后续工作仍然困难重重。雕刻的图案是凹入铜版而不是浮凸的,所以凸版印刷中典型的直接施墨的方法是不能用的。首先,加热铜版,以帮助黏稠的墨水流入最小的角落和缝隙;接着,在铜版上大量涂抹墨水,使墨水灌进雕刻的沟槽;最后,仔细地用抹布一遍遍地擦去多余的墨水。[21] 将施好墨的铜版放置在类似轧布机的滚筒印刷机(a mangle-like roller press)的滑床上,铜版上面放一张潮湿的纸和几张保护毯,最后转动手柄使印刷机运转起来。[22] 当铜版、湿纸和毯子组成的"三明治"穿过印刷机时,潮湿的纸被挤进铜版的线条中,吸取油墨和铜版边缘留下的独特凹痕(压印痕)。[23]

简而言之,凹版印刷缓慢而烦琐。上墨、清理与印刷,印一版需要几分钟时间。这对于那些更习惯每分钟印出一页或更多页的印刷匠来说，简直是无限漫长的等待。此外，采用铜版印刷，本身就相当困难：业余的凹版印刷匠只能印出浅浅的、模糊不清的图片，笨拙的操作可能会调节不当而对铜版施加过大的压力，缩短印版的使用寿命。到了18世纪，艺术家们急于让他们的作品得到忠实的复制，常常指定可信赖的工匠进行印刷。[24]

尽管如此，科拉尔·芒雄等15世纪的印刷匠仍然对这种技术繁复、速度缓慢的凹版印刷不离不弃。当然，他们都面临同样的困境：如何将铜版与凸版印刷的活字最好地协调起来？1481年，尼科洛·迪·洛伦佐·德拉·马格纳（Niccolò di Lorenzo della Magna）决定把波提切利的画刻在铜版上，为但丁的《神曲》印制插图。就在这次尝试中，他解决了这个问题。[25] 在此四年前，科拉尔·芒雄避开了这一问题，他单独用铜版印刷插图，然后把它们粘贴在书上。但尼科洛·德拉·马格纳（这位印刷匠自称"伟大的尼科洛"）并不是一个知难而退的人。他用活字印刷好《神曲》的前几页，然后将他的第一幅波提切利名作的复制版直接印到为插图所留的空白处。他替铜版上墨，并擦拭多余的墨水，把铜版与印刷内文的空白区域对齐，将滚筒印刷机准备好，小心翼翼地转动手柄。

图片歪了。

尼科洛很沮丧，又试了一次，结果图片还是歪了。他留存至今的《神曲》印本都只在前两页上印了图片，其余的十九幅插图都是贴上去的。每一张贴图都是对印刷失败的默认。[26]

而科拉尔·芒雄这边则回头继续使用木雕版印制插图，后续印了古罗马诗人奥维德《变形记》（Metamorphoses）的奢华注释版。法国学者贝绪尔《洁本奥维德》（Ovide Moralisé）的印刷很快令芒雄破产，这也成为他印的最后一本书。[27] 同样的模式在整个欧洲重复着：出版商尝试铜版印刷，最终都在遇到这种新媒介的明显局限性时退回到木雕版印刷。更糟糕的是，虽然铜版印刷开局良好，但木雕版印刷最终总会胜出：20世纪初期，名叫埃里克·雷特（Erich von Rath）的德国学者确认，欧洲有九个城市在印刷第一本插图书的时候用的都是铜版印刷，但是后来这些城市的印刷匠都自暴自弃地降级为用木雕版来印插图了。[28] 对于普通的活字印刷匠来说，雕刻铜版这个工作真的是莫大的折磨。

但是艺术家们却喜欢它。对于像阿尔布雷克特·丢勒这样的版画家来说，凹版印刷能够实现木雕版印刷完全达不到的精确性，它具备忠实再现精致细节的能力，还可以通过交叉网格影线和不同宽度的线条实现色调上的微妙变化。[29] 任何有能力的铜版雕刻匠都能在铜版上雕刻出更多的细节，这一点是同等水平的木版雕刻匠无法企及的。而对于技艺高超的雕刻匠来说，铜版雕刻的优势更加明显：据说名叫朗贝尔·苏维乌斯（Lambert Suavius）的荷兰雕刻匠经过探索，最终用以钻石为笔尖的雕刻笔刻出了精细至极的线条。[30]

随着铜版雕刻在艺术界迅猛发展，出版商不得不关注铜版印刷。他们渐渐地同意把铜版雕刻的内容印刷在单独的页面上，从而使得"版"（plate）等同于单独插图。他们还以铜版印刷书名页——此页上有活字印刷的文字、装饰边框的图案、出版商标志或者徽章、书名和作者名。[31]（这些新出现的书名页上华丽的手写体后来被称为"铜版体"（copperplate），以印版的材料来命名。）[32] 虽然铜版雕刻仍然慢得令人痛苦，但是不久就意外地获得助力，取得了突破。

文艺复兴被认为是科学、文学和文化的一股洪流，让欧洲走出

中世纪步入现代。欧洲大陆正朝着更文明的生活方式迈进，但这并没有削弱追求根深蒂固的传统的热情，比如骑马比武、挑起领土争端、发动全面战争，因此军事技术与艺术同样得到了稳步发展。到了 16 世纪，骑士、雇佣兵和好战的王子们穿着抵挡弓箭、长剑和长矛的铁甲奔赴战场。[33] 但是当时的盔甲不够时尚，身穿盔甲之人总是会受到追求时尚的同侪的鄙视，于是盔甲设计师也得身兼服装设计师。德国制造的一些铠甲配有一条仿布料的硬硬的铁"裙子"，还有些铠甲配备故意增大的、分节的上臂铁板，类似当时流行的灯笼袖。[34] 后来，英国骑士们还穿上了覆盖至腹股沟的鼓鼓的胸甲，模仿（以及明目张胆地暗示）的就是时髦的"豌豆荚"紧身衣。[35]

为了满足要求越来越高的客户，德国盔甲设计师发明了一种新的金属加工技术，能把荣誉头衔、复杂的战斗场景和其他时髦的图案雕刻在铁板上。如果说在铜板上进行雕刻比较困难的话，那么在铁板上雕刻就更难了。聪明的德国盔甲设计师巧妙地利用化学技术来达至他们的目的。[36]

从几百年来不断在钢刃上雕刻文字与图案的铸剑匠那里得到灵感，盔甲设计师发明了下面的新技术。[37] 首先，在胸甲、头盔或其他部件涂上一层保护性的"抗蚀剂"，例如一层薄薄的油漆或蜂蜡。接下来，用针头在抗蚀剂上画出想要的图案，抗蚀剂被刮掉的地方会露出下面的铁来。图案画好后，用温和的酸性溶液（不同的工匠会使用不同的溶液配方）清洗这个区域，再去除其余的抗蚀剂，这样图案就被蚀刻在金属表面了。[38] 虽然珠宝匠可以用刻刀熟练雕刻而不会对铁板造成损害，但氯化铵溶液或硝酸溶液却可以很容易地在铁板上蚀刻清晰的线条和凹陷，完成这个步骤后，在蚀刻的线条上擦一些煤灰或煤灰做成的颜料，图案便能清晰地显现出来。[39]

这种技术出现后不久，德国奥格斯堡镇的盔甲设计师丹尼尔·霍普弗（Daniel Hopfer）将之创新地运用于另一领域。他注意到，这些蚀刻在盔甲上的图案，非常类似用于印刷的铜版上的线条和凹槽。于是，大约在1490年左右，他效法当时的铜版印刷，从蚀刻曲面的盔甲护板转至蚀刻矩形铁板。[40]霍普弗印刷《康拉德·冯·德·罗森》（Conrad von der Rosen）的时间大概可以追溯到1503年或1504年，作品主人公是马克西米连一世皇帝宫廷一位脾气暴躁的弄臣兼宫廷顾问。这幅版画就是利用酸洗在铁板上蚀刻出图案的，标志着凹版印刷已超脱一开始的手工雕刻。[41]

然而，铁太过坚硬。虽然铁板屈服于铁匠的锤子和炼金术士的酸性药剂，但工匠却很难用纤细的金匠工具修改蚀刻的图案。幸好不到十年就有了解决方案，当时荷兰的印刷匠路加斯·范·莱登（Lucas van Leyden）将霍普弗的酸性蚀刻技术应用于传统的印刷铜版，取得了惊人的效果。[42]范·莱登很快就凭借一己之力把它完善成一种成熟的技艺。首先，将铜版或锌版在炉子或烤箱中加热，然后在其表面均匀涂上一种耐酸物质，如树胶、蜡或树脂。等抗蚀剂冷却和硬化后，拿出尖锐的雕刻刀或蚀刻针，像盔甲设计师那样在铜版或锌版的抗蚀剂上画出需要蚀刻的图案，犹如用铅笔在纸上作画。艺术家喜欢蚀刻，他们不再放心地让木版和铜版雕刻匠来诠释自己的作品。以路加斯·范·莱登和阿尔布雷克特·丢勒为代表的一批艺术家，开始手拿蚀刻针，尽情地在涂抹了抗酸物质的铜版上精准描画出心中的构思。[43]

虽然艺术家发现蚀刻比雕刻更容易，但仍然需要相当的功力，才能在涂抹了抗酸物质的铜版上"咬"（bite）出自己构思的图案。（这并非巧合，"蚀刻"（etch）一词源自古老的德文"ezjan"或"azjan"，意思是"被吃掉"。）[44]一些印刷匠会用蜡在铜版边缘围出一个坝，将酸性溶液倒进蜡坝围成的盆地；另一些印刷匠则倾斜一

丹尼尔·霍普弗 1503 年或 1504 年蚀刻的孔茨（康拉德）·冯·德·罗森肖像。罗森是马克西米连一世皇帝的弄臣兼宫廷顾问

定角度将铜版立起，反复在铜版上倒酸性溶液，一点一点地蚀刻出线条。线条被"咬"的深度取决于酸性溶液与铜版接触的时间——深一些的线条可以容纳更多的墨水，印出的颜色也更深。技艺娴熟的蚀刻匠有时会用清漆填充线条，以防止它们被蚀刻得太深。因多次压印而被磨损的铜版也可以重新进行酸蚀，以加深已经变浅的线条。[45] 这道工序充满挑战，稍有不慎，原本的图案就会被破坏。19世纪，山水画家塞缪尔·帕尔默指出了这种表现力强但偶尔令人沮丧的方法所具有的矛盾性：

> ［蚀刻］将手工、化学和计算优雅结合，其中的意外和失误（通常可以补救）往往都是有趣的。这种乐趣有时等同于折磨，但总体上，它激起并维持人们冒险尝试的好奇心，它有类似赌博

带来的刺激,却不像赌博会带来内疚和毁灭。[46]

17 世纪初,也就是丹尼尔·霍普弗从盔甲制造转而进入版画艺术领域之后一百多年,他融合"手工、化学和计算"于一体的技艺中最需要迫切处理的问题得到了解决。到 18 世纪末,蚀刻已取代木刻版成为印刷书籍插图的通用方法。似乎是要庆祝这一新发现得到了普及,在 19 世纪早期的数十年里,蚀刻被用来制作了一本可能是英语世界最著名的插图书,它就是约翰·詹姆斯·奥杜邦(John James Audubon)被奉为"美国国宝"的著名鸟类图鉴《美洲鸟类》(*Birds of America*)。[47]

约翰·詹姆斯·奥杜邦 1785 年出生于海地(当时的法属圣多明戈),父亲是一位法国奴隶主、种植园主,也是一名船长。年幼时,奥杜邦平凡无奇。[48]1789 年,眼见奴隶即将起义,家人将奥杜邦偷偷送往法国。他富有创造力,身体灵活,击剑、跳舞、弹奏音乐样样都很出色,后来据说在巴黎学习艺术,但他厌恶僵化的正规教育。[49]1803 年,奥杜邦回到美国,被送到自家位于宾夕法尼亚州的庄园,以免被拿破仑的军队征召入伍。他在那里安顿下来,过着舒适而有规律的生活。他在树林里散步、画鸟,情绪低落时也会射杀鸟类,却不怎么管理庄园。[50]在宾夕法尼亚州待了四年之后,这位业余博物学家决定创业,但他缺乏父亲冷静的商业头脑。1819 年,几桩生意失败后,肯塔基州宣告奥杜邦破产,并将他送进负债人监狱。[51]

随着灾难逐渐消除,奥杜邦回想起在宾夕法尼亚州森林里无忧无虑的日子，于是有了新的念头，觉得或许可以靠自己的兴趣摆脱贫困。就这样，1820年和1821年，他和助手约瑟夫·梅森两次来到俄亥俄州和密西西比河，每次都花上几个月的时间，一手拿着步枪，一手拿着画笔。当两人回到文明世界时，也带回了无与伦比的水彩画：奥杜邦笔下的鸟儿在梅森所画的充满细节的背景前嬉戏、搏斗、梳妆打扮。

他们试图在费城出版这本集子，然而没有成功。费城的自然历史学家仍然深受亚历山大·威尔逊（Alexander Wilson，苏格兰移民，被誉为美国鸟类学创始人）的影响，即使威尔逊已经去世多年，他们依然不希望他的地位被取代。因此，1826年，奥杜邦漂洋过海，到英国寻找出版商。[52] 他在苏格兰爱丁堡找到了铜版雕版匠威廉·霍姆·利扎斯（William Home Lizars）。两人充分讨论后，一起写了一份商业计划：奥杜邦将展出戏剧化的野生动物绘画作品（他称之为"营生画"，意指画作刻意打造博眼球的主题；一幅早期的水彩画描绘了一只被困的水獭正咬断自己的腿）来激起人们的兴趣，与此同时利扎斯负责在铜版上雕刻奥杜邦的鸟类图鉴。机器印刷、手工涂色的（整页）插画将以订购方式出售，每年出版五辑，每辑含五张图片。[53] 每辑卖两个几内亚（guinea，英国旧时货币，相当于今天的200美元）。奥杜邦计划发行80辑，包括400多张独立的整页插画，平均分列于四卷。[54] 客户可以订购一辑或多辑，想花多少钱自己定；换句话说，《美洲鸟类》是众筹出版的。

开始并不顺利。在出版第二辑的时候，由于上色师罢工，出版计划被耽误，奥杜邦和利扎斯二人结束了合作。但是奥杜邦在伦敦又找到了一家新的雕版公司，工作很快重新启动。[55] 在接下来的十三年里，奥杜邦在欧洲和美国两地奔波，四处寻找订阅客户，在森林中潜行，在工作室画鸟——他用制作标本的铁丝支撑刚猎杀的鸟儿，摆出各种栩栩如生的姿态。同时，在伦敦铜版雕刻师罗伯特·哈维尔父子的工作室里，《美洲鸟类》这部巨著的各辑正在按部就班地出版。

有经济实力和等待耐心的订购者若能坚持追随到最后一辑，获得的回报将会是在艺术、印刷和装订上都超越前人的一部杰作。正如奥杜邦所承诺的那样，《美洲鸟类》的435张图片印在"双象对开纸"（double elephant folio）上，这是当时尺寸最大的纸张，每页规格为26英寸×38英寸，是今天标准信纸面积的十倍。[56]（简直

这幅版画是罗伯特·哈维尔按照约翰·詹姆斯·奥杜邦的手绘原图，以"细点腐蚀法"制作印版，然后手工上色的印刷作品。图中描绘了哥伦比亚鹊。原图的尺寸为26英寸×38英寸，这张复制图已适度缩小[57]

第十章 蚀刻草图：凹版印刷与文艺复兴

可以把它称为第一本咖啡桌书——大本精装画册,因为它大到可以当作咖啡桌。)每一页上都印有真实大小的一只或几只鸟,附上一段同样以铜版印刷的文字说明,描述图中鸟儿的种属、雌雄和年龄。这种简单的版面安排既体现了奥杜邦的审美,也体现了他崭露头角的商业意识:根据法律,凡是在英国出版的纯文字作品,一些英国图书馆有权要求获取复本。但是奥杜邦连一本《美洲鸟类》都捐不起。于是,他把自己对鸟类生理、习性和栖息地的书面观察记录,写成了一部普通版的姊妹作《鸟类传记》(Ornithological Biography),并慷慨地向牛津、剑桥、爱丁堡等地的图书馆提供了复本。[58] 如果一个图书馆想要《美洲鸟类》的话,就得像其他人一样付费。

小罗伯特·哈维尔(Robert Havell Jr.)和他的上色师团队模仿奥杜邦原画制作的每一幅作品也都是艺术品。威廉·霍姆·利扎斯用旧的方式雕刻金属版,而哈维尔则结合雕刻与蚀刻工艺,采用了一种称作"细点腐蚀法"(aquatint)的非常耗时的技术,创造了细微的光影渐变。[59] 哈维尔首先在铜版上刻画出基本轮廓,然后在铜版表面撒上松脂粉末,将其加热,使松脂的微小颗粒融化并粘在铜版表面,点上抗酸剂制造斑驳的细点。然后,哈维尔一遍又一遍地涂漆、蚀刻,以描绘色调逐渐变暗的区域。每次将铜版浸入硝酸溶液,松脂微小颗粒之间的缝隙都会变得更深,从而产生细微的点画效果。这是一道不可思议的工序,与绘画的程序相反:第一层清漆涂在最亮区域,这样就不会被酸性溶液腐蚀,随后的每一层清漆都覆盖在色调越来越暗的区域。对印版涂墨时,最深的线条(没有涂保护性清漆,整个酸洗过程都是暴露的)会累积最多的墨水,印出的色泽最深;最浅的线条则受到清漆的保护,只能蓄积极少的墨水,印出的色泽自然最淡。[60]

哈维尔的印刷品明显好于利扎斯的。这两个人都雇用了画家来为印刷品"上色",但利扎斯以铜版印刷的粗陋黑白线条,得靠画家的功力来营造色阶和对比度。奥杜邦曾给利扎斯提供详尽的书面说明,告诉他应该如何上色,但是那之后他依然嘲笑利扎斯的印刷品"一点颜色都没有"。相较之下,哈维尔采用细点腐蚀法制版,从一开始就能制造出灰阶效果,后续只需涂上简单的一层颜色,就能实现丰富的色调。奥杜邦称哈维尔的版画"远远优于前两辑,所有看过的人都说我做得很好"。[61]

　　他的订阅者同样认同这一点。在欧洲和美洲,奥杜邦受到了学者阶层、富有的客户以及皇室的欢迎。到《美洲鸟类》图鉴于1839年发行最后一辑,共有175名到200名订购者坚持购买了每一辑,哈维尔的印制对于抓住这些客户至关重要。至今仍有超过一半的整套《美洲鸟类》图册幸存于世;2010年,一套用皮面装订并配备专用桃花心木箱子的《美洲鸟类》图册以730万英镑(合1130万美元)的价格拍出,一度成为世界上最昂贵的印刷书籍。[62]

　　《美洲鸟类》也是铜版印刷的最后绝唱。自丹尼尔·霍普弗首次用酸性溶液蚀刻铁板,一场化学革命已逐渐加快步伐。但更重要的是,人类艺术家的角色正受到质疑。在接下来的二百年里,为书籍添加插图的方式将发生天翻地覆的变革。

第十一章
化学成像：平版印刷、摄影和现代书籍印刷

阿洛伊斯·塞内费尔德（Alois Senefelder）的发明改变了为书籍配图的方式，之后改变了整体印刷文字和插图的方式。他于1771年出生在波西米亚首府布拉格。[1] 父亲彼得是一名职业演员，毕生大多都在幕后体验生活，人生观比较狭隘，决定不让儿子像他一样浪费生命。因此，青春期的阿洛伊斯被带到英戈尔施塔特（Ingolstadt）去学习法律，结果他在那里所交往的人，正是他父亲警告他远离的那些人。到了1789年，阿洛伊斯撰写、编创并参演了戏剧《女孩鉴赏家》（*Die Mädchen Kenner*），自此迷上了舞台。[2]

彼得还没来得及劝说儿子打消对戏剧的兴趣，就在1791年去世了。不久之后，阿洛伊斯就全心全意地投入戏剧表演的世界中去了。[3] 在两年时间里，他在不同的地方剧院演出，没有得到什么赞誉，最终他还是接受了这样的现实：演戏不是最好的谋生方式。他的注意力转向在外漂泊期间写的一系列剧本，并决定自行出版。[4] 在出版《女孩鉴赏家》期间，阿洛伊斯亲眼看到自己的手稿如何印刷成书，因此也学到了一些印刷知识，但是他既没有印刷设备，也没有钱购买这些设备。然而，他并没有放弃自己的计划，而是着手

发明了独特的印刷方法。[5] 这个选择并非寻常之举，就像 E. L. 詹姆斯拿着《五十度灰》(*Fifty Shades of Grey*)的手稿，却没有人出版它，于是决定发明 Kindle。

在接下来的几年，阿洛伊斯尝试了几乎所有已有的印刷方法。他首先采用相对传统的方式，依照文艺复兴时期的做法将字母刻在金属版上，但由于无法掌握这道复杂精巧的工序，最终只好在沮丧中放弃。接下来，他开始研究活字。阿洛伊斯设法获得了几行能用的活字块，把这些铅字排列成短小的段落，然后用沙子、黏土、面粉和煤尘的混合物进行浇铸，如此浇铸出可印刷一整页文字的活字铸模。他把封蜡倒进每个铸模，制作出原始活字的封蜡复制品，顺利用一台小型印压机进行印刷。[6]

但是至此，阿洛伊斯又对另一种印刷方法感兴趣了，不再怎么用封蜡做实验了。在一块涂抹了抗蚀剂的铜版上，他自学用蚀刻针反刻文字，并且进步很快，但又一次因为缺乏正规训练而受挫。刮出反刻文字后，他不知道该如何修正错误。于是他发明了一种蚀刻修正液，用蜡、肥皂和煤烟混合出一种油腻而耐酸的混合物，用来填补写错的地方。[7]

阿洛伊斯很快就把他唯一的铜版磨坏了，但拮据依旧，于是想法寻找一种更便宜的练习材料。他瞥见了用来调色的石灰岩板，心想：如果在石灰岩板上涂上蜡质修正液，难道不可以代替涂抹了抗蚀剂的铜版练习刻字吗？如果这样可以的话，谁说不能把文字反刻在石灰岩板上？这番尝试需要实施巧计，也得考验他一知半解的化学知识，但他还是成功地对石灰岩板进行了打底处理和蚀刻，最终用它成功印刷了，就好像用铜版印刷一样。[8] 他开始有可能实现自己的目标了。

此后不久，那是 1796 年的一天，阿洛伊斯的母亲出现在他工作室门口，向他要一张纸罗列洗衣清单。"我自己所有的纸都拿去试印了。"他这样写道。难道这个老是身无分文的印刷匠把母亲屋里所有的纸也都洗劫一空了？——不管怎样，他的墨水已经变干，于是他抓起蜡质修正液凝结的硬块，把它当成蜡笔，将母亲口述的清单记在了磨得光光的印刷石板上。当地的石灰石有着一定的孔隙，正好可以很好地吸收墨水。在洗衣清单危机平息之后，阿洛伊斯的好奇心又蠢蠢欲动了。他在写字石板的四周筑起一堵蜡墙，然后把蚀刻酸性溶液倒进去，等五分钟后，再把酸性溶液倒掉。他母亲的洗衣清单就这样骄傲地留在了石板表面，厚度大概相当于一张扑克牌。他用一块布包裹在硬纸板上做成临时刮水刷，把墨水涂在写有清单的石板上，然后铺上一张纸，印出了尚可接受的文字。起先还是凹版印刷，不到一年后，已经转成凸版印刷；阿洛伊斯先生得到启发，这种石板印刷法也许大有可为。[9]

  但他仍然经济拮据，无法大展手脚。阿洛伊斯申请加入巴伐利亚军队，希望能挣到足够的钱来实现出版的梦想。但是他在兵营待了一个晚上就被劝退了，因为他出生在国外。生活已跌入谷底，阿洛伊斯前往慕尼黑，打算把他的发明卖给那里一位印刷乐谱的工匠，却意外地遇到了一位剧院老熟人——作曲家格莱斯纳（Gleissner），后者刚刚请人用铜版印刷法印制了一些自己的音乐作品。阿洛伊斯感觉这位老友是个潜在的商业伙伴，他先恳求格莱斯纳的妻子，然后又恳求作曲家本人，宣称他的"石板印刷术"可谓音乐出版的未来。格莱斯纳被说服，建起了一家印刷厂，让阿洛伊斯在厂里工作。曾有一段时间，两个人一直徘徊在发财致富和清贫破产之间，所承接的印刷工作，时而成功，时而失败。阿洛伊斯发现，不管是临时工还是退伍军人，很难通过培训掌握他的石板印刷法，所以他尝试尽可能减少工序。经过努力，他还是多多少少取得了一些成果。他的一台实验性印压机使用 300 磅重的金属锤（counterweight），可以从 10 英尺高的塔台上落下来，但是只要阿洛伊斯不在旁边监管，两人印刷工作的质量就铁定会下降。[10]

他在外奔波推销，但命运并没有得到改善。大约在 1793 年，他向巴伐利亚科学院的学者们展示了用蚀刻石板法印制的印本，强调印刷成本很低廉。在场听众兴趣大增、赞赏不断，阿洛伊斯接着解释，印刷这些印本的印刷机只需要六个基尔德（gulden）。后来，他收到科学院副院长的一封信，信中说科学院的成员投票后支持阿洛伊斯的发明，并给了他十二个基尔德的奖金（不到当时一个月的薪水）以补偿其支出的费用。科学院表面客气，实则不感兴趣，这其实就是一种拒绝。[11]

五年后，阿洛伊斯和格莱斯纳简陋的印刷厂中发生了一件近乎神奇的事情。那个时候格莱斯纳已负责将乐谱直接写在印刷石板上，然后阿洛伊斯会在格莱斯纳的字迹上涂上蜡质修正液（他现在叫它"石头墨水"），接着进行蚀刻，让乐谱从石板表面浮凸起来。阿洛伊斯还没有掌握反写乐符的方法，所以当格莱斯纳不耐烦的时候，他就用铅笔在纸上先打草稿，然后把纸润湿，按压到印刷石板上。浅淡的笔迹可以透过纸印到石板上。凭着这么久以来支持他一路走来的逻辑，阿洛伊斯问自己：是不是有什么方法可以把乐谱直接写在纸上（正向写出），然后无须依样描绘就可以直接转印到石板上呢？[12]

阿洛伊斯开始尝试把墨水转移到印刷石板上，有一次把一张附有蜡质修正液的纸放到了一盆水里面。水面漂浮着几滴彩虹般的油点，阿洛伊斯在清理油污的时候，发现油污粘在了纸的字迹上。他从一本旧书上撕下一页纸，把它浸泡在阿拉伯树胶溶液（一种众所周知的拒油物质）中，然后焦急地等待纸张变干燥。他把沾满胶的纸平放在手边一块石板上,把稀释的印刷墨水(这种墨水按照谷登堡的传统配方,以可悬浮于油的颜料配制)涂在上面。他兴奋地看到墨水从纸张表面的空白处退缩,汇集到印刷的文字上。他把一张干净的纸铺在上面,在印压机上印一遍,最后撕下最上面的纸,原版的文字被"很好地转移到纸上,当然是反向的"。[13]

整个过程的原理很简单。从旧书撕下来的书页是用传统的油性墨水印出来的,所以拒油的树胶溶液会渗入印刷字迹之外的纸张各处。阿洛伊斯自己配制的墨水是油性颜料,悬浮在水中,在接触页面时就发生了分离,颜料往亲油的字迹上集中,水就退到拒油的树胶区域。对于一个化学家来说,这并不能算是什么了不起的发现;而对于阿洛伊斯来说,这简直是一种顿悟。他发现,用石板、蘸了胶的纸张只能印出大约五十张副本,旧书页就解体了。但是,如果用他那可信赖的"石头墨水"蜡笔直接画在石头上,他就能想印多少次就印多少次。[14]阿洛伊斯还给这种印刷术起了个名字,叫作"平版印刷术"(lithography)——"lithos"是希腊语"石头"的意思,"graphein"是"书写"的意思。[15]

平版印刷术的最终工艺融合了阿洛伊斯多年的实践经验。首先,将一块巴伐利亚石灰石板抛光磨平,然后用阿洛伊斯的油性石头墨水画出图像,让石灰石的孔隙吸收墨水。接下来,用稀释的硝酸溶液清洁石板(并不是为了蚀刻石板,而是为了去除表面多余的油脂),然后在石板上刷一层阿拉伯树胶使其"脱敏",不会受到进一步污染。印刷的时候,用水清洗石板,再用滚筒滚上一层油性墨水。水和油就分别向各自亲和的区域集中(墨水集中到带蜡的字迹上,水都集中到带树胶的空白处),一页就印刷完成了。[16]

在阿洛伊斯看来,平版印刷明显优于旧式的雕版印刷和铜版印刷。比起蚀刻和雕刻铜版,在石板上画画简直是孩子都能胜任的,而且石板本身也比木板坚固得多。平版印刷也很快:阿洛伊斯每小时可以印出150张,传统的铜版印刷匠用尽全身解数同样时间内也只能印出几张。[17] 由于印刷是在一个非常平滑的表面完成的,没有凸起和凹陷处,所以表面不会随着使用而被磨损,理论上来讲,平版印刷的石板是可以印刷无数次的;然而在实践中,石头在反复使用过程中经常被压碎和抛光,或者干脆被"消灭"——就是故意使它污损,以增加现有印刷品的价值。不久之后,它的使用寿命太长成了个问题。[18]

在接下来的二十年中,阿洛伊斯·塞内费尔德开发了一系列把图案转印到石灰石板上的技术,他用自己的发明开创了一个名副其实的平版印刷帝国。赫尔·格莱斯纳(Herr Gleissner)等书法家可以直接用钢笔蘸油性墨水在石板上书写(尽管是反向书写),画家则可以直接用画笔在石板上作画。[19](法国画家兼印刷匠、苦艾酒迷亨利·土鲁斯-劳特累克[Henri Toulouse-Lautrec]发现,随便拿一支简陋的牙刷,也可以在石板上涂鸦出模糊的墨迹。[20])没有太多艺术天赋的人,可以用缩放仪把画、地图和蓝图复制到石板上。缩放仪(pantograph)是一种由控制杆和连接点组成的奇特仪器,它在做垂直运动的时候可以从左到右复制出使用者的动作。[21]

以上这些优点都只能屈居其次,因为所有二维图像,无论是手稿、印刷文本还是雕刻的图案,只要它可以用阿洛伊斯的蜡质"化学墨水"呈现出来,都可以用平版印刷复制。这位发明家描述了如何将他的化学墨水应用于传统的铜版印刷,趁着墨水尚未变干,直接将雕刻有图案的铜版压印到石板上,然后再从石板上印出更多的副本。同样的技术也可以应用于活字印版、木刻雕版,甚至手抄文本——只要可以用平版油墨印刷的,都可以采用阿洛伊斯的印刷法。阿洛伊斯夸耀地说，慕尼黑的市政人员用蘸了平版油墨的钢笔记笔记，并在他的指导下直接转印到石板上，这样，一小时内会议笔记副本就送到了议会成员的手中。[22] 后来，报纸印刷商想出了进一步加快印刷速度的办法，他们把当日报纸的校样转到许多石板上，这样就可以同时在多台印刷机上印刷了。[23] 当然，正如阿洛伊斯四处宣扬的，平版印刷术能够复印任何现存的旧书，只需先用树胶处理下页面，再把页面"印刷"到石板上，然后用这些石板的镜像图案印出新的副本。[24]

平版印刷在当时确实是个奇迹。约翰内斯·谷登堡在中世纪美因茨的法庭随意放弃了自己创造的奇迹，但阿洛伊斯绝不放弃自己的发明。1799 年，他获得了在巴伐利亚进行"化学印刷"（chemical printing）的专属许可证，一年后他在伦敦成功地获得了平版印刷的专利权。[25] 他在德国、英国和法国（在这里，简单直白的德语 Chemische druckerei [化学印刷] 被更为优雅的法语 lithographie [平版印刷] 所取代）各处设立了平版印刷厂；1819 年，他撰写并出版了关于平版印刷的著作——至今仍是该领域的权威。[26]

阿洛伊斯的发明声望与日俱增。1840 年至 1844 年，即阿洛伊斯去世后没几年，当《美洲鸟类》重新发行时，它原来用的雕刻铜版画被仿照奥杜邦原画的平版印刷图所取代。[27] 后来，彩色平版印刷兴起，即用一系列涂有不同颜色油墨的石板来印刷不同的颜色。[28] 平版印刷也激发了很多艺术家的想象力：就像纸张表面的纤维一样，一块石灰石板的细孔或多或少都会吸收一些颜料，当阿洛伊斯的蜡质墨水施用于石板时，会创造出一种犹如细点腐蚀法所呈现的从明到暗渐变的视觉效果。戈雅（Goya）、马奈、德加和毕加索等大师画作的平版印刷副本成为受人追捧的艺术作品。[29]

这一切对于一个来自巴伐利亚小镇的失败剧作家来说还算不错。

一种用彩色墨水印刷的"彩色平版印刷图案",使用了多块平版印刷石板。这幅图描绘了一间平版印刷工作室,左边的工人正在将一块石板磨平,中间的艺术家正在将一幅画复制到准备好的石板上,右边的印刷匠正在使用一台平版印刷机进行印刷。路易斯·普朗(Louis Prang,被称为"现代美国圣诞卡之父")的工作室制作了这张印刷品;到19世纪80年代,他的公司每年使用平版印刷工艺印刷超过500万张卡片。[30]

今天,几乎所有的书籍都是用平版印刷术印刷的,其中包括我们这本书。但是平版印刷的发展之路也是一波三折。18世纪末,当阿洛伊斯·塞内费尔德在慕尼黑的工作室里辛勤工作时,一个名叫托马斯·比维克(Thomas Bewick)的英国人正忙着复兴久已消亡的木版印刷。比维克发现,用雕刻师的刻刀横切木头的纹理来雕刻(而不是像中世纪的前辈那样顺着纹理雕刻),就可以打造出持久耐用的印刷表面,"木口木刻"(wood engraving)就此诞生。[31] 比维克的技术取得了巨大的成功:木材很便宜,熟练雕刻匠的工价也不贵,木口木刻图案在细节上与铜版图案效果相当,且印刷效果

第十一章 化学成像:平版印刷、摄影和现代书籍印刷　　209

完胜铜版印刷。更妙的是，木口木刻是一种凸版印刷方式，就像活字印刷一样；插图和文字可以锁定在一个模具里，只要拉一次印压机杠杆，就能印出完整页面。[32]

然而，木口木刻还远远算不上平版印刷的真正对手。在英吉利海峡两岸，路易-雅克-芒代·达盖尔（Louis-Jacques-Mandé Daguerre）和威廉·亨利·福克斯·塔尔博特（William Henry Fox Talbot）各自开发了新的照相技术，并且几乎同时在1839年对外发布。这种工艺在当时非常先进，而木口木刻就显得太落伍了。照相技术从根基撼动了整个印刷界。[33]

从根本上说，"达盖尔银版照相法"（daguerreotype）和"塔尔博特照相法"（talbotype）——可见芒代·达盖尔和福克斯·塔尔博特都不算低调——都依赖于感光化合物，尽管细节上有所不同。达盖尔银版照相法能制造一次性的"正像"：每一块镀银铜版在照相机中曝光后，经处理后成像，最终的图像忠实地再现了被拍摄场景的明暗色调。另一方面，用塔尔博特照相法可以制作可重复洗出正像照片的纸质底片，需要多少，就可以洗出多少。[34] 相比之下，达盖尔银版照相法可以令成像更清晰、更精细，而塔尔博特照相法得到的图像则常常因底版纸上的纤维阴影而模糊不清。但这两种技法都有着广阔的发展空间。后来，人们在家里挂上一张用达盖尔银版照相法拍摄的全家福成了一件流行的事情，而福克斯·塔尔博特可洗出无数正片的底片绝对有望对图书插图产生革命性影响。[35]

1844年，福克斯·塔尔博特出版了《自然的画笔》（The Pencil of Nature）第一卷。这是一本关于艺术、建筑与自然的图文并茂的书，也是第一本大规模印制的使用摄影图片插图的书。《自然的画笔》取得了口碑和技术上的胜利，值得与谷登堡的"四十二行圣经"或奥杜邦的《美洲鸟类》相提并论，但从收益上来讲它是一场

巴黎的林荫大道。这是威廉·亨利·福克斯·塔尔博特《自然的画笔》的第二块版。塔尔博特照相法只需要相对较短的曝光时间,但即便如此,往来的行人和马车因为停留时间不够长,没能拍摄下来[36]

灾难。书中的每一幅插图都是一张照片,这些照片必须在昂贵的镀银相纸上成像,然后再粘贴到页面。再加上福克斯·塔尔博特缺乏商业头脑,营销方式也比较随意,最终这本书的利润微乎其微。[37] 更糟糕的是,塔尔博特的照片会以惊人的速度褪色:在一次福克斯·塔尔博特作品展上,这些照片"在各国参观者到来之前就褪色了"。[38]

一旦摄影精灵从瓶子里被放出来,福克斯·塔尔博特和他的竞争对手争先恐后地设法将照片印在书页上。他们面临的问题是,印

刷一直都是二元工艺：要么有浮雕的表面、凹陷的线条，要么有汇集油墨的蜡笔印记、没有蜡笔痕迹的空白处。从技术上讲，照片也是二元的，每个易于感光的硝酸银分子都形成一个像素，被摄入的光子启动或跳过。但这些分子像素太小，肉眼看不见，照片又有细微的色阶变化，这与印刷那种直截了当又不连续（on-off）的特质不相匹配。要真正将书籍和照片结合起来，印刷匠需要将类比照片转换为数字印刷。

1839 年，就在芒代·达盖尔和福克斯·塔尔博特向世界展示各自发明的同一年，苏格兰律师出身的科学家芒戈·庞顿（Mungo Ponton）发现，涂有重铬酸钾（一种常用于晒黑皮革的化合物）的纸在光照下会变色。[39] 也有人发现，那些用明胶等有机物处理过的纸张效果最明显，于是"重铬酸盐明胶"应运而生，这是一种神奇的材料，在光照下会变硬而不溶解。[40]

福克斯·塔尔博特认为重铬酸盐明胶可以解决他的问题。用细点腐蚀法蚀刻的树脂颗粒非常小，人眼无法察觉，受此启发，他意识到，如果他印出的黑白图像由足够小的墨点组成，那么人眼会自动忽略墨点间的间隙。于是，1852 年他申请了"摄影面纱"（photographic veil）这一技术的专利，这种纱网可以将图像隔成分离的点状区域。他的构想很简单，但是做起来并不简单：先把感光明胶涂在一块铜版上，然后盖一块细纱布使其感光，部分明胶便会硬化，形成规则的点状图案。然后，他把细纱布换成一张底片，使光线再次透过底片打到部分曝光的铜版上。[41] 铜版的明胶会硬化为微小点状，这些点按纱布的纹理分布，其大小由底片的明暗度决定。按照细点腐蚀法处理后，硬化的明胶点周围的小凹槽可以或多或少吸取一些墨水，"半色调"（网目调）图像施墨之后，就可以像铜版印刷一样被印出来了。[42]

随着时间的推移，塔尔博特的构想得到了扩展和改进：人们

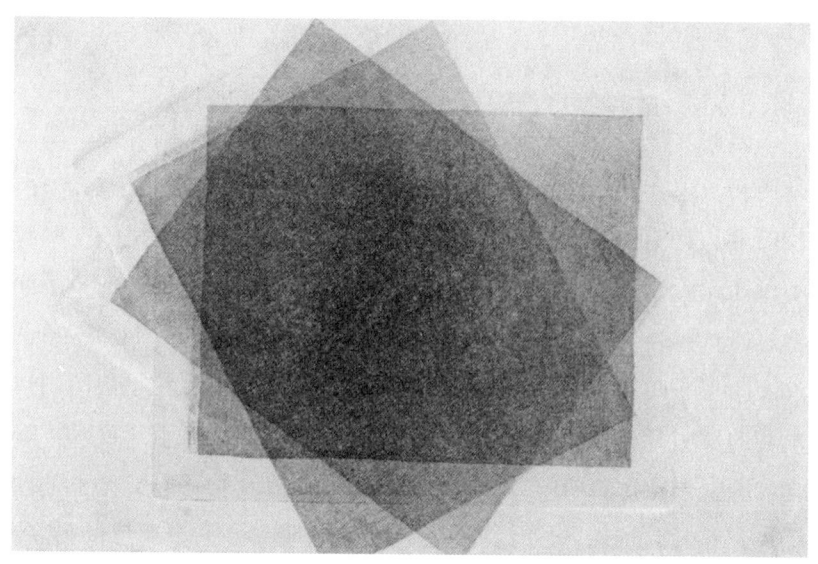

福克斯·塔尔博特的"摄影面纱"。此法是将这些纱布叠加,做出半色调的图片。讽刺的是,虽然这是一组半色调的纱网,但它不是半色调的图片。相反,福克斯·塔尔博特用一种叫作"照相凹版"的耗时很长的酸蚀法印出了这幅图片,该法通常只用于印刷昂贵的艺术图片[43]

发现,若将正片(而非底片)置于涂覆明胶的铜版,曝光后会形成浮雕图像。到19世纪末,半色调已经成为大规模印刷照片的实际标准。[44] 浮雕半色调图像可以和活字一起固定在印版上,使文字和照片共存于一个页面,这样的印版可以经受住传统印刷机的无数次印刷。使用新闻纸等更粗糙的纸,还是使用艺术纸等更平整光滑的纸,印刷半色调的"分辨率"可能会依据所用纱网的粗细而有所不同。(讽刺的是,半色调插图之前常常被放逐至印刷昂贵的相纸,文字部分则印刷于更便宜的纸张。独立的插图或者说"图版"犹如不死之兽,很难去除。)[45] 如果你翻阅过1880年到1960年间印刷的插图书籍、报纸或杂志,那么你肯定见过这种印刷图案。[46]

因此，平版印刷的风头第三次被抢走：先是木口木刻，然后是照相，现在是半色调浮雕印刷。但是它的光芒也并非荡然无存。1853 年，福克斯·塔尔博特几乎是在不经意间发现，重铬酸盐明胶不仅在光照下会硬化，同样也排斥水，因此可以吸引油性的平版油墨。1855 年，法国化学家阿方斯·路易·普瓦特万（Alphonse Louis Poitevin）根据福克斯·塔尔博特的发现，申请了"照相平版印刷技术"的发明专利，这一技术是将用明胶处理过的棉纸置于底片下曝光。洗去未硬化的明胶，就可以把棉纸放置在支撑平台，涂上油性墨水，然后就可以印刷了。普瓦特万的发明只是一个适度的创新，仅能复制对比度高的线条勾勒的原版，直到这张棉纸破损得无法修复，但他第一次成功地将照相和平版印刷结合在了一起。[47]

1860 年，英国国家测绘局（Ordnance Survey，测绘英国地图）的亨利·詹姆斯上校第一次让照相平版印刷技术有了重大突破。詹姆斯的工作是印刷测绘局的地图，他应用了普瓦特万的照相平版印刷技术，还加入自己的创意。为了复制一张地图，詹姆斯先为地图拍摄照片，然后将底片放在涂有重铬酸盐明胶的棉纸上曝光。但是，詹姆斯并没有像普瓦特万那样直接用单薄的涂有明胶的棉纸来印刷，而是在涂有明胶的棉纸上涂上平版油墨，再把它放在锌板上（因此，他称之为"锌版照相"），再试着在平版印刷机上印刷。油墨粘在印版表面的微小颗粒上，实际上是制造出一种非石质的平版印刷石板，这样可以印出更多副本。[48]一开始，詹姆斯的注意力局限在地图上，后来越来越多的名著引起了他的兴趣，于是他令人惊讶地忠实复制了《末日审判书》，这本书是英格兰中世纪土地所有权登记册。不久，其他印刷商也开始采用他的"锌版"（zinco）技

1913年以前的报纸所刊登的半色调照片。与照相凹版印刷和其他更复杂的照片复制法相比，半色调印刷的图像更加粗糙。可取之处在于图像可以和活字搭配在一起进行印刷

术。1866年，莎士比亚的"第一对开本"作品集（Shakespeare's First Folio）复印本问世，之后他还印制了其他珍贵的手稿和古籍。[49] 半色调平版印刷图像也在同一年出现。[50]

正是詹姆斯对金属版的采用——讽刺性地将"平（石）版印刷"（lithography）中的"石"（litho）取缔，引发了平版印刷未来的第一次真正变革。因为比石头更轻便、更耐用，锌（以及后来的铝）的使用使得利用新型轮转印刷机印刷平版图像成为可能，这种印刷机后来逐渐取代了传统的平版印刷机。唯一的问题是，这些金属版上的图像经过反复压印后会逐渐磨损，因此进入20世纪，旋

第十一章　化学成像：平版印刷、摄影和现代书籍印刷　　215

转平版印刷仍是只能占据利基市场（补缺市场）。[51]

20世纪初期，虽然自谷登堡时代以来轮转印刷机和自动铸排机已有长足的发展，但许多书籍仍然是用木口木刻和活字等旧法印刷的。然而，1904年，在为数不多的平版印刷追随者中，新泽西印刷商艾拉·鲁贝尔（Ira Rubel）即将做出一个颠覆旧秩序的发现。

鲁贝尔正在监督轮转平版印刷机的操作时，一个工人羞怯地交给他一张印坏的纸。像当时的许多平版印刷机一样，鲁贝尔的印刷机是平版装置和旋转装置混合的半自动机器。纸被放在位于印刷机版台的印刷石板上，一个圆柱形滚筒从上面滚过，就像用擀面杖擀面团一样。[52]纸张是手工放入的，一张一张地放，工人稍不留神就会错过一个节拍。当这种情况发生时，就像上面那个工人遇到的那样，涂有墨的石板会将上面的图文印在压印滚筒表面的缓冲橡胶层（业界称为"橡皮布"）上。这样，下一张纸的正反两面都会被印上内容：一面是用石板印上去的，一面是橡皮布上的墨迹印上去的。鲁贝尔一边责备他的助手犯错误，一边检查那张双面印刷的纸。意料之中的是，纸的两面都印上了内容，但鲁贝尔没想到的是，橡皮布留下的墨迹比平版石板印刷的还要清晰。[53]

"胶版印刷"（offset lithography）的发现是一个意外之喜。尽管鲁贝尔在这一重大"失误"发生后几年就去世了，但其他人却运用胶版印刷的原理发明了全轮转印刷机。这种印刷机有三个滚筒：一个是上墨的印版滚筒（顶部有一排更小的滚筒用来上墨和加水）；一个是位于下方的橡皮布滚筒，也就是胶印滚筒，接收印版滚筒的图像；最下面的是压印滚筒，将纸张压印于橡皮布滚筒上。金属印版压印在柔软的橡皮布上比直接压印在纸张上更好，同时也延长了印版的使用寿命。而且它还会根据平面印刷介质做适度调整，因此在廉价而粗糙的纸板上印刷也可以像在光滑的照相纸上一样得心应手了。当然，正如艾拉·鲁贝尔所意外发现的那样，用这种方法印刷的图片也更加清晰。[54] 平版印刷最终得到了全方位的改进。

到了 20 世纪 60 年代，卷筒纸胶版印刷机与照相平版印刷机结合起来，成为大批量印刷无可争议之王。两者的结合方式多种多样，且价格低廉，几乎适用于所有类型的印刷。首先，要印刷的图书、杂志或报纸的内容按照出版者的要求排版：文字可以用活字、莱诺铸排机或莫诺铸排机，或者用替代它们的照相排版进行"冷排"；图片可以是木雕版画、油画、素描或照片，无论用什么方式制图，所采用的印刷方法没有什么不同。每一页都以"照相就绪"（camera-ready，付印原版无须再处理便可立即拍照制版）的方式排好版，而且组件也都贴在背板上，此时每一页都被拍摄成相片底片，然后底片在感光金属版上曝光，最后这些准备好的平版印版被卷绕于轮转印刷机的滚筒上，就可以印刷了。[55]

当计算机逐渐担纲图书装帧设计的时代来临之际，平版印刷依然能够平稳应对，这是其经久不衰的魅力之一。本书的每一页本质上都是一幅插图，其文字和图片被分解成无数小到肉眼无法辨认的像素。这些像素被计算机控制的激光以极高的精度刻在铝版上。我们在读一本书的文字时，其实也是在看一幅图片。[56]

第四部分

书籍的形式

第十二章
分页书籍问世之前:莎草纸卷轴和写字蜡板

在我们将视线从古埃及转向中国和欧洲之际,埃及人几千年来一直用笔和墨在莎草纸上书写象形文字。我们先不谈他们书写的必要性,直接检视他们后续的步骤:一旦有了需要写下的内容,也具备了书写的工具和载体,接下来会出现什么呢?对于埃及人来说,就是莎草纸卷轴,书籍的祖先。

大约五千年前,在史前时代临近晚期时,一个名叫美尼斯(Menes)的神秘国王统一了下埃及和上埃及两个敌对的王国。据说,美尼斯被自己的猎狗袭击后,骑着一条友好的鳄鱼安全逃离险境。他的爬虫救援者把他放在了摩里斯湖的岸边,他便在那里建立了克洛科迪奥波里斯市(the city of Crocodilopolis,意思是"鳄鱼城")。另有传说指出,美尼斯令奔腾的尼罗河改道,腾出地方建立了他的新首都孟菲斯。但美尼斯不只是一个历经艰险的实干派,他也很有文化修养,发明了餐厅式餐桌服务的概念,并率先以斜倚姿

势吃饭,这种姿势后来成为罗马衰落的象征。

作为一个传奇人物,美尼斯甚至连死亡都非常有创意。据说他是统治埃及的第一个"人",因此落得一个可悲的下场:失去统治权的众神派了尼罗河里一头愤怒的河马杀死了这位人类法老。[1] 今天,美尼斯仍然是埃及学家们争论的焦点:他是一个真实的人,还是几个人物的结合体?他到底是什么时候统治埃及的?他是法老统治的"王朝"时代的创立者,还是前王朝时代最后一个国王?[2] 最为重要的是,真有可能骑鳄鱼吗?

事实上,美尼斯极有可能只是虚构出来的人物。真正的国王叫纳尔迈(Narmer),他在公元前3000年左右统一埃及。[3] 相比传奇性的美尼斯,有更多的考古证据证明纳尔迈曾统治埃及。作为一个精明的统治者,纳尔迈的盛名流传至今。他和他的继任者把上下埃及"两地"(Two Lands)彼此独立的官僚机构整合为一体,还进行了人口、牲畜和土地普查,甚至寻求规模效益,将粮食进行集中储存。[4]

所有这些都导致古埃及居民和机构之间的信息交流急剧增加。人类知识(无论以宗教教诲、税法或政府日常的行政记录等哪种形式存在)正变得越来越庞大,人们只靠脑子记忆,或者只通过口口相传进行传播,已经变得力不从心。早在纳尔迈登上王位一两个世纪以前,美索不达米亚人已经把黏土计数符号转变成楔形文字,不久以后象形文字也诞生了。在前王朝时期过渡到纳尔迈所统一的埃及期间,大约一个世纪或更短的时间里,埃及人创造了一整套完备的书写体系,改进了书写用的笔和墨,并发明了可以用于书写的莎草纸。[5] 事后看来,托特因此而获得荣誉也就不足为奇了。

埃及人在书写兴起之初的混乱时期还发明了其他东西。根据

《牛津英语词典》(*Oxford English Dictionary*)的相关记载,埃及的抄写员已经知道如何把单张莎草纸组合起来,制作出"把手写页、印刷页或插图页装订在一起的可以携带的书卷,以方便阅读"。换句话说,他们发明了书籍,以莎草纸卷轴为形式的书籍。[6]古代的书籍是由长串的莎草纸制成,纸张被修剪齐平并粘贴在一起,储存时可以卷起来,阅读时可以展开。这点可由在埃及干旱的气候中得以保存至今的莎草纸进行证明,普林尼写于公元2世纪的买家指南中也曾有所提及。然而,我们不知道的是,为什么最先出现的是卷轴,而不是其他形式。

大多数理论都在探讨纸莎草的物理特性。纸莎草茎秆的纤维髓容易磨损,而一张莎草纸有四个暴露的边,如果不小心处理,很容易散开。然而,粘贴成卷轴后,一张纸只留出两条边供读者抓握,比较不会受到磨损。[7]莎草纸是比较易碎的,反复折叠和展开会导致开裂和破损,而轻轻卷起和展开可以避免这一弊端。然而,这两种解释都不完全可信。古代卷轴的底边通常也会被读者的衣服磨损;而在很久以后分页书籍问世的时候,早期的书籍制作者发现,莎草纸足够强韧,可以折叠成书页。[8]

最终,最简单的解释或许是,一张莎草纸被写满的时候,最容易继续书写的方式就是制作卷轴。把面粉和水混合成糊状物,按照前一张纸的尺寸修剪一张新纸,然后把两张纸粘接起来,抄写员就可以继续写下去了,并可以按需增加纸张。[9]卷纸易于扩延,且能抗磨损、防折叠,因此比单张莎草纸更为方便耐用。

卷轴看似简单,其实内藏玄机,是一个复杂而精巧的物件。书页之间的连接处往往设计巧妙,每一页纸都叠放在其左侧的纸之上,埃及的象形文字和通俗文字都是从右往左写的,这样一来抄写员的笔很容易就越过连接处继续书写,而不会遇到凸起的边缘。[10]

（希腊人和罗马人是从左往右书写，会将卷轴旋转180度以达到同样的效果。）[11] 一些卷轴制作者为了进一步提升书写体验，以鸠尾榫的方式处理纸张的接缝：连接处两张重叠的纸分别由两层交叉的纸莎草内髓组成，通过仔细分层去除其中一层，连接处便由四层减少到易于处理的三层。此外，每张卷纸会彼此对齐，这样书写平面上的纤维就可以保持水平，使得书写更加顺畅，并且避免了卷轴卷起来时水平纤维被拉得太紧。[12]

书籍就此诞生，至少埃及人、希腊人和罗马人是这样认为的，而且它诞生后存在了三千多年。

已知最早的莎草纸卷轴是在埃及的墓葬里（不然还能在哪里？）发现的。1937年，在发掘纳尔迈法老曾孙登（Den）的大臣海玛卡（Hemaka）的华丽墓葬时，发现了一卷莎草纸卷轴，卷轴被略微压扁，安放在一个圆形的木盒里。[13] 由于埃及早期历史的记载仍缺乏确凿证据，因此海玛卡被埋葬的时间也不那么确定，虽然人们认为登是在公元前2970年左右加冕为法老的。[14] 无论海玛卡是什么时候去世的，卷轴和他一起传于后世的事实表明，埃及人在象形文字发明后不过几个世代，便会将莎草纸粘在一起制作卷轴了。[15]

海玛卡墓中的莎草纸卷轴是空白的。这有些令人费解，因为卷轴旁边的其他许多随葬品上都写有象形文字（海玛卡的名字和头衔就刻在一个雪花石膏瓶上），但专门用于书写的卷轴上却没有写字。[16] 学者们就这一情况纷纷发表意见，所达成的共识是此卷轴应该是某种意在模仿书籍的随葬品，但这也只是勉强说得通。[17] 第一部写有文字的《亡灵书》还要一千多年后才出现，显然海玛卡在死后并不需要什么指引通往永生的阅读材料。[18]

根据考古记录，在海玛卡死后的几个世纪里，依旧没有写有文字的莎草纸卷轴。例如，2010 年，红海岸边一处古老港口的废墟中出土了一些莎草纸碎片，上头带有墨迹，令人振奋，但字迹难以辨认。这个港口可以追溯到公元前 2600 年左右，但尚不清楚这些莎草纸碎片是否出自更大的卷轴。[19] 后来，在大约公元前 2400 年左右的坟墓中，埃及学家从墓室的墙壁上发现了篆刻的卷轴，分别以"⚊"和"⚌"代表（第一个是用黏土封存的，第二个是用黏土和麻绳封存的），但许多雕刻有卷轴的墓葬里都没有埋葬真正的卷轴。[20]

然而，考古学家逐渐发现越来越早的莎草纸卷轴。最早的卷轴可追溯至公元前 1900 年左右，就是"普里斯莎草纸"（Prisse Papyrus），现存于法国国家图书馆，它是公认的世界上最古老的书。[21]

大约公元前 1426 年至前 1400 年，埃及第十八王朝某位抄写员的雕像。这类雕像可以更往前追溯一千年，大约等同于最初莎草纸文献出现的时间[22]

普里斯莎草纸是 19 世纪中叶被富有冒险精神的法国工程师兼考古学家阿希勒·贡斯当·普里斯（Achille-Constant-Théodore Émile Prisse d'Avennes）偷偷带出埃及的。1827 年，19 岁的普里斯赴希腊帮助抵抗侵扰的奥斯曼土耳其人。后来，他又前往印度，在那里担任总督秘书长，然后又返回埃及，效忠于土耳其政权，成为一名土木工程师。[23] 但在 1836 年，任性的普里斯被政府开除了。他改名换姓叫"伊德里斯·埃芬迪"（Idris Effendi），装扮成阿拉伯酋长，进入埃及遍布历史古迹的沙漠，自称是埃及陵墓、神庙和金字塔的守护者。1839 年，他寄居于埃及古都底比斯的卡纳克神庙的房间，复制了象形文字铭文，制作了遗失雕刻物（不是被游客切下当作纪念品带走，就是被当地人拆下来去当建筑材料）的混凝纸模具。[24] 普里斯拿着步枪协助驱逐最执着的盗墓者，并且仿效战场传统，在地面插上一面法国三色旗宣告胜利。[25]

1843 年 5 月，面对日益严重的破坏和盗墓事件，普里斯尝试一种更大胆的"保护"手段。在夜色的掩护下，他和几个工人进入卡纳克神庙的"祖先殿堂"（Hall of Ancestors，卡纳克神庙的一间殿堂，可以追溯到公元前 15 世纪），悄悄搬走了 61 块记载法老图特摩斯三世（Thutmose III）世系的石板。[26] 普里斯花了一年的时间，凭借欺骗、贿赂和勇气，把石板运送到亚历山大城，恳求法国副领事帮助把它们运到法国。这位官员知道普里斯干的是非法行径，加以拒绝，但又转而告诉他："到现在你已经顺利完成了我认为不可能完成的事，到了港口你也不会遇到麻烦的。"[27] 没有得到副领事的帮助，十分苦恼的普里斯还是设法把这些石板弄上船，最后在埃及政府的穷追不舍之下逃回法国。正因如此，十四年后他才获准重返埃及。[28]

普里斯逃离埃及时，带着的可不仅仅是卡纳克神庙的石板。这位考古学家在这一悉心规划的抢劫过程中，还从一个工人手里购买了一卷古老的莎草纸卷轴，而这个工人自称是为朋友保管那份卷轴。普里斯怀疑这个工人就是他曾雇来挖掘墓穴的，在替他干活的时候隐匿了这份卷轴，但他的疑惑未能得到证实。这位法国人不得不为同一件文物支付两次费用，为此感到很愤怒。[29] 回到法国以后，普里斯养精蓄锐，于 1847 年发表了卷轴的内容，震惊了考古学界。[30]

普里斯发表的内容是普塔霍特普（Ptahhotep）的智慧箴言。他是埃及第五王朝法老杰德卡拉·伊塞西（Djedkare Isesi）统治时期的维齐尔（vizier，法老委任的最高级政府官员）。早期学者猜测，这份卷轴及其文字都存在约 5500 年了，这是个令人吃惊的数字；而今天比较慎重的共识是，其文本可追溯到公元前 24 世纪末到公元前 23 世纪初。普里斯的这份卷轴应该是在公元前 1900 年左右制作的。不管你怎么算，普里斯莎草纸文献至少有四千岁了。[31]

普塔霍特普的精辟箴言都是关于生命和如何生活的，他告诫读者要谦卑、安静、正直。谦卑是最重要的。"不要因为你学到了东西而骄傲，"他写道，"与无知的人交谈，要像与圣人交谈一样。"他补充说："沉默寡言比夸夸其谈对你更有益。"[32] 婚姻的神圣性次等重要："如果你想在所住之处继续保持友谊，应身为主人、兄弟或者朋友；无论去任何地方，与女人交往均宜慎重。"如果一个男人成功地娶了一个女人而没有冒犯她的男性亲戚，他最好"让她吃饱穿暖，在有生之年让她快乐"。[33]

在普塔霍特普专注于世俗事务的同时，他同时期的文人也记载了很多与疾病有关的内容。其中一份卷轴诞生于普里斯莎草纸制作之后不久，以法老阿蒙涅姆赫特一世（Amenemhat I）的口吻书写，而这位法老于公元前 18 世纪中期被妃子和太监密谋暗杀。[34] 另外一些更实用的书也同样记载着死亡和濒死：两部医学方面的卷轴，一部是妇科文献，另一部是兽医丛书，制作时间大约与普里斯莎草纸相同，都在探讨怎样避免疾病和死亡。一头珍贵的牛死去，对于一个家庭的影响不亚于一个新生儿的离世，因此需要为这两种情况做好打算。[35] 当然，除了替活着的埃及人写的书外，还有不同版本的《亡灵书》被数以千计死去的埃及人带到了地下世界。

然而，埃及人依旧得处理俗世琐事。上埃及、下埃及统一后，埃及的国家机构继续膨胀，莎草纸卷轴被用于记录人口普查、商业往来、政府开支等等越来越多的事务，当然还有税收。税收是无处不在的：作物收获、牲畜、土地、手工艺品、渔猎和狩猎都要缴纳劳动力税和货物税。[36] 在现存的莎草纸卷轴中，篇幅最长的是133英尺的"哈里斯大莎草纸"（Great Harris Papyrus），其制作年代可以追溯到公元前1200年左右，目前被钉在大英博物馆的一个框架里，就像玻璃抽屉里的一只蝴蝶，内文大部分是法老拉美西斯三世（Rameses III）的征税记录。[37]

拉美西斯三世统治时期是埃及统一王国的盛世。他的继任者都没有太多建树，到公元前11世纪，这个国家几乎名存实亡，其内部实已一分为二，彼此争端不断。公元前332年，亚历山大大帝的军队到达埃及，才使这个饱受折磨的国家摆脱了苦难。不到20年的时间，亚历山大的部将托勒密建立了一个新的法老王朝，并在尼罗河三角洲的港口城市亚历山大（Alexandria）建立了新的首都。[38] 此时，埃及对莎草纸卷轴的依赖即将变成一种迷恋。

公元前3世纪初的某个时期，托勒密人在亚历山大建立了一

座神庙，献给宙斯和摩涅莫绪涅所生的九个女儿（被称为缪斯女神）。总的来说，卡利奥佩（Calliope）、克里俄（Clio）、欧忒耳珀（Euterpe）、忒耳西科瑞（Terpsichore）、埃拉托（Erato）、墨尔波墨涅（Melpomene）、塔利亚（Thalia）、波吕许谟尼亚（Polyhymnia）和乌拉妮娅（Urania）这九位司职文艺的女神是神圣灵感的源泉，诗人、演员、天文学家和哲学家都相信她们能带来创造力和才能。[39] 所以，这座神庙被称为缪斯庙（Mouseion，意为"缪斯的居所"，后来我们称类似的建筑为"博物馆"[museums]），专门用于研究自然界及其之上的天空。[40]

托勒密人对来此的学者减免赋税，提供免费住宿，并鼓励他们讨论、沉思、阅读和写作。[41] 欧几里得就在这里写成了他关于数学的开创性著作《几何原本》（*Elements*）；名叫阿里斯塔克斯（Aristarchus）的天文学家也在此推测，是地球围绕太阳转，而不是太阳围绕地球转；而他的同事埃拉托斯特尼（Eratosthenes）则计算出了地球的直径，误差仅仅只有50英里，精确得令人难以置信。正是在这里，阿基米德（这位在西西里海边长大的工程师，在亚历山大繁华的港口一定有宾至如归之感）受到启发，发明了螺旋形水泵，并以自己的名字命名。[42]

缪斯庙最重要的地方是传说中的亚历山大图书馆，据说馆内藏有大约70万部卷轴。[43] 走进任何一座现代图书馆，你会看到一架又一架几乎一模一样的书籍，每一本虽略有不同，但基本设计都是一样的。古代学者来到亚历山大图书馆时，迎接他们的也是一排又一排、一架又一架的卷轴，这些卷轴也是按照同一标准制作的。

典型的卷轴（biblion，希腊语，意为"书籍"）取名自制作它的莎草纸（biblos），其高度在7英寸到13英寸之间，长度在20英尺到100英尺之间。[44] 卷轴的高度取决于制作它的纸张的尺寸：要求严苛的卷轴制作者会使用等级最高的纸（hieratica），只要他可以弄到。老普林尼描述卷轴的侧面（宽度）为13"指幅"（约10英寸），而长度则取决于制作它的纸张的数量。[45] 标准卷轴由 20 张纸组成，50 张甚至 70 张是例外，但也是有的。[46]

卷轴的书写方式基本上也是标准化的。抄写员用右手把着卷轴，慢慢向左手边滚动，在露出来的内层表面书写，版面类似报纸的分栏，每栏都比较窄。（托勒密时期的埃及是希腊化世界的前哨，大多数识字的人都写希腊文，因此他们的文本和文件都是从左往右书写的。）[47] 书写的栏宽几英寸，依抄写员的喜好略有差别，而且受卷轴高度的限制，每一栏只能写几十行字。[48] 标准化的另一个要点是对所谓"卷轴的第一页"（protokollon，由 proto［第一］和 kollon［粘贴］组成）的处理，它是卷轴组成页（kollemata）的第一页。[49] 卷轴通常是卷起来存放的，这样卷轴的第一页就成了最外层；因此，它在读者手中最先受到粗暴的对待，早期希腊抄写员习惯性地把它保留为空白页。[50] 然而，后来，讲究效率的官僚们无法忍受这些被浪费的空间，于是要求卷轴第一页记录卷轴的正式出处和制作日期。随着时间的推移，希腊文单词"protokollon"逐渐演化为英语单词"protocol"（协议）。[51]

抄写员抄写完毕后，可能会将特别长的卷轴截成更短的"卷册"（tomes，这个词源自希腊文 tomos，表示"切"的意思）。切分完之后，每个单独的卷轴将被卷起来，成为罗马人后来所说的"卷"（volumen，该词源自拉丁文 evolvere，意为"卷起来"），以便于保存。[52] 卷轴、书写以及围绕它们的通用语言，对于出入亚历山大缪斯庙的抄写员和学者们来说是恒定的主题。

当时，知识产权没有得到太多关注。托勒密三世（Ptolemy III Euergetes，又称"施惠者"［Benefactor］，继任亚历山大统治权的托勒密王朝的第三位法老）决定不计成本，尽可能地施惠于缪斯庙的图书馆。[53] 他付出一笔丰厚的押金（十五"塔伦特"银，总重量超过 850 磅），从雅典借来了许多经典作品，让缪斯庙的抄写员复制原件（拼写错误肯定会有，这是手抄本不可避免的），然后把手抄的复制本还了回去，雅典人为此感到震惊。[54] 托勒密三世随附的书信直截了当，他告诉雅典人：不客气，如果你们不满意，随时可以归还押金。最终，雅典人留下了银子，缪斯庙留下了书。托勒密三世还将他以新换旧的伎俩应用于定期航行于亚历山大港的商船上，他指示海关官员将来访的乘客携带的书籍都留下来。这样，又有原版书被存放到缪斯庙的图书馆里，而被船带走的是刚制作好的副本。[55] 如果用这种零和盗窃（zero-sum piracy）手法还无法获得一本想要的书，他就会派一个使者去雅典和罗德岛的书市上购买。[56]

托勒密三世的藏书癖使亚历山大图书馆的藏书量激增。所宣称的 70 万部卷轴被分放在石头和木头制作的罐子（bibliotheke）里，以及类似办公室文件格一样的架子上。一部分成多卷的书需要单独的搁架或罐子，而单卷书籍则彼此共享存储空间。[57] 卷起的卷轴或垂直地存储在罐子里，或水平地存放在书架上，其一端贴有凸起的标签，这样无须展开就可以识别。希腊人称这些标签为"sittybos"（该词后期被误读，变成了拉丁语的"sillybus"，最终演变为英语的"syllabus"［摘要 / 提纲］），而罗马人则更喜欢称呼为"titulus"（亦即"title"，书名 / 标题）。[58]

并不是所有古代的学者都像托勒密三世那样相信卷轴的巨大作用。三千年前，传说中的埃及国王萨姆斯（Thamus）曾担心人类的记忆会依赖外化的书写；很久之后，在亚历山大图书馆建立的两百年前，希腊哲学家苏格拉底从哲学上提出了对书籍和书写的否定。正如苏格拉底向他的学生斐德若（Phaedrus）解释的那样：

这张展示古代书架上存放卷轴的图片来自一幅17世纪罗马墓葬装饰画,现已被毁。卷轴末端有三角形的标签[59]

  斐德若,书写有种奇怪的特质,非常像绘画;绘画中的人像真人一样站在那里,但如果有人问他们一个问题,他们会保持庄严的沉默。书写的文字也是如此,你可能会认为它们会说话,好像有智慧,但如果你向它们提问,想知道它们所说的格言是什么意思,它们总是说同样的话。那些都是人们明白的和不感兴趣的话。它们不知道该对谁说话,也不知道不该对谁说话。当受到虐待或不公正的辱骂时,它总是需要父亲来帮助它,因为它没有保护或帮助自己的力量。[60]

对苏格拉底来说,卷轴是死的东西,或者说是冷漠的见证者,只能"说"出作者赋予它们的话。不过他确实有一件事说对了:希腊人和罗马人经常以大声朗读的方式来阅读。因此,一部卷轴被传递给不同读者的时候,会"总是说同样的话"。[61]与今天安静的阅览室不同,亚历山大图书馆和当时其他的图书馆里面都很嘈杂。

　　作为存储和获取信息的媒介，卷轴要面对的问题，不仅是苏格拉底的哲学批判。首先是书架的问题：卷起的卷轴中间有很多空隙，这意味着大量空间被浪费了。看看我们手上这本书，高约 9 英寸，宽约 6 英寸，双面印刷。它古老的祖先（单面卷轴）也许高 12 英寸，长 20 英尺，会占据差不多的书架空间，但本书现代版的信息量会比古代卷轴版多出 6 倍（通常卷轴的边缘比印刷书页面的空白更多）。难怪考古学家们一直质疑亚历山大图书馆藏有近 70 万部卷轴的古老传闻——在亚历山大的古迹中，还没有一座大到足以存放这些藏书的建筑，因此学界目前的猜测是，该图书馆的藏书量在 3.5 万部至 4 万部之间。[62]

　　由于阅读卷轴时需要卷起和展开，卷轴里没有页码引导读者到达他们想查找的位置，也没有可以快速翻阅的页面，许多书籍史学家声称，在卷轴中搜寻信息一定是令人崩溃的体验。[63] 但是，也有人提出质疑，认为我们与日常使用卷轴的时代距离实在太过遥远，无法确定这一点。查看卷轴的某个特定部分确实速度要慢一些，但是和翻阅一本书类似，有许多相同的无形因素在背后起作用：人们可以根据卷轴卷起部分的外观和重量找到大致的位置，即使没有现代书籍中的页码、章节标题和其他的文字标记；未经装饰的分栏在一段时间后也会变得熟悉起来。浏览电子文档时的上下滚动（scroll，滚屏）便得名自古代翻阅书卷的相似动作，我们早已快速地适应了阅读中的这种特殊变化。[64]

　　无论是寻找一个中意的段落，还是翻阅一本陌生的作品，"滚动"卷轴都需要注意力高度集中。一只手从一端展开卷轴，另一只手在另一端卷起，两只手需要同时进行；一边品着葡萄酒，一边还想轻松地打开卷轴，这是不可能的。（我是试过的。）

也许正因为如此，好酒的罗马人把一对细杆（umbilici）分别附在卷轴的两边，以方便卷起和展开。他们还制作了与之相匹配的装置，在阅读桌上安装了挂钩，可以固定卷轴的细杆，使书卷得以在想要阅读的位置展开。[65] 装上细杆后，稍短的卷轴可以完全展开，两端垂在桌子边缘处；如果卷轴不够长垂不下来，一对石头就是一副很好的镇纸。[66] 此外，不应低估有弹性的莎草纸卷轴的危险性：在公元1世纪，年迈的罗马元老院成员维吉尼乌斯·鲁弗斯（Verginius Rufus）取卷轴的时候，卷轴从手里弹出去了，他试图抓住时在大理石地板上滑倒了，髋部骨折，最终因没能康复而死去。[67]

公元前48年，恺撒为了统治罗马共和国发动内战，亚历山大图书馆成为战争的牺牲品，遭受了毁灭性的火灾。成千上万的卷轴被烧毁，但卷轴依旧普及并得到推广。[68] 尽管卷轴有很多缺点——易燃、不灵活、相对脆弱，但对古希腊和古罗马的居民来说，莎草纸卷轴是唯一可以用来记录长文的载体。但是卷轴仍有一个不算神秘的同伙：对于日常书写来说，当卷轴太笨重或太贵时，抄写员、家庭主妇和奴隶便会选择另一种更实用的载体。

1982年，在距离土耳其海岸几英里远的乌鲁布伦（Uluburun），潜水采集海绵者穆罕默德·凯克（Mehmet Çakir）在海底150英尺处的海床上发现了"长耳朵的金属饼干"。美国考古学家唐·弗雷（Don Frey）分发给当地水手和渔民的画中就有这种"金属饼干"，凯克的海绵采集船船长曾见过。那位船长尽职尽责地给土耳其水下考古博物馆打了电话，报告了这一发现。当弗雷回到现场

勘察时，他的怀疑得到了证实：凯克描述的"长耳朵的金属饼干"是铜锭，它们是模仿牛皮铸成的，埋藏于一艘古代货船的残骸中。这艘古代货船曾运载这些铜锭，却不幸发生海难沉于水底。[69]在接下来的11年里，弗雷与其同伴找回了数百块牛皮模样的铜锭、装有精美陶器的巨大储藏罐、彩色玻璃珠、金制餐具、象牙和河马牙、制作染料（紫色）用的珍贵骨螺壳、剑和其他武器，以及其他诸多文物。[70]

乌鲁布伦沉船上的货物来自世界各地，涉及西西里、埃及、塞浦路斯、希腊、迦南、美索不达米亚等，因此很难分辨出该船的国籍和航行路线。然而，确定该船的沉没日期要容易一些。考古学家们检查了沉船木材的年轮，并将其与已知的古代气候波动相比照，最终将该船的建造时间确定为公元前14世纪晚期，下沉时间不会晚于此太多年。[71]这艘货轮和它的货物是三千多年前在土耳其海岸沉没的。

在这艘古船的骨架周围散落着的珍宝中，人们发现了一件特别的东西，那就是藏在一个巨大陶罐里的一对木板，这对研究古代书籍和书写的人来说意义重大。虽然这两块木板在海底沉睡了三个千年，已经支离破碎、磨损难辨，但显然它们是相匹配的一对木板：它们的尺寸与智能手机差不多，长不到4英寸，宽2.5英寸；它们被对称地"掏空"，"好像是要做成两个浅托盘，每一块板的边缘都有缺口，可以紧紧贴靠于柱子或者暗榫"。失踪的圆柱体被发现时是两个象牙雕刻物。当木板和象牙拼在一起时，就组成了古希腊和古罗马的学生一眼就可以辨认出的熟悉物品。它是目前发现的最古老的双连书写板（diptych）。[72]

除了古埃及人执着地书写于莎草纸卷轴外，在古代世界的其他地方，人们日常的记事本就是书写板。[73]通常情况下，它由两块

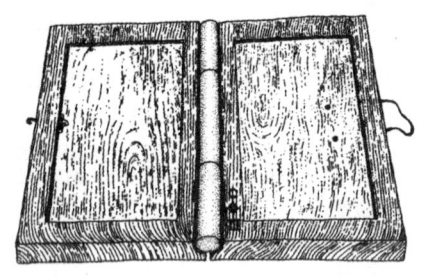

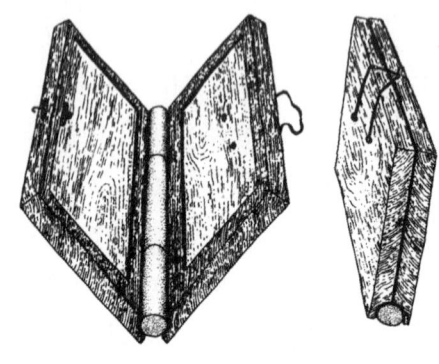

在乌鲁布伦沉船发现的书写板,尽管它是目前所知最古老的双连书写板,但它比许多后来者精致得多。圆柱形象牙部分是铰链,其顶部和底部钉在右侧木板上,中间部分钉在左侧的木板上。中间的象牙部件依靠顶部和底部凸出的暗榫固定,这样左右两侧的木板可以围绕着中轴旋转 [74]

约四分之一英寸厚的木板或象牙板组成,由一根皮带或绳子绑在一起,每块板子表面都要挖得凹下去,凹陷处填满蜂蜡(即写字蜡板),抄写员可以用尖尖的笔在上面书写。方便携带、可重复使用的蜡板适合用于簿记、通信和起草文学作品,但是它们偶尔也会承担更重要的任务。[75] 古罗马历史学家希罗多德讲述了德马拉托斯(Demaratus)的故事。他是一位流亡的斯巴达领袖,听说薛西斯有入侵希腊的计划。考虑到人民的利益,也可能是考虑到薛西斯过度暴力的名声,德马拉托斯想设法警告民众这场即将到来的袭击,同时又不惊动路上巡逻的薛西斯士兵。最后,他将双连书写板上的蜡熔化,在裸露的木板上刻下警告语,然后重新填上蜡,这样送信人就不害怕被发现了。他的计划过于隐秘:聚集起来的斯巴达显要们都没有发现其中玄机,但斯巴达女王戈尔戈(Gorgo)最终还是发现了其中的奥秘。[76]

如果德马拉托斯用来掩盖信息的就是普通书写板常用的蜡，真希望他后来洗手了。希腊书写者经常在蜡里面掺入有毒的黄色三硫化二砷或砷硫化物（罗马人喜欢用同样有毒的绿色醋酸铜），这两种物质既有染色的功效，又有利于保持蜡质柔软，这样用扁平的工具就可以刮去写错的字，也可以把整个表面处理平整，以便再利用。[77] 因此，大多数在蜡板上书写的笔一端是尖的，一端是扁平的，呈铲状。[78] 即使后来出现了更出色的书写材料，双连书写板因易于修正错误依然很受欢迎。公元1世纪的罗马作家昆体良（Quintilian）告诉他的学生："最好在蜡板上写字，因为它便于擦除错误。……在［羊皮纸］上写字，由于总要蘸墨水，书写和思路都会被打断。"[79] 擦除技术让蜡制书写板领先于那个时代上千年。直到16世纪石墨铅笔（它的笔迹可以用一片面包擦掉）问世，人们才找到了同样方便根据需要修改文字的书写工具。[80]

双连书写板的两块板通常沿着一个长边铰接在一起，这样它们就可以折起来保护柔软的书写表面；但是现代读者如果看到这种书写板，就会不由自主地竖起来拿，其铰接的边缘就像书脊一样被立起来。而根据古代插画，抄写员是横着拿书写板的，一块板是"上"页，一块是"下"页，就像拿笔记本电脑一样。[81] 除了普通的双连书写板以外，还有许多"多连书写板"——由三块板或更多板组成，板与板都是以同样的方式装订在一起，在每块板的一边打上孔，用皮绳将它们绑在一起。三连书写板、四连书写板，甚至还有更大型的由20块板组成的书写板，都是以完全相同的方式制作的。[82]

➤ · ⬅

真的不想破坏这个故事的结局，然而莎草纸卷轴和写字蜡板终究会遭到淘汰。但是，如果说卷轴、双连书写板和分页书之间争斗的结果是显而易见的话，那么想弄清楚这场争斗究竟为何发生、何时发生、起始于何处并不是一件易事。与其祖先一样，分页书的起源至今仍扑朔迷离。

第十三章

新入成员：分页书的问世

据说现代美国人类学之父弗朗兹·博厄斯（Franz Boas）曾说过："人从不对自己的垃圾堆撒谎。"他是对的：我们所知的人类的过去，大部分都是得自我们居所周围的垃圾堆和垃圾坑。[1]事实证明，历史不是由强者书写的，而是由垃圾堆写就的，书籍的历史也不例外。得益于某次翻古人垃圾堆的英雄插曲，得益于考古学家数个世纪坚持不懈地仔细挖掘某座城镇的垃圾堆，我们有那么几次短暂地窥探到分页书的诞生时期，这极大地扩展了我们对古埃及、古希腊和古罗马文学文化的认知。

1896年年末，两位英国考古学家从树木繁茂的牛津母校出发，一路跋涉到达了埃及干旱的艾尔-巴纳萨村（El-Bahnasa）。它坐落在尼罗河的支流优素福运河（Bahr Yussuf，意思是"约瑟夫的运河"），位于古都孟菲斯以南，步行前往需要好几天才能抵达。[2]虽然艾尔-巴纳萨村到处都是古代遗迹，但当时在埃及四处搜寻的学者基本忽略了这里，因此伯纳德·格伦费尔（Bernard P. Grenfell）和阿瑟·亨特（Arthur S. Hunt）看到的是一个未经发掘的考古探方，他们可以一展身手了。他们把注意力集中在村庄周边的土堆（小丘）上，这些土堆曾经环绕着古城俄克喜林库斯（Oxyrhynchus，发音为 oxy-rink-us），现代的村落就建于这座古城的废墟之上。³

俄克喜林库斯得名自优素福运河中奇特的"象鼻"鱼。在亚历山大入侵后，俄克喜林库斯在全盛时期曾是埃及的第三大城市，一个繁荣的省会，人口约有两万。⁴ 和现在一样，一个规模庞大的城市会产生大量的垃圾，大部分是废弃的文件、卷轴和其他文本，而且这些垃圾都必须弃置于某个地方。就俄克喜林库斯而言，垃圾场是城区和周围的灌溉农场之间的未耕作沙漠地带：在几个世纪之中，这个城市的居民拖着一篮子一篮子的垃圾倾倒在这片荒地里，深知沙漠中的流沙会掩盖这些废弃物。⁵ 随着时间的推移，由此形成的土堆年复一年地增长着，格伦费尔、亨特与随行的一小队人马到来之后，四处可见数十英尺高的土堆。⁶ 他们开始着手挖掘。

回到英国 11 个月后，格伦费尔和亨特发表了他们的大部头研究成果《俄克喜林库斯莎草纸》（*The Oxydronchus Papyri*）。⁷ 或者更确切地说，他们只发表了一小部分研究成果：几乎是插进沙土的第一铲，他们就挖出了大把大把的卷轴、纸张和碎片。⁸ 仅在第一次挖掘，他们就发现了古希腊著名女诗人萨福（Sappho）一首当时尚未面世的诗歌、已知年代最早的《马太福音》抄本、《新约》中一部鲜为人知的书籍的断简残篇（该书名为《保罗与西克拉行传》，讲述了保罗和其追随者处女信徒西克拉生命交织的故事），以及成百上千的其他文本。⁹ 这个蕴藏丰富文献的宝库延伸到地下 30 英尺，覆盖的沙土和干旱的气候护佑着它们得以留存至今。¹⁰ 尽管最古老的文献已经损毁（托勒密王朝时期及其以前的卷轴都被储存在地下水位线以下，因而早已腐烂），但格伦费尔和亨特仍然挖掘、记录了跨度达两千年的文献，并将之装入饼干盒运回了英国。¹¹

后来，格伦费尔和亨特又转往其他地方挖掘了一些年头。1903

年的冬天，他们再次回到俄克喜林库斯，之后每年都重回该地挖掘，一直到 1907 年。[12] 他们挖掘出 50 万张莎草纸（当然，重要的是，也有几张羊皮纸），而且每年都会出书发表成果，直到 1920 年格伦费尔因第三次精神崩溃结束考古生涯才终止。[13] 亨特独自一人坚持工作到 1934 年，之后的工作便由其他学者继续：第 79 卷《俄克喜林库斯莎草纸》于 2014 年出版，而格伦费尔和亨特当前的藏品管理者预计，在最后一个饼干盒打开之前，这个系列就能出版超过一百卷。[14]

莎草纸文献学家本应关注却选择故意避开俄克喜林库斯出土的文物，不仅是因为它的名字怪异。在公元 1 世纪到公元 4 世纪留存下来的莎草纸卷轴中，半数以上是从艾尔－巴纳萨村周边的垃圾堆中发掘出来的。而这些有着绝对分量的文献对那些研究古代文字、文学和文化的人不断产生强大的吸引力。[15] 但是，格伦费尔和亨特所发现的失传已久的诗歌、宗教传单和个人信件内容虽然迷人，它们所呈现的实体形式也同样重要。如果有人关心分页书的发展，历史学家们已把分页书出现的时间定在了公元 4 世纪，而且由于保存至今的几本书都是用羊皮纸制作的，所以他们猜测，随着分页书的问世，莎草纸卷轴开始走向衰落。[16] 如同诸多的史学理论一样，在跌跌撞撞地陷入现实世界的混乱之前，这一猜测似乎非常合理和可信。

格伦费尔和亨特忍不住想炫耀他们的考古发现。1897 年，也就是《俄克喜林库斯莎草纸》第一卷出版前整整一年，两人合撰了一篇文章，介绍了他们称为《耶稣圣言集》（*Logia Jesu*）的莎草纸

残篇。[17] 后来，《耶稣圣言集》被归类为俄克喜林库斯莎草纸第一卷第一部分（P. Oxy. I 1），并没有什么看头；它是一张长方形的莎草纸，尺寸约为 5 英寸 ×3 英寸，边缘有一点磨损，乍一看，模样中规中矩。[18] 借用莎草纸卷轴的研究术语，这两位学者将纤维横向排列的一面称为"正面"（recto，这个术语常用于指卷轴的内侧书写表面），同时将纤维纵向排列的一面称为"背面"（verso）。[19] 但《耶稣圣言集》可不是普通的莎草纸。

首先，它没有接缝。它或者并不是卷轴的一部分，或者是被故意切除了重叠粘贴处的常见卷轴。然而，奇怪的是，它的右侧边缘贴着薄薄的一条莎草纸，好像是为了加固裸露的边缘。[20] 再有，它的两面都写上了字。在陈旧的卷轴背面写字虽然少见，但并不是没有，尤其是在莎草纸匮乏的时候，而这张纸上的文字顺畅地从正面延伸至背面：抄写员写完一面后，把纸翻面，继续在背面写。[21] 文字的布局也暗示了纸张两面的某种共同点。抄写员用装饰图案填充了内凹的行，以使正面文字的右侧边缘保持齐整，而在纸的背面，每行文字的左侧边缘也是对齐的。改良的边缘、文字从正面到背面的延续性、视觉的对称性——所有这些都明显说明这一页出自精心制作的书籍，而不是匆忙重复使用的卷轴。[22]

证明《耶稣圣言集》是一本分页书的残篇的终极证据就摆在这两个英国人的面前。在正面的右上角（他们越来越认为它是书页的"正面"，其左边曾连接在一条长长的已经解体的书脊上），两个希腊字母 ι 和 α 与其余的文字是分离的。[23] 将这些字母与后来出土书籍中类似的例子进行比较，两位学者认为它们可能是页码，从希腊字母表中的排位取数值，因此 $\iota=10$，而 $\alpha=1$。格伦费尔和亨特意识到，他们发现了已知最早的分页书的第十一页和十二页。[24]

根据抄写《耶稣圣言集》的笔迹特征，以及内容的线索判断，这份文献的撰写时间不晚于公元 140 年。然而格伦费尔和亨特却针对确定的年代提出告诫:"莎草纸不可能在公元 1 世纪时就以分页书而不是卷轴的形式出现,而在公元 2 世纪上半叶也不太可能。"忽略由此产生的逻辑悖论,他们认为《耶稣圣言集》"可能写就于公元 200 年之后不久"。²⁵ 他们对此并不十分确定,但这两位考古学家将分页书的诞生时间往前提了至少二百年,并颠覆了第一本分页书是羊皮纸书的传统说法。

在格伦费尔和亨特发表令人兴奋的《耶稣圣言集》后的一个世纪内,出土的许多其他的莎草纸书籍印证了他们的发现。在 20 世纪 30 年代中期,一位名叫切斯特·贝蒂(A. Chester Beatty)的美国矿业大亨在《伦敦时报》上发布了他收藏的大量公元 2—4 世纪的莎草纸书藏品;后来,到了 1945 年,上埃及的拿戈玛第(Nag Hammadi)出土了大量深奥难懂的基督教小册子,所有这些小册子都是以莎草纸制作的分页书籍。同时,对俄克喜林库斯莎草纸的考察也为最早期的书籍不断提供新的范例。²⁶ 至今还没有一本莎草纸分页书籍被确定早于公元 1 世纪,但正如受人尊敬的莎草纸文献学家埃里克·特纳(Eric Turner)在谈到一本俄克喜林库斯莎草纸书籍时所说:"它的存在就证明了书籍这一形式必定有其史前时期。"²⁷ 那么,在那黑暗的史前时期到底发生了什么?是什么把莎草纸卷轴和分页书联系起来的呢?

在 19 世纪末,人们猜测卷轴和分页书之间还有一个缺失环节。这个东西就是"折本"(orihon,类似手风琴的折叠书),卷轴和分页书的神秘混合体,它即使没有确切证据证明卷轴如何向分页书过

渡,却显得十分可信。也许是受到东方新的考古发现的鼓舞,尽管实物证据令人难以理解,但折本的故事依然广为流传。[28]

基本的前提是这样的:展开、卷起莎草纸卷轴让人感到太过乏味,一些恼怒的古代读者决定改良书籍形式,以更加方便阅读。他们利用文字栏之间的空隙,把卷轴折成了手风琴的样式。他们沿着卷轴移动时,凸起的"峰折"和内凹的"谷折"交替出现。[29]把这样折叠好的莎草纸卷轴平放,他们接着把谷折一侧作为后边缘,沿着这一侧打孔,然后把绳子穿进去系紧。这样就做出了一个所谓折本,分页书籍的原型,书页由两层莎草纸组成,外缘是折叠的,书脊被缝在一起。换句话说,分页书是从卷轴演变而来。[30]

西里尔·达文波特(Cyril Davenport)是率先提出折本乃缺失

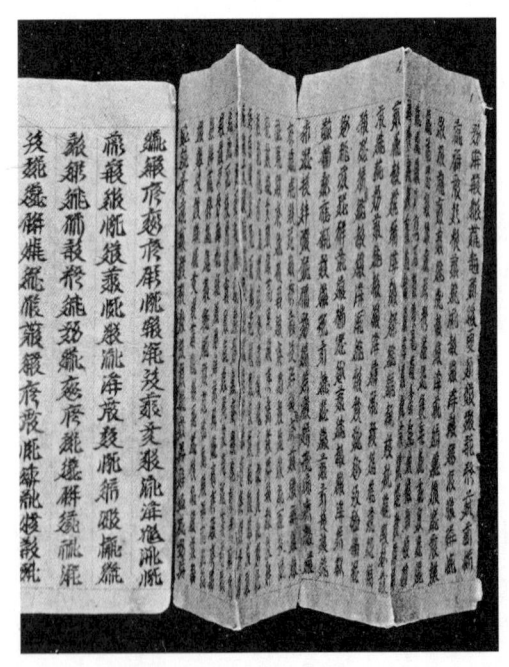

在中国敦煌发现的一份手抄折本的首页。它没有标注日期,应该成书于11世纪或更早

环节的历史学家之一。1907 年他向读者保证,这种书的形式"在东方和原始部族并不鲜见"。[31] 撇开当时的沙文主义不谈,折本(oribon)一词源自日语,意思是"折叠的书",而手风琴样式的书在中国、韩国和日本老早便很常见。[32] 当时,中国敦煌著名的藏经洞刚刚发现了数万份古代文献,内有一百多本折叠成手风琴样式的书籍,每本都是折叠后在书脊处用胶水粘合。[33] 达文波特一定觉得这些发现大大佐证了他的理论。不光敦煌这里有相关发现,世界的另一端也独立地发现了其他种类的折本,这同样支持了达文波特的观点。看起来,折本似乎也像卷轴和分页书一样,是书的一种自然形式。

当西班牙探险者在 16 世纪到达中美洲时,他们发现有读写能力的阿兹特克人和玛雅人用树皮纸(āmatl,一种类似莎草纸的用树皮制作的书写材料)制作书籍已有一千多年的历史。[34] 这种材料与莎草纸和纸张有许多共同之处:将无花果树或桑树的内层树皮干燥、清洗、蒸煮,剥成条状,然后击打这些条状物以制作最后呈现的纸张。[35] 这种最终产品对于中美洲文化至关重要:树皮纸用于制作日历、历书、地图和记录簿;它也有更高深的用途,如用于制作祭司仪式所用的冠冕、羽饰和手镯等。[36] 最重要的用途是制作书籍(āmoxtli),将一张一张的树皮纸按顺序贴在一起并折叠成折本独具特色的手风琴形式。[37]

西班牙征服者的到来终结了这个古老的拥有文字的文明。西班牙传教士烧毁了大量的用树皮纸制作的书籍,不遗余力地根除他们新殖民地上原住民的信仰。整个原住民文明的历史、宗教经典和日常记录都被逐渐烧成灰烬,几乎没有人再使用树皮纸了。[38] 只有少数几本玛雅书籍幸存了下来。

现存折本形式的玛雅书籍

尽管"文明的"欧洲人竭尽全力消灭一个不亚于他们自己的文明的场景令人生畏，尽管沙漠中砌墙堵起来的藏经洞令人好奇，折本在书籍史中的地位仍然无法确定。在中国，折本形式的书籍最早出现于公元7—10世纪的唐代。暂且抛开阴谋论，没有证据表明在维京人于11世纪跨越大西洋抵达加拿大之前，大西洋两岸曾有过其他接触和交流。[39] 中国人和玛雅人独立发明了自己的折本形式书籍。如果说古埃及曾经存在过折本，它的出现和消失都是无迹可寻的。至少在埃及，独特的分页手抄本问世之时，根本没有看到任何折本。

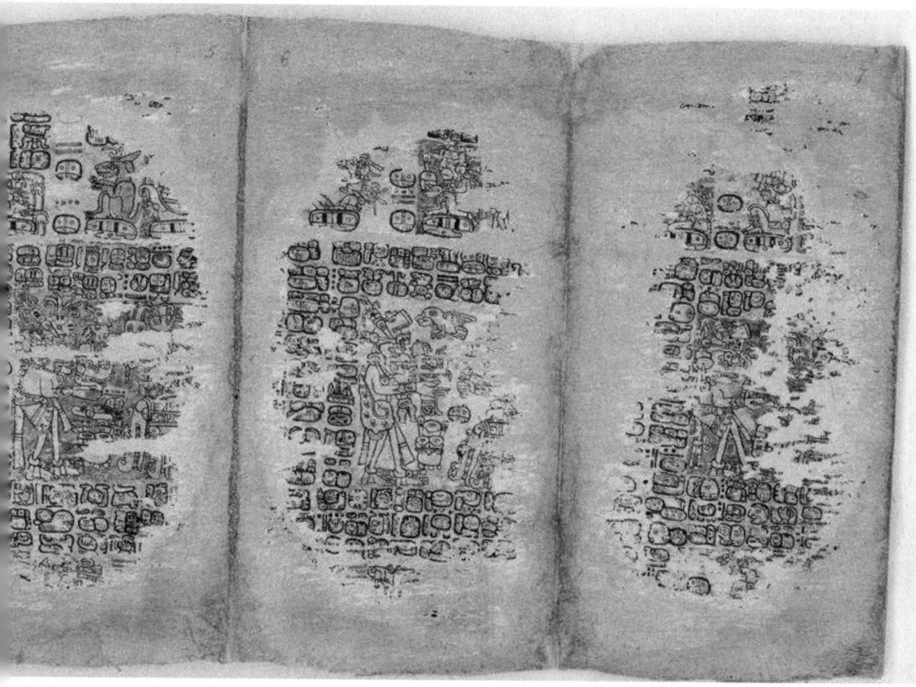

由于折本在书籍史的地位并未得到充分证实,另一个主要理论完全另辟蹊径,解释莎草纸卷轴如何演化成分页书。最早的分页书可能与书籍毫无关系。

无论在埃及、希腊还是罗马,古代世界的顺畅运行都是建立在信函往来基础上的。朋友、盟友、赞助者和委托人都是依靠通信来处理政治、商业和家庭事务。根据内容,信件或仅由个人拆阅,或与朋友和家人分享,或按照写信人的旨意公开宣读,或者也可按照收信人的意愿复制、剽窃或置之不理。一封写得很好的书信会被珍藏，上级尖刻的批评信件则令人畏惧。[40]一些学者认为，正是这些信件内容和外观之间的相互作用促进了分页书的诞生。[41]

1906年至1908年，德国考古学家爱德华·扎豪（Eduard Sachau）在尼罗河最大的象岛（Elephantine）上发掘出一组莎草纸文献和陶片。[42]今天，这座岛屿隶属于阿斯旺市，位于巨大的阿斯旺水坝的下游；扎豪发现的莎草纸文献被确定为公元前5世纪之物，当时象岛是紧邻波斯帝国边缘的一个犹太人聚落，混杂各种语言和文化。[43]1980年，神学家贝扎勒·波滕（Bezalel Porten）注意到了扎豪在象岛发掘出的信件，这些信件用阿拉姆语（古波斯语）书写，在过去的几个世纪里持续遭受着毁坏。许多信件分裂成了规则的条状，都是沿着一条条直缝分开的，波滕想知道个中原因。[44]

古代象岛人写信一开始使用卷轴，这一点可以肯定。波滕发现，每封信都是从莎草纸卷轴上剪下的，因此每张信纸上都有一个或多个粘贴处，并且这些书信都是"横向"书写的，每一行文字都横贯整张纸。[45]显然，标准的二十张纸卷轴在普通消费者（或许是莎草纸市场）心目中根深蒂固，因此不会有人购买单张莎草纸。为了在送信过程中保护信件，送信的人像折地图一样把信折起来，就像一位学者所说：送信人从莎草纸底部以一英寸的高度折叠信纸，然后重复往上折，直到这封信被"卷"到顶端。[46]接着，送信人将折好的信件左右对折，最后用一根线或绳子绑住。这样的折叠处理就是信件解体的根源。[47]

这与分页书有什么关系呢？到罗马帝国时代，信函往来已经发展成自己的文学流派：哲学家们用信件阐述思想，政治家们以信件形式传播他们最棒的演讲；宗教运动的信徒们（比如基督教徒）则将他们最尊重的门徒的信件汇成书。[48]也许这些志趣相近的人，通过定期交换汇集的信件，把抽象思想的集合转变成分页书形式的实物集合，同时发现把这些预先折好的地图模样的信件缝在一起非常容易，可在信纸的中间形成书脊。这样说来，分页手抄本不是卷轴折叠起来后缝合的，而是一叠被肢解的卷轴重新组装起来的新形式。[49]

这并不是一个无懈可击的理论。在波滕发现的阿拉姆语信件中，写信人写到第一页的末尾时，会拿着纸的两边翻转页面，使背面的第一行文字正对着正面的最后一行文字进行书写。[50]阅读用一叠书写来回颠倒的信件装订的书籍，肯定不轻松。何不两面各有一栏文字，利用书脊分成两半？更令人困惑的是，最早的完整莎草纸分页手抄本都是让书脊平行于原来卷轴的接缝，让文字垂直于书脊和接缝，而在波滕发现的信件中，文字是平行于接缝书写的，那么当它被装订成书的时候，里面的文字就是竖着的，而不是横着的。[51]这样的书至今还没有被发现过。

其实，这些问题都不是无法解决的。最早的分页手抄本制作者本身就是前卫的思想家，书写的时候只需略做调整就能解决所有问题。跨越接缝书写是很容易的，不必非平行于接缝书写；将信件的内容分栏书写，确保每一栏可以在装帧后位于单独一页。当然，所有这些做法在书写卷轴时早已司空见惯。除此之外，水平翻页很简单，不必要竖着翻转，这样正反两面的文字都是正向的。从莎草纸信件转换成莎草纸书籍的假设就不那么牵强了。

然而，现代历史学家面临的问题是缺乏实物证据。如果这一切真的发生过，那应该是在分页手抄本的萌芽初期。那种认为羊皮纸手抄本才是书籍最初形式的陈腐老观点一直以来势力不衰，足以让莎草纸分页手抄本前景更为黯淡。

❧·❦

据说羊皮纸是公元前 2 世纪由马鲁斯的克拉特斯（Crates of Mallus）介绍到罗马的，这位帕加马的学者笨手笨脚，曾在访问罗马时因跌进下水道摔断腿而滞留，演讲时受到罗马学者的欢迎，"大获全胜"（break a leg，希望演员演出成功）这个词可能就是源于他。[52] 羊皮纸的影响力是逐渐凸显的（在所有留存下来的古典文献中，直到克拉特斯跌落下水道一百年后，皮［即羊皮纸］才作为书写材料而为人提及），但种子已经种下，伟大的事件正在酝酿之中。[53]

新形式的羊皮纸书出现的最早线索之一是苏维托尼乌斯（Gaius Suetonius Tranquillus）的著作。苏维托尼乌斯是公元 1 世纪的传记作家，他的《罗马十二帝王传》出版之后至今仍在印行，可以说一直未中断。[54] 他是一位勤奋的传记作家，一丝不苟地写下所有秘密：正是因为他偏好粗俗的流言飞语，我们才知道提比略皇帝统治后半段的奢靡淫乱。有传言说提比略在他位于卡普里岛的荒淫宫殿里，和年轻男孩一起游泳，并训练他们吸吮他的私处。然而，同样是因为苏维托尼乌斯，尤利乌斯·恺撒的不朽名言"我来，我见，我征服"（veni，vidi，vici）才能流传至今。[55] 苏维托尼乌斯以其一贯翔实记载的"强迫症"，钻研了罗马这位最著名将军的书写习惯：

> 现存的（恺撒）写给元老院的一些信件，其写作方式前人未见；这些信件以备忘录的形式分成多页，而在那之前，执政官和指挥官习惯于在信中跨页书写，不折叠，也不分页。[56]

书史学家发现尤利乌斯·恺撒可能发明了分页书而欣喜若狂。苏维托尼乌斯提及恺撒的备忘录（或者叫笔记本）由"页"或

"叶"组成，大家对他的描述一直争论不休，无法达成共识。[57] 他没有提到恺撒的笔记本到底是怎样的构造，只是说它与旁人使用的笔记本有着怎样的不同：恺撒折叠这些"页"（无论它们用的是什么材质），而且显然会配合页的形式以断开文字，但仅此而已。到底苏维托尼乌斯描述的分页手抄本是莎草纸制作的，还是羊皮纸制作的？[58] 这仍然是一个谜，但似乎有人（即使不是恺撒本人）在第一批分页书被扔进俄克喜林库斯垃圾堆之前的一个世纪或更长时间里，一直都在思考卷轴卷以外的形式。

在恺撒时代之后的几个世纪里，罗马作家们逐渐对书写板加以区分。一类是小型的、便携的，称为 pugillares（意思是"一拳可握的"或"能握在手里的"），以在乌鲁布伦发现的小型双连书写板为典型。一类是称为 tabella 的更大的书写板。[59] 老普林尼的侄子记载，他叔叔随时随地会向携带小型书写板的仆人发出记录的指令，不管什么场合，也不管什么天气：或者是在沐浴擦身之后，或者正在四轮双座小马车上，或者是在乘坐轿子往返时。[60] 这位仆人的工作性质可以这样描述："征求合格的速记员，必须喜欢裸体和剧烈的运动。"

除了对书写板的尺寸进行区分以外，罗马作家们还注意到了书写板的材质。具体来说，很多作者都提到了"皮"（membranae，即羊皮纸）这种强韧并能重复使用的书写材料（罗马人的水性墨水可以洗掉）。[61] 但是，羊皮纸的价值不仅仅体现在它作为书写材料的方面，还包括其他很多方面。综观这些论述，某些现代学者认为"skins"一词还有另外一个含义：它似乎指某种合成的书写载体，就像"papers"一词所指的是文件而不是一摞白纸一样，但这些细节古人从未具体描述。[62] 希腊人同样赋予了拉丁语的"membranae"一词以特殊的含义：古老的希腊单词"difthérai"（即"动物的皮"）

众所周知指的是羊皮纸，然而人们常常用希腊文字音译拉丁语单词"membranae"，以暗示它其实是某种独立存在的书写媒介。[63]

无论"membranae"曾为何意，在公元 1 世纪，各种挥之不去的疑虑都被彻底消除了，当时一位叫马提亚尔的诗人（他简练的对句博得罗马购书精英们的青睐）热情地赞扬羊皮纸和羊皮纸书。他在公元 84—86 年出版了他的挽歌对句集，在序言中热情地提到这种新的袖珍形式的书，鼓励读者购买：[64]

> 渴望我的小书任何地方与你同在，想让长途旅行有它相陪，请购买这种页面小巧的羊皮纸册页（parchment confines）：把你的卷轴盒留给伟大的作家吧，单手就可以拿起我。不知道去何处购书的你，不用漫无目的地在城内四处奔走，我将成为你的向导，让你目标明确：去找塞昆德斯（Secundus）吧，他是学识渊博的卢塞西斯（Lucensis）的解放奴隶，地点在和平神殿和帕拉斯公共集会广场的后面。[65]

从黑胶唱片听到 CD 的音乐发烧友，从 DVD 看到蓝光原盘的电影爱好者，从纸书看到电子书的阅读爱好者，都会对马提亚尔的营销策略感到震撼。短短几句话，这位诗人就介绍了一种新的媒体形式，即"页面小巧的羊皮纸册页"，鼓励读者购买他这种用新的书写媒介制作的最新作品，并准确地告诉读者在哪里可以找到他推荐的书店。也许马提亚尔和塞昆德斯这位昔日曾是奴隶的书商有过协议，要想获取更高比例的卖书利润，他得鼓励读者光顾塞昆德斯在公共集会广场边的书店。[66]

虽然马提亚尔没有明确地将他的羊皮纸版本称为羊皮纸书，但它很可能就是一本书：羊皮纸需要被装订成分页手抄本或类似的形式，而历史学家相信马提亚尔的诗歌集是这种新书写媒介第一次在主流群体前亮相。[67] 他的袖珍版诗集旨在成为"长途旅行的伴侣"，完美地体现了分页书所具备的一些基本优势，如信息密度高、查阅便捷、单手即可翻阅，特别是当分页书采用强韧的羊皮纸书页时，它完全无惧艰苦的长途跋涉。

马提亚尔对羊皮纸和羊皮纸书的赞誉十分慷慨。后来在对句集《隽语》(*Epigrams*，附于一年一度罗马农神节期间的送礼指南内)中，马提亚尔列出的一系列礼物反映了人们在书写媒介方面观念的变化。首先列出的是涂蜡的木制书写板和象牙书写板，然后列出的是羊皮纸笔记本(pugillares membranae，马提亚尔介绍说这种书写媒介很容易擦除并重复利用)。他认为，莎草纸应当供写信之用。[68] 他鼓励富有的送礼者一掷千金购买古罗马著名历史学家李维(Titius livius Patavinus)的作品全集的对句，再次证明了羊皮纸手抄本的精巧和紧凑。李维的全集共有142本书，如果抄在笨重的卷轴上，体量无疑大得让人望而却步。马提亚尔写道："体量庞大的李维全集浓缩在数量不多的薄羊皮里，我的图书馆也还没有李维的全部作品。"[69]

1898年，即莎草纸版《耶稣圣言集》出版一年之后，伯纳德·格伦费尔和阿瑟·亨特的俄克喜林库斯小组宣布，他们发现了一本羊皮纸书中的一张羊皮纸书页，似乎在证实马提亚尔对羊皮纸分页书籍的热情当时已经传遍了古典世界。这本历史书以前并不为人所知，它的抄写员用了赫库兰尼姆城(Herculaneum，这座城市在公元79年维苏威火山喷发时与庞贝城一起被掩埋，前往庞贝城救援朋友的老普林尼也不幸身亡)常用的"俗大字体"(rustic capital)，但这些老式的大写字母中夹杂有一些"安色尔体"(uncial，意指"一英寸高")字母，这种字体通常见于公元3世纪以后的文献。和之前的《耶稣圣言集》一样，这两位英国人努力调和相互矛盾的诸多证据，再一次认为"这一残片的日期不可能早于公元3世纪"。[70]

简言之，问题在于确认谁才是最早的分页书。实物证据稀少且自相矛盾，书面证据也含混不清，令人失望。莎草纸书籍可能是埃及的写信人发明的，然后向北传到希腊和罗马；或者羊皮纸分页手抄本是希腊人或罗马人发明的，他们更靠近羊皮纸的发源地帕加马，后来改用了托勒密埃及当地供应充足的莎草纸。[71]就连该领域的重量级学术著作《分页书的诞生》（*The Birth of the Codex*）的作者罗伯茨（T. C. Roberts）和斯基特（C. R. Skeat）也承认，没有人敢宣称确切知道分页书是何时何地如何诞生的。[72]

虽然分页书的婴幼期仍然迷雾浓罩，但它的青春期和成年期已经得到了全景式的呈现。手稿学家或研究分页书的历史学家通过研究全世界的图书馆、博物馆和私人收藏的大量古书，已经画出了非常详细的时间轴，确定了公元4世纪以来分页书籍在制作材料、装订技术和设计等方面的每一次变革。

在手稿学中，分页书从史前时期进入信史时代的关键是一批皮革封面的莎草纸书，统称"拿戈玛第经集"。这批制作于公元4世纪的书于20世纪40年代末首次进入人们的视野，引起全世界对让·多雷斯（Jean Doresse）的关注。这位年轻的法国考古学家在开罗的科普特博物馆一看到这些书便意识到了其出处。然而，这一发现其实要归功于两位赶骆驼的埃及人，他们最先从地下挖出了这些书，而且这一发现受到一系列血腥事件的玷污，故事也被渲染得扑朔迷离。[73]

两兄弟是如何发现这些书的具体情形直到1979年才得以明确。这一年，美国学者詹姆斯·罗宾逊（James M. Robinson）亲自找到了他们，设法访谈了他们，听到了这个惊悚的故事。

1945年底的一天，在上埃及的拿戈玛第镇，卢克索以北大约八十英里，穆罕默德·阿里·萨曼和阿布·马吉德两兄弟正在挖一种较肥沃的软土（sabakh），用来给附近较硬的庄稼地施肥。阿布的鹤嘴锄碰到了土里的一个硬东西，于是两人合力挖出了一个大陶罐，陶罐上面扣着一个陶碗，由沥青密封。一开始，他们不敢打开陶罐，害怕里面装着的是精灵，最后身为兄长的穆罕默德还是鼓起勇气用锄头把陶罐砸开了。罐子里自然没有他们预想的超自然生物，而是十二本用皮革装订的莎草纸书，还有一些散落的莎草纸。他们把这些东西收拾起来带回了家，放在母亲的面包烤炉旁边。（他们的母亲乌姆·艾哈迈德后来承认，她把其中一些散落的书页扔进炉子当燃料用了。）[74]

大约在此六个月前，穆罕默德的父亲阿里抓到了一个邻村来的人，推测这人是小偷，于是把他杀死并斩首了。不料第二天早上，阿里被发现已经中弹身亡，尸身就横在被斩首的小偷的尸体旁边。穆罕默德告诉罗宾逊，这件事很重要，因为正好发生在纳西姆丰收节（复活节星期一，埃及东正教科普特人的节日）。兄弟俩在大约六个月后发现了藏书，那么时间就是1945年12月。就在他们发现经集的一个月后，有人告诉穆罕默德和阿布，杀害他们父亲的嫌疑犯（敌对家族的一员）正在他们家附近的路边打盹。在母亲的催促下，兄弟俩用锋利的鹤嘴锄杀死了熟睡中的仇人，然后把他肢解，挖出并吃掉了他的心脏。两家的仇恨进一步升级，最终导致了葬礼上的大屠杀，穆罕默德家族中有27人被枪击，其中许多人被打死。[75]兄弟俩决定慎重行事，离开家乡躲一躲。因此这批书的发现一直无人知晓。直到事后20年，在罗宾逊的劝说、奉承和贿赂之下，他们才披露了事情的来龙去脉。[76]

就在警方调查涉嫌杀害父亲阿里的凶手时，兄弟俩开始处理这批皮革封面的莎草纸书。当地一位科普特神父认定这些书是非常古老的基督教经文，但他拒绝购买。穆罕默德和阿布最终把书分成小包，只要有人愿意出点钱，就卖给他。渐渐的，这批四处流散的古书开始了自己的旅程：起初，这些书被用来换茶叶、糖、橘子或随意的几个比索（埃及货币的一分），但这批古书有着重要价值的谣言在埃及古董商中间不断流传，古书的要价也随之上涨。到1947年，开罗一位名叫辛西翁·塔诺（Phocion J. Tano）的商人已经设法购得几乎整批古书（只差一本），但正当外国买家纷纷出价之时，他听说埃及政府计划以强制的价格从他手中购买全部藏书。于是，他与意大利古董商玛丽亚·达塔利（Maria Dattari）合谋，让她假借把这些书交给教皇，设法把它们带出埃及。但在开罗机场她就受阻，大为恼火的塔诺被迫接受埃及政府提出的5000埃及镑（约合15000美元）的报价，这还不到这批古书真实价值的二十分之一。[77]这部经集被收藏在开罗科普特博物馆，但在任何人可以详细研究经集之前，埃及政府卷入了一系列国际事件当中。1956年的苏伊士运河危机、1967年和1973年爆发的中东战争等，使得"拿戈玛第经集"最后一册的复制本直到1977年才得见天日，此时距离它们从卢克索以北柔软肥沃的土壤里被挖掘出来已过去三十多年。[78]

对于圣经学者来说，书中的内容为审视"诺斯替"（Gnostic）基督徒的世界提供了新的视角。"诺斯替"是一个异端教派，相信可以通过接受深奥的"诺斯"（gnosis，也就是"知识"）来获得某种启示。[79] 然而，对于书史家来说，"拿戈玛第经集"的意义非比寻常：这些书本身就是某种"诺斯"，就是一粒时间胶囊，为后代封存了一小部分失落的古代书籍制作历史。

"拿戈玛第经集"是世界迄今最早的装订完整且有封面的分页书，其制作方法很简单。每一本都由一叠莎草纸制成（像往常一样，这些莎草纸是从卷轴上剪下来的），每张纸都对折，然后由两根羊皮做的细绳绑在单层的绵羊皮或山羊皮封面上。书脊长约1英尺，每本打开约18英寸宽，但许多书的封面向外延伸很多，可以在书合上的时候将之包裹起来。所有的书都安装了皮绳，合上的时候可以把书系紧。[80]

要想把书页和封面装订起来，首先要把一摞莎草纸和皮革组合在一起，然后钻出四个孔，两个孔靠近书脊顶端，两个孔靠近书脊底端。想象自己是古代的书籍装订师，一本未装订的书就摆在你的面前，你要做的就是用两根皮绳把整本书绑紧，每根绳各穿过两个孔。皮绳由外向内穿入一个孔，先穿过封面，再穿过"书芯"（装订师也叫它"内文块"），然后转头从另一个孔穿出来。[81] 把每根绳子的两端在封面外打结。在"拿戈玛第经集"的一些书中，书脊是由一根单独的皮条加固的，皮条插入书芯和封面之间；另有一些书是把小块的皮革或莎草纸贴在书芯靠书脊的一端，在对应四个孔的位置扎孔，以防止装订皮绳把书页撕裂。[82]

"拿戈玛第经集"展示了书籍制作中一些不言自明的事实。最根本的是书籍的基本形状：每一页面的高度都大于宽度，二者的比例大约是四比三，尺寸和高宽比与信纸几乎相同。（欧洲A4纸的高宽比更大一些，但大得并不多。）对于莎草纸书籍为什么是长方形的这个问题，历史学家从未达成共识：一种理论认为，沿着较长的边缘装订的书更结实；另一种理论认为，当页面高度大约宽度时，卷轴中常用的分栏布局自然会被转换成页面布局。[83] 不管是什么原因，"拿戈玛第经集"的尺寸可操作性非常强，版式也完全遵照了传统。

其他为我们所熟知的工艺比比皆是。每张莎草纸依次被裁切得越来越窄，这样整本书合上的时候边缘才是平直的，这是现代书籍制作中常见的最终处理工艺（有画龙点睛之妙）。（如今，制作手工书的时候，先把书固定好，用一种称作"切书边刀"的圆刀进行修剪，而批量生产的书则用动力驱动的切纸机进行切割。）[84] 尽管"拿戈玛第经集"成书年代久远，但那些包裹着书芯的封面并不会让现代人感到惊讶。皮革的封面用莎草纸的边角料予以加固，在封面边缘留出皮革翻盖（折边），可向内折并粘贴在里面的莎草纸上。[85]1600年后的今天，这一基本方法仍在使用：如果你拿掉一本精装书的外封，便会看到折边，封面布或封面纸被折过去，粘贴在两个加固板上。

以一种非常特别的方式，藏在"拿戈玛第经集"封面下的莎草纸边角料变得比它们所要保护的书页更有价值。就像考古学家在古人的垃圾堆前毫无抵抗力一样，手稿学家们也如饥似渴地获取原本用于加固书籍装订的莎草纸、羊皮纸和纸张的碎片。（他们称它为"木乃伊盒"，类似于古埃及人用来制作死亡面具和石棺的多层纤维材料。）人们细心地拆开"拿戈玛第经集"的加固材料，分理出各种合同、信件和账目，上面有手写的公元333年、公元341年、公元346年和公元348年等日期。[86] 于是，目前所知的分页书的历史就起始于公元333年，大约在17个世纪以前。

第十四章
绑紧绳带：装订分页书籍

今天，如果你要复制"拿戈玛第经集"中的一本（很多业余和专业的图书制作者都这样做过），做法肯定和当年不太一样。获取纸板和纸张要比当年找莎草纸更容易了；你可以毫无愧疚地购买预制皮革，而不是去饲养一只山羊，然后再残忍地屠宰和剥皮。先把所需的原材料准备好，再把成沓的纸对折，把皮革切割成适当的大小；合上书，把书页边缘修剪平；用锥子扎孔，最后用皮绳把它整体串起来。所使用的材料可能已经改变，但基本设计和原版相比忠实度很高。如果你把它和我们这本书相比（或者和世界各地图书馆里落满灰尘的皮革封面、烫金大字的经典巨著相比），很明显会发现，我们不再是简单地把书制作出来；现在，我们还要装订这些书。

红棕色小册子《圣卡斯伯特福音》（*St Cuthbert Gospel*）有一千多年的历史，据说是英格兰本土最著名的圣徒的私人财产。2012年，它以超过1400万美元的价格易手，成为世界上第二昂贵的书

（截至 2014 年，只有达·芬奇的笔记《莱斯特手稿》比它更贵）。尽管《圣卡斯伯特福音》年代无比久远、价格贵得惊人，但就除此之外的大多数方面来讲，它是我们这本书和其他每一本现代书的直系先祖。[1] 这是欧洲（和后来的西方）书籍装订工艺的最早范例。

诺森伯兰海岸之外有座林迪斯法恩岛，卡斯伯特曾任该岛的主教，逝世于公元 687 年 3 月 20 日。[2] 他 50 岁左右的时候过着虔诚的生活，时常遇到神迹。一天晚上，他睡不着觉，目睹了林迪斯法恩前任主教艾丹的灵魂被带到了天堂；据说，他经常与天使交谈，并从他们那里得到食物；更为平常一些的是，他躲过了一场瘟疫，而这场瘟疫夺去了苏格兰边界区的梅尔罗斯修道院（Melrose Abbey）院长的生命。[3] 卡斯伯特后来成为院长的接班人，继而升任林迪斯法恩的主教。他以苦行而虔诚的信仰赢得了声誉，也赢得了信众的尊敬。他是在内法恩岛（Inner Farne）的居所去世的，这是一个距离林迪斯法恩几英里的小岛。去世后，他的遗体被送回修道院，恭敬地安放在祭坛旁边的石棺里，祈求神圣的启示和指引。[4]

一个世纪后，袭击林迪斯法恩的维京海盗放过了死去的主教和那些活着的僧侣。公元 793 年，岛上的宗教团体、卡斯伯特的遗体以及其他都被转移到内陆。卡斯伯特身后的朝圣之旅就此开始：直到公元 995 年，他的遗体才最终安葬在英格兰北部的达勒姆。他的棺椁首先安放在一座木质教堂里，然后是石质教堂，最后才是达勒姆大教堂（Durham Cathedral）。[5] 1104 年，他的红棕色小册子就是在那里被发现的。

就像三个世纪前林迪斯法恩的僧侣们所做的那样，大教堂管理层决定将卡斯伯特的遗体安置在一座宏伟的公共神殿里，这样它就能成为一个观光景点了。他们撬开卡斯伯特的木棺时，发现遗体奇迹般地完好无损（在场的人低声说道，这证明了他的圣洁；现代的专家则认为，林迪斯法恩的僧侣们对他的遗体进行了防腐处理），于是卡斯伯特便晋升至"不腐之身"行列。据说这个层次圣人的躯体能抵抗死亡的腐朽力量。[6]

人们发现卡斯伯特的个人物品也保存得近乎完美，卡斯伯特的不腐神话被进一步夸大，但是他贫穷和节俭的名声开始遭受质疑。作为梅尔罗斯修道院院长和林迪斯法恩主教，卡斯伯特根本就是住在牧师的天堂里，能够与皇室成员一同进餐，并从教众那里接收奢华的礼物。这些礼物中有几件跟随他进了棺材，包括一件丝绸寿衣、一把象牙梳子和一枚华丽的镶珠宝的金十字架。[7] 然而，更重要的是，他的遗体旁边发现了一本红色的小册子。这是卡斯伯特自己抄写的《约翰福音》，在林迪斯法恩举行的葬礼上，它被放进了棺材。似乎得到卡斯伯特本人的护佑，它同样没有腐烂。[8]

自 1769 年起，这本书被存放在耶稣会学院，因此长期以来被称为《斯托尼赫斯特福音》（*Stonyhurst Gospel*）。2011 年大英图书馆拍得此书后，卡斯伯特的这本小册子被重新命名为《圣卡斯伯特福音》。[9] 即便如此，英文书名中缺少表示所属的撇号，这表明历史学家不再确定这本书之前一定属于圣卡斯伯特本人。将抄写员的笔迹以及其中使用的拉丁文缩写，与同期其他手稿进行比照后，小册子的书写和装订时间最终被确定为公元 698 年左右，这时候卡斯伯特已经去世十多年了。[10] 但是，就算《圣卡斯伯特福音》从来没有被这位叫作卡斯伯特的圣徒所拥有，那又有什么好大惊小怪的呢？

从外表看，《圣卡斯伯特福音》并不是一本引人入胜的书。它很小，高 5.4 英寸，宽 3.6 英寸，用普通深红色皮革装订，其上点缀着若干浮雕线条，封面中心处有凸起的图案。[11] 由于时间久远，里面的羊皮纸页已有些松散，小册子看起来更像是一个皮质封面的备忘记事本（Filofax），而不是书籍历史上的一个里程碑。封面下面是两块木板，尺寸与书页相同，和93张羊皮书页、1张纸质书页缝合在一起。[12] 与其他宏伟的福音书（尤其是卡斯伯特的继任者伊德弗里斯主教委托制作的豪华的《林迪斯法恩福音书》）不同，《圣卡斯伯特福音》的文本受到了限制，每页的文字不分栏，只用了几个装饰精美的大写字母加以分段。[13]

正是《圣卡斯伯特福音》的平凡成就了它的高贵。几乎可以肯定的是，它的制作地点是在韦尔茅斯－贾罗修道院（Wearmouth-Jarrow）。那是英格兰北部著名的修道院，也是书籍制作中心。这本书虽然朴素，但制作精良，表明抄写文字的抄写员和把这些文本缝在一起的装订师都对自己的操作充满信心。最重要的是，它保持了异常良好的状态：当它于1806年在伦敦的古文物协会（Society of Antiquaries）展出时，人们认为这本书的装订肯定是在伊丽莎白时代（也就是16世纪下半叶）更换过。[14]《圣卡斯伯特福音》是现存的中世纪早期书籍制作艺术之典范。尽管卡斯伯特本人早已不在人世（根据1899年的检查，他的躯体只剩下一具骨架），也远非不朽之身，但他的书却丝毫没有被腐蚀。透过这本小册子，我们获得了一个罕见的直观过去的机会。[15]

在韦尔茅斯－贾罗，僧侣们尽全力制作了《斯托尼赫斯特福音》，此时，书籍的制作水平已远远超越公元4世纪的"拿戈玛第经集"时期。也许最大的变化在于羊皮纸已不足为奇了：由于经济实力的增强和宗教保守主义的扩张，欧洲大多数基督教徒都很抗拒带有多神论色彩的东西，这让埃及莎草纸久已黯然失色。[16] 但是，

从机械学的角度看，更重要的甚至比写作材料的这种变化更微妙的是，页面被组合成一整本书的方式。

如果你拿起《圣卡斯伯特福音》，装着翻开它准备阅读，然后把它向你略微倾斜，这样就可以看见它的书脊了，你会看到它的书页被分成了若干单独的书帖。每一组书帖都由一沓中间折叠起来的书页组成，所有书帖在书脊处被缝在一起。[17]"拿戈玛第经集"并非如此制作，对于书卷的制作者和读者来说，这样做会出现问题。

有句老话说，一张纸不能折叠超过七次，这话可能是无稽之谈。但一叠厚厚的富含纤维的莎草纸要折叠这么多次，肯定是更加困难。"拿戈玛第经集"的制作者把原初的书稿整理在一起时，要一次折叠几张厚厚的莎草纸肯定得费不少劲，所以研究古代书籍的手稿学家认为，每一张纸都是单独折叠的。每本书都折叠18次到39次不等，然后才被组合成一沓。[18]

完成"拿戈玛第经集"的制作后，古代的书籍制作者不得不承认，莎草纸不是一种特别适合制作书籍的材料，或者至少不适合制作只有一个书帖的书。由于"拿戈玛第经集"每册书都由很多莎草纸构成，最前面和最后面的页面读起来比较费劲。读一本由30张纸组成的书，读第二页和第三页的时候，你必须握住59层僵硬、不灵活的莎草纸。中间厚实的折线也很尴尬：读到书的中间后，越往后翻，折线的半径会越大；两个相对书页之间的阴影面积会越来越大，每张页面可用于书写的区域会越来越小。[19]

另外还有一个问题，这个问题只有在使用一段时间后才会变得明显。如果你阅读一本书，它里面每一个书帖由四张纸组成，那么在阅读时，最多只有两张纸会同时展开。（你现在就可以验证这一点：如果你翻到本书的结尾，你会发现，除了你正在阅读的这个书帖以外，其他书帖都是闭合的，只有你翻到下一个书帖的时候，另一个书帖才被打开。）另一方面，如果你浏览一本每一书帖有39张纸的书，那么在阅读时，不管翻到哪里，平均有19.5张纸同时展开，坏消息就是，这些纸张在反复翻折后容易破裂。富有弹性而灵活的羊皮纸的出现在一定程度上缓解了这一问题，但单一书帖的书所具有的不灵活性和脆弱性仍然存在。

"拿戈玛第经集"制作者中可能有人意识到了这一点。在"拿戈玛第经集"所有各册中，有一本称为"艾德古抄本"（Eid Codex），也叫"荣格古抄本"（Jung Codex），正式的名字是"一号古抄本"（Codex I）。它是最令人好奇同时也是最神秘的一本。

古董商辛西恩·J.塔诺（Phocion J. Tano）收藏了"拿戈玛第经集"的其余所有部分，唯独没有这41张莎草纸页组成的一册。这41张莎草纸页落入了竞争者约瑟夫·阿尔伯特·艾德（Josph Albert Eid）手中。作为比利时驻埃及领事的儿子，艾德不顾开罗科普特博物馆馆长发出的绝对禁止出口的严厉警告，悄悄地向潜在买家分发了手抄本的照片。但是，买家也有自己的盘算：让·多雷斯在看过这41页"艾德手抄本"后，将自己的印象向法国国家图书馆的上司做了报告，上司命令他淡化其重要性以降低价格。[20]

可惜，多雷斯不是个说谎高手。价格没讲下来，法国国家图书馆宣称无力支付竞买费用，于是艾德前往美国，征询其他买主。此行他还设法随身带上了手抄本。他是如何做到这一点的，目前还不完全清楚：一些内部人士称，他把手抄本藏在了一箱更普通的古董的最下面；还有人说，这本书是用比利时的外交邮袋走私出去的。（最终的买家坚称，手抄本是"通过合法手段"从埃及运出来的，尽管他们并没有说清楚具体的运输过程。）在美国也没谈成交易，艾德回到布鲁塞尔，将手抄本存放在一个保险箱里。直到1950年他去世时，这本手抄本仍未售出。[21]

卡尔·荣格创立的精神分析学学术机构——苏黎世荣格研究院（Jung Institute of Zürich）最终于1952年收购了该手抄本，其成员希望该书的深奥内容有助于证明荣格的心理学原型理论。研究院的人在开罗找到了艾德的遗孀，并给她写了一封信，希望能买下手抄本。当时埃及正爆发革命，民众抗议英国军队的长期驻军。西蒙娜·艾德迫切想离开埃及，但未能成行。她把手抄本作为讨价还价的筹码，确保自己可以离开埃及。1952年4月，乐意协助她的荣格研究院向一个瑞士的银行账户中存入了35000瑞士法郎（合8100美元），并同意在西蒙娜安全出国之前对交易予以保密。[22] 就这样，荣格研究院得到了手抄本，该手抄本也被称为"荣格古抄本"。

一如"拿戈玛第经集"的其他部分，"荣格古抄本"的出版拖的时间很长。但是，1975年当这些书页的副本最终制作完成时，手稿学家却发现这册书与"拿戈玛第经集"的其他册有着根本的不同。他们认为，这本书是由多个书帖组成的。

（在深入研究"荣格古抄本"的细节之前，有必要解释一下在装订行业中具有特殊意义的几个词。首先，对折并在书脊处装订的每一张纸，被称为"折页"（folio），该词源自拉丁文的folium（叶）。[23] 其次，每个折页的两半都被称为"页"（本作"叶"，leaves），这是很容易混淆的，但是对于装订者、收藏家和手稿学家来说，"折页"和"页"之间的区别是由来已久又十分明确的。[24] 最后，页的两侧都是"面"（page）。[25] 为了帮助记忆，想象一下你正逐页翻阅一本书，一页一页地翻过，看到的都是其中的一面。

在仔细研究了这些手抄本的内容后，学者们将里面的折页重新排序，并指出，"一号古抄本"被分成三个书帖，分别包含22张、8张和6张纸，共计36张纸、144面。[26] 姑且先不说这种设计的不对称性，这册书比起"拿戈玛第经集"的其他部分都更好拿，也更耐用。然而，尚不清楚的是，使用多个书帖的设计是否有意为之。"一号古抄本"的皮质封面由于与书页失散，经历了漫长的旅程才公之于众：先是遗失了，又被找回，最后被一位私人收藏家买走。它一直与内文是脱离的，直到现在，手抄本的装订机制仍是未解之谜。²⁷两个较薄的书帖是作为主体书帖的附件后来加上去的？抑或三个书帖是同时装订的？没人能确定。如果宣称"荣格古抄本"标志着一种新型书籍自此出现，书籍专家们仍然有些心有不甘。²⁸

《圣卡斯伯特福音》承续"荣格古抄本"精神，其制作者也深谙折成多个书帖的好处。虽然《圣卡斯伯特福音》现仍保存十分完好，但它的第一个书帖曾经散落，后被直接缝在了封面，保持了整本书的完整。正因为如此，手稿学家不用进一步把它拆开，就可以弄清这本书的装订工艺：我们确切地知道了《圣卡斯伯特福音》是如何制作的，甚至知晓其最小的装订细节。²⁹

《圣卡斯伯特福音》的羊皮纸被折成 11 个书帖，每一书帖含 4 个折页，书的最前面有一张额外的纸页，最后一个书帖只有两个折页。³⁰ 这种大致对称的排列方式可以从穿过每一书帖的孔看出来：每一书帖都先用线订过一次，就像"拿戈玛第经集"一样。这样，抄写员抄写时就不必担心页码会乱了。（他似乎只在每一帖其中的两面用削笔刀的背面使劲地画线，让痕迹穿透到后面的其他纸页。）这样，快抄到结尾处时，抄写员肯定会发现，最后的书帖只要两个折页就足够了。³¹

抄写的文本和书帖按照正确的顺序排列后，真正的装订工作就开始了。书籍装订匠（抄写员本人或其他人）首先拆除临时订折页的线，并在每一书帖上以大致相等的间隔打出四个 V 形孔。这样，把书帖展平时，这些孔就会显露出来。[32] 然后把两块约十分之一英寸厚的薄木板切成与书页大小相匹配的尺寸，其边缘处打的孔和书帖上的 V 形孔一一对应。接着，书籍装订匠给两根针穿上细亚麻线，把全部书页和木板缝在一起。

急躁和笨拙的人可干不了这活儿。

想象一下，一叠折好的羊皮纸书帖夹在木板中间，就放在《圣卡斯伯特福音》的制作者面前。每块木板和书帖上都有四个孔，从上到下我们将它们标记为 A、B、C、D。装订匠拿起第一根针和线，先把第一块板缝在第一个书帖上，针从 A 穿入书帖，再从 B 穿出来。接着，将针线穿入第二个书帖，这次是从 B 穿到 A，线从书帖穿出来后，用链式针法锁在第一个书帖上。[33] 重复上面的针法缝合其他书帖，直到封底，针线穿入羊皮纸折叠的每一书帖，然后再穿出来，书帖被链式针法形成的双排链缝牢牢加固。

装订匠会重复以上步骤，直到所有的书帖都在 A 和 B 处被缝在一起，背板也被缝在最后的书帖上。然后，装订匠拿起第二根针和线，在 C 和 D 处重复前述整个工序。这样，四条以链式针法穿行于裸露书脊的锁线就将整本书绑紧了。[34] 如此描述看似简单，其工序实际极为复杂。如果你手里拿着一个成品，就比较容易想象装订过程。下图所示为 11 世纪埃塞俄比亚制作的书籍，是一个很好的成品范例。它的皮质封面已被拆除，书帖上有六个孔，而不像《圣卡斯伯特福音》那样是四个孔。每一排锁线从前板到背板都绕过书脊，每根线依次穿入并穿出每一个书帖，最后形成独具特色的辫状线。

书的每一个组件（前板、书帖和背板）只缝到相邻的组件上。前板缝到第一个书帖上，第一个书帖缝合于第二个书帖上，第二个

一本埃塞俄比亚于16世纪用科普特缝线法（Coptic stitching）装订的书籍。木板尺寸约10英寸×12英寸。六排辫状线绕过书脊穿入下一个书帖，再穿出来，这样每一个书帖只和相邻的书帖缝在一起[35]

书帖缝合于第三个书帖上，以此类推。最终的产品是一本可以完全平摊打开的书：缝在书帖之间的线就像灵活的铰链，使每个书帖都可以打开，而不会拉扯其他书帖。这是一个小小的创新，却很关键。今天，这种装订风格被称为科普特缝线法，以纪念公元2世纪到4世纪之间发明这一针法的埃及科普特人。[36] 尽管埃及的科普特人预示了现代书籍，但却是罗马人定义了现代书籍的最终叫法，也就是"分页书"（codex）。虽然书籍与书籍制作各方面历经了几个世纪的彻底修正和革新，这种叫法却保留了下来。

无论分页书的创意来自何处，似乎简单的木制书写板对于这种新媒介的制作工艺都是一个重要的灵感来源。保存完好的蜡制双连书写板已在赫库兰尼姆遗址被发现，每块板都被钻了孔，并用绳子绑在一起，由于绳子是嵌在凹槽里的，所以并没有突出于木板之外。这种简单的装订机制被认为是《圣卡斯伯特福音》和其他类似书籍所采用的科普特缝线法的前身。[37] 来龙去脉是这样的：在分页书问世之前几个世纪，罗马作家一直把书写板称为"caudices"，后来又称为"codices"。"codex"（分页书）一词本意原为"树干"或"木块"，起初它仅指木制的书写板，渐渐地泛指所有材质的书写板。[38] 最终，这个词完全超越了它最初的意义：由于书写板经常被用来记录法律事务，"codex"逐渐用以表示"法典"——换句话说，英文中的"法典"（code）就是从这个词来的——所以公元 1 世纪或公元 2 世纪，一种新的书写载体（由裁切的卷轴和木板组成的奇怪混合体）出现，罗马人便用早已起好的名字称呼它。[39] "分页书"的时代由此到来。

《圣卡斯伯特福音》的皮质封面是粘帖在木板上的，这是一千多年来的惯例。封面上的凸起图案在现代人眼中显得异常突出（若摆在现代书架上，这不是一本能与其他书紧密并排的书），但根据古籍的插图，直到 17 世纪，书籍通常情况下都是平放在书架上，封面朝上，而不是竖直放置的。许多中世纪的书柜差不多跟讲台一样，书架向下倾斜，这样书就可以自豪地展示它装饰精良的封面了。[40]

至少从理论上讲，《圣卡斯伯特福音》上具有凯尔特风格的凸起旋涡和装饰边，制作起来并不难。封面上的直线，通过在封面上钻的孔之间拉线就能做出来，而中间凸起的图案则很可能是由皮革废料或用来制作凸起插图的厚白垩石膏制成。将这一骨架固定好之后，把一张染成深红色的绵羊皮或山羊皮切成一个比完全打开的书略大一点的长方形，润湿后，粘贴在适当的位置上。制作时，装订匠的动作很快，等皮革变干和胶变硬之后，还要用一种扁平而尖的工具处理一下凸起的装饰物周围的皮革，并雕刻齿状线条。（装订匠的"折纸器"是一根扁平而光滑的骨头，大小和形状像压舌板，可用它来压折页，还可以用于其他工序，使用起来得心应手。）[41]最后，就像"拿戈玛第经集"一样，封面突出的边缘都在四角斜接，折叠之后贴在封面木板内侧。[42]这是一项技术活儿，但《圣卡斯伯特福音》的制作者似乎已经做得很好了，而且在此后的几个世纪里这个工艺一直没有改变。

后来还出现了最后一项创新。链式缝线法使《圣卡斯伯特福音》得以完全展开，但链缝必须承受日常使用时产生的所有压力和拉力，而该书一位遭受损失的特别收藏者发现，链缝无法永久承受这些压力。如果将第一个书帖缝合于第二个书帖的线在某一处松了（以此类推，缝合于其他书帖的松了），那么就需要进行复杂的修复。[43]

大约在公元8世纪，当时众多修道院中的修士正忙于制作书籍，有一个人决定解决这个问题。已经有太多的书散开，说明科普特缝线法禁受不住反复的打开和闭合。也许这个无名的书籍制作者跪在教堂的祭坛前，凝望天堂的方向乞求灵感；也许就在教堂屋顶上的桁架里，他目睹了天启。

新的缝合方式给书加上了书脊，而之前用科普特缝线法装订的书是没有书脊的。两者的不同之处在于，新的缝合法不是把每个组件缝到它相邻的组件上（前板缝在第一个书帖上，第一个书帖缝在第二个书帖上，以此类推），而是每个组件分别连接于一系列成对的麻绳上，这些麻绳就像屋顶的椽子一样贯穿书脊。首先，在前板上钻孔并系上绳子，然后打个结，使其固定；接下来，在折好的书帖上扎孔，使孔对齐，然后用麻绳依序缝合；最后，将背板系到绳上，并打结，工作就完成了。[44] 这种新的方式被称为双绳装订法（double-cord binding），这意味着每一书帖只需承受自己的重量，而不是整本书的重量。[45]

这种双绳装订法比科普特缝线法更结实，这一点在《拉辛德鲁迪斯经》（Ragyndrudis Codex）上得到了证实。《拉辛德鲁迪斯经》是公元 8 世纪时用双绳装订法缝合的，据说一直为圣波尼法爵（Saint Boniface）所拥有，直到他不幸遇难。[46] 波尼法爵是欧洲基督教的奠基者之一，他是盎格鲁-撒克逊人，最初作为传教士来到欧洲大陆，后来成为美因茨的大主教。[47] 传说，公元 752 年，在欧洲北海沿岸狂风吹袭的弗里西亚（现在是荷兰和德国的一部分），波尼法爵的队伍受到异教徒游击队的伏击，致使他最终殉难。据说，在暴徒靠近时，波尼法爵举起了一本圣书，不是为了抵挡攻击者（他的圣徒传记作者赶紧解释说），而是为了在殉难之时得到精神保护。当袭击发生时，波尼法爵手中的那本书抵挡了致命的袭击。

如传说所讲，这本命中注定有此一劫的书就是《拉辛德鲁迪斯经》，现藏于德国富尔达大教堂。[48] 作为对新发明的双绳装订技术的一次考验，异教暴徒的攻击肯定是难以抵挡、力大无比的。至少托尔金（J. R. R. Tolkien）对此印象深刻，他偷偷把相似于波尼法爵《拉辛德鲁迪斯经》的一本书放在了《魔戒》第一部《魔戒再现》里：他虚构的《马萨布尔之书》被弗罗多、甘道夫和所领导的远征队在摩瑞亚矿坑找到，封面已被兽人用斧损毁，书页上沾满了矮人的鲜血。[49]

❧ · ❦

就像造纸术、活字印刷和雕版印刷一样，书籍装订并没有经历飞跃式的创新。偶尔，装订匠也会尝试对基本程序做一些根本性的改造，例如把两本书装订在一块封面木板上，或者把几本书折叠成手风琴似的褶子式装订本。但双绳装订法出现以后，书的形式被有效地标准化了。从《圣卡斯伯特福音》《拉辛德鲁迪斯经》和中世纪类似的书籍，到19世纪书架上排列的《大英百科全书》和韦氏词典，书籍的演变是温和的、缓慢向前的，在修修补补、精益求精和材料改良的浪潮推动下波澜不惊。

书籍形式上某些巨大的改变早已经出现。在加洛林时代，查理曼大帝劝诫放荡的神职人员专注宗教书籍的制作和研究，于是早期用以缝合的麻绳让位给了搓捻的皮条和扁平的皮带，这让书脊变得更加强韧。[50] 一系列相关的创新也随之出现：一些制书匠尝试不同的缝合法；也有人将麻绳或皮带嵌入书脊上各书帖之间的插槽；后来，到了11世纪，"缝线框架"（sewing frame）的发明使缝合书籍变得更容易操作了。缝线框架就是一对平行的木条，夹在木条之间的麻绳或皮带可以被拉得很紧。[51]

渐渐地，现在被称为"环衬页"（endpapers，又称蝴蝶页，指书籍卷首及卷尾之衬纸）的东西演变成了书中一个特别的（而且常常是独具特色的）组成部分。环衬是书的前面和后面贴在木板内部的那页纸：在一些书中（如《圣卡斯伯特福音》），环衬只不过是"内文书芯"（text block）的第一页和最后一页；在另一些书籍中，内文书芯会特地安排好，让第一个书帖和最后一个书帖被设计成只有一个折页，这个折页就被当成环衬了；后来，制书匠试图简化工艺，散开的衬纸被直接粘贴到前后板的内部和其对开页上。[52] 衬纸

约斯特·安曼 1568 年的木版画,描绘了一个书籍装订作坊。背景是一名工人将一摞书帖缝到缝纫框架的绳子上;前景中的另一名工人正在压书脊机上修剪书的边缘,这个多功能的操作台可以将书固定,并进行多种操作[53]

一直有其实用目的,就是把内文书芯固定在封面上;当 17 世纪饰有彩色旋涡的大理石纸出现之后,它们就被书籍装订匠用来表现自己的作品风格。[54]

同样,精装书书脊顶端的彩带最开始也具备实用功能,后来才成为一种装饰物。用科普特缝线法装订的书籍(如《圣卡斯伯特福音》),"堵头布"(headband/ tailband,贴在精装书芯背脊天头与地脚两端的特制物)的制作比较简单。制作时,只要在每一书帖的顶端附近打孔,然后连同封面的皮革一起缝制。[55] 在后期的书籍中,堵头布变得更加精致,先将彩色丝线缝合于书脊的天头,再紧紧系在前后板或钉在封面皮革上。有时候,堵头布被嵌入内文书芯上的切口,这样它们就与书脊的顶部和底部平齐了。[56]

为何要有堵头布？最常给出的解释是，当从书架上取书时，它有助于保护书脊。如果附近有书架，当你伸手去取一本书时，你会本能地用食指把它拉出来一点，然后再做其他动作，所以有人说堵头布会抵挡这个动作所产生的力量。[57] 这种解释很简洁，但却是误导性的。当书籍从水平放置发展为竖直放置时，堵头布已经存在了一千年之久。[58] 简单地说，堵头布是书籍装订中不可或缺的一部分，是科普特缝线法链状锁线与后期书籍缝合线之间的进化中点，有助于更好地固定前后板、书芯和皮革。[59]

当约翰内斯·谷登堡的活字于15世纪中叶问世时，堵头布是第一批受到冲击的。添加堵头布一直是个烦琐而费力的工序，随着待装订的书越积越多，制书匠们不得不尽可能地降低制作的复杂性。堵头布不再被缝合于每一书帖，而是间隔地缝在书帖上；它们被安置在文字块的顶端，而不再嵌入切口；它们也不再缝合于封面。到了16世纪末，普通的装订匠用简单的链式锁线法在书脊的顶部和底部将书帖缝合在一起，然后粘上替代的堵头布，以弥补受损的美感。[60] 现今有些书的堵头布只能算是制书工艺发展过程中的残留物，它的存在只是因为还没有遭到进化的淘汰。

其他的改良则不那么明显。早在16世纪，装订匠们就发现，圆形书脊（书脊堵头布呈现一定的弧度，翻口也相应呈现一个内凹曲面[61]）有助于减轻缝合线所承受的压力。从那时起，越来越多的书变"圆"了，书脊采用胶装，塑造出内文书芯所需的弧线，然后用小型的木制压书脊机固定书籍，直到胶水变干为止。[62]

不久之后，又有了一个相关的发明。内文书芯被加上"肩膀"（shoulder），配书帖时最前面和最后面的书帖有点向外探出，使书脊略呈蘑菇头状。这第二个工序叫作"衬背"（backing），在圆脊的书籍仍然固定于压书脊机上时就开始操作。书籍有几毫米向外凸出的余裕，装订师便用锤子轻轻敲打，直到书脊边缘向外探出一点点。有了衬背，前后板便能与书脊平齐，这有助于内文书芯保持圆形，然后在每一页边上加一个扭结，使书更加灵活。[63]

最后，除了以上这些改良，用于制作前后板和封面的材料与方法也随着时间的推移而发生着变化。起初，西方的制书匠更喜欢用硬的木板，这些木板可以系在一起，甚至可以上锁，以防止羊皮纸卷曲；相较之下，莎草纸和折页不那么容易卷曲，所以埃及科普特人和伊斯兰制书匠把废纸粘在一起做成"硬纸板"，用于装订。[64] 随着纸从东方的伊斯兰地区传入欧洲，欧洲的制书匠也效仿此法，连书架都开始改用硬纸板：随着读者开始竖直而紧密地将书排列在

理直气壮地用一本旧书的书页来装订一本新书。这是15世纪早期的书籍《巴伐利亚公爵颂词》(*Panegyris ad duces Bavariae*)，封面的硬纸板上覆盖着一本早期印刷的德文《圣经》的书页。有人认为，从某种意义上说，这本赞美巴伐利亚公爵的书配得上牺牲一本《圣经》。[65]

书架上，就不那么需要可以牢固锁住羊皮纸页的坚硬木板了。⁶⁶ 这种粘贴而成的纸板带来一个可喜的结果，有些会被当成垃圾丢弃的文件得以意外保存下来。《布克斯海姆的圣克里斯托弗》(*Buxheim Saint Christopher*) 是现存最古老的雕版印刷品之一，成书年代可追溯至 1423 年，就是从一本写于 1417 年的书的封面纸板上剥离下来的，后来又重新装订过。一部罗马法典的残篇也是这样被发现的，这些残篇曾用来加固一本中世纪书籍的书脊。⁶⁷

当你从书架上取出一本书时，你首先看到并触摸到的就是书的封面，在书的所有组成部件中，封面的材料变化最小。从公元 4 世纪到现在，人们一直都在用实用且耐用的皮革做封面。⁶⁸

皮革可以用手工无色凹凸印（blind tooling）来装饰，就是将加热的金属工具烫压在潮湿的皮革上，留下永久的凹痕。早在《圣卡斯伯特福音》的时代，封面就是用这种方法装饰的，其后的封面只是图案变得更加精巧而已：制书匠使用的工具包括简单的直尺、轮子、钉齿滚筒、图案重复的模具以及单版的整页印章。⁶⁹ 实际上，古代的普通封面上真正缺少的东西是字母和数字：直到 16 世纪，书籍开始书脊朝外竖直摆放在书架上时，书名和作者的名字才开始出现在封面上。⁷⁰ 15 世纪，压印的图案变得更加华贵，当时威尼斯的装订匠尝试制作烫金的封面图案。他们将金粉混合在油漆中，或用醋和蛋清的混合液"蛋白"（glair）把金叶粘在封面上。⁷¹ 这种做法从威尼斯传遍了整个欧洲。⁷² 到了 19 世纪，细致皮革上的烫金图案已经特别华丽（也很容易损坏），因此这些装饰本身也特别需要保护：现存最早的书衣可以追溯到 1830 年，是一种涂蜡的普通包装纸。[73]

除了封面设计外,封面用的是何种动物的皮革也可以揭示一本书的出处。最圣洁的兽皮有三种,即小牛皮、山羊皮和绵羊皮,有时也会使用鳄鱼皮、"俄罗斯皮革"(即马皮)、鹿皮、猪皮、袋鼠皮、海豹皮和海象皮,根据当地动物群体的不同而有差别地选用。[74] 然而,有时某本书封面的来源可能会令人震惊。

1829 年至 1830 年的冬天,苏格兰的爱丁堡笼罩在一起骇人听闻的谋杀案带来的恐怖气氛中。爱尔兰移民士兵威廉·伯克(William Burke)和他的同谋威廉·黑尔(William Hare)被指控实施了三起谋杀(后来又发现,他们要为另外 12 起杀人事件负责),两人先将受害者灌醉,然后令其窒息而死。伯克和黑尔将尸体都送到罗伯特·诺克斯教授的家中,后者是爱丁堡大学著名的解剖学家,每具尸体支付给伯克和黑尔 8—14 英镑。黑尔在审判中为获得赦免而提供对同伙不利的证词,指责伯克谋杀,并发誓罗伯特·诺克斯没有参与其中,从而使伯克独自受到法律的制裁。1829 年 1 月 28 日,伯克被送上绞刑架,在爱丁堡城堡附近执行了绞刑,然后他的尸体被送往医学院。这是处置死刑罪犯的常见做法。绞刑后的第二天,伯克的尸体在大学医学院被解剖。[75] 解剖过程向公众开放,大约有三万人前来观看凶手被肢解的尸体。他的骨架被保存和公开展示,以儆效尤。[76]

然而,威廉·伯克的悲惨命运还没有结束。爱丁堡医学界的一位大人物设法得到了伯克尸体上的一块皮肤,大小不超过一英尺见方,将其鞣制后做成一个口袋大小的笔记本的封面。这个笔记本如今就收藏在爱丁堡的外科医生大厅(Edinburgh's Surgeons' Hall)。这本封面上压印"伯克的皮肤口袋书"(Burke's Skin Pocket Book)的小册子在其他方面都籍籍无名,但其封面所用皮革在大约二百年后依然富有弹性，如同伯克传世的教训一样历久弥新。[77]

这本以伯克皮肤做封面的小书就是人皮书（anthropodermic bibliopegy，用人类皮肤制作书籍封面）中最臭名昭著的范例，但它远非孤例。[78] 哈佛大学的霍顿图书馆就有一本这种令人毛骨悚然的书，书名是《灵魂的命运》（Des destinées de l'ame）。19世纪法国小说家阿尔塞纳·胡塞耶（Arsène Houssaye）写作了这本书，并把它送给了朋友卢多维奇·布兰医生（Dr. Ludovic Bouland）。就像罗伯特·诺克斯一样，布兰医生可以随时使用人的尸体。因此，在他的一位精神病人死于中风后，他决定把这位病人的皮肤做成书的封面。布兰在书中夹了一张便条说明封面的来源：

> 本书的封面是用人皮做的，上面没有压印任何装饰以保存它原本的优雅。仔细观察后，你能够分辨出皮肤的毛孔。一本关于人类灵魂的书应该需要人类皮肤的保护：这是我长久保存的一块人皮，取自一名妇女的背部。有趣的是，因应不同的处理方法，你会看到这块皮肤会发生很不一样的变化。在我收藏的书中，《关于处女贞洁与堕落的思考》也是一本用人皮做封面的小书，但这块皮肤却和漆树一起染成了黑色。[79]

显然，卢多维奇·布兰是一位人皮书爱好者。他收藏的另一本"小书"，名为《关于处女贞洁与堕落的思考》（De integritatis et corruptionis virginum notis），现藏于伦敦的维康图书馆（Wellcome Library）。他在1865年写道：

> 在我看来，这本关于处女和女性生殖器官的奇特小书，需要搭配适合于主题的封面，因此以一块女性的皮肤做封面，我自己

用漆树给它染了色。[80]

尽管布兰让《灵魂的命运》的封面很朴素，并解释说"上面没有压印任何装饰以保存它原本的优雅"，但他制作的第二本人皮书显然更加精致了。他的《关于处女贞洁与堕落的思考》是令人尴尬的，却是书籍装订史上的一座里程碑。它保存完好，很好地展现了当时的装帧工艺与美学观点。封面材质是用漆树（一种富含单宁酸的野生植物）鞣制后的深棕色人皮，书脊有突起的带子，书脊的加固绳索从封面底部穿过，封面还装饰有精致而大面积的镀金图案。在正常情况下，这样一本书会吸引读者拿起来翻看，然后为之惊叹不已。[81] 但它并不是一本普通的书。"本书需获准后才能阅读。"维康图书馆的编目会这样冷冰冰地提示你。也许阅读这样一本书也确实需要一些情感上的冷漠吧。[82]

该书是19世纪中叶卢多维奇·布兰的《关于处女贞洁与堕落的思考》，"以一块女性的皮肤做封面，我自己用漆树给它染了色"[83]

第十四章 绑紧绳带：装订分页书籍

❧·❧

一些书籍仍然是以《圣卡斯伯特福音》《拉辛德鲁迪斯经》和类似的书籍为模板制作的。如果你想要一本用科普特缝线法制作的书，只需花几美元购买一本"鼹鼠皮"（Moleskine）笔记本，它没有加固的书脊，所以可以展平。[84] 不过，如果你想买一本双线装帧的精装书，那得支付更高的价格：大多数欧洲和美国出版的书，无论是平装书还是精装书，早已完全不再用前述两种缝合法装订了。

在工业革命期间，公众看到的是蒸汽朋克的小机械装置、轰鸣的机器和浓烟喷薄的烟囱，而对于书籍而言，最大的变革却发生在幕后。书籍的制作悄然地、逐渐地由手工转变为机器：1850年，一个名叫威廉·布莱克（William Black）的爱丁堡人发明了一台折纸机；一年后，"滚筒书脊印压机"出现了，这种机器可以按预先设定的样式装订书脊；1879年，爱尔兰裔美国发明家大卫·斯迈思率先对一种设备申请了专利（后续出现了多种类似设备），这种设备可以缝合配好的书帖，且不需要工人做穿线等工作。[85] 所有这些新设备，与长网造纸机、莱诺铸排机、莫诺铸排机、机械轮转印刷机一起，共同助力推动制书业进入现代世界。

但在此之前，1837年，英国人威廉·汉考克（William Hancock）申请了一项专利，由此颠覆了一千多年的制书传统。汉考克在美国专利444 A号文件中用了一个平淡无奇的题目——《图书装订之改良》，描述图书制作者如何跳脱烦琐的穿线缝制工艺制作多页的图书。他说，当配好的书帖印刷、折叠、整理和修剪之后，缝合之前将其锁定在压书脊机上，就像准备扒圆和加固一样。接下来，用切纸刀或者裁切机把书芯的书脊修剪平整，去掉书页间的折边，然后用砂纸打磨。将一些"生橡胶"（Caoutchouc）溶解于松节油，然后将混合溶液涂在书脊上,静待一两天,让混合溶液渗透到书页之间的微小缝隙,干燥后整本书就装订在一起了。

将一条布粘在最后一层生橡胶涂层上,再用环衬将制作完成的书芯与单独的封面(书壳)粘在一起,书脊就完成了。[86]("硬封面装订"是近期的另一项创新,早于汉考克时代一二十年出现于英国。大多数精装书,都用包覆布或纸的硬纸板做封面。)[87] 用汉考克的话说,这种方法装帧的书籍"打开后比任何其他方法装帧的书都要平",而同时代的人也热情地称赞汉考克的装订法令书册更为柔韧、结实,其奇特的生橡胶书脊"不仅防虫,也不受湿度影响"。[88]

19世纪中叶,在汉考克发明胶订的同时,一家名为乔治·劳特里奇(George Routledge)的英国出版商开始在火车站销售特价小说,希望能吸引厌倦了杂志和报纸的旅行者的注意。劳特里奇的"黄色书脊"铁路小说是按以往的方式缝制的,但是颜色鲜艳的纸质封面则粘贴于用草浆制成的纸板,比用皮革或布料装订的书便宜很多。这类书籍超级受欢迎。[89] 从此,书籍开始走向价格更低、更适宜平民大众的时代,以连载的廉价通俗小说为代表。在新型黏合剂的推动下,汉考克的胶订装帧堪称完美。这种方法是如此完美(perfect),以至于今天典型的平装书装订(书脊被修剪、打磨、黏合,并压印至单层封面)被称为"完美装订"(perfect binding,即无线胶订)。[90] 与许多行业将新发明首先应用于最昂贵的产品,再慢慢普及到更便宜的产品不同,图书业可谓反其道而行之:汉考克的胶订书脊工艺最先被应用于平装书,而后才应用于精装书。这种装帧法取得了压倒性优势。现代书店里书架上摆放的绝大多数书都是胶订的,而非线缝的。[91]

第十五章

尺寸为王：现代书籍的诞生

在书籍的发展历程里，装帧的基本技术一直没有变化。制书匠从来没有停止过对制作工艺、加工方法、制作材料和所用工具进行零敲碎打的改良，但基本的方法一直都没有改变。发生改变的只是书的受众以及书的外观。工业革命改换了制作书籍的机器，威廉·汉考克的生橡胶装订也简化了书籍的组装方式，但是现代书籍的概念（像本书一样携带方便、价格实惠的书）是文艺复兴时期威尼斯的知识界、商界和艺术界共同奠定的，而且这一切都取决于纸张的尺寸。

1974年，手稿学家埃里克·特纳出版了一本书目，收录了幸存的所有公元7世纪之前出版的书。这本《早期分页书大全》（*Typology of the Early Codex*）列出了制作于公元1—6世纪的892本书，包括同一作品的各种副本。经过分析，他得出结论，莎草纸书籍的尺寸取决于两个因素。[1]第一个是制作它们的卷轴的高度，

第二个是古代制书匠对卷轴中纸张粘贴处重叠部分的反感（直接影响卷轴的宽度）。[2] 以此制作的莎草纸书籍就呈现出我们所熟悉的尺寸和形状：例如，"拿戈玛第经集"各册的尺寸都在 5 英寸 ×10 英寸左右，最大的一册和最小的一册在长度和宽度上也只有 1 英寸左右的差距。这些世界上最古老的书几乎和我们手上的书一样宽，高度会稍微多出几英寸。[3]

很明显，早期的制书匠知道他们的客户如何翻阅。只有极少数古籍宽度大于高度，以便书脊的压力和张力维持在一个合理的水平；绝大多数书籍内文每行的文字都比较短且易读，必要时还会分成几栏；一般来讲，"拿戈玛第经集"奠定了一种舒适的书籍尺寸，很少有书籍大大超出这个尺寸。[4,5] 从那时起，人们的文学品位可能发生了变化，但手臂所能达到的范围、双手的跨度和大脑的运作方式，与公元 4 世纪时的情况仍然相差无几。然而，早期书籍的不同之处在于折页的装订方式。[6] 制书匠从卷轴上剪下一张张的纸，并按自己认为合适的方式组合起来。虽然"拿戈玛第经集"各册大部分是由笨重的单一书帖构成，但其他制书匠尝试过用 1 个到 56 个不等的折页组成书帖。[7] 最终，默契渐渐形成，即四五个折页组成一个书帖是最好的，可以让整理并装订书帖的劳动量与最终成品的实用性之间达成最佳平衡。[8]

羊皮纸问世后，情况有了变化。如果说书籍最初呈长方形是人体工程学和莎草纸卷轴共同使然，那么羊皮纸则是书籍继续保持长方形的原因。[9] 先屠宰小牛、小绵羊或小山羊，将剥下的毛皮浸在盛满有毒液体的大桶中，然后去毛，将皮抻平，同时剪掉无用的自然卷边，如此一张长方形羊皮纸就制作成了。制书匠发现，他们可以沿着短轴将羊皮纸对折，再将折页对折，然后再继续对折，就做成一个由四个折页组成的书帖。如此便制成一个长方形的小册子，其书页顶部边缘的折叠处是连在一起的，可以用刀裁开制成一"帖"（quire，即四张纸对折的组合）。大多数中世纪的书籍和现今许多书籍都是以此法制作的。[10] 因为牛、山羊和绵羊等四足哺乳动物的毛皮是长方形的，所以书也是长方形的。[11]

以这种方式折叠一张长方形的羊皮纸还有另外一个好处，即所制成的一帖中，相对的面要么是"毛发侧"，要么是"肉面侧"，读者在翻阅中世纪书籍的时候，羊皮纸的毛发侧和肉面侧会交替出现。[12]（动手做一下，就很容易看出来：如果你用一面着色、另一面为白色的纸垂直交叉连折三次，你会发现所有相对的面颜色都相同。）如果说历史证据能提供什么参考的话，那么制书匠一开始就与帖结下了不解之缘：早在公元301年，羊皮纸就以"一英尺大小的帖"（in quaternio a foot in size）进行出售。羊皮纸帖一直保持着至高无上的地位，一直到纸张在15世纪开始成为主流。（纸张淘汰了羊皮纸之后，也经常以帖为单位出售，纸帖上的水印表明，它们是用一张大幅面纸折出来的，方法类同折羊皮纸。）[13] 即使有少数中世纪书籍配有五个、六个、七个、八个或九个折页，也进行了精心安排，以便额外的页面依然毛发侧对毛发侧、肉面侧对肉面侧。[14] 折叠的帖相当普遍，手稿学家一旦发现相对的两个面并不匹配，就知道这个地方缺书页了。[15]

奇怪的是，莎草纸分页书的构造通常和羊皮纸书籍一样。当然，莎草纸没有毛发侧和肉面侧的区别，但它相对的两面有着相互垂直的纤维。最早的制书匠似乎特别喜欢配页，以使水平纤维面与水平纤维面相对，反之亦然：他们不单把莎草纸卷轴裁切成单张纸，然后将之摞在一起制作成书，还会有条理地翻转或旋转每一张纸，以实现水平纤维面和垂直纤维面的各自相对。[16] 正如一些手稿学家所推论的那样，如果莎草纸制书匠模仿了羊皮纸制书匠，这就是羊皮纸分页书籍才是最早的分页书籍这一理论的最佳佐证。

15世纪后半叶，印刷术和造纸术发展势头迅猛，制书匠已经以四个折页"帖"为基础，将书的尺寸汇合成一个层级体系。尺寸最大的书被称为对开本：每对书页是由一单张纸对折而成，按每一帖两个到五个折页进行配帖。[17]四开本（Quarto）的书籍相对来说更加严格。先将一整张纸对折，然后再对折，折出四个书页（因此称为四开），尺寸正好是对开本的一半。[18]四开本之后是八开本（octavo），将四开书页再对折，制成和传统羊皮纸帖完全一样的一

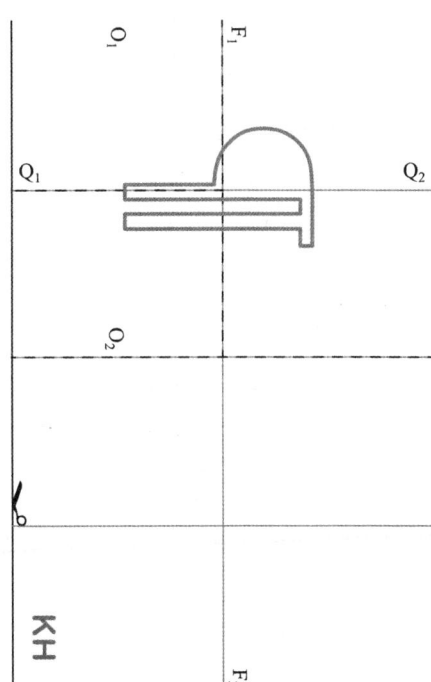

一张有水印或盖了戳的纸对开、四开和八开的折法。你自己也可以折一折、裁一裁

帖，包含4个单张、8个书页、16个面。[19]

若购买比对开本小的书籍，都有可能碰到未切开的书页（即装订过程中，有些书帖的折边没有裁开就被缝合起来了）。解决办法是在连接书页的折叠处轻轻地用一把钝刀（或者据说用扑克牌的边缘）裁开，裁开的地方会留下些许毛边。[20] 已经很难找到一本没有裁边的现代书了（装帧过程中，页与页相连的边几乎都会被切掉），但你可能还会看到毛边书，只是这些毛边出现的原因是完全不同的。

在长网造纸机问世之前，每一张纸都是在组合模具上制成的。模具由支撑框架、筛垫和可移动的木质"定纸框"组成。工人从桶中取出模具时，定纸框会抄出纸浆。[21] 如果安装不当，纸浆会从框架四边渗出，所以手工纸经常出现参差不齐的边缘。起初，这些不齐整的"定纸框毛边"（deckle edges）会被切掉，人们抱怨这是造纸流程中操作不当出现的缺陷，但在17世纪，随着藏书热风行一时，购书者改变了主意。修剪整齐的边缘往往说明一本书被重新装订过了，或许结果就变得修剪过度了。而参差不齐的"定纸框毛边"成为一个令人心安的存在，代表了令人喜爱的、专业的装订。[22]

当机器制造的纸出现后，定纸框毛边就成了历史：长网造纸机用无端网生产的纸减少了每张纸的两条定纸框边，而且为了对称起见，机器通常会被设置成剪掉纸张两边残余的边缘。[23] 然而在今天，批量生产的普通书籍更有可能被丢弃而不是重新装订，与此同时，对毛边书的需求依然存在。它已经成了一种刻意模仿：当你发现一本带毛边的现代书籍，几乎可以肯定其毛边是通过喷沙、锯割或撕裂的方式机械地添加到笔直的书页边缘的。[24]

对15世纪的制书匠来说，未裁开的书页和定纸框毛边是常见的实际情况。购买四开本和八开本书籍的人只好拿起裁纸刀自己裁开书页。然而，八开本印本的数量比预期的要少。早期的印刷商们沿袭过去熟悉和舒适的工艺，故意避开了八开本。谷登堡以一种奢华的对开本印制了他的"四十二行圣经"，以模仿当时最大的手抄本；二十年后，科拉尔·芒雄也做了同样的事，他的警示故事书《名人的命运》是第一本用铜版印刷插图的书。[25] 公元1500年以前印刷的书中，有一半是四开本，另外一半中又有一半以上是对开本。[26] 第一批印刷的书籍，就像第一批汽车一样，都是奢侈品。

将书籍普及开来的人姗姗来迟。谷登堡的活字在德国的美因茨一炮走红后40年，在意大利威尼斯，一位自称阿尔杜斯·马努提乌斯（Aldus Manutius）的学者印刷了一个新版本的古希腊教科书《问题》（*Erotemata*），并作为印刷商首次登台。[27] 他是朋友们眼中坦诚的老阿尔多·马努齐奥（Aldo Manuzio），但他的《问题》一书却承诺过多，实现很少：正如他在导言中所写，这不是一个完整的新版本；相反，他从几年前出版的版本中复制了内文，而据称是新拉丁文译文的则是对另一个旧版本略做了润色。[28] 阿尔杜斯是个狡猾和道德可疑的人，但他在生产上具备经济头脑也是无可争辩的。

在成为一名印刷商之前，阿尔杜斯的生活鲜有人知。40多岁之前，他好像一直是个毫无建树的学者和教师。他写了一本很一般的拉丁文语法书，在卡皮城邦（Carpi）给两位年轻王子当家庭教师，连哄带骗地获得了皮奥（Pios）家族的恩宠。阿尔杜斯在15世纪80年代末搬到了威尼斯，一个对印刷机充满热情的城市，于是他寻求帮助，开办了一个印刷车间。他要求德里亚·托雷萨尼（Andrea Torresani，曾印刷过阿尔杜斯的拉丁文语法书）提供技术，劝说皮尔·弗朗西索·巴尔巴里戈（Pier Franceso Barbarigo，威尼斯前后两任总督的儿子与侄子）和阿尔贝托·皮奥（Alberto Pio，卡皮城邦一位成年的王子）提供资金支持。[29]

　　热衷于钻研希腊语文本，阿尔杜斯知道希腊文字的排版并非易事。希腊文抄写员经常把字母组合在一起，又给许多字母和字母组合加上重音符号和气息符号。例如，1900年，一位名叫罗伯特·普罗克托（Robert Proctor）的英国图书管理员在一本希腊文书中数出了1200多个单独铸造的字母，并感叹没有哪个印刷商使用过更多的活字了；相比之下，谷登堡《圣经》印本只用了290个活字，包括字母、字母组合、缩写和标点符号。[30]但阿尔杜斯没有止步，他希望能切入希腊文图书的市场。得力于弗朗西斯科·格里福（Francesco Griffo）帮他雕刻字母，阿尔杜斯最终找到了一套可用的但不够美观的印刷字体，总共有330个活字。[31]1495年，阿尔杜斯在威尼斯非法出版了《问题》，连续盗用不知名的版本对内容进行拼凑，以一种非常难看的希腊字体排版。我们认为，正是这本书预示了日后人们可大规模生产书籍。

　　奇怪的是，阿尔杜斯接着出版的是五卷本的亚里士多德的著作，对开印刷，售价为11枚达克特（大约相当于一个熟练工人三个月的工资）。[32]在接下来的四年里，阿尔丁出版社（Aldine press，阿尔杜斯创办）出版的图书越来越奢华气派，在1499年达到顶峰，出版了一本700页的拉丁文分类词典和一本配有精美插图的浪漫故事书《寻爱绮梦》（*Hypnerotomachia Poliphi*）。两者都是气派的对开本，贵得令人咋舌。但是《寻爱绮梦》的销售不尽如人意，阿尔杜斯未能收回投资于该书的数百枚达克特，不得不改变计划。[33]1501年，阿尔丁出版社出版了一本书，昭示着其创始人节俭和质朴的本性再次回归。该书内文摘自古罗马诗人普布利乌斯·维吉利乌斯·马罗（Publius Vergilius Maro，其更为人熟知的名字是维吉尔）

的作品，内文素材的选择完全依循了当时的传统，但除此之外，从各个方面来讲，它是对当时出版传统的挑战。

首先，它很小。在一篇非常简短的介绍中，阿尔杜斯把他的维吉尔作品称为"手册"（handbook，他后来称这些小巧的书为"便携式书籍"）。它轻巧便利，略高于 6 英寸，宽约 4 英寸半。[34] 其次，书页上水印的位置表明该书很明显是八开本——竟然是第一本印刷的八开书。当时，造纸采用的是长方形模具，模具由一条想象的中线（对开本中间的折痕）对半分开：模具的左半部带有一个水印，有些模具的右半部会带有一个更为简单的戳印，通常是造纸厂的首字母，位于纸张的右下角。由这种模具制作的对开本，每一折页的其中一张书页带有一个水印，相对的书页上则会有一个戳印（如果有的话）；在四开本中，由于多对折了一次，水印会水平地横跨一对书页（每隔一对）；在八开本中，水印被分成四部分，每个四分之一都有固定的形状，会出现在某些页面的最上角。[35] 通过检查这些标记在装帧书籍中的位置和方向，经过图形匹配，手稿学家可以确定每一帖是如何折叠的。[36] 据此，阿尔杜斯印刷的这本维吉尔作品被确定是由规格为 18 英寸 ×12 英寸的特小折页制作的八开本，折页的每侧都印刷八面，然后折叠、打褶、缝合、裁切，制作出各印有 16 面的多个帖。

阿尔杜斯的第二个颠覆传统之处是他印刷"手册"所用的字体。正如谷登堡的"四十二行圣经"再现了字母密集浓黑的哥特手写体（blackletter script），这位意大利印刷商也将目光转向了同胞的手写体。[37] 在 16 世纪的威尼斯，这种手写体被称为"罗马"体，仿照的是古罗马最优秀的抄写员的笔迹。随着罗马帝国的衰落，罗马字体也逐渐式微，先是演变成中世纪早期的圆形安色儿字体，后来又变成典雅庄重却难以辨认的栅栏形哥特手写体，气势浮夸却并不实用。在文艺复兴时期人们热衷古典艺术的激发下，意大利学者们复兴了古罗马高贵的书写体，将庄严的正方形铭文大写字母与圆润的手写小写字母相融合，创制出一套历久不衰的字体。然而，这个故事只讲对了一半。佛罗伦萨和威尼斯的意大利人文主义者渴望复兴罗马帝国的书写方式，却错误地抓住了神圣罗马帝国的手写体，这种字体是查理大帝在公元8世纪时仿照早已消失的原稿发明的。我们所称的"罗马"体（在英文中，罗马体的表述用rome，促使这种字体诞生的罗马人用Rome，以示区别）包括罗马字母和加洛林字母，最好叫它"（神圣）罗马"字体。[38]

为了印刷作家贝尔纳多·本博（Bernardo Bembo）的文章，阿尔杜斯的字模师弗朗西斯科·格里福已经刻出一套漂亮的罗马体（这种字体的现代版本被称为本博［Bembo］，以纪念它在阿尔丁出版社率先问世），但阿尔杜斯对印刷维吉尔作品的口袋本另有打算。[39]当时，一种倾斜而优雅的罗马体变体在一些学者中流行起来，阿尔杜斯便指示格里福根据该字体书写集大成者之一尼科洛·尼科利（Niccolò Niccoli）的笔迹刻了一种新字体。[40]

阿尔杜斯的同时代人称这种新字体为"阿尔蒂诺"（Aldino），以它的开创者的名字命名，但今天我们称它为"斜体"（italic），因其源自意大利（Italy）。这种变体比它相应的罗马体更秀丽、更紧凑，为了不削弱这种新字体的冲击力，阿尔杜斯把要印刷的维吉尔作品整本都用斜体字排版，唯一例外的是每一行的首字母都是正体的大写字母，以尊重尼科洛·尼科利的这一偏好。[41]用了斜体后，阿尔杜斯可以让每一行挤进更多的字母，可以抓住有幸看到这本开创性的小而紧凑的书籍的读者的注意力；尽管现在的印刷商早已不再偏好阿尔杜斯以大量斜体字排版的方式，但他开创的便携式开本和新字体仍伴随在我们身边。[42]

最后一点是，阿尔杜斯是个保持中立的编辑。文艺复兴时期再现的古典作品，无论是手抄本，还是印刷版，旁边总是写满各种评论。读者在书的空白处写满感想和译文，用手指号（manicule）标示值得注意的段落或文字；后来，随着印刷的兴起，作者和编辑强占了书页的空白，先发制人印出脚注，免得无辜的读者被诱惑而自行思考。[43] 另一方面，阿尔杜斯只印刷了维吉尔本人的文字，打造出一本疏朗、整洁的书，没有华而不实的装饰，只是让内容自己说话。先是一页序言，然后就是正文，最后是版权页（colophon，说明书籍的出处）。书中各章都是另页起，每一页都只印正文。

阿尔杜斯印刷的维吉尔作品朴实无华，标新立异却平易近人，且方便携带，出版后非常受欢迎。他印刷并卖出了数千本，要知道当时大多数书的印量超过一百本的都很少。此后，阿尔杜斯如法炮

阿尔杜斯1501年开始以斜体字印整本书的内文，此为1502年印制的首版但丁《神曲》的一页。尽管阿尔杜斯的书开本很小，但他知道许多顾客喜欢自己给书配插图，所以页面左侧孤立的大写字母是为以后添加手绘提供空间

第十五章　尺寸为王：现代书籍的诞生

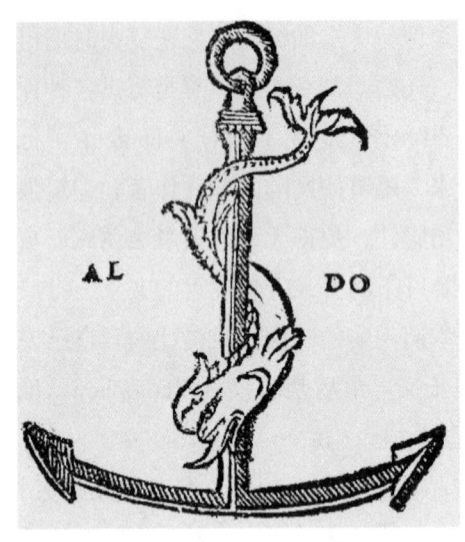

阿尔丁出版社的标志,把象征迅捷快速的海豚与沉稳减速的锚相结合,喻意拉丁文格言 Festina lente("欲速则不达")

制,每两个月便推出新书,出版了一系列的古希腊、古罗马作品。[44] 阿尔丁出版社的标志是缠绕在锚上的海豚,这一标志后来成为制作精良、开本小巧的书籍的代名词。然而,荣誉也是一把双刃剑,阿尔丁出版社的标志开始出现在其法国和意大利竞争对手印刷的盗版书上。[45]

阿尔杜斯印刷的八开本维吉尔作品开创了便携式书籍的时代——一直延续至今,现在的 Kindle 和 iPad mini 的尺寸就援引了阿尔杜斯 16 世纪所用的书籍原型(随后甚至出现了尺寸更小的书)。例如,十二开本(duodecimo,借用拉丁文"第十二"一词)就给书籍制作工艺增加了一种新形式:在对开本的每一侧印刷 12 面,这些面被安排在一个 3×4 或 2×6 的网格中。然后,以相邻的

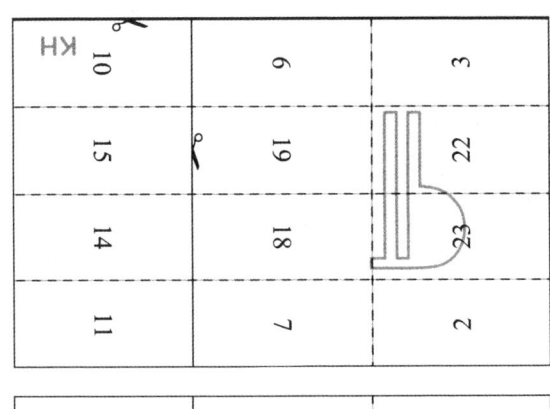
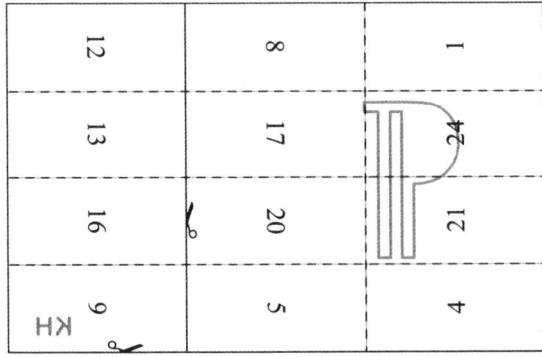

十二开书帖的折手和编码。较小的四页纸的一叠被"嵌入"到更大的八页纸的一叠中

四个面为一组进行裁切，将两部分单独折叠。较小的两页纸的一叠被"嵌入"更大的四页纸的一叠中，就制成由六页纸组成的帖。[46] 这听起来很复杂（看上去也很复杂，如图所示），但十二开本最终自行成为一个重要的形式，加入到对开、四开、八开的行列，成为读者和收藏家所熟知的标准开本。

美国作家赫尔曼·梅尔维尔（Herman Melville）在《白鲸》中介绍自创的鲸鱼分类法时，借用了书籍尺寸的术语，因为它是读者所能理解的。梅尔维尔将抹香鲸、露脊鲸、座头鲸和长须鲸归类为"对开鲸"，将体型较小的领航鲸、虎鲸和独角鲸称为"八开鲸"，而相对更小的海豚和鼠海豚则是"十二开鲸"。[47] 梅尔维尔没有使用"四开"一词,个中原因下文将进一步介绍,但他也有一个更根本的疏忽:决定一本书的尺寸时,纸的大小至关重要。用便利贴纸制作的对开本肯定比用一张礼品包装纸折叠而成的八开本小得多,不用说也更难翻阅。

只要纸质书籍一直存在,制书匠手里就有一张外行看不懂的单子,上面列着书籍用纸的尺寸。早在1398年,意大利博洛尼亚市政府曾竖立一块大理石板,上面刻有一系列标准的纸张尺寸,从12.4英寸×17.7英寸的"小号"(recute)到引人回忆的大号"皇家"(realle)和"帝国"(imperialle)。最大的尺寸可达19.7英寸×29.1英寸。[48]英国造纸业也抓住这个机会,根据无所不在的君主制和帝国的主题为他们的产品命名:"皇冠"(crown)的尺寸是20英寸×15英寸,"皇室"(royal)的尺寸是20英寸×25英寸,"帝国"(imperial)的尺寸是22英寸×30英寸。[49]然而,其中最引人注目的也是今天最常听到的英国纸张尺寸,与其说是对英国王室的颂扬,不如说是嘲讽。

查理一世从1625年起一直是大不列颠和北爱尔兰联合王国的国王,二十多年后在英国内战中被罢黜,有着激怒他的政府当选议员的超能力。[50]在国王冒犯他的议员的许多事项中,有一项就是给各种行业与手工艺分配皇家特许权(即垄断经营);造纸业便是受控制的行业之一,英国制造的所有纸张都必须印上皇家盾徽。[51]但查理一世于1649年去世后,他的皇家卫队被新模范军击败,议会中剩余的保皇党也遭到雄心勃勃的新模范军指挥官奥利弗·克伦威尔(Oliver Cromwell)的清除,昔日国王所赋予的特权由此被废除。[52]据说,克伦威尔的"残缺议会"(Rump Parliament)裁定,记录议会事项的纸张不再印上国王徽章蒙受侮辱,而是印上一顶带铃铛的杂耍小丑的帽子。[53]1653年克伦威尔自己终结了这场喧闹的杂耍表演,他以不够称职为由武力解散了残缺议会,但小丑帽(fool's cap)标志与记录议会日志所用的13½英寸×17英寸纸张之间的关联却难以消除。[54] 今天的"大页纸"(foolscap)沿用的就是这一尺寸。

从那时起,事情发生了一些变化,现代欧洲纸张的名称没有先前那么宏大了。而且,自"皇家"纸、"皇冠"纸、"帝国"纸和"小丑帽"纸一时各领风骚后,欧洲纸张经历了一个彻底的规范化进程。印刷商和出版商一直都很迷信"魔法数字",这是一些数学常数,其美学效果常对艺术家和设计师有很大吸引力;其中最尊贵的就是所称的"黄金比例"*,即1.618比1,从人类开始设计书籍以来,它就已成为书籍设计的一种特征。例如,《圣卡斯伯特福音》封面上的几何装饰就是按照黄金分割的比例设计的,而谷登堡所印《圣经》的页面高度是宽度的1.618倍;若举更靠近现在的例子,英国企鹅公司的橙色条带平装书(及其模仿的德国信天翁出版社的平装书)也是按照这个比例设定尺寸的。[55]

现代的造纸商发现了另一个同样有用的魔法数字。毕达哥拉斯常数(2的平方根,约为1.414)在纸张尺寸方面也非常有用。1786年,德国物理学教授格奥尔格·利希滕贝格(Georg Lichtenberg)写信告诉一位朋友:任何一张纸,如果其长边是其短边的1.414倍,那么沿平行于短边的中线裁成两半或对折,形成的两张纸与原纸的高宽比例完全相同。可以不断重复裁切或对折,以得到越来越小的纸张。[56]

1798年,法国政府利用利希滕贝格的发现,帮助推广新的"公制"计量单位:一张大幅纸(grand registre)被定量为420毫米

---

* 黄金比例,又称黄金分割或黄金法,即将一条线段分割成两条线段(较长的一段为a,较短的一段为b),这两条线段的长度比例等于未分割线段与较长线路的长度比例。若以数学公式表示,就是$(a+b)\div a = a \div b = \Phi$,其中$\Phi$就是黄金比例。

（16.55英寸）宽、594毫米（23.39英寸）高，面积正好是一平方米的四分之一；把纸对折就可以得到中幅纸（moyen papier），面积为一平方米的八分之一，高宽比例与原纸相同；以此类推，可以制作尺寸越来越小的开本。[57]可惜，法国的公制并没有推广开来，但德国却在20世纪对纸张尺寸进行标准化的时候，依旧沿用利希滕贝格神奇的魔法比例，创制了无处不在的A系列纸张尺寸。[58]一张A0纸的面积正好是一平方米，尺寸为841毫米×1189毫米；对折或对裁就成了两张A1纸，尺寸为594毫米×841毫米，每张面积是二分之一平方米；A4纸（最接近美国信纸尺寸的欧洲纸张尺寸）面积是一平方米的十六分之一；以此类推，直到A10纸——名片大小的矩形纸张，几乎只有1英寸×1.5英寸大小。这个体系吸引了数学教授、视觉设计师和办公室管理者（一张A系列纸可以通过影印放大或缩小，以适应任何其他A系列纸张，不会导致浪费），它影响着书籍、护照甚至卫生纸的尺寸。而且，从奥地利到新西兰都使用这个体系。[59]

美国读者如果对此感到诧异，也是可以理解的。

在20世纪初以前，美国的藏书家若看到一本被称为对开、四开或八开的书，就知道这本书是用19英寸×25英寸的纸折叠而来的；也就是说，正好是用美国标准纸模制作出来的25英寸×38英寸纸张的一半大。有帝国情节的欧洲造纸厂将他们的纸张尺寸冠以"皇冠"和"帝国"等名字，而美国同行则根据纸张的用途称全开纸为"圣经"纸、"书籍"纸、"胶印"纸或"文本"纸。[60]这些无意中发明的纸张尺寸一点也不神秘：一本由"圣经"纸、"书籍"纸或"文本"纸制作的对开本，尺寸为12英寸×19英寸，宽度大概是高度的三分之二；与之相比，四开本更趋于方正，尺寸是9英寸×12.5英寸，而6英寸×9英寸的八开本的高宽比例则又与对开本一样。[61] 这就是为什么赫尔曼·梅尔维尔在对鲸鱼进行分类时没有引用四开本的原因：

> 为什么没把（八开鲸）称为四开鲸，原因很简单。因为虽然这个级别的鲸鱼比上一个级别的小，但体形的比例仍保持着相似性。装订后的四开本体积虽变小了，但未能保持对开本的形状，然而八开本却维持了对开本的比例。[62]

（实际上，由19英寸×25英寸的标准纸制作的十二开本，其高宽比例与对开本和八开本的比例并不完全相同，但对于梅尔维尔来说这已经算是足够接近，所以他用"十二开本"来描述最小的鲸鱼。[63]）

直到20世纪初，美国人还没有制定出标准的书籍尺寸，因此熟悉由19英寸×25英寸纸制成的对开本、四开本、八开本和十二开本书籍。当时还有许多其他的纸张尺寸，但是没有一种比书籍纸张尺寸更有科学依据，它们仍没有被冠以独特的名称。当时印刷商谈及"书籍纸"，可能指的是17½英寸×22英寸的小型纸，也可能指的是35英寸×45英寸的大型纸，就跟谈及19英寸×25英寸的"标准"尺寸一样容易。[64] 书籍开本和纸张尺寸的这种特定层级关系本身并没有什么问题，但是在20世纪早期，美国政府认为必须对相互冲突的标准做点什么。

1921年，伍德罗·威尔逊政府成立了两个委员会，专门负责纸张尺寸的标准化。一个是"印刷常设会议"，一个是"纸张尺寸简化委员会"，相互独立的二者可谓怪诞而荒谬的组合，它们分别设定了8英寸×10½英寸和8½英寸×11英寸的标准信纸尺寸。当时，双方都不愿意屈尊解释是如何确立各自标准的——既没有沿用利希滕贝格的魔法比例，也没有相应的人体工程学或者经济学方面的研究结论做支撑。后来印刷常设会议被曝光偷偷抄袭了国务卿赫伯特·胡佛（Herbert Hoover）的私人信纸的尺寸，之后就休会了。

而纸张尺寸简化委员会（主要由纸浆和造纸行业的成员组成）采用的是一个自认为已经是通行的纸张尺寸标准，即使这个标准只是依据最宽松的定义来确定的。[65]美国森林与造纸协会（The American Forest and Paper Association，现代造纸工业的贸易机构）对其前辈选定的 8½ 英寸 ×11 英寸的信纸尺寸做出这样的解释：

> 早在16世纪末，荷兰人发明了双纸模（two-sheet mold）。经验丰富的捞纸工最大的平均臂展为44英寸。当时，许多模具从前到后是17英寸左右，因为条纹和水印必须从左到右呈现。［……］为了最大限度提高造纸效率，这种尺寸的纸张得以制造出来，然后裁切成四份，每份尺寸为 8½ 英寸 ×11 英寸。[66]

如果这个说法可信，那么信纸尺寸之所以存在，是因为17世纪荷兰造纸厂的模具是44英寸宽、17英寸深，一次可以生产两张纸，再进一步对半裁切，就成了熟悉的 8½ 英寸 ×11 英寸的成品。客观地说，有一段时间，17 英寸 ×22 英寸的纸是比较普遍的，根据最终的用途，它被称为"债券"纸、"账簿"纸、"油印"纸或"书写"纸，信纸只有它的四分之一大。[67]纸张尺寸简化委员会沿用传统来设定标准，但是采用无端网的长网造纸机早在一百多年前就已经淘汰了过时的手工造纸模具。

1923年，这两个委员会初次相识，发现彼此制定的标准之间半英寸的差距太大，无法跨越。造纸行业正式采用了 8½ 英寸 ×11 英寸，而美国政府则支持 8 英寸 ×10½ 英寸，这两个标准一直并行使用，一直到大约 60 年后里根政府决定采用造纸业的标准。[68] 最后，在 1995 年，美国事实上的标准机构——非营利的美国国家标准协会（American National Standards Institute）批准了 8½ 英寸 ×11 英寸的标准作为纸张尺寸分级体系的起点。信纸被重新命名为 ANSI A 纸，将信纸加大一倍就是 ANSI B 纸，也叫"账簿"纸（令人困惑的是，大小只是传统账簿纸的一半）；再大一倍就是 ANSI C 纸，以此类推。[69] 就几何美学而言，美国的纸张体系也许不如欧洲 A 系列纸，但它已被普遍接受：我们这本书和许多书一样，每一页是信纸尺寸的一半；书的一个对开页和信纸尺寸一样大，而 ANSI D 八开本的书帖则是其四倍大。五个世纪以来，阿尔杜斯·马努提乌斯的做法一直被很好地沿袭。

版权页

    一本书的自然终点线是后记或结语。余兴不减的读者可能会接着往下翻，于是发现一两个附录、一些注释、一份参考书目或者索引。然而，在早期印刷的书籍中，在后记、附录、参考书目和索引之前，读者看到的最后一部分是"版权页"（colophon），位于书后面单独的一页。"colophon"一词出自希腊语，意思是"顶峰"或"点睛之笔"。版权页是出版社用来记录书籍制作信息的，包括出版社的名称、图标，以及印刷的地点和日期。（1457年和1459年的《美因茨圣咏集》书末的版权页被认为是最早的版权页。）[1]

    我们的这本书当然得益于之前的一切传承。对于一本关于书的书，用版权页结尾比后记要更为恰当。下面附上本书英文原版（The Book）的制作信息。

    首先，它用的是中国台湾永丰余生产的无酸且pH值为中性的不含磨木浆纸张。这种纸张符合PREPS可持续标准，标准尺寸大约为25英寸×38英寸，一令纸（500张）的重量是81磅。不过，所谓一令纸只是一种假设；就像所有在长网造纸机上制造的纸一样，本书所用的纸出厂和销售时都是连续的卷筒纸。更准确的说法是，每一平方米纸张的重量是120克。[2]

本书英文版是由Asia Pacific Offset公司位于中国广东省河源市的一个图书印制工厂制作的。[3] 连续的幅面为25英寸的卷筒纸被送入一台柯式彩色平版印刷机（准确说是Komori LSP440），一次可双面印刷16张纸。奇特的是，本书正是在纸的故乡中国印制的。中国的印刷厂能够生产如同本书的以锁线缝合装订的图书，且制作成本远低于西方的同行。

英文原版内文所采用的字体是11磅的Adobe Jenson Pro Light，它是罗伯特·斯林巴赫（Robert Slimbach）在1995年至2000年间设计的，仿效的是法国印刷匠尼古拉斯·詹森（Nicolas Jenson）在15世纪时刊刻的字体。詹森的字体与斯林巴赫的现代模仿体，都是"罗马"体（文艺复兴时期意大利学者为致敬他们的古罗马先辈而胡乱拼凑出的）的直系后代。每一页（无论单是文字、图片，或是图文兼具）起初都是单一的数字化图片，被转换成青色（cyan）、洋红色（magenta）、黄色（yellow）、黑色（black）四个部分（简称CMYK），由安置于四个连续平版印刷单元的激光蚀刻铝板进行印刷。[4] 顺畅变化的色阶由微小的半色调网点重叠而成，因此四种颜色墨水的组合使眼睛受到愚弄，认为从光谱上看到了彩虹般的颜色。

卷筒纸从印刷机出来时，会被切割成17英寸长的纸页，每一侧都会印刷16个面，将纸页边缘对齐裁切，得到的每张纸是22英寸宽。这样，连续的滚筒纸就变成一系列的ANSI C纸，其中每张纸的尺寸为17英寸×22英寸，正好是信封尺寸纸张的四倍大。接下来，每张纸由机器折叠三次，形成一个八开的帖，书帖的边缘用裁切机切掉，变成可以翻开的页面。最终的成品是4个折页、8张书页、16个面，每一面的尺寸大约是5½英寸×8¼英寸，比 ANSI A 纸稍小一点。美国 1921 年确立了两种互相竞争的信封纸张尺寸，ANSI A 最终战胜另一种尺寸得以幸存。[5]

印刷、折叠、切边和整理后的书帖，用传统的双绳缝合法进行装订，这一难度比较高的工序曾经由手工操作，现在以机器取代（这次用的是瑞士马天尼 3215 锁线机）。前后衬页会用胶水在靠近书脊处粘到书芯上：翻开英文版第一页（厚厚的一张纸），你会发现它把后面一张正常的书页也一并拉扯起来。装饰性的堵头布通常粘在书脊的上下两端。[6]

封面制作与内文印刷分开处理，使用机器将纸粘贴在厚厚的纸板上。书脊上的文字是用现代版的无色凹凸压印技术（过去常用于皮革封面）印的：先将金属模具铸成书脊的文字和标志，将其加热，然后压印于一种背衬塑料底面的金属箔，当金属箔与塑料分离，文字和标志即被固定在书脊上了。最后，对书进行"组装"：将胶水涂满书芯最外面的书页（即衬页），然后将之展平，印压于前后封面的内侧，所有这些都由机器完成。这本书就制作完成了。

和每年印制的数百万本其他书一样，本书是两千多年人类历史的智慧结晶。因为牛、山羊、绵羊等哺乳动物是长方形的，所以本书也呈长方形。它像"拿戈玛第经集"一样便于携带、尺寸适中，因为人类就喜欢这个尺寸的书；迎合大众的消费能力，它是价格实惠的八开本，类似阿尔杜斯·马努提乌斯开创的划时代口袋书；为了实现标准化和自动化，它的折页采用的是信纸尺寸，这种纸张尺寸之所以存留，部分是因为符合古代抄纸工的臂展，部分是因为要解决美国政府在两次世界大战期间的很多纸张库存。加洛林时代的修士或者文艺复兴时期的学者都能认得书中的字母

（但是看不懂英文）。像《圣卡斯伯特福音》一样，它也由硬板保护着；封面是包覆一层纸的纸板，类似乔治·劳特里奇的普及版"铁路小说"。本书的装订方式是对中世纪和工业革命时期制书匠的遥遥呼应。

欢迎走进本书。

致　谢

本书的完成得益于许多人的帮助。以下只是其中一部分；我肯定遗漏了很多人，我必须先为此道歉。克丽茜·修汉（Chrissie Heughan）帮助我了解关于造纸的知识，乔纳森·布卢姆（Jonathan Bloom）对于我理解纸张如何在伊斯兰地区传播助益良多。恩斯赫德博物馆馆长约翰·德佐特（Johan de Zoete）为我回答了关于早期字模的诸多问题。爱丁堡切普曼和梅勒出版社的哈里·麦金托什（Harry McIntosh）为我演示了他的莫诺铸排机，并介绍了莫诺铸排系统的基本原理，伦敦手与眼印刷公司（Hand & Eye Letterpress）的菲尔·阿贝尔（Phil Abel）和尼克·吉尔（Nick Gill）当年就使用了这种排铸系统。尼克·谢尔曼（Nick Sherman）、道格·威尔逊（Doug Wilson）和弗兰克·罗马诺（Frank Romano）帮助我确定了莱诺铸排机和莫诺铸排机发展的历史背景。罗威娜·奥康纳（Rowena O'Connor）和莉兹·米勒（Liz Miller）为我解释了木刻印刷的来龙去脉，在莉兹的鼓励下，我完成了第一张木刻版画作品。

布鲁克·帕尔米耶里（Brooke Palmieri）给我讲了很多有趣的故事。塔利斯·拉塞尔造纸厂（Tullis Russell）的德里克·格思里

（Derek Gutrie）带我参观了现代造纸厂，回答了大量关于现代造纸厂的问题。诺顿出版社的安娜·奥莱（Anna Oler）为我讲述了书籍制作过程的很多细节。米歇尔·甘布尔（Michelle Gamble）帮我处理照片，他和迈克尔·戈拉（Michael Gora）、克里斯托夫·纳里（Christoph Nahr）、洛兰·格林（Lorraine Gehring）一起翻译了晦涩的拉丁文书名。克莱尔·伯恩（Claire M. L. Bourne）、卡罗琳·伍德（Caroline Wood）和以上提到的多位还为我审校了书稿，指出了一些严重的错误。

我的经纪人和编辑，以及诺顿出版社的苏菲·杜弗诺伊和米切尔·科尔斯，都为撰写和编辑本书提供了重要的帮助和支持。

最后，特别感谢我的妻子利，在整个写作过程中，她都在帮助并鼓励我。她逐章地审读和编辑我的书稿，同时还贴心照料我的生活。

感谢各位真诚的帮助。

延伸阅读

There are many, many books on bookmaking and book history. Here are some of the best:

❦ Avrin, Leila. *Scribes, Script, and Books: The Book Arts from Antiquity to the Renaissance*. ALA Classics. Chicago: American Library Association, 2010.

❦ Bagnall, Roger. *The Oxford Handbook of Papyrology*. Oxford: Oxford University Press, 2009.

❦ Bland, David. *A History of Book Illustration: The Illuminated Manuscript and the Printed Book*. 2nd ed. Berkeley: University of California Press, 1969.

❦ Bloom, Jonathan M. *Paper before Print: The History and Impact of Paper in the Islamic World*. New Haven: Yale University Press, 2001.

❦ Carter, Thomas. *The Invention of Printing in China and Its Spread Westward*. New York: Columbia University Press, 1931.

❦ De Hamel, Christopher. *Scribes and Illuminators*. Toronto; Buffalo: University of Toronto Press, 1992.

❦ Griffiths, Antony. *Prints and Printmaking: An Introduction to the History and Techniques*. Berkeley: University of California Press, 1996.

❦ Henderson, George. *From Durrow to Kells: The Insular Gospel-Books, 650–800*.

New York: Thames and Hudson, 1987.

⚜ Hind, Arthur. *An Introduction to a History of Woodcut: With a Detailed Survey of Work Done in the Fifteenth Century.* Vol. 1. New York: Dover Publications, 1963.

⚜ Hunter, Dard. *Papermaking: The History and Technique of an Ancient Craft.* Dover Books Explaining Science. New York: Dover Publications, 1978.

⚜ Jennett, Seán. *Pioneers in Printing: Johann Gutenberg, William Caxton, William Caslon, John Baskerville, Alois Senefelder, Frederick Koenig, Ottmar Mergenthaler, Tolbert Lanston.* London: Routledge & Kegan Paul, 1958.

⚜ Johnson, Malcolm. *The Nature and Making of Papyrus.* Barkston Ash, UK: Elmete Press, 1973.

⚜ Kapr, Albert. *Johann Gutenberg: The Man and His Invention.* Translated by Douglas Martin. Brookfield, VT: Scolar Press, 1996.

⚜ Kilgour, Frederick. *The Evolution of the Book.* Oxford: Oxford University Press, 1998.

⚜ Man, John. *The Gutenberg Revolution: How Printing Changed the Course of History.* London: Transworld Publishers, 2010.

⚜ Meggs, Philip. *Meggs' History of Graphic Design.* Hoboken, NJ: John Wiley & Sons, 2012.

⚜ Parkinson, Richard. *Cracking Codes: The Rosetta Stone and Decipherment.* London: British Museum Press, 1999.

⚜ Reed, Ronald. *The Nature and Making of Parchment.* Leeds, UK: Elmete Press, 1975.

⚜ Roberts, Colin, and T. C. Skeat. *The Birth of the Codex.* London: Published for the British Academy by the Oxford University Press, 1983.

⚜ Robinson, Andrew. *The Story of Writing: Alphabets, Hieroglyphs & Pictograms.* London: Thames & Hudson, 2001.

⚜ Schmandt-Besserat, Denise. "How Writing Came About." *Zeitschrift Für Papyrologie Und Epigraphik* 47 (1982): 1–5.

⚜ Senefelder, Alois. *The Invention of Lithography.* Translated by J. W. Muller.

New York: Fuchs & Lang Manufacturing Co., 1911.

❦ Tsien, Tsuen-Hsuin. *Chemistry and Chemical Technology, Part 1: Paper and Printing*. Edited by Joseph Needham. Science and Civilisation in China 5. Cambridge: Cambridge University Press, 1985.

❦ _____. *Written on Bamboo & Silk: The Beginnings of Chinese Books & Inscriptions*. Chicago: University of Chicago Press, 2004.

❦ Turner, E. *Greek Papyri: An Introduction*. Princeton, NJ: Princeton University Press, 1968.

❦ Vrettos, Theodore. *Alexandria: City of the Western Mind*. New York: Free Press, 2001.

The following websites are also very much worth a look:

❦ The British Library's Catalogue of Illuminated Manuscripts (http://www.bl.uk/catalogues/illuminatedmanuscripts/) contains both an incredible selection of medieval manuscripts and an informative glossary of related terms.

❦ David M. MacMillan and Rollande Krandall's Circuitous Root (http://www.circuitousroot.com/) is an enormous resource dedicated to "antiquarian technology and other matters" that includes a great deal of material on early letterpress printing.

❦ The International Dunhuang Project (http://idp.bl.uk/) provides an illustrated catalogue of all documents found at the library cave at Dunhuang.

❦ Jesse Hurlbut's Manuscript Art blog (http://jessehurlbut.net/wp/mssart/) and the Sexy Codicology website (http://sexycodicology.net/) are both excellent windows onto the huge number of illustrated and illuminated manuscripts that exist in libraries across the world.

❦ Letterpress Commons (https://letterpresscommons.com/) is a handy repository of information on all kinds of letterpress printing.

Visit http://keithhouston.co.uk/ for addenda, errata, Creative Commons–licensed images, and more on the history of the book.

注 释

前 言

1. J. Stewart, "Jacobellis v. Ohio," *Legal Information Institute* (Cornell University Law School), accessed November 3, 2014, http://www.law.cornell.edu/supremecourt/text/378/184#writing-USSC_CR_0378_0184_ZC1.
2. Brad Stone, "Amazon Erases Orwell Books From Kindle," *New York Times*, July 17, 2009; "Fikk Amazon-Konto Slettet Og Mistet Alle Bøkene Hun Hadde Kjøpt" (NRK, October 22, 2012), http://www.nrk.no/kultur/1.8367977.
3. Malcolm Johnson, *The Nature and Making of Papyrus* (Barkston Ash: Elmete Press, 1973); Ronald Reed, *The Nature and Making of Parchment* (Leeds: Elmete, 1975).

第一章

1. "Face of Pharaoh Finally Exposed," *New York Times*, November 20, 1925; Arthur Weigall, *The Life and Times of Cleopatra, Queen of Egypt a Study in the Origin of the Roman Empire* (Edinburgh: W. Blackwood, 1914); Theodore Vrettos, *Alexandria: City of the Western Mind* (New York: Free Press, 2001); Kate Spence, "Ancient Egyptian Chronology and the Astronomical Orientation of Pyramids," *Nature* 408, no. 6810 (November 16, 2000): 320–324.
2. "Cyperus Papyrus AGM" (Royal Horticultural Society), accessed November 03, 2013, http://apps.rhs.org.uk/plantselector/plant?plantid=4429; Malcolm

Johnson, *The Nature and Making of Papyrus* (Barkston Ash, UK: Elmete Press, 1973), 3–11.

3   Malcolm Johnson, *The Nature and Making of Papyrus*, 3–11; Naphtali Lewis, *Papyrus in Classical Antiquity* (Oxford: Clarendon Press, 1974), 3–6; National Academy of Sciences (U. S.). Ad Hoc Panel on Utilization of Aquatic Weeds, *Making Aquatic Weeds Useful: Some Perspectives for Developing Countries*, (National Academies, 1976), 102–104.

4   Lewis, *Papyrus in Classical Antiquity*, 3–5, 21–32.

5   Lewis, *Papyrus in Classical Antiquity*, 21; R. J. Forbes, *Metallurgy in Antiquity, Part 1*, vol. 8, Studies in Ancient Technology (Leiden: E. J. Brill, 1971), 106–107.

6   Domenico Cirillo, *Cyperus Papyrus*. (Parma: Typis Bodonianis, 1796).

7   James G. Keenan, *The History of the Discipline*, ed. Roger Bagnall, *The Oxford Handbook of Papyrology* (Oxford: Oxford University Press, 2009), 59.

8   Frederic G. Kenyon, *The Palaeography of Greek Papyri* (Oxford: Clarendon Press, 1899), 4.

9   Kenyon, *The Palaeography of Greek Papyri*,4; Keenan, *The History of the Discipline*, 59; Bernard P. Grenfell, Arthur S. Hunt, and David G. Hogarth, *Fayûm Towns and Their Papyri* (London, 1900), 17–18.

10   Bernard P. Grenfell, Arthur S. Hunt, and David G. Hogarth, *Fayûm Towns and Their Papyri*, 17.

11   Donald P. Ryan, "Papyrus," *The Biblical Archaeologist* 51, no. 3 (1988): 133.

12   E. A. W. Budge, *The Book of the Dead. The Papyrus of Ani in the British Museum*. (London: British Museum, 1895), li.

13   Ryan, "Papyrus," 133–134, 138; Thor Heyerdahl, *The Ra Expeditions* (London: Flamingo, 1993), 18–21.

14   Emily Teeter, "Techniques and Terminology of Rope-Making in Ancient Egypt," *The Journal of Egyptian Archaeology* 73 (1987): 71–77; Willeke Wendrich, "Rope and Knots in Ancient Egypt," in *Encyclopaedia of the History of Science, Technology, and Medicine in Non-Western Cultures*, ed. Helaine Selin (Springer Netherlands, 2008), 1908–1910, doi:10. 1007/978-1-4020-4425-0_8686; Ryan, "Papyrus," 134.

15   Jean-Louis Huot, "Xerxes I," *Encyclopaedia Britannica* (Chicago: Encyclopaedia Britannica, 2013), http://www. britannica. com/EBchecked/topic/650720/Xerxes-I; Frank Miller, *300* (Milwaukie, OR: Dark Horse Comics, 1998); Herodotus, "The Histories," trans. A. Godley (Cambridge,

MA: Harvard University Press, 1920), sec. 7. 34–36, http://www. perseus. tufts. edu/hopper/text?doc=urn:cts:greekLit:tlg0016. tlg001. perseus-eng1.
16　Herodotus, "The Histories," sec. 2. 92.
17　Ryan, "Papyrus," 134–135.
18　Lewis, *Papyrus in Classical Antiquity*, 31–32, 97.
19　Norman Davies, *The Tomb of Puyemrê at Thebes*, vol. 1 (New York, 1922), xvii; Margaret Stefana Drower, "Thutmose III," *Encyclopaedia Britannica* (Chicago: Encyclopaedia Britannica, February 5, 2013), http://www. britannica. com/EBchecked/topic/594493/Thutmose-III.
20　Lewis, *Papyrus in Classical Antiquity*, 25–26.
21　Jaroslav Cerny, *Paper and Books in Ancient Egypt* (London: Lewis, 1947), 4; Lewis, *Papyrus in Classical Antiquity*, 113–122.
22　Ryan, "Papyrus," 135–136; Jean-Louis Cenival, "The Main Evolutionary Lines of Egyptian Architecture," in *Egypt*, ed. Henri Stierlin (Cologne: Benedikt Taschen, 1994), 179–182.
23　William Davies, *Egyptian Hieroglyphs*, Reading the Past (London: British Museum Publications, 1987), 10.
24　Plato, "Phaedrus," trans. Harold N. Fowler, *Plato in Twelve Volumes* (Cambridge, MA: Harvard University Press, 1925), sec. 274de, http://data. perseus. org/texts/urn:cts:greekLit:tlg0059. tlg012. perseus-eng1.
25　John D. Ray, "The Emergence of Writing in Egypt," *World Archaeology* 17, no. 3 (1986): 307–316; J. T. Hooker, *Reading the Past: Ancient Writing from Cuneiform to the Alphabet* (Berkeley: University of California Press, 1990), 207–209.
26　Frederick Kilgour, *The Evolution of the Book* (Oxford: Oxford University Press, 1998), 28–29.
27　Cerny, *Paper and Books in Ancient Egypt*, 11; Bridget Leach and John Tait, "Papyrus," in *Ancient Egyptian Materials and Technology*, ed. Paul Nicholson and Ian Shaw (Cambridge: Cambridge University Press, 2000), 277.
28　Miriam Lichtheim, *Ancient Egyptian Literature: A Book of Readings*, vol. 2 (Berkeley: University of California Press, 2006), 224–230; A. Egberts, "The Chronology of 'The Report of Wenamun,'" *The Journal of Egyptian Archaeology* 77 (1991): 57–67.
29　Elizabeth Knowles, "Homer," in *The Oxford Dictionary of Phrase and Fable* (Oxford: Oxford University Press, 2005); Lewis, *Papyrus in Classical Antiquity*, 86–88.

30 "Roman Republic," *Encyclopaedia Britannica* (Chicago: Encyclopaedia Britannica), accessed November 6, 2013, http://www.britannica.com/EBchecked/topic/857952/Roman-Republic; Lewis, *Papyrus in Classical Antiquity*, 88–89.

31 Heinz Heinen, "Ptolemy II Philadelphus," *Encyclopaedia Britannica* (Chicago: Encyclopaedia Britannica), accessed November 6, 2013, http://www.britannica.com/EBchecked/topic/482146/Ptolemy-II-Philadelphus; Lewis, *Papyrus in Classical Antiquity*, 88–89.

32 John Roberts, ed., "Pliny the Elder," in *Oxford Dictionary of the Classical World* (Oxford University Press, 2007).

33 Ibid.; Jacob Bigelow, "Death of Pliny the Elder," in *Living Age*, vol. LXI (Boston: Littell, 1859), 123–125.

34 Roberts, "Pliny the Elder."

35 Alia Hanafi, "In Memoriam Hassan Ragab, 1911-2004," *l'Assemblée Générale de Association Internationale de Papyrologues* (Association Internationale de Papyrologues, August 7, 2004), http://www.ulb.ac.be/assoc/aip/ragab.htm.

36 Pliny the Elder, "The Natural History," trans. John Bostock and B. A. Riley (Red Lion Court, Fleet Street: Taylor and Francis, 1855), sec. 13. 21, http://data.perseus.org/texts/urn:cts:latinLit:phi0978.phi001.perseus-eng1.

37 Ibid., sec. 7. 2.

38 Ibid., sec. 13. 23.

39 Ibid.; Lewis, *Papyrus in Classical Antiquity*, 34–40.

40 A. Owen, "History and Treatment of the Papyrus Collection at the Brooklyn Museum," in *The Book & Paper Group Annual*, vol. 12 (Anerican Institute for Conservation, 1993), 36–43; A. Wallert, "The Reconstruction of Papyrus Manufacture: A Preliminary Investigation," *Studies in Conservation* 34, no. 1 (1989): 1–8.

41 Ignace H. M. Hendriks, "Pliny, Historia Naturalis XIII, 74-82 and the Manufacture of Papyrus," *Zeitschrift Für Papyrologie Und Epigraphik* 37 (1980): 121–136.

42 Wallert, "The Reconstruction of Papyrus Manufacture: A Preliminary Investigation."

43 Pliny the Elder, "The Natural History," 13. 23.

44 Andrew D. Dimarogonas, "Pliny the Elder on the Making of Papyrus Paper," *The Classical Quarterly (New Series)* 45, no. 2 (1995): 588–590, doi:10.1017/S0009838800043718; Peter E. Scora and Rainer W. Scora, "Some

Observations on the Nature of Papyrus Bonding," *Journal of Ethnobiol* 11 (1991): 193–202.

45 F. N. Hepper and T. Reynolds, "Papyrus and the Adhesive Properties of Its Cell Sap in Relation to Paper-Making," *The Journal of Egyptian Archaeology* 53 (1967): 156–157; Hassan Ragab, "A New Theory Brought Forward about the Adhesion of Papyrus Strips," *IPH Yearbook of Paper History* 1 (1980): 113–130.

46 Owen, "History and Treatment of the Papyrus Collection at the Brooklyn Museum"; Scora and Scora, "Some Observations on the Nature of Papyrus Bonding."

47 Corrado Basile, "A Method of Making Papyrus and Fixing and Preserving It by Means of a Chemical Treatment," in *Conservation of Paintings and the Graphic Arts, Lisbon Congress 1972* (London: IIC, 1972) 901–906.

48 Ibid.; Adam Bülow-Jacobsen, "Principatus Medio. Pliny, N. H. XIII, 72 Sqq.," *Zeitschrift Für Papyrologie Und Epigraphik* 20 (1976): 113–116.

49 Dimarogonas, "Pliny the Elder on the Making of Papyrus Paper."

50 Pliny the Elder, "The Natural History," 13. 23.

51 Kenyon, *The Palaeography of Greek Papyri*, 15–19.

52 Pliny the Elder, "The Natural History," 13. 21.

53 Strabo, "Geography," trans. H. C. Hamilton and W. Falconer (London: George Bell & Sons, 1903), sec. 13. 1. 54, http://data. perseus. org/texts/urn:cts:greekLit:tlg0099.tlg001.perseus-eng2; Lewis, *Papyrus in Classical Antiquity*, 60–61; Anthony J. P. Kenney, "Aristotle," *Encyclopaedia Britannica* (Chicago: Encyclopaedia Britannica), accessed November 12, 2013, http://www. britannica. com/EBchecked/topic/34560/Aristotle.

54 Kenyon, *The Palaeography of Greek Papyri*, 6–7.

55 Owen, "History and Treatment of the Papyrus Collection at the Brooklyn Museum."

56 David Magie, "Tacitus X," in *The Scriptores Historiae Augustae*, vol. 3 (Cambridge, MA: Harvard University Press, 1921), 313–315; Henry Petroski, *The Book on the Bookshelf*, 1st ed. (New York: Alfred A. Knopf, 1999), 32–33.

57 William G. Urry, "Paleography," *Encyclopaedia Britannica* (Chicago: Encyclopaedia Britannica), accessed November 12, 2013, http://www. britannica. com/EBchecked/topic/439491/paleography.

58 Pliny the Elder, "The Natural History"; Adam Bülow-Jacobsen, "Writing Materials in the Ancient World," in *The Oxford Handbook of Papyrology*, ed.

Roger Bagnall (Oxford: Oxford University Press, 2009), 8–10.
59　Leach and Tait, "Papyrus."
60　Pliny the Elder, "The Natural History," sec. 13. 23.
61　Lewis, *Papyrus in Classical Antiquity*, 39.

第二章

1　Esther Hansen, *The Attalids of Pergamon* (Ithaca: Cornell University Press, 1971), 1–3, 70–129.
2　Strabo, "Geography," trans. H. C. Hamilton and W. Falconer (London: George Bell & Sons, 1903), sec. 13.4.2, http://data.perseus.org/texts/urn:cts:greekLit:tlg0099.tlg001.perseus-eng2; Plutarch, "Antony," ed. Bernadotte Perrin, *Plutarch's Lives* (Cambridge, MA: Harvard University Press, 1920), chap. 58, http://data. perseus. org/texts/urn:cts:greekLit: tlg0007. tlg058. perseus-eng1.
3　Strabo, "Geography," sec. 13.1.54.
4　Frederic G. Kenyon, *Books and Readers in Ancient Greece and Rome* (Oxford: Clarendon Press, 1889), 87–88.
5　Jerry Stannard, "Pliny the Elder," *Encyclopaedia Britannica* (Chicago: Encyclopaedia Britannica), accessed July 17, 2013, http://www. britannica. com/EBchecked/topic/464822/Pliny-the-Elder; Ignace H. M. Hendriks, "Pliny, Historia Naturalis XIII, 74-82 and the Manufacture of Papyrus," *Zeitschrift Für Papyrologie Und Epigraphik* 37 (1980): 121–136.
6　Herodotus, "The Histories," trans. A. Godley (Cambridge, MA: Harvard University Press, 1920), sec. 5.1.58, http://www. perseus. tufts. edu/hopper/text?doc = urn:cts:greekLit:tlg0016. tlg001. perseus-eng1.
7　David Diringer, *The Book Before Printing: Ancient, Medieval, and Oriental* (Mineola, NY: Courier Dover Publications, 1953), 172. David Diringer, "From Leather to Parchment," in *The Book Before Printing: Ancient, Medieval, and Oriental* (Mineola, NY: Courier Dover Publications, 1953), 170–227.
8　Ronald Reed, *The Nature and Making of Parchment* (Leeds: Elmete, 1975), 39.
9　"Astringent," *Encyclopaedia Britannica* (Chicago: Encyclopaedia Britannica), accessed July 18, 2013, http://www.britannica. com/EBchecked/topic/39937/astringent; William M. Ciesla, "Gall Nuts," 315 in *Non-Wood Forest Products from Temperate Broad-Leaved Trees* (Food & Agriculture Org., 2002), 98–100; Reed, *Nature and Making of Parchment*, 25–26.

10　Reed, *Nature and Making of Parchment*, 26–29.
11　Ibid., 38.
12　Richard R. Johnson, "Ancient and Medieval Accounts of the 'Invention' of Parchment," *California Studies in Classical Antiquity* 3 (January 1, 1970): 115–122, doi:10.2307/25010602; "Seleucid Kingdom," *Encyclopaedia Britannica* (Chicago: Encyclopaedia Britannica), accessed July 19, 2013, http://www.britannica.com/EBchecked/topic/533278/Seleucid-kingdom.
13　Johnson, "Ancient and Medieval Accounts of the 'Invention' of Parchment."
14　Polybius, "Histories," trans. Evelyn S Shuckburgh (London: Macmillan, 1889), sec.27.19, http://data.perseus.org/texts/urn:cts:greekLit:tlg0543.tlg001.perseus-eng1.
15　Ibid., sec. 28. 18–22.
16　"Ptolemy VII Neos Philopator," *Encyclopaedia Britannica* (Chicago: Encyclopaedia Britannica), accessed August 1, 2013, http://www.britannica.com/EBchecked/topic/482182/Ptolemy-VII-Neos-Philopator.
17　"Ptolemy VI Philometor," *Encyclopaedia Britannica* (Chicago: Encyclopaedia Britannica), accessed July 19, 2013, http://www.britannica.com/EBchecked/topic/482179/Ptolemy-VI-Philometor; "Ptolemy III Euergetes," *Encyclopaedia Britannica* (Chicago: Encyclopaedia Britannica, April 11, 2014), http://www.britannica.com/EBchecked/topic/482183/Ptolemy-VIII-Euergetes-II; Johnson, "Ancient and Medieval Accounts of the 'Invention' of Parchment."
18　Livy, "History of Rome," trans. Rev. Canon Roberts (New York: E. P. Dutton, 1912), sec.44.19, 45.11–12, http://data.perseus.org/texts/urn:cts:latinLit:phi0914.phi0011.perseus-eng3.
19　Ibid., sec. 45. 11–12.
20　Ibid.
21　John D. Grainger, *The Syrian Wars* (Brill Academic Pub, 2010), 6–7.
22　William Safire, "Draw a Line in the Sand," in *Safire's Political Dictionary* (Oxford University Press, 2008), 200–201.
23　Johnson, "Ancient and Medieval Accounts of the 'Invention' of Parchment."
24　Ibid.
25　Johnson, "Ancient and Medieval Accounts of the 'Invention' of Parchment."
26　E. A. Andrews et al., "Membrāna," *A Latin Dictionary* (Oxford: Oxford University Press, 1879), http://www.perseus.tufts.edu/hopper/text?doc=Perseus:text:1999.04.0059:entry=membrana.
27　Nicole Howard, *The Book: The Life Story of a Technology* (Baltimore: Johns

Hopkins University Press, 2009), 2–5. Nicole Howard, "Writing Surfaces: Papyrus to Parchment," in *The Book: The Life Story of a Technology* (Baltimore: Johns Hopkins University Press, 2009), 2–5.

28 Reed, *Nature and Making of Parchment*, 43–44.
29 Ronald Reed, *Ancient Skins, Parchments and Leathers* (London: Seminar Press, 1972), 16–19, 29.
30 Reed, *Nature and Making of Parchment*, 44–45.
31 Ibid., 46; Howard, *The Book: The Life Story of a Technology*, 2–5.
32 Reed, *Nature and Making of Parchment*, 60; Raymond Clemens, *Introduction to Manuscript Studies* (Ithaca: Cornell University Press, 2007), 13.
33 Christopher S. Woods, "The Conservation of Parchment," in *Conservation of Leather and Related Materials*, ed. Marion Kite and Roy Thomson (Routledge, 2012), 200–224.
34 Ronald Reed, "Parchment in the Medieval Period," in *The Nature and Making of Parchment* (Leeds: Elmete, 1975), 71–96.
35 Devorah Dimant, "Qumran-Written Material," ed. Lawrence Schiffman, *Encyclopedia of the Dead Sea Scrolls* (New York: Oxford University Press, 2000).
36 J. B. Poole and R. Reed, "The Preparation of Leather and Parchment by the Dead Sea Scrolls Community," *Technology and Culture* 3, no. 1 (1962): 1–26.
37 "Shochet," *OED Online* (Oxford: Oxford University Press, August 2013), http://www. oed. com/view/Entry/178398; David Bridger and Samuel Wolk, eds., "Maimonides, Moses," *The New Jewish Encyclopedia* (Behrman House, 1976); Eliyahu Touger, trans., "The Laws 317 [Concerning] Torah Scrolls, Tefillin, And Mezuzut, 1.6-9, 11," *Mishneh Torah*, accessed July 24, 2013, http://www.chabad.org/library/article_cdo/aid/925417/jewish/Chapter-One.htm; Poole and Reed, "The Preparation of Leather and Parchment by the Dead Sea Scrolls Community."
38 Poole and Reed, "The Preparation of Leather."
39 W. Clarysse et al., "Graph of Papyrus and Parchment Use in Christian Documents from 3rd Century BC to 8th Century AD," *Leuven Database of Ancient Books*, July 2013, available at trismegistos.org.Visit http://bit.ly/ifoltnQ.
40 Reginald Poole, "Papal Documents from Hadrian I," in *Lectures on the History of the Papal Chancery Down to the Time of Innocent III* (Cambridge: Cambridge University Press, 1915), 37.

41 Revelation 2:12-13 (21st Century King James Version).
42 Daniel V. Thompson, "Medieval Parchment-Making," *The Library* s4–XVI, no. 1 (1935): 113–115, doi:10.1093/library/s4-XVI. 1. 113.
43 Daniel V. Thomson, Jr., "The Schedula of Theophilus Presbyter," *Speculum* 7, no. 2 (1932): 199–220.
44 "Ad Faciendas Cartas de Pellibus Caprinis More Bononiense," in *BL Harley MS 3915*, n. d., f148v; Theophilus and Charles Reginald Dodwell, "The Author of the Treatise," in *The Various Arts* (Oxford: Clarendon Press, 1986), xxxiii–xliv.
45 Reed, *Nature and Making of Parchment*, 74–75.
46 Thompson, "Medieval Parchment-Making."
47 Michelle P. Brown, "Parchmenter," *Understanding Illuminated Manuscripts: A Guide to Technical Terms* (J. Paul Getty Museum, 1994).
48 Thompson, "Medieval Parchment-Making"; Raymond Clemens, "Parchment," in *Introduction to Manuscript Studies* (Ithaca: Cornell University Press, 2007), 9–17; Michelle P. Brown, "Pounce," in *Understanding Illuminated Manuscripts: A Guide to Technical Terms* (J. Paul Getty Museum, 1994), 99; Michelle P. Brown, "Pumice," in *Understanding Illuminated Manuscripts: A Guide to Technical Terms* (J. Paul Getty Museum, 1994), 104.
49 Bernhard Bischoff, *Latin Palaeography: Antiquity and the Middle Ages* (Cambridge University Press, 1995), 8–11; Reed, *Nature and Making of Parchment*, 87–92.
50 Reed, *Nature and Making of Parchment*, 85–87; Michael Clarke and Deborah Clarke, "Gum Arabic," *The Concise Oxford Dictionary of Art Terms* (Oxford University Press), accessed July 27, 2013, http://www.oxfordreference.com/10.1093/acref/9780199569922.001.0001/acref-9780199569922-e-839.
51 Bischoff, *Latin Palaeography*, 8–11; Lloyd B. Jensen, "Royal Purple of Tyre," *Journal of Near Eastern Studies* 22, no. 2 (1963): 104–118.
52 "Parchment," *OED Online* (Oxford: Oxford University Press, 2013), http://www.oed.com/view/Entry/137746.
53 "Vellum," *OED Online* (Oxford: Oxford University Press, 2013), http://www.oed.com/view/Entry/221992; W. Lee Ustick, "'Parchment' and 'Vellum,'" *The Library* s4–XVI, no. 4 (1936): 439–443, doi:10.1093/library/s4-XVI.4.439.
54 Ustick, "'Parchment' and 'Vellum'"; Bischoff, *Latin Palaeography*, 8–11.
55 Clemens, "Parchment."
56 Bischoff, *Latin Palaeography*, 8–11.

57 Timothy Stinson, "Counting Sheep: Potential Applications of DNA Analysis to the Study of Medieval Parchment Production," in *Codicology and Palaeography in the Digital Age 2*, ed. F. Fischer, C. Fritze, and G. Vogeler, Kodikologie Und Paläographie Im Digitalen Zeitalter (Books on Demand, 2010), 191–207; Antonietta Buglione, "People and Animals in Northern Apulia from Late Antiquity to 319 the Early Middle Ages: Some Considerations," *Breaking and Shaping Beastly Bodies. Animals as Material Culture in the Middle Ages* (2007): 189–216.
58 Ustick, "'Parchment' and 'Vellum'"; Bischoff, *Latin Palaeography*, 8–11.
59 Reed, *Nature and Making of Parchment*, 77.

第三章

1 "I'm a Lumberjack," *The Economist* (The Economist Newspaper Limited, April 3, 2012), http://www. economist. com/blogs/graphicdetail/2012/04/daily-chart-0.
2 Martial, *Epigrams*, trans. Walter A. C. Ker (London: W. Heinemann, 1919), v. 1. 2.
3 A. F. Rudolf Hoernle, "Who Was the Inventor of Rag-Paper?," *Journal of the Royal Asiatic Society of Great Britain and Ireland* (1903): 663–684.
4 Edmund H. Fulling, "Botanical Aspects of the Paper-Pulp and Tanning Industries in the United States–An Economic and Historical Survey," *American Journal of Botany* 43, no. 8 (1956): 623–624.
5 Hoernle, "Who Was the Inventor of Rag-Paper?"; Tsuen-Hsuin Tsien, *Written on Bamboo & Silk: The Beginnings of Chinese Books & Inscriptions* (Chicago: University of Chicago Press, 2004), 159–161.
6 Tsuen-Hsuin Tsien, *Chemistry and Chemical Technology, Pt 1: Paper and Printing*, ed. Joseph Needham, Science and Civilisation in China 5 (Cambridge: Cambridge University Press, 1985), 35–38.
7 Tsien, *Written on Bamboo & Silk*, 1, 38–39, 69, 89.
8 Ibid., xxi; Endymion Porter Wilkinson, *Chinese History: A Manual* (Harvard University Asia Center, 2000), 444–447.
9 W. Y. Hsiung, "Bamboo in China: New Prospects for an Ancient Resource," *Unasylva* 39 (1987): 42–49.
10 Tsien, *Paper and Printing*, 23–25.
11 Wilkinson, *Chinese History: A Manual*, 444–447; Tsien, *Written on Bamboo &*

      Silk, 97–98, 115–120.
12   Wilkinson, *Chinese History: A Manual*, 444–447.
13   Tsien, *Written on Bamboo & Silk*, 130.
14   Ki Mae Heussner, "Get Out of Jail Free: Monopoly's Hidden Maps," *ABC News* (New York: ABC News, September 18, 2009), http://abcnews.go.com/Technology/monopolys-hidden-maps-wwii-powsescape/story?id = 8605905.
15   Tsien, *Paper and Printing*, 23–25.
16   Ibid.
17   Lois Mai Chan, "The Burning of the Books in China, 213 B. C.," *The Journal of Library History* 7, no. 2 (1972): 101–108; H. Ping, P. F. Williams, and Y. Wu, "From 'Killing a Chicken to Frighten the Monkeys' to 'Killing a Monkey to Frighten the Other Monkeys,'" in *The Thought Remolding Campaign of the Chinese Communist Party-State*, ICAS Publications Monographs (Amsterdam University Press, 2012), 37–39; "Han Dynasty," *Encyclopaedia Britannica* (Chicago: Encyclopaedia Britannica, 2013), http://www. britannica. com/EBchecked/topic/253872/Han-dynasty.
18   Tsuen-Hsuin Tsien, "Earthenware Types," in *Chemistry and Chemical Technology. Pt 1. Paper and Printing*, ed. Joseph Needham, Science and Civilisation in China (Cambridge: Cambridge University Press, 1985), 38–42; Dard Hunter, *Papermaking: The History and Technique of an Ancient Craft*, Dover Books Explaining Science (New York: Dover Publications, 1978), 50–53; Wilkinson, *Chinese History: A Manual*, 501–507.
19   Mary Anderson, *Hidden Power: The Palace Eunuchs of Imperial China* (Buffalo, NY: Prometheus Books, 1990), 15–18.
20   B. B. Peterson, "Empress Dowager Dou," in *Notable Women of China: Shang Dynasty to the Early Twentieth Century*, East Gate Book (Armonk, NY: M. E. Sharpe, 2000), 103–108.
21   Ibid.; Hunter, *Papermaking*, 50–52.
22   Peterson, "Empress Dowager Dou"; Hunter, *Papermaking*, 50–52; K. McMahon, *Women Shall Not Rule: Imperial Wives and Concubines in China from Han to Liao* (Rowman & Littlefield Publishers, 2013), 102–105.
23   Hunter, *Papermaking*, 50–52; Tsien, *Paper and Printing*, 40; Joseph Needham and Wang Ling, *Physics and Physical Technology, Pt 2: Mechanical Engineering*, Science and Civilisation in China 2 (Cambridge: Cambridge University Press, 1965), 31.
24   Hunter, *Papermaking*, 49–53; Jie Wu, *A Study of Group Compositions in Early*

Tang China (618-713) (Seattle: University of Washington, 2008), 5–8.
25 Victor W. von Hagen, "Paper and Civilization," *The Scientific Monthly* 57, no. 4 (1943): 304.
26 Hunter, *Papermaking*, 52.
27 Charles Davis, "Materials Used for Paper," in *The Manufacture of Paper Being a Description of the Various Processes for the Fabrication, Coloring, and Finishing of Every Kind of Paper* (Philadelphia: H. C. Baird, 1886), 64–76.
28 Martyn Rix, Steve Davis, and Mark Nesbitt, "Broussonetia Papyrifera (paper Mulberry)," *Plants & Fungi* (Royal Botanic Gardens, Kew, 2013), http://www.kew.org/plants-fungi/Broussonetiapapyrifera.htm; Hsuan Keng, "Economic Plants of Ancient North China as Mentioned in 'Shih Ching' (Book of Poetry)," *Economic Botany* 28, no. 4 (1974): 405.
29 Tsien, *Paper and Printing*, 36–37, 41.
30 Kiyofusa Narita, "Japanese Paper Making" (1954); Hyejung Yum, "Traditional Korean Papermaking: Analytical Examination of Historic Korean Papers and Research into History, Materials and Techniques of Traditional Papermaking of Korea" (2009).
31 Chrissie Heughan, "Personal Interview" (Keith Houston, November 2013).
32 Hui-Lin Li, "An Archaeological and Historical Account of Cannabis in China," *Economic Botany* 28, no. 4 (1974): 437–448; Hunter, *Papermaking*, 50–53.
33 Tsien, *Paper and Printing*, 35–38; Heughan, "Personal Interview."
34 Hunter, *Papermaking*, 78–84.
35 Yingxing Song, *Chinese Technology in the Seventeenth Century*, trans. E-tu Zen Sun and Shiouchuan Sun (Mineola, NY: Courier Dover Publications, 1997), v.
36 Ibid.
37 Ibid., 84–94.
38 Tsien, *Paper and Printing*, 35–38; Heughan, "Personal Interview."
39 Heughan, "Personal Interview"; Tsuen-Hsuin Tsien, *Collected Writings on Chinese Culture* (Chinese University Press, 2011), 53–54.
40 Tsien, *Paper and Printing*, 40–41; Hunter, *Papermaking*, 51–53.
41 McMahon, *Imperial Wives and Concubines in China*, 102–105; Xingpei Yuan et al., "Late Eastern Han Politics," in *The History of Chinese Civilization: Qin, Han, Wei, Jin, and the Northern and Southern Dynasties*, trans. David R Knechtges, vol. 2 (Cambridge: Cambridge University Press, 2012), 78–80.
42 Hunter, *Papermaking*, 52.

43　Ibid., 52–53.
44　Tsien, *Paper and Printing*, 48.
45　J. Edkins, *The Religious Condition of the Chinese: With Observations on the Prospects of Christian Conversion Amongst That People* (Routledge, Warnes & Routledge, 1859), 2.
46　Li, "An Archaeological and Historical Account of Cannabis in China"; Tsien, *Paper and Printing*, 38–40.
47　Tsien, *Written on Bamboo & Silk*, 145–147.
48　Tsien, *Paper and Printing*, 41; Tsien, *Written on Bamboo & Silk*, 148–150.

第四章

1　Dard Hunter, *Papermaking: The History and Technique of an Ancient Craft*, Dover Books Explaining Science (New York: Dover Publications, 1978), 52–60; "Silk (fibre)," *Encyclopaedia Britannica* (Chicago: Encyclopaedia Britannica, 2013), http://www. britannica. com/EBchecked/topic/544449/silk; R. H. Cherry, "History of Sericulture," *Bulletin of the ESA* 33, no. 2 (1987): 83–85.
2　Tsuen-Hsuin Tsien, *Written on Bamboo & Silk: The Beginnings of Chinese Books & Inscriptions* (Chicago: University of Chicago Press, 2004), 161–166.
3　Hunter, *Papermaking*, 78–94.
4　Ibid., 183–194.
5　Ibid., 196.
6　Tsien, *Written on Bamboo & Silk*, 166.
7　Keith Story, *Approaches to Pest Management in Museums* (Suitland, VA: Conservation Analytical Laboratory, Smithsonian Institution, 1985), 13–16.
8　F. Smith and George Arthur Stuart, *Chinese Materia Medica Vegetable Kingdom* (Shanghai: American Presbyterian Mission Press, 1911), 316–317; Tsuen-Hsuin Tsien, *Chemistry and Chemical Technology, Pt 1: Paper and Printing*, ed. Joseph Needham, Science and Civilisation in China 5 (Cambridge: Cambridge University Press, 1985), 74–46; Hunter, *Papermaking*, 468; Jonathan M. Bloom, *Paper Before Print: The History and Impact of Paper in the Islamic World* (New Haven, CT: Yale University Press, 2001), 41.
9　Tsien, *Paper and Printing*, 84.
10　"Silk (fibre)"; Cherry, "History of Sericulture."
11　Bloom, *Paper Before Print*, 38–41; Tsien, *Written on Bamboo & Silk*, 150–152.

12 "Umayyad Dynasty," *Encyclopaedia Britannica* (Chicago: Encyclopaedia Britannica, 2012), http://www.britannica.com/EBchecked/topic/613719/Umayyad-dynasty.

13 Ibid.; David Nicolle, "Introduction," in *Poitiers AD 732: Charles Martel Turns the Islamic Tide* (Osprey Publishing, 2008), 7.

14 Bloom, "Umayyad Dynasty",in *Paper Before Print*, 42.

15 Ibid., 42–45.

16 Jonathan M. Bloom, "The Introduction of Paper in the Islamic Lands," in *Paper Before Print*, 42–45; Bilal Orfali, "The Works of Abū Manṣūr Al-Thaʿālibī (350-429/961-1039)," *Journal of Arabic Literature* 40, no. 3 (2009): 273–275.

17 Bloom, "The Introduction of Paper in the Islamic Lands," 42–45; Jonathan M. Bloom, "Personal Correspondence" (Keith Houston, December 2013).

18 Jonathan M. Bloom, "Silk Road or Paper Road?," *The Silk Road Foundation Newsletter* 3, no. 2 (2005): 21–26.

19 Alfred Tennyson, "Recollections of the Arabian Nights," 1830; Bloom, *Paper Before Print*, 47–49.

20 Ibid., 48–49.

21 David J. Wasserstein, "Greek Science in Islam: Islamic Scholars as Successors to the Greeks," *Hermathena*, no. 147 (1989): 62; Susan Douglass, "Suq Al-Warraqin," *Calliope* 10, no. 6 (2000): 38.

22 Adam Lucas, *Wind, Water, Work: Ancient And Medieval Milling Technology* (BRILL, 2006), 61–68; Bloom, *Paper Before Print*, 50–56; Karen Garlick, "A Brief Review of the History of Sizing and Resizing Practices," in *The Book & Paper Group Annual*, vol. 5 (American Institute for Conservation, 1986), 94–107.

23 Garlick, "A Brief Review of the History of Sizing and Resizing Practices."

24 J. L. Berggren, *Episodes in the Mathematics of Medieval Islam* (Springer, 2003), 6–9, 31–32; Jonathan M. Bloom, "Paper: The Islamic Golden Age," *Essay* (BBC, November 28, 2013), http://www.bbc.co.uk/programmes/b03j9nhy.

25 Bloom, "Paper: The Islamic Golden Age."

26 "Reconquista," *Encyclopaedia Britannica* (Chicago: Encyclopaedia Britannica, 2013), http://www.britannica.com/EBchecked/topic/493710/Reconquista; Catherine Delano Smith, "The Visigothic Kingdom," *Encyclopaedia Britannica* (Chicago: Encyclopaedia Britannica, March 20, 2013), http://

www.britannica.com/EBchecked/topic/557573/Spain/70358/The-Visigothic-kingdom.
27 Hunter, *Papermaking*, 473.
28 Ibid., 472; Victor W. von Hagen, "Paper and Civilization," *The Scientific Monthly* 57, no. 4 (1943): 313; Jim Wolf, "U. S. Lawmakers Seek to Block China Huawei, ZTE U. S. Inroads," *Reuters* (Thomson Reuters, October 08, 2012), http://www.reuters.com/article/2012/10/08/us-usa-china-huawei-zteidUSBRE8960NH20121008.
29 von Hagen, "Paper and Civilization," 313; Leor Halevi, "Christian Impurity versus Economic Necessity: A Fifteenth-Century Fatwa on European Paper," *Speculum* 83, no. 4 (2008): 917,doi:10.1017/S0038713400017073.
30 Hunter, *Papermaking*, 473.
31 "Koran 29:46 (Yusuf Ali Version)," n. d.; Hans J. Hillerbrand, "On Book Burnings and Book Burners: Reflections on the Power (and Powerlessness) of Ideas," *Journal of the American Academy of Religion* 74, no. 3 (2006): 602–603, doi:10. 1093/jaarel/lfj117; "Reconquista."
32 Robert I. Burns, "The Paper Revolution in Europe: Crusader Valencia's Paper Industry: A Technological and Behavioral Breakthrough," *Pacific Historical Review* 50, no. 1 (1981): 1–30; "Alfonso X (king of Castile and Leon)," *Encyclopaedia Britannica* (Chicago: Encyclopaedia Britannica, 2013), http://www. britannica. com/EBchecked/topic/14725/Alfonso-X.
33 Burns, "Crusader Valencia's Paper Industry"; Bloom, *Paper Before Print*, 206–209.
34 Burns, "Crusader Valencia's Paper Industry"; Halevi, "A Fifteenth-Century Fatwa on European Paper," 918; Bloom, *Paper Before Print*, 206–209; Erik Kwakkel, "Choosing a Writing Support," *Quill: Books Before Print*, 2014, http://www. bookandbyte. org/quill/pages/choosing-a-writing-support.php.
35 Halevi, "A Fifteenth-Century Fatwa on European Paper," 919.
36 Ibid., 924; Hunter, *Papermaking*, 260–261.
37 Halevi, "A Fifteenth-Century Fatwa on European Paper," 918.
38 Hunter, *Papermaking*, 262–264.
39 Hunter, *Papermaking*, 258–259; "About Watermarks," *Gravell Watermark Archive*, 2013, http://www.gravell.org/watermarks.php.
40 Bayley, *A New Light*, 9–13.
41 N. Weber, "Cathari," *The Catholic Encyclopedia* (New York: Appleton, 1908), http://www. newadvent. org/cathen/03435a. htm.

42 Thomas F. Madden, "Albigensian Crusade," *Encyclopaedia Britannica* (Chicago: Encyclopaedia Britannica, May 10, 2010), http://www.britannica.com/EBchecked/topic/12976/Albigensian-Crusade.

43 Bayley, *A New Light*, 11.

44 Ibid., 214–231.

45 Ibid., 15–16, 70–77; Harold Bayley, *The Lost Language of Symbolism: An Inquiry into the Origin of Certain Letters, Words, Names, Fairy-Tales, Folk-Lore, and Mythologies* (London: J. M. Dent, 1912), 1–16.

46 E. Heawood, "The Use of Watermarks in Dating Old Maps and Documents," *The Geographical Journal* 63, no. 5 (1924): 394; Hunter, *Papermaking*, 258–259.

47 Ibid., 175; Edward Knight, "Ass (Paper-Making)," in *Knight's American Mechanical Dictionary: Being a Description of Tools, Instruments, Machines, Processes, and Engineering.* (New York: Hard and Houghton, 1875), 170; "Glossary of Papermaking Terms," *British Association of Paper Historians*, accessed December 20, 2013, http://baph.org.uk/reference/glossary.html.

48 Hunter, *Papermaking*, 183–185, 194.

49 Ibid., 175–176.

50 Ibid., 173–175.

51 C. Marchetti, "A Postmortem Technology Assessment of the Spinning Wheel: The Last Thousand Years," *Technological Forecasting and Social Change* 13, no. 1 (1979): 91–93; Lynn White Jr, "Technology Assessment from the Stance of a Medieval Historian," *The American Historical Review* 79, no. 1 (1974): 12–13; von Hagen, "Paper and Civilization," 313.

52 "Cerecloth," *OED Online* (Oxford: Oxford University Press, August 2013), http://www.oed.com/view/Entry/29893; von Hagen, "Paper and Civilization," 313.

53 Walter Endrei, "Changements Dans La Productivité de L'industrie Lainière Au Moyen Âge," *Annales. Histoire, Sciences Sociales* 26, no. 6 (1971): 1293; White Jr, "Technology Assessment from the Stance of a Medieval Historian," 12–13.

54 Marchetti, "A Postmortem Technology Assessment of the Spinning Wheel: The Last Thousand Years"; White Jr, "Technology Assessment from the Stance of a Medieval Historian," 12–13.

55 James Rogers, *A History of Agriculture and Prices in England from the Year after the Oxford Parliament (1259) to the Commencement of the Continental War (1793)*, vol. 4 (Oxford, 1882), 590–608.

56 H. E. Bell, "The Price of Books in Medieval England," *The Library* s4–XVII,

no. 3 (1936): 312–332, doi:10.1093/library/s4-XVII. 3. 312.
57. Kira L. S. Newman, "Shutt Up: Bubonic Plague and Quarantine in Early Modern England," *Journal of Social History* 45, no. 3 (2012): 831, doi:10.1093/jsh/shr114; Hunter, *Papermaking*, 481–482.
58. Richard Daniel Smith, "Paper Impermanence as a Consequence of Ph and Storage Conditions," *The Library Quarterly* 39, no. 2 (1969): 154.
59. Gary Bryan Magee, *Productivity and Performance in the Paper Industry: Labour, Capital and Technology in Britain and America, 1860-1914* (Cambridge University Press, 1997), 104–111.
60. Hunter, *Papermaking*, 538.
61. John Bidwell, *American Paper Mills, 1690-1832: A Directory of the Paper Trade, with Notes on Products, Watermarks, Distribution Methods, and Manufacturing Techniques* (Hanover, NH: Dartmouth College Press, 2013), xxvi, 1; John W. Maxson Jr, "Papermaking in America From Art to Industry, 1690 to 1860," *The Quarterly Journal of the Library of Congress* 25, no. 2 (1968): 121; Matt T. Roberts and Don Etherington, "Cartridge Paper," *Bookbinding and the Conservation of Books*, Foundation of the American Institute for Conservation, November 2011, http://cool.conservationus.org/don/dt/dt0594.html.
62. Edmund H. Fulling, "Botanical Aspects of the Paper-Pulp and Tanning Industries in the United States–An Economic and Historical Survey," *American Journal of Botany* 43, no. 8 (1956): 622.
63. "French Revolution," *Encyclopaedia Britannica* (Chicago: Encyclopaedia Britannica), accessed December 27, 2013, http://www.britannica.com/EBchecked/topic/219315/French-Revolution; Hunter, *Papermaking*, 522.
64. Hunter, *Papermaking*, 341–344; Leonard N. Rosenband, "Comparing Combination Acts: French and English Papermaking in the Age of Revolution," *Social History* 29, no. 2 (2004): 165–178.
65. Hunter, *Papermaking*, 344–348.
66. Ibid., 348–349.
67. Ibid., 349, 532; Malcolm Thomis, *The Luddites: Machine-Breaking in Regency England* (Hamden, CT: Archon Books, 1970), 11–12.
68. Hunter, *Papermaking*, 349, 532.
69. Chrissie Heughan, "Personal Interview" (Keith Houston, November 2013); Hunter, *Papermaking*, 361, 401–406, 542, 546.
70. Charles Tomlinson, *Cyclopædia of Useful Arts, Mechanical and Chemical,*

Manufactures, Mining, and Engineering., vol. 2 (London: G. Virtue, 1854), 364–365.
71　Fulling, "Botanical Aspects of the Paper-Pulp Industry," 622.
72　Mark Twain, "Things I Shall Not Tell," in *The Innocents Abroad* (Velvet Element Books, 2008), 631–633; Ray Bradbury, *The Nefertiti-Tut Express: A Story in Screenplay* (Glendale, CA: The Ras Press, 2012).
73　Fulling, "Botanical Aspects of the Paper-Pulp Industry," 622.
74　S. J. Wolfe, "Long Under Wraps, Cataloguing Puzzle Solved," *The Book: Newsletter of the Program of the History of the Book in American Culture* no. 61 (2003): 4–5.
75　Bidwell, *American Paper Mills, 1690-1832*, 171–176.
76　Fulling, "Botanical Aspects of the Paper-Pulp Industry," 624.
77　"Asbestos (mineral)," *Encyclopaedia Britannica* (Chicago: Encyclopaedia Britannica), accessed December 31, 2013, http://www.britannica.com/EBchecked/topic/37756/asbestos.
78　Hunter, *Papermaking*, 311–312; Magee, *Productivity and Performance in the Paper Industry*, 104–111.
79　Thomas Jones, "Lhuyd, Edward (1660-1709)," *Welsh Biography Online* (National Library of Wales), accessed October 21, 2014, http://wbo.llgc.org.uk/en/s-LHUY-EDW-1660.html.
80　Fulling, "Botanical Aspects of the Paper-Pulp Industry," 622; "Robert R. Livingston," *Encyclopaedia Britannica* (Chicago: Encyclopaedia Britannica, 2007), http://www.britannica.com/EBchecked/topic/344865/Robert-R-Livingston.
81　Fulling, "Botanical Aspects of the Paper-Pulp Industry," 622–623.
82　René Antoine Ferchault de Réaumer, "Histoire Des Guêpes," *Mémoires de l'Académie Royale* (1719): 230–284; Fulling, "Botanical Aspects of the Paper-Pulp Industry," 623.
83　"Friedrich Gottlob Keller," *Paper Industry International Hall of Fame*, 2013, http://www.paperhall.org/friedrichgottlobkeller/; Klaus Beneke, "Friedrich Gottlob Keller," *Mitteilungen Der Kolloid-Gesellschaft* (1998): 21–23; Peter Burger, *Charles Fenerty and His Paper Invention* (Toronto: P. Burger, 2007), 31–35.
84　Fulling, "Botanical Aspects of the Paper-Pulp Industry," 624–625.
85　Chandru J. Shahani and William K. Wilson, "Preservation of Libraries and Archives," *American Scientist* 75, no. 3 (1987): 240.

86 Smith, "Paper Impermanence," 156; Garlick, "A Brief Review of the History of Sizing and Resizing Practices"; Shahani and Wilson, "Preservation of Libraries and Archives," 240.
87 Hunter, *Papermaking*, 526–527.
88 Smith, "Paper Impermanence," 153–154; Shahani and Wilson, "Preservation of Libraries and Archives," 240–241; John C Williams, "Chemistry of the Deacidification of Paper," *Bulletin of the American Group. International Institute for Conservation of Historic and Artistic Works* 12, no. 1 (1971): 16–32.
89 Smith, "Paper Impermanence," 154; Shahani and Wilson, "Preservation of Libraries and Archives," 241; Lee E. Grove, "John Murray and Paper Deterioration," *Libri* 16 (1966): 194, doi:10. 1515/libr. 1966. 16. 3. 194.
90 William Shakespeare, "Sonnet XVII," in *Sonnets*, ed. Thomas Tyler (London: D. Nutt, 1890), 174.
91 Smith, "Paper Impermanence," 155.
92 Smith, "Paper Impermanence," 155–156; Shahani and Wilson, "Preservation of Libraries and Archives," 243.
93 Ibid., 243.
94 Marjorie Sun, "The Big Problem of Brittle Books," *Science* 240, no. 4852, New Series (1988): 598–600.
95 John W. Baty et al., "Deacidification for the Conservation and Preservation of Paper-Based Works: A Review," *BioResources* 5, no. 3 (2010): 1–3.
96 Sun, "The Big Problem of Brittle Books," 599–600.
97 Ibid.; Kenneth E. Harris et al., "Mass Deacidification: An Initiative to Refine the Diethyl Zinc Process" (1994): 6–7.
98 Sun, "The Big Problem of Brittle Books," 599–600.
99 "Using Gamma Rays to Save Old Books," *New York Times*, December 27, 1989; Baty et al., "Deacidification," 35–36.
100 "Mass Deacidification," *Library of Congress*, 2013, http://www.loc.gov/preservation/about/deacid/index. html.
101 "ANSI/NISO Z39. 48-1992 (R2009) Permanence of Paper for Publications and Documents in Libraries and Archives" (National Information Standards Organization, 2010).
102 Fulling, "Botanical Aspects of the Paper-Pulp Industry,"624.
103 Gerald W. Lundeen, "Preservation of Paper Based Materials: Present and Future Research and Developments in the Paper Industry," *Conserving and*

Preserving Library Materials (1983): 80–81.

第五章

1 George Edwin Fussell, "Origins of Agriculture: Sumer," *Encyclopaedia Britannica* (Chicago: Encyclopaedia Britannica, 2013), http://www.britannica.com/EBchecked/topic/9647/origins-ofagriculture/10767/Sumer; Andrew Robinson, *The Story of Writing: Alphabets, Hieroglyphs & Pictograms* (London: Thames & Hudson, 2001), 71.
2 Dietz O. Edzard, "History of Mesopotamia," *Encyclopaedia Britannica* (Chicago: Encyclopaedia Britannica, 2009), http://www.britannica.com/EBchecked/topic/376828/history-of-Mesopotamia; C. Walker, *Cuneiform*, Reading the Past (Berkeley, CA: University of California Press, 1987), 7–11.
3 Barbara Ann Kipfer, ed., "Encyclopedic Dictionary of Archaeology" (Springer, 2000), 695.
4 Robinson, *The Story of Writing*, 72–73.
5 Hans J. Nissen, "The Archaic Texts from Uruk," *World Archaeology* 17, no. 3 (1986): 317.
6 Walker, *Cuneiform*, 9–11.
7 Naomi F. Miller and Wilma Wetterstrom, "The Beginnings of Agriculture: The Ancient Near East and North Africa," in *Cambridge World History of Food*, ed. K. F. Kiple and K. C. Ornelas (Cambridge University Press, 2000), 1123–1139.
8 Denise Schmandt-Besserat, "How Writing Came About," *Zeitschrift Für Papyrologie Und Epigraphik* 47 (1982): 1–3.
9 Schmandt-Besserat, "How Writing Came About," 4–5; Barbara Ann Kipfer, "Bulla," in *Dictionary of Artifacts* (Hoboken, NJ: Wiley, 2008)49-50.
10 Schmandt-Besserat, "How Writing Came About," 4–5.
11 Nissen, "The Archaic Texts from Uruk," 320.
12 Robinson, *The Story of Writing*, 42; Walker, *Cuneiform*, 11–13.
13 "Cuneiform Tablet from an Assyrian Trading Post," *LACMA Collections* (Los Angeles: Los Angeles County Museum of Art), accessed October 19, 2014, http://collections. lacma. org/node/248610.
14 William Davies, *Egyptian Hieroglyphs*, Reading the Past (British Museum Publications, 1987), 82.
15 Patrizia Piacentini, "Scribes," ed. Donald B. Redford, *The Oxford Encyclopedia*

of Ancient Egypt (Oxford University Press, 2012), http://www. oxfordreference. com/10.1093/acref/9780195102345.001.0001/acref-9780195102345-e-0638.

16 "Ostracon," *OED Online* (Oxford: Oxford University Press, 2012), http://www.oed.com/view/Entry/133180.

17 Monica Tsuneishi, ed., "Ancient Writing Materials: Ostraka," *Papyrology Collection* (University of Michigan Library, September 4, 2013), http://www.lib.umich.edu/papyrus-collection/ancient-writingmaterials-ostraka; Jennifer Babcock, "Ancient Egyptian Ostraca: A Reevaluation," *About the Museum* (New York: The Metropolitan Museum of Art, October 10, 2012), http://www.metmuseum.org/aboutthe-museum/now-at-the-met/features/2012/ancient-egyptian-ostraca; Paul Roberts, "Egyptian Homosexuality," accessed February 05, 2014, https://www.academia.edu/3304010/Egyptian_Homosexuality; A. Maravelia, "Some Aspects of Ancient Egyptian Social Life from the Study of the Principal Love Poem's Ostraca from Deir Al-Medina," in *Egyptology at the Dawn of the 21st Century: Proceedings of the 8th International Conference of Egyptologists, Cairo 2000*, ed. Zahi Hawass and Lyla Pinch Brook, vol. 3 (Cairo; NY: The American University in Cairo Press, 2003), 281–282.

18 Sara Forsdyke, *Exile, Ostracism, and Democracy the Politics of Expulsion in Ancient Greece* (Princeton, NJ: Princeton University Press, 2005), 146–149.

19 Barbara Ann Kipfer, "Sherd," *Dictionary of Artifacts* (Wiley, 2008).

20 Jaroslav Cerny, *Paper and Books in Ancient Egypt* (Lewis, 1947), 11; P. Tallet, "Ayn Sukhna and Wadi El-Jarf: Two Newly Discovered Pharaonic Harbours on the Suez Gulf," *British Museum Studies in Ancient Egypt and Sudan* no. 18 (2012): 151–153; Ray, "The Emergence of Writing in Egypt," 310.

21 James Henry Breasted, "The Physical Processes of Writing in the Early Orient and Their Relation to the Origin of the Alphabet," *The American Journal of Semitic Languages and Literatures* 32, no. 4 (1916): 237–239.

22 Kathleen L. Sheppard, "Flinders Petrie and Eugenics," *Antiquity* (Durham: The Antiquity Trust, September 2008), http://antiquity. ac. uk/projgall/sheppard/; Margaret S. Drower, *Flinders Petrie: A Life in Archaeology* (Madison: University of Wisconsin Press, 1995), 424.

23 Lisa Mawdsley, "The Corpus of Potmarks from Tarkhan," *British Museum Studies in Ancient Egypt and the Sudan* 13 (2009): 198; W Petrie, *Tarkhan I and Memphis V* (London: School of Archaeology in Egypt, University College; Bernard Quaritch, 1913), 1–5.

24 Breasted, "The Physical Processes of Writing in the Early Ori," 237; Malcolm

Johnson, *The Nature and Making of Papyrus* (Barkston Ash: Elmete Press, 1973), 26–28; Michael Clarke and Deborah Clarke, "Gum Arabic," *The Concise Oxford Dictionary of Art Terms* (Oxford University Press), accessed July 27, 2013, http://www.oxfordreference.com/10.1093/acref/9780199569922.001.0001/acref-9780199569922-e-839.

25 Bridget Leach and John Tait, "Papyrus," in *Ancient Egyptian Materials and Technology*, ed. Paul Nicholson and Ian Shaw (Cambridge University Press, 2000), 238–239.

26 Breasted, "The Physical Processes of Writing in the Early Ori," 231–234; G. A. Crüwell, "Contributions to Egyptian Penmanship," *The Library Quarterly* 2, no. 2 (1932): 135–137.

27 Araldo de Luca, Alessia Amenta, and Maṭḥaf Al-Miṣrī., "Panels of Hesire," in *The Egyptian Museum in Cairo* (Cairo: The American University in Cairo Press, 2005), 63–69.

28 Janice Kamrin, *Ancient Egyptian Hieroglyphs: A Practical Guide* (New York: Harry N. Abrams, 2004), 126–127; Ahmed Shafik and Waseem R. Elseesy, "Medicine in Ancient Egypt," in *Medicine Across Cultures: History and Practice of Medicine in Non-Western Cultures*, ed. Helaine Selin, vol. 3, Science Across Cultures: The History of Non-Western Science (Dordrecht: Kluwer Academic Publishers, 2003), 35–36, doi:10.1007/0-306-48094-8.

29 Breasted, "The Physical Processes of Writing in the Early Ori," 234–239; Alan H. Gardiner, "Y3," in *Egyptian Grammar: Being an Introduction to the Study of Hieroglyphs* (London: Oxford University Press, 1957), 534.

30 Davies, *Egyptian Hieroglyphs*, 19–20.

31 Johnson, *Nature and Making of Papyrus*, 28.

32 Piacentini, "Scribes."

33 Johnson, *Nature and Making of Papyrus*, 26–30; Breasted, "The Physical Processes of Writing in the Early Ori," 234–239; R. H. Hughes, J. S. Hughes, and G. M. Bernacsek, *A Directory of African Wetlands* (Gland, Switzerland: IUCN, 1992), 139–143.

34 W. J. Tait, "Rush and Reed: The Pens of Egyptian and Greek Scribes," in *Proceedings of the XVIII International Congress of Papyrology: Athens, 25-31 May 1986*, ed. Vasileios Mandēlaras, vol. 2 (Athens: Greek Papyrological Society, 1988), 477–480.

35 Aidan Dodson, "Third Intermediate Period," ed. Donald B. Redford, *The Oxford Encyclopedia of Ancient Egypt* (Oxford University Press, 2005), http://

www. oxfordreference.com/10.1093/acref/9780195102345.001.0001/acref-9780195102345-e-0717; John D. Ray et al., "Late Period," ed. Donald B Redford, *The Oxford Encyclopedia of Ancient Egypt* (Oxford University Press, 2005), http://www.oxfordreference.com/10.1093/acref/9780195102345.001. 0001/acref-9780195102345-e-0401.

36 Alan Fildes and Joann Fletcher, *Alexander the Great: Son of the Gods* (Getty Publications, 2004), 52–55.
37 Joyce Tyldesley, "Cleopatra (queen of Egypt)," *Encyclopaedia Britannica* (Chicago: Encyclopaedia Britannica, 2012), http://www. britannica.com/EBchecked/topic/121230/Cleopatra.
38 Robinson, *The Story of Writing*, 21.
39 Diodorus of Sicily, *Diodorus of Sicily*, trans. C. H. Oldfather (Cambridge, MA: Harvard University Press, 1933), sec. 3. 4.
40 Robinson, *The Story of Writing*, 21.
41 Ibid., 22–23; Charles George Herbermann, "Jörgen Zoega," in *Catholic Encyclopedia*, vol. 15, The Catholic Encyclopedia: An International Work of Reference on the Constitution, Doctrine, Discipline, and History of the Catholic Church (Appleton, 1912), 763; Tim Murray, *Milestones in Archaeology a Chronological Encyclopedia* (Santa Barbara, CA: ABC-CLIO, 2007), 177.
42 Richard Parkinson, *Cracking Codes: The Rosetta Stone and Decipherment* (London: British Museum Press, 1999), 19–20.
43 Ibid., 21–23.
44 Ibid., 31–33.
45 Thomas Young, "Egypt," in *Supplement to Encyclopaedia Britannica, vol. 4 Part 1* (Edinburgh: Chambers, 1819), 86–195; Parkinson, *Cracking Codes*, 31–32.
46 Ibid., 32–36.
47 Ibid.; Alan H. Gardiner, "E23," in *Egyptian Grammar: Being an Introduction to the Study of Hieroglyphs* (London: Oxford University Press, 1957), 460.
48 A. R. Millard, "The Infancy of the Alphabet," *World Archaeology* 17, no. 3 (1986): 390.
49 Edward Maunde Thompson, *An Introduction to Greek and Latin Palaeography,* (Oxford: Clarendon Press, 1912), 1–2; B L Ullman, "The Etruscan Origin of the Roman Alphabet and the Names of the Letters," *Classical Philology* 22, no. 4 (1927): 372–377.

50　Frank Simons, "Proto-Sinaitic–Progenitor of the Alphabet," *Rosetta* no. 9 (2011): 16–17, 24–26.
51　Davies, *Egyptian Hieroglyphs*, 57–60.
52　R. S. Simpson, "Gardiner, Sir Alan Henderson (1879–1963)," *Oxford Dictionary of National Biography* (Oxford: Oxford University Press, January 2009), http://www.oxforddnb.com/view/article/33322; Alan H. Gardiner, "The Egyptian Origin of the Semitic Alphabet," *The Journal of Egyptian Archaeology* 3, no. 1 (1916): 1–16.
53　Orly Goldwasser, "How the Alphabet Was Born from Hieroglyphs," *Biblical Archaeology Review*, 2010, http://members.bibarch.org/publication.asp?PubID=BSBA&Volume=36&Issue=02&ArticleID=06.
54　David Testen, "Semitic Languages," *Encyclopaedia Britannica* (Chicago: Encyclopaedia Britannica, November 2014), http://www.britannica.com/EBchecked/topic/534171/Semitic-languages.
55　Goldwasser, "How the Alphabet Was Born from Hieroglyphs."
56　Ibid.; Robinson, *The Story of Writing*, 160–161.
57　Goldwasser, "How the Alphabet Was Born from Hieroglyphs"; Millard, "The Infancy of the Alphabet," 394; Helmut Satzinger, "Syllabic and Alphabetic Script, or the Egyptian Origin of the Alphabet," *Aegyptus* 82, no. 1/2 (2002): 26.
58　A. Egberts, "The Chronology of 'The Report of Wenamun,'" *The Journal of Egyptian Archaeology* 77 (1991): 57–67; Miriam Lichtheim, "The Report of Wenamun," in *Ancient Egyptian Literature: A Book of Readings*, vol. 2 (Berkeley: University of California Press, 2006), 224–230.
59　E. A. Andrews et al., "Călămus," *A Latin Dictionary* (Oxford: Oxford University Press, 1879), http://www.perseus.tufts.edu/hopper/text?doc=Perseus:text:1999.04.0059:entry=calamus.
60　David Diringer, *The Book Before Printing: Ancient, Medieval, and Oriental* (Mineola, NY: Courier Dover Publications, 1953), 556–559; Tait, "The Pens of Egyptian and Greek Scribes," 478–479; Leila Avrin, *Scribes, Script, and Books: The Book Arts from Antiquity to the Renaissance*, ALA Classics (Chicago: American Library Association, 2010), 146; Giovanna Menci, "New Evidence for the Use of the Greek Reed Pen in the Hieratic Scripts of the Roman Period," in *International Congress of Egyptologists*, 2002, 397–399.
61　"P. Mich. inv. 4968; Recto," *Advanced Papyrological Information System* (Ann Arbor: University of Michigan Library), accessed October 20, 2014, http://quod.lib.umich.edu/a/apis/x-2359/4968R.TIF.

62　Tait, "The Pens of Egyptian and Greek Scribes," 478–479.
63　Frank Wiborg, *Printing Ink: A History with a Treatise on Modern Method of Manufacture and Use* (New York: Harper & Brothers, 1926), 70–76.
64　Naphtali Lewis, *Papyrus in Classical Antiquity* (Oxford: Clarendon Press, 1974), 88–89.
65　Vitruvius, "The Ten Books on Architecture," ed. Morris Hicky Morgan (Cambridge, MA: Harvard University Press, 1914), sec.7.10, http://data.perseus.org/texts/urn:cts:latinLit:phi1056.phi001. perseuseng1; "Vitruvius," *Encyclopaedia Britannica* (Chicago: Encyclopaedia Britannica, September 22, 2014), http://www.britannica.com/EBchecked/topic/631310/Vitruvius.
66　Pliny the Elder, "The Natural History," trans. John Bostock and B. A. Riley (Red Lion Court, Fleet Street: Taylor and Francis, 1855), sec. 27. 28, http://data.perseus.org/texts/urn:cts:latinLit:phi0978.phi001.perseus-eng1.
67　Martial, *Epigrams*, trans. Walter A. C. Ker (London: W. Heinemann, 1919), v. 4. 10; John Roberts, ed., "Martial (Marcus Valerius Martiālis)," *Oxford Dictionary of the Classical World* (Oxford University Press, 2007), http://www.oxfordreference.com/view/10.1093/acref/9780192801463.001.0001/acref-9780192801463-e-1369.
68　Rose Mary Sheldon, "Tradecraft in Ancient Greece," *Studies in Intelligence* no. 9–102-2 (1986): 39–40, 45–46; John Roberts, ed., "Ovid (Publius Ovidius Nāsō, 43 BC–AD 17)," *Oxford Dictionary of the Classical World* (Oxford University Press, 2007), http://www. oxfordreference.com/view/10.1093/acref/9780192801463.001.0001/acref-9780192801463-e-1578.
69　William Smith, William Wayte, and G. E. Marindin, "Atramentum," *A Dictionary of Greek and Roman Antiquities* (London: John Murray, 1890), http://www.perseus.tufts.edu/hopper/text?doc=Perseus:text:1999.04.0063:alphabetic letter=A:entry group=10.
70　Kristie Macrakis, *Prisoners, Lovers, & Spies: The Story of Invisible Ink from Herodotus to Al-Qaeda* (New Haven, CT: Yale University Press, 2014), 11–12.
71　Ibid.; Smith, Wayte, and Marindin, "Atramentum"; Diringer, *The Book Before Printing*, 550.
72　Elmer Eusman, "How to Make Ink-Ingredients," *The Iron Gall Ink Website*, 1998, http://irongallink.org/igi_indexee73. html.
73　Elmer Eusman, "Iron Gall Ink-History," *The Iron Gall Ink Website*, 1998, http://irongallink.org/igi_index8a92.html; Diringer, *The Book Before Printing*, 551–553; Adam Bülow-Jacobsen, "Writing Materials in the Ancient World,"

in *The Oxford Handbook of Papyrology*, ed. Roger Bagnall (Oxford: Oxford University Press, 2009), 18.

74　Eusman, "Iron Gall Ink-History."

75　Bernhard Bischoff, *Latin Palaeography: Antiquity and the Middle Ages* (Cambridge University Press, 1995), 18–19.

76　"Palimpest," *Glossary for the British Library Catalogue of Illuminated Manuscripts* (British Library), accessed October 20, 2014, http://prodigi.bl.uk/illcat/GlossP. asp#palimpsest.

77　"The History of the Archimedes Manuscript," *The Archimedes Palimpsest*, accessed October 20, 2014, http://archimedespalimpsest.org/about/history/index.php.

78　William M. Ciesla, *Non-Wood Forest Products from Temperate Broad-Leaved Trees* (Food and Agriculture Organization of the United Nations, 2002), 98–100; J. V. Thirgood, "The Historical Significance of Oak," in *Oak Symposium Proceedings. Morganstown, WV, Upper Darby. USDA Forest Service, North Central Forest Experimental Station*, 1971, 2.

79　Tim Allen, "The Forgotten Chemical Revolution," *British Archaeology* no. 66 (2002): 14–19.

80　Elmer Eusman, "How to Make Ink-Recipes and Instructions," *The Iron Gall Ink Website*, 1998, http://irongallink. org/igi_indexc33a. html; Elmer Eusman, "Iron Gall Ink-Manufacture of Ink," *The Iron Gall Ink Website*, 1998, http://irongallink.org/igi_index048a.html; Eusman, "How to Make Ink-Ingredients"; Jack Thompson and Claes G. Lindblad, "Iron Gall Inks," in *Manuscript Inks: Being a Personal Exploration of the Materials and Modes of Production* (Portland, OR: Caber Press, 1996), 1–20.

81　C. Wight, "Arundel 16," *Catalogue of Illuminated Manuscripts* (London: British Library), accessed October 29, 2014, http://www.bl.uk/catalogues/illuminatedmanuscripts/record. asp?MSID = 1620&CollID = 20&NStart = 16; Michelle Brown, *A Guide to Western Historical Scripts from Antiquity to 1600* (London: British Library, 1990), 72–73.

82　Thompson and Lindblad, "Iron Gall Inks."

83　Elmer Eusman, "Iron Gall Ink-Chemistry," *The Iron Gall Ink Website*, 1998, http://irongallink. org/igi_indexedde. html.

84　Ibid.; Gerald Smith, "The Chemistry of Historically Important Black Inks, Paints and Dyes," *Chemistry Education in New Zealand* (May 2009): 12–15.

第六章

1. John Man, *The Gutenberg Revolution: How Printing Changed the Course of History* (London: Transworld Publishers, 2010), 26, 143; Albert Kapr, *Johann Gutenberg: The Man and His Invention*, trans. Douglas Martin (Brookfield, VT: Scolar Press, 1996), 25–29.
2. Man, *The Gutenberg Revolution*, 143–149; Kapr, *Johann Gutenberg*, 142–145.
3. J. C. Russell, "Late Ancient and Medieval Population," *Transactions of the American Philosophical Society* 48, no. 3, New Series (1958): 62; Man, *The Gutenberg Revolution*, 21–25, 32–35.
4. Man, *The Gutenberg Revolution*, 36–53.
5. Ibid., 57–59.
6. "Burgomaster," *OED Online* (Oxford: Oxford University Press, June 2012), http://www.oed.com/view/Entry/24959; Man, *The Gutenberg Revolution*, 60–65; Kapr, *Johann Gutenberg*, 65–69.
7. Man, *The Gutenberg Revolution*; Kapr, *Johann Gutenberg*, 65–69.
8. Russell, "Late Ancient and Medieval Population," 62.
9. Man, *The Gutenberg Revolution*, 64–66; Kapr, *Johann Gutenberg*, 71–75.
10. "The Aachen Pilgrimage," *Heiligtumsfahrt 2014* (Kirche im Bistum Aachen), accessed February 12, 2014, http://en.heiligtumsfahrt2014.de/wissenswertes/heiligtumsfahrt-aachen/.
11. Eva-Maria Hanebutt-Benz, "Gutenberg and Mainz," *Gutenberg.de*, accessed March 5, 2014, http://www.mainz.de/gutenberg/english/zeitgum.htm.
12. Man, *The Gutenberg Revolution*, 68–72; Kapr, *Johann Gutenberg*, 71–75.
13. Joel Mokyr, "Florin," *The Oxford Encyclopedia of Economic History* (Oxford: Oxford University Press, 2003).
14. Man, *The Gutenberg Revolution*, 53–54; Kapr, *Johann Gutenberg*, 47–52.
15. Otto Fuhrmann, *Gutenberg and the Strasbourg Documents of 1439* (New York: Press of the Woolly Whale, 1940), 228.
16. Harry Clark, "'Four Pieces in a Press': Gutenberg's Activities in Strasbourg," *The Library Quarterly* 49, no. 3 (1979): 303–309; Kapr, *Johann Gutenberg*, 74–82.
17. Man, *The Gutenberg Revolution*, 72–83; Kapr, *Johann Gutenberg*, 74–82.
18. E. Burke, "Fust (or Faust), John," *The Catholic Encyclopedia*, The Catholic Encyclopedia: An International Work of Reference on the Constitution, Doctrine, Discipline, and History of the Catholic Church (New York: Appleton,

1909), http://www. newadvent.org/cathen/06326b.htm; "Helmasperger's Notarial Instrument," *Gutenberg Digital* (SUB Göttingen), accessed March 05, 2014, http://www.gutenbergdigital.de/gudi/eframes/helma/frmnot/frmnota.htm.
19 "Helmasperger's Notarial Instrument"; Man, *The Gutenberg Revolution*, 147–149; Kapr, *Johann Gutenberg*, 153–159.
20 "Helmasperger's Notarial Instrument"; Man, *The Gutenberg Revolution*, 147–149.
21 Jan Luiten Van Zanden, "Common Workmen, Philosophers and the Birth of the European Knowledge Economy: About the Price and the Production of Useful Knowledge in Europe 1350-1800," in *GEHN Conference on Useful Knowledge, Leiden*, 2004, 11.
22 Man, *The Gutenberg Revolution*, 145–147; H. R. Mead, "Fifteenth-Century Schoolbooks," *Huntington Library Quarterly* 3, no. 1 (1939): 37–42.
23 Mead, "Fifteenth-Century Schoolbooks."
24 "Ars Minor [fragment]," *Princeton University Digital Library* (The Trustees of Princeton University, 2010), http://arks. princeton. edu/ark:/88435/8c97kq49z.
25 Frederick Kilgour, *The Evolution of the Book* (Oxford: Oxford University Press, 1998), 90; Bernhard Bischoff and University of Cambridge, "Latin Handwriting in the Middle Ages," in *Latin Palaeography: Antiquity and the Middle Ages* (Cambridge University Press, 1995), 127–136.
26 Geoffrey A. Glaister, "Rubricator," *Glossary of the Book* (George Allen and Unwin, 1960); "Ars Minor [fragment]."
27 Man, *The Gutenberg Revolution*, 146.
28 Morimichi Watanbe, "An Appreciation," in *Introducing Nicholas of Cusa: A Guide to a Renaissance Man*, ed. C. M. Bellitto, T. M. Izbicki, and G. Christianson, 3rd ed. (Paulist Press, 2004), 24; Morimichi Watanabe, "Cusanus' Legation Journey (1450-1452)," in *Nicholas of Cusa: A Companion to His Life and His Times* (Farnham: Ashgate, 2011), 29–32.
29 Morimichi Watanabe, "Giovanni Andrea Bussi (1417-1475)," in *Nicholas of Cusa: A Companion to His Life and His Times* (Farnham: Ashgate, 2011), 89–91; Kapr, *Johann Gutenberg*, 61–64.
30 Watanbe, "An Appreciation"; Man, *The Gutenberg Revolution*, 95–96; Kapr, *Johann Gutenberg*, 61–64.
31 Man, *The Gutenberg Revolution*, 141–152; Kapr, *Johann Gutenberg*, 61–64.
32 Man, *The Gutenberg Revolution*, 154–156; Kapr, *Johann Gutenberg*, 61–64.
33 Janet Ing, "The Mainz-Indulgences of 1454/5-a Review of Recent Scholarship,"

British Library Journal 9, no. 1 (1983): 17.

34 "Helmasperger's Notarial Instrument"; Man, *The Gutenberg Revolution*, 159–162.

35 Mary E. Gekler, *Johannes Gutenberg, Father of Printing: Commemorating the Fifth Centenary of His Death, 1468-1968* (Franciscan Herald Press, 1968).

36 "Printing," *OED Online* (Oxford: Oxford University Press, September 2013), http://www.oed.com/view/Entry/151491; Edith Porada, "Why Cylinder Seals? Engraved Cylindrical Seal Stones of the Ancient Near East, Fourth to First Millennium B. C.," *The Art Bulletin* 75, no. 4 (1993): 563.

37 Porada, "Why Cylinder Seals? ,"563.

38 British Museum. Dept. of Egyptian Antiquities and George Long, *Egyptian Antiquities* (London: Charles Knight, 1836), 161; Jerome M. Eisenberg, "The Phaistos Disk: A One Hundred-Year-Old Hoax?," *The International Review of Ancient Art & Archaeology Minerva* (2008): 9–24; Herbert E. Brekle, "Das Typographische Prinzip. Versuch Einer Begriffsklärung," *Inschrift Und Material* (1997): 207–212.

39 Tsuen-Hsuin Tsien, *Chemistry and Chemical Technology, Pt 1: Paper and Printing*, ed. Joseph Needham, Science and Civilisation in China 5 (Cambridge: Cambridge University Press, 1985), 201–205.

40 "Movable Type," *OED Online* (Oxford: Oxford University Press, September 2012), http://www. oed. com/view/Entry/254203.

41 Arthur W. Hummel, "Movable Type Printing in China: A Brief Survey," *Quarterly Journal of Current Acquisitions* 1, no. 2 (1944): 18–24.

42 Thomas Carter, *The Invention of Printing in China and Its Spread Westward* (New York: Columbia University Press, 1931), 12–16, 23–32.

43 Ibid., 159–168; Tsien, *Paper and Printing*, 201–205.

44 Tsien, *Paper and Printing*, 201–205.

45 Carter, *Printing in China*, 23–32.

46 Ibid., 159–168; Tsien, *Paper and Printing*, 206–208.

47 Tsien, *Paper and Printing*, 205–211; Carter, *Printing in China*, 159–168.

48 Tsien, *Paper and Printing*, 205–211; Carter, *Printing in China*, 159–168.

49 Tsien, *Paper and Printing*, 205–211; Carter, *Printing in China*, 159–168.

50 Tsien, *Paper and Printing*, 205–211, 220–222; Carter, *Printing in China*, 159–168.

51 Yingxing Song, *Chinese Technology in the Seventeenth Century*, trans. E-tu Zen Sun and Shiouchuan Sun (Mineola, NY: Courier Dover Publications,

1997), 286.
52 Ibid., 287; Tsien, *Paper and Printing*, 239–243.
53 Tsien, *Paper and Printing*, 246–252.
54 Pliny the Elder, "The Natural History," trans. John Bostock and B. A. Riley (Red Lion Court, Fleet Street: Taylor and Francis, 1855), sec. 234–237, http://data.perseus.org/texts/urn:cts:latinLit:phi0978.phi001.perseus-eng1; Louis Le Comte, *Memoirs and Observations Topographical, Physical, Mathematical, Mechanical, Natural, Civil, and Ecclesiastical, Memoirs and Observations Topographical, Physical, Mathematical, Mechanical, Natural, Civil, and Ecclesiastical* (London: B. Tooke, 1697), 192–193; Tsien, *Paper and Printing*, 234–237.
55 Tsien, *Paper and Printing*, 220–222.
56 Ibid.
57 Carter, *Printing in China*, 23–32.
58 Jerry Norman, *Chinese* (Cambridge: Cambridge University Press, 1988); Tsien, *Paper and Printing*, 220–222.
59 Carter, *Printing in China*, 159–168; Tsien, *Paper and Printing*, 220–222.
60 Kapr, *Johann Gutenberg*, 15–25.
61 Ibid., 123–130, 159–161.
62 Ibid.; Fred Smeijers, *Counterpunch: Making Type in the Sixteenth Century, Designing Typefaces Now* (London: Hyphen Press, 2011), 79–85; Theodore Rosendorf, "Counter," *The Typographic Desk Reference* (New Castle, DE: Oak Knoll Press, 2009).
63 John Man, "The Bible," in *The Gutenberg Revolution: How Printing Changed the Course of History* (London: Transworld Publishers, 2010), 163–189; Smeijers, *Counterpunch*, 89.
64 L. A. Legros and J. C. Grant, *Typographical Printing-Surfaces: The Technology and Mechanism of Their Production, Typographical Printing-Surfaces: The Technology and Mechanism of Their Production* (Longmans Green, 1916), 11.
65 Kapr, *Johann Gutenberg*, 123–130; Geoffrey A. Glaister, "Matrix," *Glossary of the Book* (George Allen and Unwin, 1960).
66 Phil Abel and Nick Gill, *Personal Correspondence* (Keith Houston, December 2013).
67 Legros and Grant, *Typographical Printing-Surfaces*, 11.
68 Kapr, *Johann Gutenberg*, 123–130.

69 Clark, "'Four Pieces in a Press': Gutenberg's Activities in Strasbourg"; Kapr, *Johann Gutenberg*, 74–82.
70 Kapr, *Johann Gutenberg*, 74–82; Theodore De Vinne, *The Invention of Printing* (New York: F. Hart, 1876), 57.
71 Kapr, *Johann Gutenberg*, 123–130.
72 Kapr, *Johann Gutenberg*, 159–161; "Composition and Presses," *Gutenberg Bible* (London: British Library), accessed March 10, 2013, http://www.bl.uk/treasures/gutenberg/composition.html.
73 Kapr, *Johann Gutenberg*, 123–130.
74 Ibid.
75 B. W. Gonser and J. H. Winkler, "Type Metals," in *Metals Handbook*, ed. Taylor Lyman (Metals Park, OH: American Society for Metals, 1961), 1060–1062.
76 Ibid.
77 Joseph Moxon, *Moxon's Mechanick Exercises, or The Doctrine of Handy-Works Applied to the Art of Printing: A Literal Reprint in Two Volumes of the First Edition Published in the Year 1683*, vol. 1 (New York: Typothetæof the City of New York, 1896), 164–168.
78 "Typographus. Der Buchdrucker (The Printer) / Panoplia Omnium Illiberalium Mechanicarum... (Book of Trades)," *Collections Online* (British Museum), accessed March 5, 2014, http://www.britishmuseum.org/research/collection_online/collection_object_details.aspx?objectId=1504693&partId=1&people=134424.
79 Martin K. Speckter, *Disquisition on the Composing Stick*, Typophile Chap Books (New York: Typophiles, 1971), 19–24.
80 Daniel Berkeley Updike, *Printing Types, Their History, Forms, and Use: A Study in Survivals* (Cambridge, MA: Harvard University Press, 1927), 15–26.
81 Speckter, *Disquisition on the Composing Stick*, 11–19.
82 Martin K. Speckter, "Making a New Point, Or, How about That...," ed. Martin K Speckter, *Type Talks* no. March-April (1962).
83 Geoffrey A. Glaister, "Frisket," in *Encyclopedia of the Book* (New Castle, DE: Oak Knoll Press, 1996).
84 Geoffrey A. Glaister, "Hand Composition," in *Encyclopedia of the Book*.
85 Clark, "'Four Pieces in a Press': Gutenberg's Activities in Strasbourg"; Fuhrmann, *Gutenberg and the Strasbourg Documents of 1439*, 228.
86 "The Ink," *Gutenberg Bible* (London: British Library), accessed March 05,

2014, http://www.bl.uk/treasures/gutenberg/ink.html; Susan Jones, "Painting in Oil in the Low Countries and Its Spread to Southern Europe," *Heilbrunn Timeline of Art History* (New York: The Metropolitan Museum of Art, October 2002), http://www.metmuseum.org/toah/hd/optg/hd_optg.htm.

87 Jones, "Painting in Oil,"; Louis Andés, *Oil Colours and Printers' Inks : A Practical Handbook Treating of Linseed Oil, Boiled Oil, Paints, Artists' Colours, Lampblack and Printers' Inks, Black and Coloured* (London: Scott Greenwood, 1903), 1–2; C. Bloy, *A History of Printing Ink, Balls and Rollers, 1440-1850* (London: Wynkyn de Worde Society, 1972), 1–3.

88 Richard N. Schwab, Thomas A. Cahill, and Bruce H. Kusko, "Cyclotron Analysis of the Ink in the 42-Line Bible," *The Papers of the Bibliographical Society of America* 77 (1983): 283–315.

89 Man, *The Gutenberg Revolution*, 136.

90 Geoffrey A. Glaister, "Ink Ball," in *Encyclopedia of the Book* (New Castle, DE: Oak Knoll Press, 1996), 244.

91 James Moran, *Printing Presses: History and Development from the Fifteenth Century to Modern Times* (Berkeley, CA: University of California Press, 1978), 23–24.

92 Ibid., 18–21.

93 Kapr, *Johann Gutenberg*, 159–161.

94 Kapr, *Johann Gutenberg*, 182; Man, *The Gutenberg Revolution*, 164; "The Paper," *Gutenberg Bible* (London: British Library), accessed April 28, 2015, http://www.bl.uk/treasures/gutenberg/paper.html.

95 Kapr, *Johann Gutenberg*, 162–165.

96 Peter Weidhaas, "A History of the Frankfurt Book Fair" (Toronto, ON: Dundurn Press, 2007), 19–25.

97 Kapr, *Johann Gutenberg*, 159–170.

98 "Helmasperger's Notarial Instrument"; Man, *The Gutenberg Revolution*, 184–187.

99 "Helmasperger's Notarial Instrument"; Kapr, *Johann Gutenberg*, 173–175.

100 Kapr, *Johann Gutenberg*, 202–121; Man, *The Gutenberg Revolution*, 188–189.

101 "Psalterium Benedictinum," *Peter Schoeffer: Printer of Mainz* (Dallas, TX: Southern Methodist University), accessed March 8, 2014, http://www.smu.edu/Bridwell/Collections/SpecialCollectionsandArchives/Exhibitions/PeterSchoefferPrinterofMainz/GUTENBERGFUSTANDSCHOEFFER/The 1459 Psalter; Kapr, *Johann Gutenberg*, 202–210.

102 Man, *The Gutenberg Revolution*, 191–211; B. A. Uhlendorf, "The Invention of Printing and Its Spread till 1470: With Special Reference to Social and Economic Factors," *The Library Quarterly: Information, Community, Policy* 2, no. 3 (1932): 200–201.

第七章

1 "Incunabula," *Encyclopaedia Britannica* (Chicago: Encyclopaedia Britannica, 2012), http://www. britannica.com/EBchecked/topic/284960/incunabula.
2 Filippo Strata, *Polemic against Printing*, ed. Martin Lowry, trans. Shelagh Grier (Birmingham: Hayloft, 1986), n.p.
3 Gustav Janouch and Francine Prose, *Conversations with Kafka*, trans. Goronwy Rees (New York: New Directions, 2012), 40.
4 Jeremy Atack, Fred Bateman, and Thomas Weiss, "The Regional Diffusion and Adoption of the Steam Engine in American Manufacturing," *The Journal of Economic History* 40, no. 2 (1980): 281–308; John Lord, *Capital and Steam-Power, 1750-1800* (London: P. S. King & Son, 1923), 147–180.
5 James Moran, *Printing Presses: History and Development from the Fifteenth Century to Modern Times* (Berkeley, CA: University of California Press, 1978), 40–41.
6 G. M. Ditchfield, "Stanhope, Charles, Third Earl Stanhope (1753–1816)," *Oxford Dictionary of National Biography* (Oxford: Oxford University Press, January 2008), http://www.oxforddnb.com/view/article/26241.
7 Moran, *Printing Presses*, 49–59.
8 A. A. Stewart, "Columbian Press," *The Printer's Dictionary of Technical Terms: A Handbook of Definitions and Information about Processes of Printing; with a Brief Glossary of Terms Used in Book Binding* (School of Printing, North End Union, 1912); Briar Press, "Columbian," *Letterpress Common*, accessed October 30, 2014, https://letterpresscommons.com/press/columbian/.
9 J. Southward, "Practical Printing: A Handbook of the Art of Typography," 4th ed. (J. M. Powell & Son, 1884), 365–374; Seán Jennett, *Pioneers in Printing: Johann Gutenburg, William Caxton, William Caslon, John Baskerville, Alois Senefelder, Frederick Koenig, Ottmar Mergenthaler, Tolbert Lanston* (Routledge & Kegan Paul, 1958), 107–108.
10 Jan Golinski, "Nicholson, William (1753–1815)," *Oxford Dictionary of*

National Biography (Oxford: Oxford University Press, 2004), http://www.oxforddnb.com/view/article/20153; Bennet Woodcroft, "A. D. 1790, April 29. — №1748. Nicholson, William," in *Patents for Inventions. Abridgments of Specifications Relating to Bleaching, Dyeing and Printing Calico and Other Fabrics, and Yarns, Including the Manufacture of Rollers, Engraving, the Preparation* (London: Patent Office, 1859), 49–50.

11 Jennett, *Pioneers in Printing*, 116–118.

12 Samuel Smiles, *Men of Invention and Industry* (London: J. Murray, 1890), 159.

13 Jennett, *Pioneers in Printing*, 118–124; Dennis Karwatka, "Friedrich Koenig and His Steam-Powered Printing Press," *Tech Directions* 66, no. 8 (2007): 10.

14 Jennett, *Pioneers in Printing*, 130–136; Moran, *Printing Presses*, 101–112.

15 Jennett, *Pioneers in Printing*, 130–136; Robert Lechêne, "Printing: Koenig's Mechanical Press (early 19th Century)," *Encyclopaedia Britannica* (Chicago: Encyclopaedia Britannica, March 12, 2014), http://www.britannica.com/EBchecked/topic/477017/printing/36841/Koenigs-mechanical-pressearly-19th-century.

16 A. E. Musson, "Newspaper Printing in the Industrial Revolution," *The Economic History Review* 10, no. 3, New Series (1958): 411–426.

17 Jennett, *Pioneers in Printing*, 130–136; John Walter, "London, Tuesday, November 29, 1814," *The Times*, November 29, 1814.

18 Anita McConnell, "Cowper, Edward Shickle (1790–1852)," *Oxford Dictionary of National Biography* (Oxford: Oxford University Press, 2004), http://www.oxforddnb.com/view/article/6504?docPos = 2.

19 William E. Loy, "David Bruce," *The Inland Printer* 22, no. 6 (1899): 701; Richard M. Hoe, "Improvement in Rotary Printing-Presses. U. S. Patent 5, 199." (USA: United States Patent Office, 1847); "Richard March Hoe," *Encyclopaedia Britannica* (Chicago: Encyclopaedia Britannica, June 24, 2013), http://www.britannica.com/EBchecked/topic/268638/Richard-March-Hoe.

20 W. Bullock, "Printing-Machine. U. S. Patent 38, 200," United States Patent Office, 1863.

21 Lechêne, "Printing."

22 E. Burrows, "Ill-Fated Inventors," *Engineering Technology* 6, no. 10 (November 2011): 50–51; "William Bullock" (Pittsburgh, PA: Union Dale Cemetery, 2009), http://uniondalecemetery.org/notables-detail.

php?notableID=23.
23   Musson, "Newspaper Printing in the Industrial Revolution."
24   L. A. Legros and J. C. Grant, *Typographical Printing-Surfaces: The Technology and Mechanism of Their Production, Typographical Printing-Surfaces: The Technology and Mechanism of Their Production* (Longmans Green, 1916), 378–391; James W. Paige, "Improvement In Type-Setting Machines. U. S. Patent 157, 694," US Patent and Trademark Office, 1874.
25   C. H. Gold, *"Hatching Ruin" or Mark Twain's Road to Bankruptcy*, Mark Twain and His Circle Series (University of Missouri Press, 2003), 1–12.
26   Bruce Michelson, *Printer's Devil: Mark Twain & the American Publishing Revolution* (Berkeley: University of California Press, 2006), 1–16.
27   Mark Twain et al., *Autobiography of Mark Twain*, vol. 1 (University of California Press, 2010), 101–106.
28   Legros and Grant, *Typographical Printing-Surfaces*, 378–391.
29   History and Heritage Committee, "Paige Compositor."
30   M. Twain, F. Anderson, and R. P. Browning, *Mark Twain's Notebooks & Journals*, vol. 3, Mark Twain Papers (Berkeley: University of California Press, 1980), 147.
31   Twain et al., *Autobiography of Mark Twain*, 1:101–106; Samuel H. Williamson, "Seven Ways to Compute the Relative Value of a U. S. Dollar Amount-1774 to Present," *Measuring Worth*, 2013, http://www. measuringworth.com/uscompare/index.php.
32   Legros and Grant, *Typographical Printing-Surfaces*, 378–391; History and Heritage Committee, "Paige Compositor," *Asme.org* (New York: ASME, December 2012), http://www.asme.org/aboutasme/history/landmarks/topics-a-l/communications-and-data-processing/-11-paige-compositor-(1877).
33   J. S. Thompson, *History of Composing Machines* (The Inland printer company, 1904), 25; James W. Paige, "Machine for Setting, Distributing, and Justifying Type. U. S. Patent 547, 859," US Patent and Trademark Office, 1882.
34   Gold, *"Hatching Ruin,"* 1–12.
35   Twain et al., *Autobiography of Mark Twain*, 1:101–16.
36   "The Inventions of Dr. William Church," *Scientific American* 88, no. 7 (February 1903): 115–116.
37   David M. MacMillan and Rollande Krandall, "Dr. William Church's Typecaster," *Circuitous Root*, 2010, http://www.circuitousroot.com/artifice/letters/press/noncomptype/casters/prebruce/church/index. html.

38 Moran, *Printing Presses*, 175.
39 William Baxter, "The Evolution and Present Status of the Automobile," in *The Popular Science Monthly.*, ed. J. McKeen Cattell (New York: Popular Science, 1900), 406–419; W. Newton, ed., "Church's, for Impts. in Steam Carriages," in *The London Journal of Arts and Sciences, and Repertory of Patent Inventions*, vol. 2 (London: Sherwood, Gilbert, and Piper, 1833), 89–101.
40 MacMillan and Krandall, "Dr. William Church's Typecaster."
41 Jennett, *Pioneers in Printing*, 164.
42 Ibid., 164–165.
43 Charles T. Moore, "Improvement in Methods of Preparing Transfer-Sheets or Matrices for Printing. U. S. Patent 201, 436." (US Patent and Trademark Office, 1878).
44 George Iles, *Leading American Inventors* (New York: Holt, 1912), 404–406.
45 "JAMES O. CLEPHANE DEAD.; Development of Linotype Machine Largely Due to His Efforts.," *New York Times*, December 01, 1910; Iles, *Leading American Inventors*, 406.
46 Ibid., 317–330.
47 Douglas Wilson, *Linotype, the Film: In Search of the Eighth Wonder of the World*, Onpaperwings Production, 2012.
48 Frank J. Romano, "Bridging the Gap," *Electronic Publishing* 27, no. 6 (2003): 48.
49 Ottmar Mergenthaler and Carl Schlesinger, *The Biography of Ottmar Mergenthaler, Inventor of the Linotype* (New Castle, DE: Oak Knoll Books, 1989), 4–7.
50 Jennett, *Pioneers in Printing*, 165–166.
51 Iles, *Leading American Inventors*, 408–409.
52 Jennett, *Pioneers in Printing*, 167–172; History and Heritage Committee, "Ottmar Mergenthaler's Square Base Linotype Machine," *Asme. org* (New York: ASME, July 2005), http://www.asme.org/about-asme/history/landmarks/topics-a-l/communications-and-data-processing/-235-ottmar-mergenthaler-s-square-base-linotype-ma.
53 Wilson, *Linotype, the Film*.
54 Jennett, *Pioneers in Printing*, 167–172; History and Heritage Committee, "Ottmar Mergenthaler's Square Base Linotype Machine."
55 J. R. Rogers and Mergenthaler Linotype Company, *Linotype Instruction Book: A Detailed Description of the Mechanism and Operation of the Linotype with*

Instructions for Its Erection, Maintenance, and Care (Mergenthaler Linotype Company, 1925), 3–18.

56 Mergenthaler Linotype Company, *Linotype Machine Principles* (Mergenthaler Linotype Co., 1940), 250–263; "Etaoin Shrdlu," *OED Online* (Oxford: Oxford University Press, August 2012), http://www.oed.com/viewdictionaryentry/Entry/64669.

57 Mergenthaler Linotype Company, *Linotype Machine Principles*, 123–132.

58 Jennett, *Pioneers in Printing*, 168–169.

59 Michelson, *Printer's Devil*, 6.

60 History and Heritage Committee, "Ottmar Mergenthaler's Square Base Linotype Machine"; John Southward, *Type-Composing Machines of the Past, the Present, and the Future. A Paper Read before the Balloon Society of Great Britain, at St. James' Hall, October 3rd, 1890.* (Leicester: Raithby, 1891).

61 H. Zapf, "About Micro-Typography and the Hz-Program," *Electronic Publishing* 6, no. 3 (1993): 286.

62 Southward, *Type-Composing Machines*.

63 "Monotype (typesetting Machine)," *Encyclopaedia Britannica* (Chicago: Encyclopaedia Britannica, April 13, 2011), http://www.britannica.com/EBchecked/topic/390177/Monotype.

64 Leon E. Truesdell, *The Development of Punch Card Tabulation in the Bureau of the Census, 1890-1940: With Outlines of Actual Tabulation Programs* (U. S. G. P. O., 1965), 17–24.

65 United States Census Bureau, "Directors 1865-1893," *Census. gov* (United States Census Bureau, November 2012), http://www.census.gov/history/www/census_then_now/director_biographies/directors_1865_-_1893.html#seaton; United States Census Bureau, "Early Census Processing and the Seaton Device," *Census. gov* (United States Census Bureau, October 2012), http://www.census.gov/history/www/innovations/technology/early_census_processing_and_the_seaton_device.html.

66 L. Heide, *Punched-Card Systems and the Early Information Explosion, 1880–1945*, Studies in Industry and Society (Baltimore: Johns Hopkins University Press, 2009), 27–33; United States Census Bureau, "Tabulation and Processing," *Census. gov* (United States Census Bureau, October 22, 2012), http://www.census.gov/history/www/innovations/technology/tabulation_and_processing.html; Truesdell, *The Development of Punch Card Tabulation*, 17–24.

67 Lanston Monotype Machine Company, "Death of Tolbert Lanston," *Monotype:*

A Journal of Composing Room Efficiency, no. 1 (1913): 13.
68. Rich Hopkins, "A Brief History of Lanston Monotype," *ATF Newsletter,* no. 10 (November 1984): 24–27; Lanston Monotype Machine Company, "Death of Tolbert Lanston."
69. Heide, *Punched-Card Systems,* 27–33.
70. Herman Hollerith, "The Electrical Tabulating Machine," *Journal of the Royal Statistical Society* 57, no. 4 (1894): 678.
71. Robert Sobel, *Thomas Watson, Sr: IBM and the Computer Revolution* (BeardBooks, 2000), 14–15; United States Census Bureau, "John Shaw Billings," Census. gov (United States Census Bureau, November 2012), http://www.census.gov/history/www/census_then_now/notable_alumni/john_shaw_billings.html.
72. William R Aul, "Herman Hollerith: Data Processing Pioneer," *Think* (November 1974): 22–24.
73. Virginia Hollerith and Herman Hollerith, "Biographical Sketch of Herman Hollerith," *Isis* 62, no. 1 (1971): 70.
74. Heide, *Punched-Card Systems,* 27–33.
75. Jennett, *Pioneers in Printing,* 178–179.
76. Heide, *Punched-Card Systems,* 27–33.
77. Jennett, *Pioneers in Printing,* 178–179.
78. United States Census Bureau, "Directors 1865-1893."
79. Hopkins, "A Brief History of Lanston Monotype."
80. Jennett, *Pioneers in Printing,* 181.
81. Lanston Monotype Machine Company, *The Monotype System: A Book for Owners & Operators of Monotypes* (Lanston Monotype Machine Company, 1912), 1–4.
82. Lanston Monotype Machine Company, *The Monotype System,* 1–4.
83. Harry McIntosh, *Personal Interview* (Keith Houston, April 11, 2012).
84. Lanston Monotype Machine Company, *The Monotype System,* 30–32.
85. Jennett, *Pioneers in Printing,* 176–177.
86. Lanston Monotype Machine Company, "Death of Tolbert Lanston"; Hopkins, "A Brief History of Lanston Monotype."
87. Aul, "Herman Hollerith: Data Processing Pioneer." 428.

第八章

1. John Roberts, ed., "Diocletian," *Oxford Dictionary of the Classical World,*

accessed October 13, 2014, http://www.oxfordreference.com/view/10.1093/acref/9780192801463.001.0001/acref-9780192801463-e-708.

2   Guy Halsall, "The Barbarian Invasions," in *The New Cambridge Medieval History*, ed. Paul Fouracre and Rosamond McKitterick, vol. 1, 35–55.

3   Ibid.

4   Claire Stancliffe, "Religion and Society in Ireland," in *The New Cambridge Medieval History*, ed. Paul Fouracre and Rosamond McKitterick, vol. 1, 397–425.

5   *Clare Stancliffe,* "Patrick [St Patrick, Pádraig] (fl. 5th Cent.), " *Oxford Dictionary of National Biography,* accessed April 7, 2014, http://www.oxforddnb.com/view/article/21562.

6   Philip Meggs, *Meggs' History of Graphic Design* (Hoboken, NJ: John Wiley & Sons, 2012), 48–50.

7   "Illuminate," *OED Online* (Oxford: Oxford University Press, March 2014), http://www.oed.com/view/Entry/91536.

8   Philip Meggs, *Meggs' History of Graphic Design*, 18–19; Richard Lepsius, *Das Todtenbuch Der Ägypter Nach Dem Hieroglyphischen Papyrus in Turin* (Leipzig: G. Wigand, 1842).

9   Philip Meggs, *Meggs' History of Graphic Design*, 19.

10 Ibid.; Raymond Faulkner and Carol Andrews, *The Ancient Egyptian Book of the Dead* (London: British Museum Press, 2010), 11–16.

11 "Page from the Book of the Dead of Hunefer" (London: British Museum), accessed October 31, 2014, http://www.britishmuseum.org/explore/highlights/highlight_objects/aes/p/page_from_the_book_of_the_dead.aspx; "Papyrus from the Book of the Dead of Ani" (London: British Museum), accessed October 31, 2014, http://www.britishmuseum.org/explore/highlights/highlight_objects/aes/p/book_of_the_dead_of_ani.aspx.

12 E. A. W. Budge, *Book of the Dead: Facsimiles of the Papyri of Hunifer, Anhai, Kerāsher and Netchemet, with Supplementary Text from the Papyrus of Nu, with a Transcript, Translation, Etc.* (London: British Museum, 1900), Hunefer 4; "Page from the Book of the Dead of Hunefer"; "Hunefer, an Ancient Egyptian Official" (London: British Museum), accessed October 31, 2014, http://www.britishmuseum.org/explore/highlights/article_index/h/hunefer_an_ancient_egyptian_o.aspx.

13 Henry Petroski, *The Book on the Bookshelf*, 1st ed. (New York: Alfred A. Knopf, 1999), 32–33; Weitzmann, *Illustrations in Roll and Codex*, 3–11.

14 "The Cathach / The Psalter of St Columba," (Dublin: Royal Irish Academy, 2010), https://www.ria.ie/library/special-collections/manuscripts/cathach.aspx; Máire Herbert, "Columba [St Columba, Colum Cille] (c. 521–597)," *Oxford Dictionary of National Biography*, accessed April 7, 2014, http://www.oxforddnb.com/view/article/6001?docPos = 2.
15 Herbert, "Columba [St Columba, Colum Cille] (c. 521–597)."
16 Bernhard Bischoff, *Latin Palaeography: Antiquity and the Middle Ages* (Cambridge: Cambridge University Press, 1995), 181–189.
17 George Henderson, *From Durrow to Kells: The Insular Gospel-Books, 650-800* (New York: Thames and Hudson, 1987), 54–55; Bernard Meehan, *The Book of Durrow: A Medieval Masterpiece at Trinity College Dublin* (Dublin: Town House, 1996), 16.
18 "Lindisfarne Gospels," *Sacred Texts* (London: British Library), accessed October 31, 2014, http://www.bl.uk/onlinegallery/sacredtexts/lindisfarne.html.
19 John Bowker, "Chi-Rho," *The Concise Oxford Dictionary of World Religions*, accessed October 31, 2014, http://www.oxfordreference.com/view/10.1093/acref/9780192800947.001.0001/acref-9780192800947-e-1528.
20 Henderson, *From Durrow to Kells*, 131–151; Philip Meggs, *Meggs' History of Graphic Design*, 48–50.
21 Bischoff, *Latin Palaeography*, 190–201; Philip Meggs, *Meggs' History of Graphic Design*, 48–50.
22 "Insular Script," *Encyclopaedia Britannica*, accessed August 26, 2012, http://www.britannica.com/EBchecked/topic/289453/Insular-script; M. B. Parkes, *Pause and Effect: Punctuation in the West* (Berkeley: University of California Press, 1993), 20–29.
23 Paul Saenger, "Silent Reading: Its Impact on Late Medieval Script and Society," *Viator: Medieval and Renaissance Studies* no. 13 (1982): 367–414.
24 Andrew Pearson, "Piracy in Late Roman Britain: A Perspective from the Viking Age," *Britannia* 37 (2006): 337–353.
25 Ibid.; Paul Meyvaert, "The Book of Kells and Iona," *The Art Bulletin* 71, no. 1 (1989): 6–19.
26 Stancliffe, "Religion and Society in Ireland."
27 Helmut Koenigsberger, "The Barbarian Successor States," in *Medieval Europe: 400-1500* (Harlow: Longman, 1987), 40–42.
28 Bischoff, *Latin Palaeography*, 190–201.
29 Geoffrey Barraclough, "Holy Roman Empire," *Encyclopaedia Britannica*

(Chicago: Encyclopaedia Britannica, August 12, 2013), http://www.britannica.com/EBchecked/topic/269851/Holy-Roman-Empire.
30 G. W. Trompf, "The Concept of the Carolingian Renaissance," *Journal of the History of Ideas* 34, no. 1 (1973); Barrie Dobson and Michael Lapidge, "Carolingian Renaissance," *Encyclopedia of the Middle Ages*, Vauchez, André (Oxford: Oxford University Press, 2000).
31 Henri-Jean Martin, *The History and Power of Writing* (Chicago: University of Chicago Press, 1995), 121.
32 Hugh Ford, "St. Benedict of Nursia," *The Catholic Encyclopedia* (New York: Appleton, 1907), http://www.newadvent.org/cathen/02467b.htm.
33 Martin, *The History and Power of Writing*, 121.
34 Trompf, "The Concept of the Carolingian Renaissance"; Dobson and Lapidge, "Carolingian Renaissance"; Martin, *The History and Power of Writing*, 124, 127–128.
35 Frederick Kilgour, *The Evolution of the Book* (Oxford: Oxford University Press, 1998), 68–80.
36 Celia M. Chazelle, "Pictures, Books, and the Illiterate: Pope Gregory I's Letters to Serenus of Marseilles," *Word & Image* 6, no. 2 (1990): 138–153, doi:10.1080/02666286.1990.10435425; Ronald G. Witt, *The Two Latin Cultures and the Foundation of Renaissance Humanism in Medieval Italy* (Cambridge: Cambridge University Press, 2012), 51–52; Martin, *The History and Power of Writing*, 120.
37 C. U. Clark, "How Our Roman Type Came to Us," *The North American Review* 195, no. 677 (1912): 546–549.
38 G. C. Alston, "Rule of St. Benedict," *The Catholic Encyclopedia* (New York: Appleton, 1907), http://www.newadvent.org/cathen/02436a.htm.
39 Florence Edler de Roover, "The Scriptorium," in *The Medieval Library*, ed. James Thompson (New York: Hafner, 1957), 606–608.
40 Walter Horn and Ernest Born, "The Medieval Monastery as a Setting for the Production of Manuscripts," *The Journal of the Walters Art Gallery* 44 (1986): 17–20, 34.
41 Ibid., 21–22.
42 de Roover, "The Scriptorium," 606–608.
43 Ibid., 597.
44 Ibid., 595.
45 Saenger, "Silent Reading: Its Impact on Late Medieval Script and Society"; de

Roover, "The Scriptorium," 606.

46 de Roover, "The Scriptorium," 606; D. R. Webster, "The Carthusian Order," *The Catholic Encyclopedia* (New York: Appleton, 1907), http://www.newadvent.org/cathen/03388a.htm.

47 Robert G. Calkins, "Stages of Execution: Procedures of Illumination as Revealed in an Unfinished Book of Hours," *Gesta* 17, no. 1 (1978): 61–70; Julie Somers, "Image Interrupted–The Unfinished Medieval Manuscript," *Medievalfragments*, March 15, 2013, http://medievalfragments.wordpress.com/2013/03/15/image-interrupted-the-unfinished-medievalmanuscript/.

48 de Roover, "The Scriptorium," 601–602; Christopher De Hamel, *Scribes and Illuminators* (Toronto; Buffalo: University of Toronto Press, 1992), 20–26; "Hard Point,"*Glossary for the British Library Catalogue of Illuminated Manuscripts* (British Library), accessed October 20, 2014, http://prodigi.bl.uk/illcat/GlossH.asp#hardpoint; "Lead Point," *Glossary for the British Library Catalogue of Illuminated Manuscripts* (British Library), accessed October 20, 2014, http://prodigi.bl.uk/illcat/GlossL. asp#leadpoint; "Ruling," *Glossary for the British Library Catalogue of Illuminated Manuscripts* (British Library), accessed October 20, 2014, http://prodigi.bl.uk/illcat/GlossR.asp#ruling.

49 De Hamel, *Scribes and Illuminators*, 20.

50 de Roover, "The Scriptorium," 601–602.

51 Horn and Born, "The Medieval Monastery as a Setting for the Production of Manuscripts," 34–35; de Roover, "The Scriptorium," 598–599.

52 Kilgour, *The Evolution of the Book*, 68–80.

53 Horn and Born, "The Medieval Monastery as a Setting for the Production of Manuscripts," 34–35; de Roover, "The Scriptorium," 598–599.

54 De Hamel, *Scribes and Illuminators*, 29; de Roover, "The Scriptorium," 601–602.

55 J. Alexander, *Medieval Illuminators and Their Methods of Work* (New Haven, CT: Yale University Press, 1992), 10–18; Calkins, "Stages of Execution: Procedures of Illumination as Revealed in an Unfinished Book of Hours"; "Lead Point"; "Metal Point," *Glossary for the British Library Catalogue of Illuminated Manuscripts* (British Library), accessed October 20, 2014, http://prodigi.bl.uk/illcat/GlossM.asp#metalpoint.

56 Calkins, "Stages of Execution: Procedures of Illumination as Revealed in an Unfinished Book of Hours"; De Hamel, *Scribes and Illuminators*, 20–26.

57 Ibid., 57–58.

58   Cennino Cennini, *The Book of the Art of Cennino Cennini: A Contemporary Practical Treatise on Quattrocento Painting,* (London: G. Allen & Unwin, 1922), 111–112; De Hamel, *Scribes and Illuminators*, 57; "Making Manuscripts" (Getty Museum, 2014), https://www.youtube.com/watch?v = nuNfdHNTv9o.
59   Cennini, *The Book of the Art of Cennino Cennini*, 111–112.
60   Jack C. Thompson, "Notes on the Manufacture of Goldbeater's Skin," in *The Book & Paper Group Annual*, vol. 2 (American Institute for Conservation, 1983), 119–121.
61   Matt T. Roberts and Don Etherington, "Goldbeating," *Bookbinding and the Conservation of Books,* Foundation of the American Institute for Conservation, November 2011, http://cool.conservationus.org/don//dt/dt1576.html.
62   Mark Steadman, "The Goldbeater, the Cow and the Airship" (Copenhagen: Post & Tele Museum, May 1, 2006), http://www.ptt-museum.dk/en/online_magazine/previous_articles/broadcasting/?id=74; Thompson, "Notes on the Manufacture of Goldbeater's Skin."
63   Calkins, "Stages of Execution: Procedures of Illumination as Revealed in an Unfinished Book of Hours."
64   "Pigment," *Glossary for the British Library Catalogue of Illuminated Manuscripts*, accessed October 20, 2014, http://prodigi.bl.uk/illcat/GlossP.asp#pigment; Michael Clarke and Deborah Clarke, "Tempera," *The Concise Oxford Dictionary of Art Terms*, accessed October 31, 2014, http://www.oxfordreference.com/view/10.1093/acref/9780199569922.001.0001/acref-9780199569922-e-1658.
65   "Pigment"; Amy Baker, "Common Medieval Pigments" (2004); John Friedman and Kristen Mossler Figg, "Saffron," in *Trade, Travel, and Exploration in the Middle Ages: An Encyclopedia* (New York: Garland, 2000), 532-533.
66   Daniel Thompson, *The Materials and Techniques of Medieval Painting* (New York: Dover Publications, 1956), 100–102.
67   Ibid., 90–92.
68   C. Wight, "Sloane 2435," *Catalogue of Illuminated Manuscripts* (London: British Library), accessed October 29, 2014, http://www.bl.uk/catalogues/illuminatedmanuscripts/record.asp?MSID=8573.
69   "Rubric," *OED Online* (Oxford: Oxford University Press, March 2011), http://www.oed.com/view/Entry/168394#eid24733102; de Roover, "The Scriptorium," 598–599; Thompson, *The Materials and Techniques of Medieval*

Painting, 102.
70 Leila Avrin, *Scribes, Script, and Books: The Book Arts from Antiquity to the Renaissance*, ALA Classics (Chicago: American Library Association, 2010), 224.
71 Edward J. Nell, "Economic Relationships in the Decline of Feudalism: An Examination of Economic Interdependence and Social Change," *History and Theory* 6, no. 3 (1967): 313–350.
72 Philip Meggs, *Meggs' History of Graphic Design*, 55–58.
73 Ibid.

第九章

1 Laurence Bergreen, *Marco Polo: From Venice to Xanadu* (London: Quercus, 2008), 3–5.
2 Ibid., 6–7.
3 Ibid., 7–8; Maryanne Kowaleski, ed., "Compilatione of Rustichello Da Pisa," *French of Italy* (New York), accessed October 31, 2014, http://www.fordham.edu/academics/programs_at_fordham_/medieval_studies/french_of_italy/sources_by_community/northern_italian_wri/frenchlanguage_texts/compilatione_of_rust_80611. asp.
4 Fosco Maraini, "Marco Polo," *Encyclopaedia Britannica* (Chicago: Encyclopaedia Britannica), accessed October 31, 2014, http://www.britannica.com/EBchecked/topic/468139/Marco-Polo; Bergreen, *Marco Polo*, 53, 79.
5 Marco Polo, Henri Cordier, and Henry Yule, *The Book of Ser Marco Polo, the Venetian: Concerning the Kingdoms and Marvels of the East*, 3rd ed. (London: J. Murray, 1903), 1:423–426.
6 Ibid., 2:132–133.
7 Ibid., 1:423–426.
8 Douglas Harper, "Cathay," *Online Etymology Dictionary*, accessed April 28, 2014, http://www.etymonline.com/index.php?search=cathay.
9 Clifford Rogers, William Caferro, and Shelley Reid, "Gunpowder," *The Oxford Encyclopedia of Medieval Warfare and Military Technology* (New York: Oxford University Press, 2010), 231–232; Peter Bernholz, *Monetary Regimes and Inflation: History, Economic and Political Relationships* (Cheltenham: Edward Elgar, 2003), 52–54; John Black, Nigar Hashimzade, and Gareth Myles, "Fiat Money," *A Dictionary of Economics*, http://www.

oxfordreference.com/view/10.1093/acref/9780199696321.001.0001/acref-9780199696321-e-1175; I. C. B. Dear and Peter Kemp, eds., "Magnetic Compass," *The Oxford Companion to Ships and the Sea*, http://www.oxfordreference.com/view/10.1093/acref/9780199205684.001.0001/acref-9780199205684-e-1544.

10 Dard Hunter, *Papermaking: The History and Technique of an Ancient Craft*, Dover Books Explaining Science (New York: Dover Publications, 1978), 48–63.

11 Tsuen-Hsuin Tsien, *Chemistry and Chemical Technology, Pt 1: Paper and Printing*, ed. Joseph Needham, Science and Civilisation in China 5 (Cambridge: Cambridge University Press, 1985), 47–52; Polo, Cordier, and Yule, *The Book of Ser Marco Polo*, 2:36–37.

12 Thomas Carter, *The Invention of Printing in China and Its Spread Westward* (New York: Columbia University Press, 1931), 75.

13 Ibid., 7–9.

14 Ibid.

15 Claudius Cornelius Müller, "Shihuangdi," *Encyclopaedia Britannica* (Chicago: Encyclopaedia Britannica, 2013), http://www.britannica.com/EBchecked/topic/540412/Shihuangdi/.

16 Ibid.; Zhengyuan Fu, *Autocratic Tradition and Chinese Politics* (Cambridge: Cambridge University Press, 1993), 111; Lois Mai Chan, "The Burning of the Books in China, 213 B. C.," *The Journal of Library History* 7, no. 2 (1972): 101–108.

17 Carter, *Printing in China*, 8–11; Tsien, *Paper and Printing*, 136–139.

18 Carter, *Printing in China*, 8–11; Tsien, *Paper and Printing*, 136–139.

19 "Dunhuang," *Encyclopaedia Britannica* (Chicago: Encyclopaedia Britannica, September 26, 2012), http://www.britannica.com/EBchecked/topic/608871/Dunhuang.

20 Xinjiang Rong and Valerie Hansen, "The Nature of the Dunhuang Library Cave and the Reasons for Its Sealing," *Cahiers d'Extreme-Asie* 11, no. 1 (1999): 247–250.

21 Carter, *Printing in China*, 40.

22 Kenneth Starr, *Black Tigers: A Grammar of Chinese Rubbings* (Seattle: University of Washington Press, 2008), 13; Dennis C. Twitchett, "Taizong," *Encyclopaedia Britannica* (Chicago: Encyclopaedia Britannica, January 2, 2013), http://www.britannica.com/EBchecked/topic/580608/Taizong.

23 "What Is a Rubbing?," *Chinese Stone Rubbings Collection* (Berkeley, CA: UC Berkeley East Asian Library, September 23, 2004), http://www.lib.berkeley.edu/EAL/stone/rubbings.html.

24 Richard Sears, "Character: 拓 ," *Chinese Etymology*, 2013, http://www.chineseetymology.org. Visit http://bit.ly/iMuZq6q.

25 Carter, *Printing in China*, 12; Tsien, *Paper and Printing*, 143–146; "The Making of a Chinese Rubbing" (The Field Museum, September 25, 2008), https://www.youtube.com/watch?v=ADfhgDRIhUk.

26 Tsien, *Paper and Printing*, 143–146; "Carved in Stone," *Art & Architecture Library* (Stanford University Libraries), accessed October 31, 2014, http://lib.stanford.edu/art/exhibitions/carved-instone.

27 Richard von Glahn, "The Origins of Paper Money in China," in *The Origins of Value: The Financial Innovations That Created Modern Capital Markets*, ed. William N. Goetzmann and K. Geert Rouwenhorst (Oxford: Oxford University Press, 2005), 79.

28 "Six Dynasties," *Encyclopaedia Britannica* (Chicago: Encyclopaedia Britannica), accessed October 31, 2014, http://www.britannica.com/EBchecked/topic/547040/Six-Dynasties.

29 Xinjiang Rong, "Land Route Or Sea Route? Commentary on the Study of the Paths of Transmission and Areas in Which Buddhism Was Disseminated During the Han Period," ed. Victor H. Mair, *Sino-Platonic Papers* no. 144, Sino-Platonic Papers (2004): 1–31; Carter, *Printing in China*, 17–19.

30 "Dacang Jing," *Encyclopaedia Britannica* (Chicago: Encyclopaedia Britannica), accessed May 7, 2014, http://www.britannica.com/EBchecked/topic/579582/Dacang-Jing; "Xuanzang," *Encyclopaedia Britannica* (Chicago: Encyclopaedia Britannica, May 24, 2013), http://www.britannica.com/EBchecked/topic/274015/Xuanzang.

31 Sonya S. Lee, "Transmitting Buddhism to a Future Age: The Leiyin Cave at Fangshan and Cave-Temples with Stone Scriptures in Sixth-Century China," *Archives of Asian Art* 60 (2010): 43–57.

32 Nigel Crowther, *Sport in Ancient Times* (Norman: University of Oklahoma Press, 2010), 4–5; Carter, *Printing in China*, 33–34.

33 Lucien Ellington, *Japan* (Santa Barbara, CA: ABC-CLIO, 2009), 28.

34 Arthur Wright, *Buddhism in Chinese History*, Stanford Studies in the Civilizations of Eastern Asia (Stanford, CA: Stanford University Press, 1959), 67–68.

35 Carter, *Printing in China*, 35; Ellington, *Japan*, 28.
36 "Kōken," *Encyclopaedia Britannica* (Chicago: Encyclopaedia Britannica), accessed May 7, 2014, http://www.britannica.com/EBchecked/topic/321233/Koken.
37 Ibid.; Delmer Brown, *The Cambridge History of Japan*, vol. 1 (Cambridge: Cambridge University Press, 1993), 262–263.
38 Carter, *Printing in China*, 35–38.
39 Tsien, *Paper and Printing*, 147–150.
40 "Kōken."
41 Tsien, *Paper and Printing*, 253–254; "Conserving the Diamond Sutra" (UK: International Dunhuang Project, 2013), https://www.youtube.com/watch?v=SgN5HQXTlMc.
42 Roderick Whitfield, *Cave Temples of Dunhuang: Art and History on the Silk Road* (London: British Library, 2000), 128.
43 Tsien, *Paper and Printing*, 146–151, 253–254.
44 Joyce Morgan and Conrad Walters, "Accruing Merit from Copying the Diamond Sutra," *IDP News Issue No. 38* (International Dunhuang Project, 2012), https://web.archive.org/web/20130405100701/http://idp.bl.uk/archives/news38/idpnews_38.a4d#3.
45 "Advanced Search for Free Text 'Woodblock,'" *International Dunhuang Project*, accessed October 31, 2014, http://idp.bl.uk.
46 Xinjiang and Hansen, "The Nature of the Dunhuang Library Cave and the Reasons for Its Sealing," 272.
47 Xiu Ouyang, "Feng Dao," in *Historical Records of the Five Dynasties*, trans. Richard L. Davis (New York: Columbia University Press, 2004), 439–443.
48 Tsien, *Paper and Printing*, 156–157; Carter, *Printing in China*, 47–54.
49 Qinghua Guo, "Yingzao Fashi: Twelfth-Century Chinese Building Manual," *Architectural History* 41 (1998): 1–13; Ci Song, *The Washing Away of Wrongs: Forensic Medicine in Thirteenth-Century China* (Ann Arbor: Center for Chinese Studies University of Michigan, 1981); Joseph Needham and Ling Wang, "Mathematics and the Sciences of the Heavens and the Earth," Science and Civilisation in China (Cambridge: Cambridge University Press, 1959), 353; Tsien, *Paper and Printing*, 159–172.
50 Tsuen-Hsuin Tsien, *Collected Writings on Chinese Culture* (Chinese University Press, 2011), 129–144; Carter, *Printing in China*, 23–27.
51 Tsien, *Collected Writings on Chinese Culture*, 129–144; Carter, *Printing in*

China, 23–27.
52 Hans Vogel, *Marco Polo Was in China: New Evidence from Currencies, Salts and Revenues* (Leiden: Brill, 2012), 128.
53 Joseph Needham and Ling Wang, *Science and Civilisation in China. /Volume 1, Introductory Orientations* (Cambridge: Cambridge University Press, 1954), 107; Carter, *Printing in China*, 70–71, 107.
54 Wilkinson, *Chinese History: A Manual*, 250–251; Carter, *Printing in China*, 70–71.
55 William N. Goetzmann and Elizabeth Köll, "Paying in Paper: A Government Voucher from the Southern Song," in *The Origins of Value: The Financial Innovations That Created Modern Capital Markets*, ed. William N Goetzmann and K Geert Rouwenhorst (Oxford: Oxford University Press, 2005), 97.
56 Polo, Cordier, and Yule, *The Book of Ser Marco Polo*, 1:424.
57 Vogel, *Marco Polo Was in China: New Evidence from Currencies, Salts and Revenues*, 133; Goetzmann and Köll, "Paying in Paper: A Government Voucher from the Southern Song," 92; von Glahn, "The Origins of Paper Money in China," 79.
58 Bergreen, *Marco Polo*, 331–343.
59 Ibid., 347–348.
60 Carl Lindahl, John Lindow, and John McNamara, *Medieval Folklore:An Encyclopedia of Myths, Legends, Tales, Beliefs, and Customs: A-K* (Santa Barbara, CA: ABC-Clio, 2000), 370.
61 Robert Curzon, "A Short Account of Some of the Most Celebrated Libraries in Italy," in *Miscellanies of the Philobiblon Society*, vol. 1 (London: Philobiblon Society, 1854), 3–59.
62 Stanley Lane-Poole and Elizabeth Baigent, "Curzon, Robert, Fourteenth Baron Zouche of Harringworth (1810–1873)," *Oxford Dictionary of National Biography*, accessed May 15, 2014, http://www.oxforddnb.com/view/article/6969; Curzon, "A Short Account of Some of the Most Celebrated Libraries in Italy," 3–9.
63 Curzon, "A Short Account, "6–9.
64 Carter, *Printing in China*, 119–120, 123–125; Tsien, *Paper and Printing*, 313–319.
65 Aldo Prinzivalli, "Jacopo Facen (1803-1886), Medico, Erudito E Letterato," *Biografie Mediche* no. 2 (2013): 16–18.
66 Jacopo Facen, *Le Ombre Feltresi: Visione* (Feltre: Marsura, 1843), 21–22.

67 Curzon, "A Short Account of Some of the Most Celebrated Libraries in Italy," 8.
68 Carter, *Printing in China*, 75–81.
69 Tsien, *Paper and Printing*, 313–319.
70 Polo, Cordier, and Yule, *The Book of Ser Marco Polo*, 1:180; Luigi Villari, "A British Scholar on Marco Polo," *East and West* 5, no. 3 (1954): 222–226.
71 Leslie Ross, "Andachtsbilder," in *Medieval Art: A Topical Dictionary* (Westport, CT: Greenwood Press, 1996), 12; Roberto Cobianchi, "The Use of Woodcuts in Fifteenth-Century Italy," *Print Quarterly* 23, no. 1 (2006): 47–54; Arthur Hind, *An Introduction to a History of Woodcut: With a Detailed Survey of Work Done in the Fifteenth Century*, vol. 1 (New York: Dover Publications, 1963), 94.
72 Frederick Kilgour, *The Evolution of the Book* (Oxford: Oxford University Press, 1998), 82–84.
73 Cobianchi, "The Use of Woodcuts in Fifteenth-Century Italy."
74 Ibid.
75 Hind, *An Introduction to the History of Woodcut*, 1:110; Kilgour, *The Evolution of the Book*, 82–84.
76 Kilgour, *The Evolution of the Book*, 82–84.
77 Wendy Thomson, "The Printed Image in the West: History and Techniques," Heilbrunn Timeline of Art History (New York: The Metropolitan Museum of Art, October 2003), http://www.metmuseum.org/toah/hd/prnt/hd_prnt.htm.
78 Kilgour, *The Evolution of the Book*, 82–84; Hind, *An Introduction to the History of Woodcut*, 1:99; Antony Griffiths, *Prints and Printmaking: An Introduction to the History and Techniques* (Berkeley: University of California Press, 1996), 13.
79 Wendy Thomson, "The Printed Image in the West: Woodcut," *Heilbrunn Timeline of Art History* (New York: The Metropolitan Museum of Art, October 2003), http://www.metmuseum.org/TOAH/hd/wdct/hd_wdct.htm; Hind, *An Introduction to the History of Woodcut*, 1:125; Kilgour, *The Evolution of the Book*, 82–84.
80 George P. Burris, "Estienne's De Dissectione (1545), an Example of Sixteenth Century Anatomical Illustration," *Bios* 37, no. 4 (1966): 147–156; Hind, *An Introduction to the History of Woodcut*, 1:14.
81 Jacob Wisse, "Albrecht Dürer (1471–1528)," *Heilbrunn Timeline of Art History* (New York: The Metropolitan Museum of Art, October 2002), http://www.metmuseum.org/toah/hd/durr/hd_durr.htm; Suzanne Boorsch

and Nadine Orenstein, *The Print in the North: The Age of Albrecht Dürer and Lucas van Leyden*, Metropolitan Museum of Art Bulletin (New York: Metropolitan Museum of Art, 1997), 6.

82 Thomson, "The Printed Image in the West: Woodcut"; Charles Nauert, "Desiderius Erasmus," ed. Edward N. Zalta, *Stanford Encyclopedia of Philosophy* (Stanford, CA: The Metaphysics Research Lab, Center for the Study of Language and Information, Stanford University, 2009), http://plato.stanford.edu/entries/erasmus/.

83 Richard K. Emmerson, "The Apocalypse in Medieval Culture," *The Apocalypse in the Middle Ages. Ithaca 1992b. S* (1992): 293–332.

84 Albrecht Dürer, *The Four Horsemen*, 1498, National Gallery of Art, Washington, DC.

85 Hans Burgkmair, *The Lovers Surprised by Death*, n. d., National Gallery of Art, Washington, DC.

86 Gerald Ward, "Chiaroscuro," *The Grove Encyclopedia of Materials and Techniques in Art* (Oxford; New York: Oxford University Press, 2008), 104-106.

87 "Hans Burgkmair, *Lovers Surprised by Death*, a Woodcut," British Museum, accessed May 23, 2014, http://www.britishmuseum.org/explore/highlights/highlight_objects/pd/h/burgkmair,_lovers_surprised. aspx.

88 "Italian School, after Titian (Tiziano Vecellio): Saint Jerome in the Wilderness (22.73.3-119)," *Heilbrunn Timeline of Art History* (New York: The Metropolitan Museum of Art, March 2014), http://www.metmuseum.org/toah/works-of-art/22.73.3-119; Louise S. Richards, "The Titian Woodcut by Domenico Dalle Greche," *The Bulletin of the Cleveland Museum of Art* 43, no. 9 (1956): 197–201, 203; Tiziano Vecellio, *The Submersion of Pharaoh's Army in the Red Sea (block K)*, Harvard Art Museums, accessed October 31, 2014, http://www.harvardartmuseums.org/art/253297.

89 "Albrecht Dürer and Others, The Triumphal Arch, Woodcut" (London: British Museum), accessed May 23, 2014, http://www.britishmuseum.org/explore/highlights/highlight_objects/pd/a/albrecht_dürer,_triumphal_ar ch. aspx.

90 Anonymous, "Portrait of the Artist as an Entrepreneur," *The Economist* (The Economist Newspaper Limited, December 2011), http://www.economist.com/node/21541710.

91 Hind, *An Introduction to the History of Woodcut*, 1:140.

92 Paul Needham, "Prints in the Early Printing Shops," in *The Woodcut in*

Fifteenth-Century Europe, ed. Peter Parshall (Washington, DC: National Gallery of Art, 2009), 45–46.
93　Ibid.
94　Philip Meggs, *Meggs' History of Graphic Design* (Hoboken, NJ: John Wiley & Sons, 2012), 69; Theodore De Vinne, *The Invention of Printing* (New York: F. Hart, 1876), 254–263.
95　Needham, "Prints in the Early Printing Shops," 45–46.
96　Ibid., 55; "Albrecht Pfister's Vier Historien: Joseph, Daniel, Judith, Esther," *First Impressions* (Manchester: The University of Manchester Library, 2011), http://www.library.manchester.ac.uk/firstimpressions/assets/downloads/03-Albrecht-Pfisters-Vier-Historien—Joseph,-Daniel,-Judith,-Esther.pdf; "Ulrich Boner," *Encyclopaedia Britannica* (Chicago: Encyclopaedia Britannica), accessed May 07, 2014, http://www.britannica.com/EBchecked/topic/72987/Ulrich-Boner#ref230251.
97　J. Victor Scholderer, "Albrecht Pfister of Bamberg," *The Library* s3–III, no.10 (1912):230–236, doi:10.1093/library/s3-III.10.230.
98　Needham, "Prints in the Early Printing Shops," 58, 61.
99　John Corbett, "Biblia Pauperum," *The Catholic Encyclopedia* (New York: Appleton, 1907), http://www.newadvent.org/cathen/02547a.htm.
100　Needham, "Prints in the Early Printing Shops," 62; Thomson, "The Printed Image in the West: Wodcut"; Frederick Kilgour, "Block Printing," in *The Evolution of the Book* (Oxford: Oxford University Press, 1998), 82–84.
101　William Ivins, *Prints and Visual Communication*. (Cambridge: M. I. T. Press, 1953), 163–164.

第十章

1　"Albrecht Pfister," *First Impressions* (Manchester: The University of Manchester Library, 2011), http://www.library.manchester.ac.uk/firstimpressions/Pioneers-of-Print/Albrecht-Pfister/; J. Victor Scholderer, "Albrecht Pfister of Bamberg," *The Library* s3–III, no.10 (1912):230–236,doi:10.1093/library/s3-III.10.230.
2　William Ivins, *Prints and Visual Communication*. (Cambridge: M. I. T. Press, 1953), 165; Arthur Hind, *An Introduction to a History of Woodcut: With a Detailed Survey of Work Done in the Fifteenth Century*, vol. 1 (New York: Dover Publications, 1963), 14.

3   Tsuen-Hsuin Tsien, *Chemistry and Chemical Technology, Pt 1: Paper and Printing*, ed. Joseph Needham, Science and Civilisation in China 5 (Cambridge: Cambridge University Press, 1985), 220–222; Phil Abel, Nick Gill, and Andy Taylor, *Personal Correspondence* (Keith Houston, June 2014).
4   Hind, *An Introduction to the History of Woodcut*, 1:15–16.
5   Ivins, *Prints and Visual Communication.*, 165.
6   Umberto Bosco, "Giovanni Boccaccio: Petrarch and Boccaccio's Mature Years," *Encyclopaedia Britannica* (Chicago: Encyclopaedia Britannica, April 2013), http://www.britannica.com/EBchecked/topic/70836/Giovanni-Boccaccio/756/Petrarch-and-Boccacciosmature-years.
7   Filippo Strata, *Polemic against Printing*, ed. Martin Lowry, trans. Shelagh Grier (Birmingham: Hayloft, 1986), n. p.
8   D. McKitterick, *Print, Manuscript and the Search for Order, 1450-1830* (Cambridge: Cambridge University Press, 2003), 84; Paul Saenger, "Colard Mansion and the Evolution of the Printed Book," *The Library Quarterly* 45, no. 4 (1975): 405–418.
9   "De La Ruine Des Nobles Hommes et Femmes (Of the Ruin of Noble Men and Women)-Master of the Boccaccio Illustrations, Netherlandish, 1470–1490" (Boston: Museum of Fine Arts, Boston), accessed June 06, 2014, https://www.mfa.org/collections/object/de-la-ruine-des-nobles-hommes-etfemmes-of-the-ruin-of-noble-men-and-women-155954.
10 Antony Griffiths, *Prints and Printmaking: An Introduction to the History and Techniques* (Berkeley: University of California Press, 1996), 31–34; "Intaglio," *Encyclopaedia Britannica* (Chicago: Encyclopaedia Britannica), accessed June 11, 2014, http://www.britannica.com/EBchecked/topic/289562/intaglio.
11 "Intaglio," *OED Online* (Oxford: Oxford University Press, March 2014), http://www.oed.com/view/Entry/97322.
12 "Giorgio Vasari," *Encyclopaedia Britannica* (Chicago: Encyclopaedia Britannica), accessed June 7, 2014, http://www.britannica.com/EBchecked/topic/623661/Giorgio-Vasari; Griffiths, *Prints and Printmaking*, 42.
13 "Niello," *Encyclopaedia Britannica* (Chicago: Encyclopaedia Britannica, October 2013), http://www.britannica.com/EBchecked/topic/414584/niello; "Maso Finiguerra," *Encyclopaedia Britannica* (Chicago: Encyclopaedia Britannica), accessed June 7, 2014, http://www.britannica.com/EBchecked/topic/207338/Maso-Finiguerra.
14 Griffiths, *Prints and Printmaking*, 42.

15 Griffiths, *Prints and Printmaking*, 39–42; "Maso Finiguerra."
16 Griffiths, *Prints and Printmaking*, 39.
17 Ibid.; Ivins, *Prints and Visual Communication.*, 166.
18 Griffiths, *Prints and Printmaking*, 38; Arthur Hind, *A Short History of Engraving & Etching, for the Use of Collectors and Students with Full Bibliography, Classified List and Index of Engravers,* (London: Constable and Co., 1911), 4.
19 Griffiths, *Prints and Printmaking*, 38.
20 "The Book of Trades (Das Ständebuch) " (Victoria and Albert Museum, January 13, 2011), http://www.vam.ac. uk/content/articles/t/the-book-of-trades-das-standebuch/.
21 Griffiths, *Prints and Printmaking*, 31–34.
22 Ibid.; Hind, *A Short History of Engraving & Etching*, 14.
23 Griffiths, *Prints and Printmaking*, 31–34; "Identification: Engraving," *Graphics Atlas*. Image Permanence Institute, Rochester Institute of Technology, 2014, http://www.graphicsatlas. org/identification/?process_id=89.
24 Griffiths, *Prints and Printmaking*, 31–34.
25 FitzRoy Carrington, "Florentine Studies: I. The Illustrations to Landino's 'Dante', 1481," *Art & Life* 11, no. 7 (1920): 372–377.
26 David Bland, *A History of Book Illustration; the Illuminated Manuscript and the Printed Book.*, 2nd ed. (Berkeley: University of California Press, 1969), 119–120; Carrington, "Florentine Studies: I. The Illustrations to Landino's 'Dante', 1481."
27 "Colard Mansion and Early Illustrations," *First Impressions* (Manchester: The University of Manchester Library, 2011), http://www.library.manchester.ac.uk/firstimpressions/assets/downloads/08-Colard-Mansion-and-early-illustrations.pdf.
28 Bland, *A History of Book Illustration*, 117–119.
29 Robert Maclean, "Book Illustration: Engraving and Etching," *Special Collections* (Glasgow: University of Glasgow Library, August 28, 2012), http://universityofglasgowlibrary.wordpress.com/2012/08/28/book-illustration-engraving-and-etching/; Suzanne Boorsch and Nadine Orenstein, *The Print in the North: The Age of Albrecht Dürer and Lucas van Leyden*, Metropolitan Museum of Art Bulletin (New York: Metropolitan Museum of Art, 1997), 3.
30 Ibid., 12.
31 Bland, *A History of Book Illustration*, 119–120; Frederick Kilgour, "Title Pages, Pagination, and Illustration," in *The Evolution of the Book* (Oxford:

Oxford University Press, 1998), 94–95; "Plate," *OED Online* (Oxford: Oxford University Press, June 2014), http://www.oed.com/view/Entry/145348.

32　William Henning, *An Elegant Hand: The Golden Age of American Penmanship and Calligraphy* (New Castle Del.: Oak Knoll Press, 2002), 292.

33　Peter Mansoor, "Armour: Premodern Armour," *Encyclopaedia Britannica* (Chicago: Encyclopaedia Britannica, October 15, 2013), http://www.britannica.com/EBchecked/topic/35454/armour#ref1102676.

34　Stefan Krause, "The Etched Decoration of German Renaissance Armor," *Fellows Series* (The Metropolitan Museum of Art, November 18, 2011), http://www.metmuseum.org/about-themuseum/now-at-the-met/features/2011/the-etched-decoration-of-german-renaissance-armor.

35　R. Oakeshott, *European Weapons and Armour: From the Renaissance to the Industrial Revolution* (Woodbridge, UK: Boydell; Boydell & Brewer, 2012), 198–199.

36　Ivins, *Prints and Visual Communication.,* 162; Dirk H. Breiding, "Techniques of Decoration on Arms and Armor," *Heilbrunn Timeline of Art History* (New York: The Metropolitan Museum of Art, October 2003), http://www.metmuseum.org/toah/hd/dect/hd_dect.htm.

37　Ivins, *Prints and Visual Communication*, 162; Breiding, "Techniques of Decoration on Arms and Armor."

38　Krause, "The Etched Decoration of German Renaissance Armor"; "Acid-Etched Metal in Renaissance and Early Modern Europe" (London: Victoria and Albert Museum, 2010), http://www.vam.ac.uk/content/articles/a/acid-etched-metal-in-renaissance-and-early-modern-europe/.

39　Breiding, "Techniques of Decoration on Arms and Armor."

40　Boorsch and Orenstein, *The Print in the North*, 8, 10.

41　Basil Hunnisett, *Engraved on Steel: The History of Picture Production Using Steel Plates* (Aldershot; Brookfield, VT: Ashgate, 1998), 237.

42　Boorsch and Orenstein, *The Print in the North*, 10, 31.

43　Griffiths, *Prints and Printmaking*, 56–58; Ivins, *Prints and Visual Communication.,* 171.

44　"Etch," *OED Online* (Oxford: Oxford University Press, June 2013), http://www.oed.com/view/Entry/64677.

45　Griffiths, *Prints and Printmaking*, 56–58.

46　A. Palmer, *The Life and Letters of Samuel Palmer, Painter and Etcher* (London: Seeley, 1892), 337.

47　Bland, *A History of Book Illustration*, 118–119; Ivins, *Prints and Visual Communication.*, 166.
48　Amy Meyers, "Audubon, John James," ed. Joan Marter, *The Grove Encyclopedia of American Art* (Oxford: Oxford University Press, 2011).
49　Lee Vedder, *John James Audubon's The Birds of America: A Visionary Achievement in Ornithological Illustration* (San Marino, CA: Huntington Library, 2006), 5–6; Meyers, "Audubon, John James."
50　Audubon.org, "John James Audubon," *Audubon.org* (National Audubon Society), accessed June 18, 2014, http://www.audubon.org/john-james-audubon.
51　Meyers, "Audubon, John James"; Audubon.org, "John James Audubon."
52　Meyers, "Audubon, John James"; Audubon.org, "John James Audubon"; "Alexander Wilson," *Encyclopaedia Britannica* (Chicago: Encyclopaedia Britannica, 2013), http://www.britannica.com/EBchecked/topic/644631/Alexander-Wilson.
53　Richard Rhodes, *John James Audubon: The Making of an American* (New York: Alfred A. Knopf, 2004), 214, 274.
54　Samuel H. Williamson and Laurence H. Officer, "Computing 'Real Value' Over Time With a Conversion Between U. K. Pounds and U. S. Dollars, 1774 to Present," *Measuring Worth*, 2013, http://www.measuringworth.com/exchange/; Rhodes, *John James Audubon: The Making of an American*, 286.
55　Lois Bannon, *Handbook of Audubon Prints* (Gretna, LA: Pelican, 1985), 33.
56　Jeff Holt, *The Composite Plates of Audubon's Birds of America* (Philadelphia, PA: Delaware Valley Ornithological Club, 2008), 10.
57　Robert Havell and John James Audubon, "Columbia Jay," *The Birds of America*, National Gallery of Art, 1830, https://images.nga.gov/en/asset/show_zoom_window_popup.html?asset=100830.
58　Vedder, *John James Audubon's The Birds of America*, 1–2; "Ornithological Biography: Or an Account of the Habits of the Birds of the United States of America," *Rare Books*, National Library of Scotland, October 19, 2012, http://www.nls.uk/collections/rarebooks/acquisitions/singlebook.cfm/idfind/880.
59　Bannon, *Handbook of Audubon Prints*, 33–34.
60　Colta Ives, "The Printed Image in the West: Aquatint," *Heilbrunn Timeline of Art History* (New York: The Metropolitan Museum of Art, October 2002), http://www.metmuseum.org/toah/hd/aqtn/hd_aqtn.htm; "Aquafortis," *OED Online* (Oxford: Oxford University Press, March 2014), http://www.oed.com/

view/Entry/10003; S. Prideaux, *Aquatint Engraving: A Chapter in the History of Book Illustration* (London: Duckworth & Co., 1909), 11–19.
61　Rhodes, *John James Audubon: The Making of an American*, 289.
62　Finlo Rohrer, "Audubon's Birds of America: The World's Most Expensive Book," *BBC News Magazine* (London: BBC, December 2010), http://www.bbc.co.uk/news/magazine-11937736; "The Birds of America; from Original Drawings by John James Audubon. London: Published by the Author, 1827-1838," *Magnificent Books, Manuscripts and Drawings from the Collection Of Frederick 2nd Lord Hesketh* (London: Sotheby's, December 7, 2010), http://www.sothebys.com/en/auctions/ecatalogue/2010/magnificent-books-manuscripts-and-drawingsfrom-the-collection-of-frederick-2nd-lord-hesketh-l10413/lot.50.html; Williamson and Officer, "Computing 'Real Value' Over Time With a Conversion Between U. K. Pounds and U. S. Dollars, 1774 to Present."

第十一章

1　Louis Prang, "Lithography," *Modern Art* 4, no. 3 (1896): 82–86.
2　Alois Senefelder, *The Invention of Lithography*, trans. J. W. Muller (New York: Fuchs & Lang Manufacturing Co., 1911), 1; Prang, "Lithography"; Seán Jennett, *Pioneers in Printing: Johann Gutenburg, William Caxton, William Caslon, John Baskerville, Alois Senefelder, Frederick Koenig, Ottmar Mergenthaler, Tolbert Lanston* (London: Routledge & Kegan Paul, 1958), 91.
3　Ibid., 91–92.
4　Ibid.
5　Ibid.; Senefelder, *The Invention of Lithography*, 2–3.
6　Jennett, *Pioneers in Printing*, 92; Senefelder, *The Invention of Lithography*, 3.
7　Jennett, *Pioneers in Printing*, 92–94; Senefelder, *The Invention of Lithography*, 3–5.
8　Ibid., 7–9.
9　Ibid.; Jennett, *Pioneers in Printing*, 94–95; Prang, "Lithography."
10　Jennett, *Pioneers in Printing*, 95–97; Senefelder, *The Invention of Lithography*, 11–17.
11　Jennett, *Pioneers in Printing*, 96–97; Senefelder, *The Invention of Lithography*, 12.
12　Ibid., 19–24.
13　Ibid., 25–26.

14　Ibid.
15　"Lithography," *OED Online* (Oxford: Oxford University Press, June 2012), http://www.oed.com/view/Entry/109158.
16　Antony Griffiths, *Prints and Printmaking: An Introduction to the History and Techniques* (Berkeley: University of California Press, 1996), 102.
17　Senefelder, *The Invention of Lithography*, 30.
18　Griffiths, *Prints and Printmaking*, 100, 139.
19　Senefelder, *The Invention of Lithography*, 138–142.
20　Griffiths, *Prints and Printmaking*, 102; "Toulouse-Lautrec and Montmartre-Lithography" (Washington, DC: National Gallery of Art, 2005), https://www.nga.gov/exhibitions/2005/toulouse/lithography.shtm; Gaz Regan, "Absinthe Cocktails," *Imbibe Magazine*, December 18, 2012, http://imbibemagazine.com/Absinthe-Cocktails.
21　Senefelder, *The Invention of Lithography*, 138–142.
22　Ibid., 191–194.
23　Griffiths, *Prints and Printmaking*, 103.
24　Senefelder, *The Invention of Lithography*, 191–194.
25　Ibid., 28.
26　Jennett, *Pioneers in Printing*, 102–105; Felix Man, *150 Years of Artists' Lithographs, 1803-1953* (London: Heinemann, 1953), XV.
27. Lee Vedder, *John James Audubon's The Birds of America: A Visionary Achievement in Ornithological Illustration* (San Marino, CA: Huntington Library, 2006), 3; Richard Godfrey, "Lithography," *The Oxford Companion to Western Art*, accessed June 26, 2014, http://www.oxfordreference.com/view/10.1093/acref/9780198662037.001.0001/acref-9780198662037-e-1493.
28　Griffiths, *Prints and Printmaking*, 120.
29　Ibid., 104–108; Liz Miller, Personal Interview with the author Keith Houston, August 2014.
30　"Louis Prang," *Encyclopaedia Britannica* (Chicago: Encyclopaedia Britannica), accessed October 31, 2014, http://www.britannica.com/EBchecked/topic/857968/Louis-Prang.
31　David Bland, *A History of Book Illustration; the Illuminated Manuscript and the Printed Book,* 2nd ed. (Berkeley: University of California Press, 1969), 214, 222–223; Griffiths, *Prints and Printmaking*, 23–25.
32　Bland, *A History of Book Illustration*, 242–245.
33　Malcolm Daniel, "Daguerre (1787–1851) and the Invention of Photography,"

Heilbrunn Timeline of Art History (New York: The Metropolitan Museum of Art, October 2004), http://www.metmuseum.org/toah/hd/dagu/hd_dagu.htm; Malcolm Daniel, "William Henry Fox Talbot (1800–1877) and the Invention of Photography," *Heilbrunn Timeline of Art History* (New York: The Metropolitan Museum of Art, October 2004), http://www.metmuseum.org/toah/hd/tlbt/hd_tlbt.htm.

34 Daniel, "Daguerre (1787–1851) and the Invention of Photography"; Daniel, "William Henry Fox Talbot (1800–1877) and the Invention of Photography."

35 Donald D. Keyes, "The Daguerreotype's Popularity in America," *Art Journal* 36, no. 2 (1976): 116–122.

36 Griffiths, *Prints and Printmaking*, 121; Ellen Sharp, "A Note on William Henry Fox Talbot and 'The Pencil of Nature,'" *Bulletin of the Detroit Institute of Arts* 66, no. 4 (1991): 42–46; Matt T. Roberts and Don Etherington, "Tipped in," *Bookbinding and the Conservation of Books*, Foundation of the American Institute for Conservation, November 2011, http://cool.conservationus.org/don/dt/dt3522.html.

37 Griffiths, *Prints and Printmaking*, 121; Sharp, "A Note on William Henry Fox Talbot and 'The Pencil of Nature'"; Daniel, "William Henry Fox Talbot (1800–1877) and the Invention of Photography."

38 William Henry Fox Talbot, "View of the Boulevards of Paris," *Getty Collection* (J. Paul Getty Museum, May 1843), http://www.getty.edu/art/gettyguide/artObjectDetails?artobj=46633.

39 Mike Ware, "Light-Sensitive Chemicals," ed. John Hannavy, *Encyclopedia of Nineteenth-Century Photography* (London: Routledge, 2013); John Hannavy, ed., "Ponton, Mongo (1801-1880)," *Encyclopedia of Nineteenth-Century Photography* (London: Routledge, 2013).

40 Dusan Stulik and Art Kaplan, *The Atlas of Analytical Signatures of Photographic Processes. Carbon.* (Los Angeles: The Getty Conservation Institute, 2013), 4–5.

41 "A. D. 1852, October 29. —№ 565. Talbot, William Henry Fox.," in *Patents for Inventions. Abridgments of Specifications Relating to Photography* (London: Patent Office, 1861), 17–18; Luis Nadeau, "Photoglyphic Engraving," ed. John Hannavy, *Encyclopedia of Nineteenth-Century Photography* (London: Routledge, 2013).

42 Ivins, *Prints and Visual Communication.*, 126–127.

43 William Henry Fox Talbot, "Three Sheets of Gauze, Crossed Obliquely,"

Getty Collection (J. Paul Getty Museum, May 1852), http://www.getty.edu/art/gettyguide/artObjectDetails?artobj=253662.
44 David Rudd Cycleback, "Half-Tone Printing," ed. John Hannavy, in *Encyclopedia of Nineteenth-Century Photography,* 632-633; Stulik and Kaplan, *The Atlas of Analytical Signatures of Photographic Processes*,5-8.
45 Griffiths, *Prints and Printmaking*, 122–123; Cycleback, "Half-Tone Printing."
46 Griffiths, *Prints and Printmaking*, 122–123.
47 Hans I. Bjelkhagen, "Poitevin, Alphonse-Louis (1819-1882)," ed. John Hannavy, *Encyclopedia of Nineteenth-Century Photography* (London: Routledge, 2013); Hope Kingsley, "Carbon Prints," ed. John Hannavy, *Encyclopedia of Nineteenth-Century Photography* (London: Routledge, 2013).
48 The Earl de Grey and Ripon, "Address to the Royal Geographical Society of London," *Proceedings of the Royal Geographical Society of London* 4, no. 4 (1859): 160–161.
49 Anthony J. Hamber, "Lithography," ed. John Hannavy, *Encyclopedia of Nineteenth-Century Photography* (London: Routledge, 2013); "Domesday Book (English History)," *Encyclopaedia Britannica* (Chicago: Encyclopaedia Britannica, 2012), http://www.britannica.com/EBchecked/topic/168528/Domesday-Book; *Domesday Book, Or, The Great Survey of England of William the Conqueror A. D. MLXXXVI: Facsimile of the Part Relating to Cornwall* (Southampton: Ordnance Survey Office, 1861).
50 "Lithography (printing)," *Encyclopaedia Britannica* (Chicago: Encyclopaedia Britannica, 2012), http://www.britannica.com/EBchecked/topic/343748/lithography.
51 "The History of Lithography," *DIGM 3350: Digital Media Materials and Processes* (University of Houston), accessed April 30, 2015, http://sites.tech.uh.edu/digitalmedia/materials/3350/History_of_Litho. pdf.
52 Ibid.
53 Lorraine Ferguson and Douglass Scott, "A Time Line of American Typography," *Design Quarterly* no. 148 (1990): 39; "Offset Printing," *Encyclopaedia Britannica* (Chicago: Encyclopaedia Britannica), accessed October 31, 2014, http://www.britannica.com/EBchecked/topic/425722/offset-printing.
54 Ferguson and Scott, "A Time Line of American Typography," 39; "Offset Printing."
55 David Nord, Joan Shelley Rubin, and Michael Schudson, *A History of the*

Book in America, vol. 5 (Chapel Hill: University of North Carolina press, 2009), 63–66.

56　Computer litho / plastic / aluminium

第十二章

1　G. Maspero, *The Dawn of Civilization: Egypt and Chaldæa*, ed. A. H. Sayce, trans. M. L. McClure (London: Society for Promoting Christian Knowledge, 1910), 235; William Smith, "Menes," *Dictionary of Greek and Roman Antiquities* (London: Walton and Maberly, 1853).

2　Toby A H Wilkinson, *Early Dynastic Egypt* (Taylor & Francis, 2002), 66–68.

3　Ibid., 66–70.

4　Ibid., 69, 111–112.

5　Jaroslav Cerny, *Paper and Books in Ancient Egypt* (Lewis, 1947); John D. Ray, "The Emergence of Writing in Egypt," *World Archaeology* 17, no. 3 (1986): 307–316; Wilkinson, *Early Dynastic Egypt*, 112.

6　"Book," *OED Online* (Oxford: Oxford University Press, March 2014), http://www.oed.com/view/Entry/21412.

7　Adam Bülow-Jacobsen, "Writing Materials in the Ancient World," in *The Oxford Handbook of Papyrology*, ed. Roger Bagnall (Oxford: Oxford University Press, 2009), 19, 21.

8　Ibid.; Naphtali Lewis, *Papyrus in Classical Antiquity* (Oxford: Clarendon Press, 1974), 60–61.

9　Pliny the Elder, *The Natural History*, trans. John Bostock and B. A. Riley (Red Lion Court, Fleet Street: Taylor and Francis,1855),13.21,http://data.perseus.org/texts/urn:cts:latinlit:phio978.phioo11.perseus-eng1;Malcolm Johnson, *The Nature and Making of Papyrus* (Barkston Ash, UK: Elmete Press, 1973),16-17; E. Turner, *Greek Papyri: An Introduction* (Princeton, NJ: Princeton University Press, 1968),4.

10　Bülow-Jacobsen, "Writing Materials in the Ancient World," 19.

11　"Boustrophedon (writing Style)," *Encyclopaedia Britannica* (Chicago: Encyclopaedia Britannica, January 9, 2011), http://www.britannica.com/EBchecked/topic/75943/boustrophedon.

12　William A. Johnson, "The Ancient Book," in *The Oxford Handbook of Papyrology*, ed. Roger Bagnall (Oxford: Oxford University Press, 2009), 257; Bülow-Jacobsen, "Writing Materials in the Ancient World," 21; Turner, *Greek*

Papyri, 4–5.
13　Toby A. H. Wilkinson, *Royal Annals of Ancient Egypt: The Palermo Stone and Its Associated Fragments* (London: Kegan P. international, 2000), 256.
14　Cerny, *Paper and Books in Ancient Egypt*, 11; Bridget Leach and John Tait, "Papyrus," in *Ancient Egyptian Materials and Technology*, ed. Paul Nicholson and Ian Shaw (Cambridge: Cambridge University Press, 2000), 277.
15　Cerny, *Paper and Books in Ancient Egypt*; Ray, "The Emergence of Writing in Egypt."
16　"Coupe Inscrite Au Nom Du Chancelier Du Roi de Basse-Egypte, Hemaka," *L'agence Photo* (Réunion des Musées Nationaux-Grand Palais), accessed October 31, 2014, http://www.photo.rmn.fr/C.aspx?VP3=SearchResult&IID=2C6NU04WADNW.
17　Cerny, *Paper and Books in Ancient Egypt*, 11; Leach and Tait, "Papyrus," 277.
18　Irmtraut Munro, "The Evolution of the Book of the Dead," in *Journey through the Afterlife: Ancient Egyptian Book of the Dead*, ed. John Taylor (Cambridge, MA: Harvard University Press, 2010), 54–55.
19　P. Tallet, "Ayn Sukhna and Wadi El-Jarf: Two Newly Discovered Pharaonic Harbours on the Suez Gulf," *British Museum Studies in Ancient Egypt and Sudan* no. 18 (2012): 147–168.
20　Alan H. Gardiner, "Y1, Y2," in *Egyptian Grammar: Being an Introduction to the Study of Hieroglyphs* (London: Oxford University Press, 1957), 533; Margaret Murray, *Saqqara Mastabas, Pt 1: 1904* (London: Quaritch, 1905), 12.
21　"Scribe Statue of Amunhotep, Son of Nebiry," *Egyptian, Classical, Ancient Near Eastern Art* (New York: Brooklyn Museum), accessed October 31, 2014, https://www.brooklynmuseum.org/opencollection/objects/3940/Scribe_Statue_of_Amunhotep_Son_of_Nebiry/.
22　Frederick Kilgour, *The Evolution of the Book* (Oxford: Oxford University Press, 1998), 30–33.
23　François Pouillon, "Prisse d'Avennes, Achille Constant Théodore Émile," *Dictionnaire Des Orientalistes de Langue Française* (Paris: IISMM, 2012).
24　Achille-Constant-Théodore Émile Prisse d'Avennes and Olaf E. Kaper, *Atlas of Egyptian Art* (Cairo: American University in Cairo Press, 2000), v–x; Timothy Darvill, "Thebes, Egypt," *The Concise Oxford Dictionary of Archaeology*, accessed October 31, 2014, http://www.oxfordreference.com/view/10.1093/acref/9780199534043.001.0001/acref-9780199534043-e-

4225?rskey = pX1m6B&result = 1.

25 Mary Norton, "Prisse: A Portrait," *Saudi Aramco World* 41, no. 6 (1990).
26 "Akhmenu," *Digital Karnak* (Los Angeles: University of California, 2008), http://dlib.etc.ucla.edu/projects/Karnak/feature/Akhmenu.
27 Norton, "Prisse: A Portrait"; Prisse d'Avennes and Kaper, *Atlas of Egyptian Art*, v–x.
28 Prisse d'Avennes and Kaper, *Atlas of Egyptian Art*, v–x.
29 Isaac Myers, *Oldest Books in the World: An Account of the Religion, Wisdom, Philosophy, Ethics, Psychology Manners, Proverbs, Sayings, Refinements Etc of the Ancient Egyptians* (New York: Edwin W. Dayton, 1900), 3–4.
30 Ptaḥ-ḥetep et al., *The Instruction of Ptah-Hotep: And, the Instruction of Ke'gemni: The Oldest Books in the World* (London: J. Murray, 1912), 24.
31 Ibid.; Kilgour, *The Evolution of the Book*, 30–33.
32 Ptaḥ-ḥetep et al., *The Instruction of Ptah-Hotep*, 42, 51.
33 Ibid., 49–50.
34 Kilgour, *The Evolution of the Book*, 30–33; Miriam Lichtheim, *Ancient Egyptian Literature: A Book of Readings.*, vol. 1 (Berkeley: University of California Press, 2009), 136–139.
35 Kilgour, *The Evolution of the Book*, 30–33.
36 F. M. Heichelheim, "Recent Discoveries in Ancient Economic History," *Historia: Zeitschrift Für Alte Geschichte* 2, no. 2 (1953): 129–135.
37 Kilgour, *The Evolution of the Book*, 23–24; "The Great Harris Papyrus" (London: British Museum), accessed July 30, 2014, http://www.britishmuseum.org/explore/highlights/highlight_objects/aes/t/the_great_harris_papyrus.aspx.
38 Aidan Dodson, "Third Intermediate Period," ed. Donald B. Redford, *The Oxford Encyclopedia of Ancient Egypt*, http://www.oxfordreference.com/10.1093/acref/9780195102345.001.0001/acref-9780195102345-e-0717; John D. Ray et al., "Late Period," ed. Donald B Redford, *The Oxford Encyclopedia of Ancient Egypt*, accessed Februrary 5, 2014, http://www.oxfordreference.com/10.1093/acref/9780195102345.001.0001/acref-9780195102345-e-0401; Alan Fildes and Joann Fletcher, *Alexander the Great: Son of the Gods* (Los Angeles: Getty Publications, 2004), 52–55.
39 John Roberts, ed., "Muses," *Oxford Dictionary of the Classical World*, accessed July 28, 2014, http://www.oxfordreference.com/view/10.1093/acref/9780192801463.001.0001/acref-9780192801463-e-1464.
40 "Museum," *OED Online*, accessed July 28, 2014, http://www.oed.com/

viewdictionaryentry/Entry/124079; Theodore Vrettos, *Alexandria: City of the Western Mind* (Free Press, 2001), 34–35.
41　Ibid., 34–35.
42　Ibid., 40–55.
43　Aulus Gellius, "The Attic Nights of Aulus Gellius," ed. John C. Rolfe (Cambridge, MA: Harvard University Press, 1927), chap. 7. 17, http://data.perseus.org/texts/urn:cts:latinLit:phi1254. phi001. perseus-eng1.
44　Henry George Liddell and Robert Scott, "Βιβλίον Dim. of Βίβλος," *An Intermediate Greek-English Lexicon*, accessed July 27, 2014, http://www.perseus.tufts.edu/hopper/text?doc =Perseus:text:1999.04.0058:entry=bibli/on.
45　Johnson, "The Ancient Book," 257; Bülow-Jacobsen, "Writing Materials in the Ancient World," 15; Pliny the Elder, "The Natural History," sec. 13. 24; Carmelo Malacrino, *Constructing the Ancient World: Architectural Techniques of the Greeks and Romans* (Los Angeles, CA: J. Paul Getty Museum, 2010), 110.
46　Johnson, "The Ancient Book," 257, 263; Johnson, *Nature and Making of Papyrus*, 16; Pliny the Elder, "The Natural History."
47　Bülow-Jacobsen, "Writing Materials in the Ancient World," 19.
48　Johnson, "The Ancient Book," 257–259.
49　Henry George Liddell et al., "Πρωτό-Κολλον," *A Greek-English Lexicon*, accessed October 28, 2014, http://www.perseus.tufts.edu/hopper/text?doc=Perseus:text:1999.04.0057:entry=prwto/kollon; Henry George Liddell et al., "Κόλλ-Ημα," *A Greek-English Lexicon*, accessed October 28, 2014, http://www.perseus.tufts.edu/hopper/text?doc=Perseus:text:1999.04.0057:entry=ko/llhma.
50　Bülow-Jacobsen, "Writing Materials in the Ancient World," 19.
51　"Protocol," *OED Online*, accessed July 14, 2015, http://www. oed. com/view/Entry/153243.
52　Nicole Howard, *The Book: The Life Story of a Technology* (Baltimore: Johns Hopkins University Press, 2009), 3; E. A. Andrews et al., "Vŏlūmen," *A Latin Dictionary*, accessed August 29, 2014, http://www.perseus.tufts.edu/hopper/text?doc=Perseus:text:1999.04.0059:entry=volumen; E. A. Andrews et al., "Ē-Volvo," *A Latin Dictionary*, accessed August 29, 2014, http://www.perseus.tufts.edu/hopper/text?doc=Perseus:text:1999. 04. 0059:entry=evolvo.
53　"Ptolemy III Euergetes," *Encyclopaedia Britannica*, accessed April 11, 2014,

http://www.britannica.com/EBchecked/topic/482183/Ptolemy-VIII-Euergetes-II.

54 M. C. Howatson, ed., "Weights," *The Oxford Companion to Classical Literature*, accessed October 31, 2014, http://www.oxfordreference.com/view/10.1093/acref/9780199548545.001.0001/acref-9780199548545-e-3102.

55 "Galen," *Extracts from Greek and Latin Writers in Translation*, June 20, 2014, http://www.attalus.org/translate/extracts.html#galen.

56 Martyn Lyons, *Books a Living History* (London: Thames & Hudson, 2011), 26–27.

57 Henry Petroski, *The Book on the Bookshelf*, 1st ed. (New York: Alfred A. Knopf, 1999), 26.

58 E. A. Andrews et al., "Tĭtŭlus," *A Latin Dictionary*, http://nlp.perseus.tufts.edu/hopper/text?doc=Perseus:text:1999.04.0059:entry=ti^tu^lus; Henry George Liddell and Robert Scott, "Σίλλυβος,"*An Intermediate Greek-English Lexicon*, http://nlp.perseus.tufts.edu/hopper/text?doc=Perseus:text:1999.04.0058:entry=si/llubos; E. A. Andrews et al., "Sittybus," *A Latin Dictionary*, http://www.perseus.tufts.edu/hopper/text?doc=Perseus:text:1999.04.0059:entry=sittybus; Douglas Harper, "Syllabus," *Online Etymology Dictionary*, n. d.

59 John Clark, *The Care of Books: An Essay on the Development of Libraries and Their Fittings, from the Earliest Times to the End of the Eighteenth Century* (Cambridge: Cambridge University Press, 1909), 36–37.

60 Plato, "Phaedrus," trans. Harold N. Fowler, *Plato in Twelve Volumes* (Cambridge, MA: Harvard University Press, 1925), sec. 274de, http://data.perseus.org/texts/urn:cts:greekLit:tlg0059.tlg012.perseus-eng1.

61 Richard Kraut, "Socrates," *Encyclopaedia Britannica*, accessed June 5, 2014, http://www. britannica.com/EBchecked/topic/551948/Socrates; James Fenton, "Read My Lips," *The Guardian*, July 29, 2006.

62 Kilgour, *The Evolution of the Book*, 43–47; Gellius, "The Attic Nights of Aulus Gellius," 139.

63 Kilgour, *The Evolution of the Book*, 52–54.

64 "Scroll,"*OED Online*, accessed January 31, 2014, http://www.oed.com/view/Entry/173659.

65 Petroski, *The Book on the Bookshelf*, 25–26; Kilgour, *The Evolution of the Book*, 52–54.

66 John Clarke, *Art in the Lives of Ordinary Romans: Visual Representation and Non-Elite Viewers in Italy, 100 B. C.-A. D. 315* (Berkeley: University of California Press, 2003), 261–268.

67 Pliny the Younger, William Melmoth, and W. M. L. Hutchison, *Letters*, vol. 1

(London: W. Heinemann, 1915), 91.

68　Plutarch, "Caesar," ed. Bernadotte Perrin, in *Plutarch's Lives* (Cambridge, MA: Harvard University Press, 1920), chap. 49.6, http://data.perseus.org/texts/urn:cts:greekLit:tlg0007.tlg048.perseus-eng1; Vrettos, *Alexandria*, 93–94.

69　Cemal Pulak, "The Uluburun Shipwreck: An Overview," *International Journal of Nautical Archaeology* 27, no. 3 (1998): 188–224, doi:10.1111/j.1095-9270.1998.tb00803.x.

70　George F. Bass, "Oldest Known Shipwreck Reveals Splendors of the Bronze Age," *National Geographic* 172, no. 6 (1987): 692–733.

71　C. Pulak, "Dendrochronological Dating of the Uluburun Ship," *INA Quarterly* 23 (1996): 12–13.

72　Robert Payton, "The Ulu Burun Writing-Board Set," *Anatolian Studies* 41 (1991): 99–106.

73　Leila Avrin, *Scribes, Script, and Books: The Book Arts from Antiquity to the Renaissance*, ALA Classics (Chicago: American Library Association, 2010), 63, 173.

74　Payton, "The Ulu Burun Writing-Board Set,"99-106.

75　Bülow-Jacobsen, "Writing Materials in the Ancient World," 11–12.

76　Herodotus, "The Histories," trans. A. Godley (Cambridge, MA: Harvard University Press, 1920), chap. 7. 239, http://www.perseus.tufts.edu/hopper/text?doc=urn:cts:greekLit:tlg0016.tlg001.perseuseng1.

77　Franck Collard, *The Crime of Poison in the Middle Ages* (Westport, CT: Praeger Publishers, 2008), 275; Avrin, *Scribes, Script, and Books*, 68; Kilgour, *The Evolution of the Book*, 49–52; D. J. Wiseman, "Assyrian Writing-Boards," *Iraq* 17, no. 1 (1955): 3–13.

78　Bülow-Jacobsen, "Writing Materials in the Ancient World," 11–12.

79　Quintilian, "The Institutio Oratoria of Quintilian," trans. Harold Edgeworth Butler (Cambridge, MA: Harvard University Press, 1922), sec. 10. 3. 31, http://data.perseus.org/citations/urn:cts:latinLit:phi1002. phi00110.perseus-eng1:3.

80　Henry Petroski, *The Pencil: A History* (London: Faber, 2003), 31, 36–38.

81　Bülow-Jacobsen, "Writing Materials in the Ancient World," 11–12.

82　Kilgour, *The Evolution of the Book*, 49–52; Bülow-Jacobsen, "Writing Materials in the Ancient World," 11–12.

第十三章

1　I dearly wish that I could point to the source of this quotation but I have been unable to narrow it down beyond a handful of educational websites, none of which cites a source. Any pointers would be gratefully received.

2   Barbara G. Mertz, "Memphis," *Encyclopaedia Britannica* (Chicago: Encyclopaedia Britannica, January 2014), http://www.britannica.com/EBchecked/topic/374532/Memphis; P. J. Parsons and Gideon Nisbet, "Waste Paper City," *POxy: Oxyrhynchus Online* (Oxford: Imaging Papyri Project, University of Oxford, 1997), http://www.papyrology.ox.ac.uk/POxy/oxyrhynchus/parsons1.html; "Bahnasa: View North along the Bahr Yussuf Canal: 1897," *Oxyrhynchus: A City and Its Texts* (Oxford: Imaging Papyri Project, University of Oxford, 1998), http://www.papyrology.ox.ac.uk/POxy/VExhibition/the_site/canal1897.html.

3   "Oxyrhynchus," *OED Online* (Oxford: Oxford University Press, March 2014), http://www.oed.com/view/Entry/135694; "Tell," *OED Online* (Oxford: Oxford University Press, June 2012), http://www.oed.com/view/Entry/198786; Bernard P. Grenfell and Arthur S. Hunt, "Excavations at Oxyrhynchus (1896-1907)," in *Oxyrhynchus: A City and Its Texts*, ed. Alan K Bowman et al. (London: Published for the Arts and Humanities Research Council by the Egypt Exploration Society, 2007), 345.

4   "Bronze Statuette of Oxyrhynchus Fish: Date Uncertain," *Oxyrhynchus: A City and Its Texts* (Oxford: Imaging Papyri Project, University of Oxford, 1998), http://www.papyrology.ox.ac.uk/POxy/VExhibition/introduction/fish_statuette.html; Richard Alston, *The City in Roman and Byzantine Egypt* (London: Routledge, 2002), 331; "Where Is Oxyrhynchus?," *POxy: Oxyrhynchus Online* (Oxford: Imaging Papyri Project, University of Oxford, 1998), http://www.papyrology.ox.ac.uk/POxy/oxyrhynchus/whereis.html.

5   Parsons and Nisbet, "Waste Paper City."

6   "Excavations at Oxyrhynchus 1: 1903?," *Oxyrhynchus: A City and Its Texts* (Oxford: Imaging Papyri Project, University of Oxford, 1998), http://www.papyrology.ox.ac.uk/POxy/VExhibition/the_site/excavations1903.html; "Conjectural Site Plans of Oxyrhynchus," *Oxyrhynchus: A City and Its Texts* (Oxford: Imaging Papyri Project, University of Oxford, 1998), http://www.papyrology.ox.ac.uk/POxy/VExhibition/the_site/site_plans.html.

7   Bernard P. Grenfell and Arthur S. Hunt, *The Oxyrhynchus Papyri*, vol. 1 (London: Egypt Exploration Fund, 1898), v–vi.

8   Parsons and Nisbet, "Waste Paper City."

9   Edgar Johnson Goodspeed, "The Acts of Paul and Thecla," *The Biblical World*

17, no. 3 (1901): 185–190; Grenfell and Hunt, "Excavations at Oxyrhynchus (1896-1907)," 24, 315–316.
10 Parsons and Nisbet, "Waste Paper City."
11 Ibid.; John Roberts, ed., "Oxyrhynchus," *Oxford Dictionary of the Classical World*, accessed August 17, 2014, http://www.oxfordreference.com/view/10.1093/acref/9780192801463.001.0001/acref-9780192801463-e-1579.
12 Grenfell and Hunt, "Excavations at Oxyrhynchus (1896-1907)."
13 Parsons and Nisbet, "Waste Paper City."
14 W. Henry, *The Oxyrhynchus Papyri*, vol. LXXIX, Graeco-Roman Memoirs (London: Egypt Exploration Society, 2014); William Dalrymple, "Unearthing History," *New Statesman*, April 23, 2007, http://www.newstatesman.com/books/2007/04/egypt-greek-papyri-parsons.
15 W. Clarysse et al., "Graph of Oxyrhynchus Papyrus Scrolls from 3rd Century BC to 8th Century AD," Leuven Database of Ancient Books, July 2013, available at trismegistos.org. Visit http://bit.ly/1IvrJP2.
16 E. Turner, *Greek Papyri: An Introduction* (Princeton, NJ: Princeton University Press, 1968), 10.
17 Bernard Grenfell, *[Logia Iesou (romanized form)] Sayings of Our Lord from an Early Greek Papyrus Discovered and Edited, with Translation and Commentary* (London: Published for the Egypt Exploration Fund by H. Frowde, 1897).
18 Ibid., 6.
19 Monica Tsuneishi, "Papyrus Glossary," University of Michigan Library, March 11, 2014, http://www.lib.umich.edu/papyrology-collection/papyrus-glossary.
20 Grenfell, *Logia Iesu*, 5–6.
21 Leila Avrin, *Scribes, Script, and Books: The Book Arts from Antiquity to the Renaissance*, ALA Classics (Chicago: American Library Association, 2010), 91.
22 Grenfell, *Logia Iesu*, 5–6.
23 Ibid., fig. verso.
24 Ibid., 5–6; E. Turner, *The Typology of the Early Codex* (Philadelphia: University of Pennsylvania Press, 1977), 74–77.
25 Grenfell, *Logia Iesu*, 5–6, 16; Bernard P. Grenfell and Arthur S. Hunt, "ΛΟΓΙΑ IHCOY," in *The Oxyrhynchus Papyri*, vol. 1 (London: Egypt Exploration Fund, 1898), 1–3.
26 Ronald Lindsay Prain and Anita McConnell, "Beatty, Sir (Alfred) Chester (1875–1968)," *Oxford Dictionary of National Biography* (Oxford: Oxford

University Press, 2004), http://www.oxforddnb.com/view/article/30660; "Biblical," *Papyri-The Western Collection* (Dublin: Chester Beatty Library), accessed August 17, 2014, http://www.cbl.ie/Collections/The-Western-Collection/Papyri/Biblical.aspx; Christoph Markschies, *Gnosis: An Introduction* (London; New York: T & T Clark, 2003), 48–49.

27 Turner, *Typology*, 38.
28 "Orihon," *OED Online* (Oxford: Oxford University Press, June 2012), http://www.oed.com/view/Entry/132580; Turner, *Greek Papyri*, 173.
29 Gavin Ambrose and Paul Harris, *Pre-Press and Production* (Lausanne: Ava Publishing SA, 2010), 106.
30 Hugh Chisholm, ed., "Bookbinding," *The Encyclopædia Britannica: A Dictionary of Arts, Sciences, Literature and General Information.* (New York: The Encyclopaedia Britannica Company, 1910); Cyril Davenport, *The Book, Its History and Development.*, The "Westminster" Series (New York: D. Van Nostrand, 1907), 27–29.
31 Davenport, *The Book*, 28.
32 Peter Kornicki, *The Book in Japan: A Cultural History from the Beginnings to the Nineteenth Century* (Honolulu: University of Hawai'i Press, 2001), 43.
33 "Advanced Search for Free Text 'Concertina,'" *International Dunhuang Project*, accessed August 17, 2014, http://idp.bl.uk/; Colin Chinnery and Li Yi, "Bookbinding," *International Dunhuang Project*, February 7, 2007, http://idp.bl.uk/education/bookbinding/bookbinding.a4d.
34 Victor W. von Hagen, "Paper and Civilization," *The Scientific Monthly* 57, no. 4 (1943): 301–314.
35 Alan Sandstrom and Pamela Effrein Sandstrom, *Traditional Papermaking and Paper Cult Figures of Mexico* (Norman: University of Oklahoma Press, 1986), 27–31.
36 von Hagen, "Paper and Civilization"; Citlalli López Binnqüist, "The Endurance of Mexican Amate Paper: Exploring Additional Dimensions to the Sustainable Development Concept," diss., University of Twente, 2003, 84–88.
37 David Diringer, *The Book Before Printing: Ancient, Medieval, and Oriental* (Mineola, NY: Courier Dover Publications, 1953), 431.
38 Binnqüist, "The Endurance of Mexican Amate Paper: Exploring Additional Dimensions to the Sustainable Development Concept," 89–91; Sandstrom and Sandstrom, *Traditional Papermaking and Paper Cult Figures of Mexico*, 15–18.

39 Simon Eliot and Jonathan Rose, *A Companion to the History of the Book* (Hoboken: John Wiley & Sons, 2011), 99–100; Helge Ingstad and Anne Stine Ingstad, *The Viking Discovery of America: The Excavation of a Norse Settlement in L'Anse Aux Meadows, Newfoundland* (St. John's, NF: Breakwater, 2000), iv–v.
40 Stanley Stowers, *Letter Writing in Greco-Roman Antiquity* (Philadelphia: Westminster Press, 1989), 27–31, 35.
41 Gary Frost, "Adoption of the Codex Book: Parable of a New Reading Mode," in *The Book & Paper Group Annual*, vol. 17 (American Institute for Conservation, 1998).
42 Bezalel Porten, "Aramaic Letters: A Study In Papyrological Reconstruction, " *Journal of the American Research Center in Egypt* 17 (1980): 3–7.
43 Jill Kamil, *Aswan and Abu Simbel: History and Guide* (Cairo: American University in Cairo Press, 1993), 1–3; Emil G. Kraeling, "New Light on the Elephantine Colony," *The Biblical Archaeologist* 15, no. 3 (1952): 49–67.
44 Bezalel Porten, *The Elephantine Papyri in English: Three Millennia of Cross-Cultural Continuity and Change*, Documenta et Monumenta Orientis Antiqui (Leiden: E. J. Brill, 1996), 110, 115, 139.
45 Porten, "Aramaic Letters."
46 Frost, "Adoption of the Codex."
47 Porten, "Aramaic Letters."
48 Stowers, *Letter Writing in Greco-Roman Antiquity*, 27–35, 37–40; Anthony Maas, "Epistle (in Scripture)," *The Catholic Encyclopedia* (New York: Appleton, 1909), http://www.newadvent.org/cathen/05509a.htm.
49 Frost, "Adoption of the Codex."
50 Porten, "Aramaic Letters."
51 Turner, *Greek Papyri*, 14; Frost, "Adoption of the Codex"; Adam Bülow-Jacobsen, "Writing Materials in the Ancient World," in *The Oxford Handbook of Papyrology*, ed. Roger Bagnall (Oxford: Oxford University Press, 2009), 24–25.
52 Suetonius, "Lives of Eminent Grammarians," in *The Lives of the Twelve Caesars*, ed. Alexander Thomson and Thomas Forester (G. Bell, 1893), chap. 2.
53 Horace, "De Arte Poetica Liber," in *The Works of Horace*, ed. Christopher Smart (Philadelphia: J. Whetham, 1836), l. 389.
54 Gian Conte, *Latin Literature: A History* (Baltimore: Johns Hopkins University Press, 1999), l. 549–550.

55 Suetonius, "Julius Caesar," ed. Alexander Thomson and Thomas Forester, *The Lives of the Twelve Caesars* (G. Bell, 1889), chap. 37, http://data.perseus.org/texts/urn:cts:latinLit:phi1348.abo011. perseus-eng1; Suetonius, "The Life of Tiberius," trans. J. C. Rolfe, *The Lives of the Caesars* (Loeb, 1913), chap. 43–45, http://penelope.uchicago.edu/Thayer/E/Roman/Texts/Suetonius/12Caesars/Tiberius*.html.
56 Suetonius, "Julius Caesar," chap. 56.
57 Suetonius, "Divus Julius," in *De Vita Caesarum*, ed. Max Ihm (Lipsiae: in aedibvs B. G. Tevbneri, 1908), chap. 56; E. A. Andrews et al., "Pāgĭna," *A Latin Dictionary* (Oxford: Oxford University Press, 1879), http://www.perseus.tufts.edu/hopper/text?doc=Perseus:text:1999.04.0059:entry=pagina.
58 Colin Roberts and T. C. Skeat, *The Birth of the Codex* (London: Published for the British Academy by the Oxford University Press, 1983), 18–20.
59 Frederic G. Kenyon, *Books and Readers in Ancient Greece and Rome* (Oxford: Clarendon Press, 1889), 91; Roberts and Skeat, *The Birth of the Codex*, 15; E. A. Andrews et al., "Pŭgillāris," *A Latin Dictionary*, accessed August 25, 2014, http://www.perseus.tufts.edu/hopper/text?doc=Perseus:text:1999.04.0059:entry=pugillaris; E. A. Andrews et al., "Tăbella," *A Latin Dictionary* (Oxford: Oxford University Press, 1879), http://www.perseus.tufts.edu/hopper/text?doc=Perseus:text:1999.04.0059:entry=tabella.
60 Pliny the Younger, William Melmoth, and W. M. L. Hutchison, *Letters*, vol. 1 (London: W. Heinemann, 1915), 201–203.
61 Kenyon, *Books and Readers*, 91; Roberts and Skeat, *The Birth of the Codex*, 20.
62 Ibid., 20.
63 Ibid., 21–23.
64 Ibid., 26; John Roberts, ed., "Martial (Marcus Valerius Martiālis)," *Oxford Dictionary of the Classical World*, accessed August 25, 2014, http://www.oxfordreference.com/view/10.1093/acref/9780192801463.001.0001/acref-9780192801463-e-1369.
65 Martial, *Epigrams*, trans. Walter A. C. Ker (London: W. Heinemann, 1919), v. 1. 2.
66 Luke Roman, "Martial and the City of Rome," *The Journal of Roman Studies* 100 (2010): 88–117, doi:10.1017/S0075435810000092.
67 Bülow-Jacobsen, "Writing Materials in the Ancient World," 23.
68 Martial, *Epigrams*, vv. 14. 3–9; Roberts and Skeat, *The Birth of the Codex*, 25.
69 Martial, *Epigrams*, vv. 14. 203, 14. 214, 14. 220; Roberts and Skeat, *The Birth*

of the Codex, 25–27.

70 Bernard P. Grenfell and Arthur S. Hunt, "Historical Fragment," in *The Oxyrhynchus Papyri*, vol. 1 (London: Egypt Exploration Fund, 1898), 59–61.
71 Bülow-Jacobsen, "Writing Materials in the Ancient World," 24.
72 Roberts and Skeat, *The Birth of the Codex*, 29; Turner, *Greek Papyri*, 40.
73 James M. Robinson, "The Discovery of the Nag Hammadi Codices," *The Biblical Archaeologist* 42, no. 4 (1979): 206–224; James M. Robinson, *The Nag Hammadi Story*, Nag Hammadi and Manichaean Studies (Leiden: Brill, 2014), 3–6.
74 Robinson, "The Discovery of the Nag Hammadi Codices," 3–6.
75 Ibid.
76 Ibid.
77 Robinson, *The Nag Hammadi Story*, 379.
78 Edwin M. Yamauchi, "The Nag Hammadi Library," *The Journal of Library History (1974-1987)* 22, no. 4 (1987): 425–441.
79 W. R. F. Browning, "Gnosticism," *A Dictionary of the Bible*, accessed August 30, 2014, http://www.oxfordreference.com/view/10.1093/acref/9780199543984.001.0001/acref-9780199543984-e-766?
80 Linda K. Ogden, "The Binding of Codex II," in *Nag Hammadi Codex II, 2-7: Together with XIII, 2*, Brit. Lib. Or. 4926 (1), and P. OXY. 1, 654, 655: With Contributions by Many Scholars*, ed. Bentley Layton (Leiden: E. J. Brill, 1988), 19–26; James M. Robinson, "Construction of the Nag Hammadi Codices," in *Essays on the Nag Hammadi Texts: In Honour of Pahor Labib*, ed. Martin Krause (Leiden: Brill, 1975), 170–190; Yamauchi, "The Nag Hammadi Library."
81 Matt T. Roberts and Don Etherington, "Text Block," *Bookbinding and the Conservation of Books*, Foundation of the American Institute for Conservation, November 2011, http://cool.conservationus.org/don/dt/dt3476.html.
82 Ogden, "The Binding of Codex II"; Robinson, "Construction of the Nag Hammadi Codices," 170–190.
83 Henry Petroski, *The Book on the Bookshelf*, 1st ed. (New York: Alfred A. Knopf, 1999), 33–34
84 Ogden, "The Binding of Codex II," 19–26; Robinson, "Construction of the Nag Hammadi Codices," 170–190; Geoffrey A. Glaister, "Plough," *Glossary of the Book* (George Allen and Unwin, 1960), 321; Geoffrey A. Glaister, "Guillotine," *Glossary of the Book* (George Allen and Unwin, 1960), 162–163.

85　Ogden, "The Binding of Codex II"; Robinson, "Construction of the Nag Hammadi Codices," 170–190.

86　Yamauchi, "The Nag Hammadi Library," 428.

第十四章

1　Miki Lentin, "British Library Acquires the St Cuthbert Gospel–the Earliest Intact European Book," *Press and Policy Centre*, British Library, 2012, http://pressandpolicy.bl.uk/Press-Releases/British-Library-acquires-the-St-Cuthbert-Gospel-the-earliest-intact-European-book-58c.aspx; Richard Davies, "Top 10 Most Expensive Books Ever Sold," *Reading Copy* (AbeBooks, 2013), http://www.abebooks.com/blog/index.php/2013/09/25/top-10-most-expensive-books-ever-sold.

2　David Rollason and R. B. Dobson, "Cuthbert [St Cuthbert] (c. 635–687)," *Oxford Dictionary of National Biography*, accessed September 4, 2014, http://www.oxforddnb.com/view/article/6976.

3　Ibid.; Bede, "Life and Miracles of Saint Cuthbert," in *The Ecclesiastical History of the English Nation*, ed. Vida Dutton Scudder, Everyman's Library (London: J. M. Dent, 1910), 292–299.

4　Rollason and Dobson, "Cuthbert [St Cuthbert] (c. 635–687)."

5　Ibid.

6　Ibid.; Heather Pringle, *The Mummy Congress: Science, Obsession, and the Everlasting Dead* (London: Fourth Estate, 2002), 247–249.

7　Rollason and Dobson, "Cuthbert [St Cuthbert] (c. 635–687) "; David Wilson, *Anglo-Saxon Art: From the Seventh Century to the Norman Conquest* (Woodstock, NY: Overlook Press, 1984), 29.

8　Thomas Julian Brown et al., *The Stonyhurst Gospel of Saint John* (Oxford: The Roxburghe Club, 1969), 2–3.

9　Lentin, "British Library Acquires the St Cuthbert Gospel"; Brown et al., *The Stonyhurst Gospel*, 1.

10　Ibid., 22.

11　Ibid., 51–54.

12　Ibid., 46–47, 51, 56–57.

13　Rollason and Dobson, "Cuthbert [St Cuthbert] (c. 635–687) "; Brown et al., *The Stonyhurst Gospel*, 7.

14　Brown et al., *The Stonyhurst Gospel*, 45; Patrick Collinson, "Elizabeth I

(1533–1603)," *Oxford Dictionary of National Biography*, accessed September 10, 2014, http://www.oxforddnb.com/view/article/8636.

15 Chris Lloyd, "The Fascinating Tale of St Cuthbert and Those Who 'dug' into His Past," *Durham Times*, July 26, 2013.

16 W. Clarysse et al., "Graph of Christian Documents with Documents of All Denominations from 3rd Century BC to 8th Century AD," *Leuven Database of Ancient Books*, July 2013, available trismegistos.org, Visit http://bit.ly/1KXd148; W. Clarysse et al., "Graph of Papyrus and Parchment Use from 3rd Century BC to 8th Century AD," *Leuven Database of Ancient Books*, July 11, 2013, via trismegistos.org, Visit http://bit.ly/1Egh3zN; Victor W. von Hagen, "Paper and Civilization," *The Scientific Monthly* 57, no. 4 (1943): 301–314.

17 Brown et al., *The Stonyhurst Gospel*, 56.

18 James M. Robinson, *The Facsimile Edition of the Nag Hammadi Codices* (Leiden: Brill, 1984), 39–40.

19 E. Turner, *Greek Papyri: An Introduction* (Princeton, NJ: Princeton University Press, 1968), 13.

20 James M. Robinson, *The Nag Hammadi Story*, Nag Hammadi and Manichaean Studies (Leiden: Brill, 2014), 351–362.

21 Ibid., 374–383.

22 Ibid., 383–426; Laurence H. Officer, "Switzerland, 1952-1952," *Measuring Worth*, http://www.measuringworth.com/datasets/exchangeglobal/result.php?year_source=1952&year_result=1952&countryE []=Switzerland.

23 Matt T. Roberts and Don Etherington, "Folio," *Bookbinding and the Conservation of Books*, Foundation of the American Institute for Conservation, November 19, 2011, http://cool.conservationus.org/don/dt/dt1404.html; "Folio," *OED Online*, accessed September 11, 2014, http://www.oed.com/view/Entry/72529.

24 Matt T. Roberts and Don Etherington, "Leaf," *Bookbinding and the Conservation of Books*, November 19, 2011, http://cool.conservationus.org/don/dt/dt2018.html.

25 Matt T. Roberts and Don Etherington, "Page," *Bookbinding and the Conservation of Books*, Foundation of the American Institute for Conservation, November 19, 2011, http://cool.conservationus.org/don/dt/dt2437.html.

26 Robinson, *The Facsimile Edition of the Nag Hammadi Codices*, 39–40.

27 Robinson, *The Nag Hammadi Story*, 384–389.

28　Robinson, *The Facsimile Edition of the Nag Hammadi Codices*, 39–40.
29　Brown et al., *The Stonyhurst Gospel*, 49.
30　Ibid., 56–57.
31　Ibid., 57–58.
32　Ibid., 46–47, 55.
33　Matt T. Roberts and Don Etherington, "Kettle Stitch," *Bookbinding and the Conservation of Books*, Foundation of the American Institute for Conservation, November 2011, http://cool.conservation-us.org/don/dt/dt1945.html.
34　Brown et al., *The Stonyhurst Gospel*, 46–47.
35　"Binding from Ethiopian Gospels (W. 850. binding)," *The Works of Art* (The Walters Art Museum), accessed October 31, 2014, http://art.thewalters.org/detail/78137/binding-from-ethiopian-gospels/.
36　E. Turner, *The Typology of the Early Codex* (Philadelphia: University of Pennsylvania Press, 1977), 89–94.
37　Brown et al., *The Stonyhurst Gospel*, 47–48; Frederick Kilgour, *The Evolution of the Book* (Oxford: Oxford University Press, 1998), 51–53; Adam Bülow-Jacobsen, "Writing Materials in the Ancient World," in *The Oxford Handbook of Papyrology*, ed. Roger Bagnall (Oxford: Oxford University Press, 2009), 23.
38　E. A. Andrews et al., "Caudex," *A Latin Dictionary*, accessed September 15, 2014, http://www. perseus. tufts. edu/hopper/text?doc = Perseus:text:1999. 04. 0059:entry = caudex1; Colin Roberts and T. C. Skeat, *The Birth of the Codex* (London: Published for the British Academy by the Oxford University Press, 1983), 12–13.
39　Roberts and Skeat., *The Birth of the Codex*, 24; "Code," *OED Online*, accessed September 15, 2014, http://www.oed.com/view/Entry/35578.
40　Henry Petroski, *The Book on the Bookshelf*, 1st ed. (New York: Alfred A. Knopf, 1999), 117–119.
41　Matt T. Roberts and Don Etherington, "Folder," *Bookbinding and the Conservation of Books*, Foundation of the American Institute for Conservation, November 2011, http://cool.conservation-us.org/don/dt/dt1387.html.
42　Brown et al., *The Stonyhurst Gospel*, 51–54.
43　Ibid., 49.
44　Berthe Regemorter, *Binding Structures in the Middle Ages: A Selection of Studies*, trans. Jane Greenfield, Studia Bibliothecae Wittockianae (Brussels: Bibliotheca Wittockiana, 1992), 24.
45　Ibid., 23–41; Leila Avrin, *Scribes, Script, and Books: The Book Arts from*

  Antiquity to the Renaissance, ALA Classics (Chicago: American Library Association, 2010), 301–304.

46 Rosamond McKitterick, *The Carolingians and the Written Word* (Cambridge; New York: Cambridge University Press, 1989), 259; Regemorter, *Binding Structures in the Middle Ages*, 48–49.

47 I. N. Wood, "Boniface [St Boniface] (672x5?–754)," *Oxford Dictionary of National Biography*, accessed September 4, 2014 , http://www. oxforddnb. com/view/article/2843.

48 Michel Aaij, "Boniface's Booklife: How the Ragyndrudis Codex Came to Be a Vita Bonifatii," *The Heroic Age* 10 (2007),accessed September 16, 2014, http://www.heroicage.org/issues/10/aaij.html; Regemorter, *Binding Structures in the Middle Ages*, 48–49.

49 Michael Drout, *J. R. R. Tolkien Encyclopedia: Scholarship and Critical Assessment* (New York: Routledge, 2007), 404–405; J. R. R. Tolkien, *The Fellowship of the Ring: Being the First Part of The Lord of the Rings* (Boston: Mariner Books/Houghton Mifflin Harcourt, 2012), 313–314.

50 Regemorter, *Binding Structures in the Middle Ages*, 34.

51 Ibid., 33–35; Avrin, *Scribes, Script, and Books*, 301–304.

52 Avrin, *Scribes, Script, and Books*, 301–304.

53 "Binding," *First Impressions*, The University of Manchester Library, 2011, http://www.library.manchester.ac.uk/firstimpressions/From-Manuscript-to-Print/Technology-of-the-Book/Binding/; Matt T. Roberts and Don Etherington, "Lying Press," *Bookbinding and the Conservation of Books: A Dictionary of Descriptive Terminology*, Foundation of the American Institute for Conservation of Historic and Artistic Works, November 2011, http://cool.conservation-us.org/don/dt/dt2131.html.

54 Ibid.; Richard Wolfe, *Marbled Paper: Its History, Techniques, and Patterns: With Special Reference to the Relationship of Marbling to Bookbinding in Europe and the Western World*, Publication of the A. S. W. Rosenbach Fellowship in Bibliography (Philadelphia: University of Pennsylvania Press, 1990), 14.

55 Matt T. Roberts and Don Etherington, "Headband," *Bookbinding and the Conservation of Books,* Foundation of the American Institute for Conservation, November 2011, http://cool.conservation-us.org/don/dt/dt1721.html; Brown et al., *The Stonyhurst Gospel*, 51.

56 Roberts and Etherington, "Headband."

57 Avrin, *Scribes, Script, and Books*, 305–306.
58 Petroski, *The Book on the Bookshelf*, 117–119.
59 Roberts and Etherington, "Headband."
60 Ibid.
61 Matt T. Roberts and Don Etherington, "Rounding," *Bookbinding and the Conservation of Books,* Foundation of the American Institute for Conservation, November 2011, http://cool.conservation-us.org/don/dt/dt2916. html; Matt T. Roberts and Don Etherington, "Fore Edge," *Bookbinding and the Conservation of Books,* Foundation of the American Institute for Conservation, November 2011, http://cool.conservation-us.org/don/dt/dt1410. html; Avrin, *Scribes, Script, and Books*, 304.
62 Roberts and Etherington, "Rounding"; Avrin, *Scribes, Script, and Books*, 304.
63 Matt T. Roberts and Don Etherington, "Backing," *Bookbinding and the Conservation of Books*, Foundation of the American Institute for Conservation, November 2011, http://cool.conservation-us.org/don/dt/dt0198.html.
64 Matt T. Roberts and Don Etherington, "Pasteboard," *Bookbinding and the Conservation of Books*, Foundation of the American Institute for Conservation, November 2011, http://cool.conservation-us.org/don/dt/dt2500. html; Avrin, *Scribes, Script, and Books*, 304–305.
65 "Conradi Celtis Panegyris ad Duces Bauariae," *Incunable Collection* (University of Pennsylvania), accessed November 1, 2014, http://franklin.library.upenn.edu/record.html?id=FRANKLIN_3188699.
66 Douglas Cockerell and Noel Rooke, *Bookbinding and the Care of Books: A Text-Book for Bookbinders and Librarians* (London: Pitman, 1920), 259.
67 "St Christopher," *John Rylands University Library Image Collections*, July 2011, http://enriqueta.man.ac.uk/luna/servlet/detail/Manchester~91~1~4582~119395:St-Christopher; Rachel Kaufman, "Lost Roman Codex Fragments Found in Book Binding," *National Geographic News*, February 3, 2010, http://news. nationalgeographic. com/news/2010/02/100203-lost-codex-gregorianus-roman-law-book/; Mike Widener, "Medieval Manuscripts in Law Book Bindings, No. 19," *Yale Law School Library News*, February 16, 2010, http://library.law.yale.edu/news/medieval-manuscripts-law-book-bindings-no-19.
68 Avrin, *Scribes, Script, and Books*, 307–312.
69 Matt T Roberts and Don Etherington, "Blind Tooling," *Bookbinding and the Conservation of Books*, Foundation of the American Institute for Conservation,

November 2011, http://cool.conservationus.org/don/dt/dt0366. html; "Blind Tooling," *Hand Bookbinding*, Princeton University Library, 2004, http://libweb5.princeton.edu/visual_materials/hb/cases/blindtooling/index.html.
70 Petroski, *The Book on the Bookshelf*, 123–124.
71 Matt T Roberts and Don Etherington, "Glaire (glaire)," *Bookbinding and the Conservation of Books*, Foundation of the American Institute for Conservation, November 2011, http://cool.conservation-us.org/don/dt/dt1542.html; Matt T Roberts and Don Etherington, "Gold Tooling," *Bookbinding and the Conservation of Books*, Foundation of the American Institute for Conservation, November 2011, http://cool.conservation-us.org/don/dt/dt1597.html.
72 Roberts and Etherington, "Blind Tooling."
73 "The History of the Dust Jacket," Victoria and Albert Museum, accessed November 1, 2014, http://www.vam.ac.uk/content/articles/h/history-of-the-dust-jacket/; Michelle Pauli, "Earliest-Known Book Jacket Discovered in Bodleian Library," *The Guardian*, April 24, 2009.
74 Matt T. Roberts and Don Etherington, "Leather," *Bookbinding and the Conservation of Books*, Foundation of the American Institute for Conservation, November 2011, http://www.cool.conservation-us.org/don/dt/dt2021.html.
75 J. Gilliland, "Burke, William (1792–1829)," *Oxford Dictionary of National Biography*, accessed Septemper 4, 2014, http://www.oxforddnb.com/view/article/4031?docPos=3.
76 Ibid.; William Burke and John Macnee, *Trial of William Burke and Helen M'Dougal before the High Court of Justiciary at Edinburgh on Wednesday, December 24, 1828: For the Murder of Margery Campbell or Docherty* (Edinburgh: Robert Buchanan, William Hunter, John Stevenson, Baldwin & Cradock, 1829), 50–51.
77 Erin Dean, "The Macabre World of Books Bound in Human Skin," *BBC News Magazine* June 20, 2014, http://www.bbc.co.uk/news/magazine-27903742.
78 Ibid.; Gillian Fitzharris, "Holding a Book Bound in Human Skin," *Huffington Post*, August 19, 2013, http://www.huffingtonpost.co.uk/dr-lindsey-fitzharris/holding-a-book-bound-in-humanskin_b_3772196.html.
79 "Bound in Human Skin," *Houghton Library Blog*, May 24, 2013, http://blogs.law.harvard.edu/houghton/2013/05/24/bound-in-human-skin/.
80 Dean, "The Macabre World of Books Bound in Human Skin."
81 F. P. Veitch, R. W. Frey, and J. S. Rogers, *American Sumac: A Valuable Tanning Material and Dyestuff* (Washington: US Government Print Office, 1920), 1.

82 "I. Sever. Pinaei De Integritatis & Corruptionis Virginum Notis," *Library Catalogue*, Wellcome Library, accessed November 1, 2014, http://catalogue.wellcomelibrary.org/record=b1283248 ~ S12.

83 Dean, "The Macabre World of Books Bound in Human Skin."

84 Moleskine SpA, Personal Correspondence with the author, September 2014.

85 "Our History", Smyth SrL, accessed November 1, 2014, http://www.smyth.it/en/about-us/our-history; Matt T Roberts and Don Etherington, "Roller Backer," *Bookbinding and the Conservation of Books*, Foundation of the American Institute for Conservation, November 2011, http://cool.conservation-us.org/don/dt/dt2890.html; Geoffrey A. Glaister, "Folding Machine," *Encyclopedia of the Book* (New Castle, DE: Oak Knoll Press, 1996).

86 William Hancock, "Improvement in Book-Binding. U. S. Patent 444 A," United States Patent Office, October 1837.

87 Matt T. Roberts and Don Etherington, "Case Binding," *Bookbinding and the Conservation of Books*, Foundation of the American Institute for Conservation, November 2011, http://cool.conservation-us.org/don/dt/dt0596.html.

88 Hancock, "Improvement in Book-Binding"; *The Mechanics' Magazine, Museum, Register, Journal, and Gazette*, vol. 30 (London: M. Salmon, 1839), 110.

89 Elizabeth James, "Yellowbacks," *Aspects of the Victorian Book*, British Library, accessed November 2, 2014, http://www.bl.uk/collections/early/victorian/pu_yello.html; Richard Davies, "Cheap, Eye-Catching & Victorian: Discover Yellowbacks," AbeBooks, accessed November 2, 2014, http://www.abebooks.co.uk/books/rare-railway-library-routledge-london/victorian-yellowbacks.shtml; "Best-Sellers & Yellow-Backs: M. E. Braddon & Rhoda Broughton," *Victorian Writers Remembered & Forgotten*, University of South Carolina, December 6, 2006, http://library.sc.edu/zellatest/vicwriters/yellowbacks.htm.

90 Adrian Bullock, *Book Production* (Abingdon: Routledge, 2012), 162–164.

91 Matt T. Roberts and Don Etherington, "Caoutchouc Binding," *Bookbinding and the Conservation of Books*, Foundation of the American Institute for Conservation, November 2011, http://cool.conservation-us.org/don/dt/dt0574.html; Michael F. Suarez and H. R. Woudhuysen, *The Book: A Global History* (Oxford: Oxford University Press, 2013), 247.

第十五章

1 "Books Statistics" (Dadax, 2014), http://www.worldometers.info/books/; "US

Publishing Industry Annual Survey Reports $27 Billion in Net Revenue, 2. 6 Billion Units for 2013," *Bookstats. org* (FSB Associates, June 26, 2014), http://bookstats.org/pdf/BOOKSTATS_2013_GENERAL_PUBLIC_WEBSITE_HIGHLIGHTS.pdf.

2　E. Turner, *The Typology of the Early Codex* (Philadelphia: University of Pennsylvania Press, 1977), 41–54.

3　Ibid., 140–141.

4　Ibid., 102–185.

5　Ibid., 14–22.

6　Geoffrey A. Glaister, "Gathering," *Encyclopedia of the Book* (New Castle, DE: Oak Knoll Press, 1996).

7　Turner, *Typology*, 58–59, 60–66.

8　Ibid., 62–63.

9　Henry Petroski, *The Book on the Bookshelf*, 1st ed. (New York: Alfred A. Knopf, 1999), 33–34.

10　Roger Bagnall, *The Oxford Handbook of Papyrology* (Oxford: Oxford University Press, 2009), 23–24; Leila Avrin, *Scribes, Script, and Books: The Book Arts from Antiquity to the Renaissance*, ALA Classics (Chicago: American Library Association, 2010), 218–219; Geoffrey A. Glaister, "Quaternion,"*Encyclopedia of the Book* (New Castle, DE: Oak Knoll Press, 1996).

11　Christopher De Hamel, *Scribes and Illuminators* (Toronto; Buffalo: University of Toronto Press, 1992), 19–20.

12　Adam Bülow-Jacobsen, "Writing Materials in the Ancient World," in *The Oxford Handbook of Papyrology*, ed. Roger Bagnall (Oxford: Oxford University Press, 2009), 23–24.

13　De Hamel, *Scribes and Illuminators*, 20; Colin Roberts and T. C. Skeat, *The Birth of the Codex* (London: Published for the British Academy by the Oxford University Press, 1983), 7; Marcus Niebuhr Tod, "A New Fragment of the 'Edictum Diocletiani,'" *The Journal of Hellenic Studies* 24 (1904):195–202,doi:10.2307/624027; E. Turner, *Greek Papyri: An Introduction* (Princeton, NJ: Princeton University Press, 1968), 19.

14　De Hamel, *Scribes and Illuminators*, 20; Turner, *Typology*, 62–64; Turner, *Greek Papyri*, 12.

15　De Hamel, *Scribes and Illuminators*, 19–20.

16　Frederic G. Kenyon, *Books and Readers in Ancient Greece and Rome* (Oxford:

Clarendon Press, 1889), 106.
17 "Search for 'F°', '4°', and '8°,'" *Incunabula Short Title Catalogue* (London: British Library), accessed September 30, 2014, http://istc. bl. uk/.
18 Matt T. Roberts and Don Etherington, "Folio," *Bookbinding and the Conservation of Books*, Foundation of the American Institute for Conservation, November 19, 2011, http://cool.conservation-us.org/don/dt/dt1404.html; Matt T. Roberts and Don Etherington, "Quarto," *Bookbinding and the Conservation of Books*, Foundation of the American Institute for Conservation, November 2011, http://cool.conservation-us.org/don/dt/dt2759.html.
19 Matt T. Roberts and Don Etherington, "Octavo," *Bookbinding and the Conservation of Books*, Foundation of the American Institute for Conservation, November 2011, http://cool.conservation-us.org/don/dt/dt2355.html.
20 Matt T. Roberts and Don Etherington, "Uncut (uncut Edges)," *Bookbinding and the Conservation of Books*, Foundation of the American Institute for Conservation, November 2011, http://cool.conservation-us.org/don/dt/dt3643.html; "Uncut Pages," *Rare, Old or Offbeat* (LibraryThing, September 13, 2009), http://www.librarything.com/topic/73028.
21 Dard Hunter, *Papermaking: The History and Technique of an Ancient Craft*, Dover Books Explaining Science (New York: Dover Publications, 1978), 84–94.
22 Matt T. Roberts and Don Etherington, "Deckle Edge," *Bookbinding and the Conservation of Books*, Foundation of the American Institute for Conservation, November 2011, http://cool. conservation-us.org/don/dt/dt0981.html.
23 "Deckle Detecting," *The Economist* June 15, 2013, http://www.economist.com/blogs/babbage/2012/07/printedbooks? fsrc=scn/tw/te/bl/deckledetecting.
24 Roberts and Etherington, "Deckle Edge"; Anonymous, "Deckle Detecting."
25 "Biblia Latina," *Incunabula Short Title Catalogue* (London: British Library), accessed September 30, 2014, http://istc.bl.uk/search/search.html?operation=record&rsid=131443&q=0; "De Casibus Virorum Illustrium [French] De La Ruine Des Nobles Hommes et Femmes (Tr: Laurent de Premierfait)," *Incunabula Short Title Catalogue* (London: British Library), accessed September 30, 2014, http://istc.bl.uk/search/search.html?operation=record&rsid=131443&q=0.
26 "Search for 'F°', '4°', and '8°.'"
27 Martin Davies, *Aldus Manutius: Printer and Publisher of Renaissance Venice* (London: British Library, 1995), 14–15.
28 Ibid., 18.

29   Ibid., 6, 9–10, 13.
30   Robert Proctor, *The Printing of Greek in the Fifteenth Century* (Oxford: The Bibliographical Society, 1900), 12–13; S. Füssel, "Bringing the Technical Inventions Together," in *Gutenberg and the Impact of Printing* (Farnham, UK: Ashgate Publishing, 2005), 15–18.
31   Davies, *Aldus Manutius*, 14–15.
32   Ibid., 20–26.
33   Ibid., 33–39; "Cornucopiae Linguae Latinae (Ed: Aldus Manutius). Add: Commentariolus in Prohemium Historiae Naturalis Plinii.Cornelius Vitellius: Epistola Parthenio Benacensi," *Incunabula Short Title Catalogue* (London: British Library), accessed November 1, 2014, http://istc.bl.uk/search/search.html?operation=record&rsid=131906&q=0; "Hypnerotomachia Poliphili. Add: Leonardus Crassus, Johannes Baptista Scytha and Andreas Maro," *Incunabula Short Title Catalogue* (London: British Library), accessed November 1, 2014, http://istc.bl.uk/search/search.html?operation=record&rsid=131907&q=0; N. Harris, "Hypnerotomachia Poliphili," ed. Michael F. Suarez and H. R. Woudhuysen, *The Oxford Companion to the Book* (Oxford University Press, 2010).
34   Davies, *Aldus Manutius*, 40–50.
35   "Watermarks and Chain Lines on Different Formats," *Dawn of Western Printing* (Tokyo: National Diet Library, 2004), http://www.ndl.go.jp/incunabula/e/chapter3/ori_example1.html.
36   Conor Fahy, "Notes on Centrifugal Octavo Imposition in Sixteenth-Century Italian Printing," *Transactions of the Cambridge Bibliographical Society* 10, no. 4 (1994): 488–504.
37   B. L. Ullman, "The Gothic Script of the Late Middle Ages" (Cooper Square Publishers, 1963), 118–130.
38   C. U. Clark, "How Our Roman Type Came to Us," *The North American Review* 195, no. 677 (1912): 546–549; Lane Wilkinson, *The Humanistic Minuscule and the Advent of Roman Type*, Paper (Chattanooga: University of Tennessee, 2009).
39   "Aldus Manutius, Scholar-Printer (c. 1445-1515)," National Library of Scotland, May 14, 2012, http://www.nls.uk/collections/rare-books/collections/aldus-manutius.
40   B. L. Ullman, "A Rival System-Niccolò Niccoli," Storia E Letteratura (Ed. di storia e letteratura, 1974), 59–77; A. C. De La Mare, *The Handwriting of Italian Humanists: Francesco Petrarca, Giovani Boccacio, Coluccio Salutati,*

Niccolò Niccoli, Poggio Bracciolini, Bartolomeo Aragazzi of Montepulciano, Sozomo of Pistoia, Giorgio Antonio Vespucci (Association Internationale de Bibliographilie, 1973).

41 Andy Hadel, "In Aedibus Aldi: Aldus & Co." (New York: The Type Directors Club, 2012), https://www.tdc.org/articles/in-aedibus-aldi-aldus-co/.

42 Davies, *Aldus Manutius*, 42–46.

43 W. W. E. Slights, "The Edifying Margins of Renaissance English Books," in *Managing Readers*, Editorial Theory and Literary Criticism (Ann Arbor: University of Michigan Press, 2001), 19–60; H. J. Jackson, "History," in *Marginalia: Readers Writing in Books*, Nota Bene Series (Yale University Press, 2002), 44–80; W. H. Sherman, "Towards a History of the Manicule," Material Texts (University of Pennsylvania Press, Incorporated, 2009), 28–52.

44 "Aldus Manutius," *First Impressions*, The University of Manchester Library, 2011, http://www.library.manchester.ac.uk/firstimpressions/Pioneers-of-Print/Aldus-Manutius/.

45 Davies, *Aldus Manutius*, 46–50.

46 Matt T. Roberts and Don Etherington, "Twelvemo," *Bookbinding and the Conservation of Books*, Foundation of the American Institute for Conservation, November 2011, http://cool.conservation-us.org/don/dt/dt3608.html.

47 Herman Melville, *Moby-Dick, Or, the Whale* (Harper & Bros.; Richard Bentley, 1851), 149–159.

48 Arthur D. Dunn, *Notes on the Standardization of Paper Sizes* (AD Dunn, 1972), 1–2.

49 Matt T. Roberts and Don Etherington, "Sizes of Paper," *Bookbinding and the Conservation of Books*, Foundation of the American Institute for Conservation, November 2011, http://cool.conservation-us.org/don/dt/dt3142.html.

50 Charles Jacobi, *Gesta Typographica: Or, A Medley for Printers and Others* (London: Elkin Mathews, 1897), 27–28; John Pym, "On Grievances in the Reign of Charles I," *The World's Famous Orations. Great Britain: I. (710–1777)*, 1906, http://www.bartleby.com/268/3/8.html.

51 Maurice Ashley, "Charles I," *Encyclopaedia Britannica*, accessed November 1, 2014, http://www.britannica.com/EBchecked/topic/106686/Charles-I.

52 "Presbyterians, Independents and the New Model Army," *The Civil War* (UK Parliament), accessed November 1, 2014, http://www.parliament.uk/about/livingheritage/evolutionofparliament/parliamentaryauthority/civilwar/overview/presbyterians/; "Pride's Purge, 'the Rump' and Regicide," *The Civil*

War (UK Parliament), accessed November 1, 2014, http://www.parliament.uk/about/living-heritage/evolutionofparliament/parliamentaryauthority/civilwar/overview/prides-purge/; Harold Bayley, *A New Light on the Renaissance Displayed in Contemporary Emblems* (London: J. M. Dent, 1909), 215.

53　Jacobi, *Gesta Typographica: Or, A Medley for Printers and Others*, 27–28.

54　"The Rump Dissolved," *The Civil War*, UK Parliament, accessed November 1, 2014, http://www.parliament.uk/about/living-heritage/evolutionofparliament/parliamentaryauthority/civilwar/overview/rump-dissolved/; Jacobi, *Gesta Typographica: Or, A Medley for Printers and Others*, 27–28; Roberts and Etherington, "Book Sizes."

55　Robert D. Stevick, "The St. Cuthbert Gospel Binding and Insular Design," *Artibus et Historiae* 8, no. 15 (1987): 9–19; Markus Kuhn, "International Standard Paper Sizes," April 25, 2014, http://www.cl.cam.ac.uk/~mgk25/iso-paper.html; John Man, *The Gutenberg Revolution: How Printing Changed the Course of History* (London: Transworld Publishers, 2010), 166; Phil Baines, *Penguin by Design: A Cover Story, 1935-2005* (London: Allen Lane, 2005), 13.

56　Georg Lichtenberg, *Briefwechsel*, vol. 3 (München: Beck, 1990), 274–275; Markus Kuhn, "Lichtenberg's Letter to Johann Beckmann," February 7, 2006, http://www.cl.cam.ac.uk/~mgk25/lichtenberg-letter.html.

57　Markus Kuhn, "Loi Sur Le Timbre (No. 2136)," October 8, 2005, http://www.cl.cam.ac.uk/~mgk25/loi-timbre.html.

58　Kuhn, "International Standard Paper Sizes."

59　Ibid.

60　Roberts and Etherington, "Book Sizes"; Matt T. Roberts and Don Etherington, "Basic Size," *Bookbinding and the Conservation of Books*, Foundation of the American Institute for Conservation, November 2011, http://cool.conservation-us.org/don/dt/dt0246.html.

61　Roberts and Etherington, "Book Sizes"; Roberts and Etherington, "Sizes of Paper."

62　Melville, *Moby-Dick, Or, the Whale*, 154.

63　Roberts and Etherington, "Book Sizes."

64　Roberts and Etherington, "Sizes of Paper."

65　Dunn, *Notes on the Standardization of Paper Sizes*, 6–7.

66　"Why Is the Standard Paper Size in the U. S. 8½ X 11?," *Our Industry-Paper*, American Forest & Paper Association, accessed November 1, 2014, https://web.archive.org/web/20120220192919/http:/www.afandpa.org/paper.aspx?id=511.

67 Roberts and Etherington, "Basic Size."
68 Dunn, *Notes on the Standardization of Paper Sizes*, 6–7.
69 Gavin Ambrose and Paul Harris, *The Fundamentals of Typography* (Lausanne: AVA Academia, 2011), 73.

版权页

1 Geoffrey A. Glaister, "Colophon," *Encyclopedia of the Book* (New Castle, DE: Oak Knoll Press, 1996), 103; "Colophon," *OED Online*, accessed November 3, 2014, http://www.oed.com/view/Entry/36552.
2 Anna Oler, personal correspondence with the author, November 2015.
3 Ibid.
4 Ibid.
5 Ibid.
6 Adrian Bullock, *Book Production* (Abingdon: Routledge, 2012), 164–169.

新知文库

01 《证据：历史上最具争议的法医学案例》[美] 科林·埃文斯 著　毕小青 译
02 《香料传奇：一部由诱惑衍生的历史》[澳] 杰克·特纳 著　周子平 译
03 《查理曼大帝的桌布：一部开胃的宴会史》[英] 尼科拉·弗莱彻 著　李响 译
04 《改变西方世界的26个字母》[英] 约翰·曼 著　江正文 译
05 《破解古埃及：一场激烈的智力竞争》[英] 莱斯利·罗伊·亚京斯 著　黄中宪 译
06 《狗智慧：它们在想什么》[加] 斯坦利·科伦 著　江天帆、马云霏 译
07 《狗故事：人类历史上狗的爪印》[加] 斯坦利·科伦 著　江天帆 译
08 《血液的故事》[美] 比尔·海斯 著　郎可华 译　张铁梅 校
09 《君主制的历史》[美] 布伦达·拉尔夫·刘易斯 著　荣予、方力维 译
10 《人类基因的历史地图》[美] 史蒂夫·奥尔森 著　霍达文 译
11 《隐疾：名人与人格障碍》[德] 博尔温·班德洛 著　麦湛雄 译
12 《逼近的瘟疫》[美] 劳里·加勒特 著　杨岐鸣、杨宁 译
13 《颜色的故事》[英] 维多利亚·芬利 著　姚芸竹 译
14 《我不是杀人犯》[法] 弗雷德里克·肖索依 著　孟晖 译
15 《说谎：揭穿商业、政治与婚姻中的骗局》[美] 保罗·埃克曼 著　邓伯宸 译　徐国强 校
16 《蛛丝马迹：犯罪现场专家讲述的故事》[美] 康妮·弗莱彻 著　毕小青 译
17 《战争的果实：军事冲突如何加速科技创新》[美] 迈克尔·怀特 著　卢欣渝 译
18 《最早发现北美洲的中国移民》[加] 保罗·夏亚松 著　暴永宁 译
19 《私密的神话：梦之解析》[英] 安东尼·史蒂文斯 著　薛绚 译
20 《生物武器：从国家赞助的研制计划到当代生物恐怖活动》[美] 珍妮·吉耶曼 著　周子平 译
21 《疯狂实验史》[瑞士] 雷托·U. 施奈德 著　许阳 译
22 《智商测试：一段闪光的历史，一个失色的点子》[美] 斯蒂芬·默多克 著　卢欣渝 译
23 《第三帝国的艺术博物馆：希特勒与"林茨特别任务"》[德] 哈恩斯 – 克里斯蒂安·罗尔 著　孙书柱、刘英兰 译

24 《茶:嗜好、开拓与帝国》[英]罗伊·莫克塞姆 著   毕小青 译

25 《路西法效应:好人是如何变成恶魔的》[美]菲利普·津巴多 著   孙佩妏、陈雅馨 译

26 《阿司匹林传奇》[英]迪尔米德·杰弗里斯 著   暴永宁、王惠 译

27 《美味欺诈:食品造假与打假的历史》[英]比·威尔逊 著   周继岚 译

28 《英国人的言行潜规则》[英]凯特·福克斯 著   姚芸竹 译

29 《战争的文化》[以]马丁·范克勒韦尔德 著   李阳 译

30 《大背叛:科学中的欺诈》[美]霍勒斯·弗里兰·贾德森 著   张铁梅、徐国强 译

31 《多重宇宙:一个世界太少了?》[德]托比阿斯·胡阿特、马克斯·劳讷 著   车云 译

32 《现代医学的偶然发现》[美]默顿·迈耶斯 著   周子平 译

33 《咖啡机中的间谍:个人隐私的终结》[英]吉隆·奥哈拉、奈杰尔·沙德博尔特 著   毕小青 译

34 《洞穴奇案》[美]彼得·萨伯 著   陈福勇、张世泰 译

35 《权力的餐桌:从古希腊宴会到爱丽舍宫》[法]让-马克·阿尔贝 著   刘可有、刘惠杰 译

36 《致命元素:毒药的历史》[英]约翰·埃姆斯利 著   毕小青 译

37 《神祇、陵墓与学者:考古学传奇》[德]C. W. 策拉姆 著   张芸、孟薇 译

38 《谋杀手段:用刑侦科学破解致命罪案》[德]马克·贝内克 著   李响 译

39 《为什么不杀光?种族大屠杀的反思》[美]丹尼尔·希罗、克拉克·麦考利 著   薛绚 译

40 《伊索尔德的魔汤:春药的文化史》[德]克劳迪娅·米勒-埃贝林、克里斯蒂安·拉奇 著   王泰智、沈惠珠 译

41 《错引耶稣:〈圣经〉传抄、更改的内幕》[美]巴特·埃尔曼 著   黄恩邻 译

42 《百变小红帽:一则童话中的性、道德及演变》[美]凯瑟琳·奥兰丝汀 著   杨淑智 译

43 《穆斯林发现欧洲:天下大国的视野转换》[英]伯纳德·刘易斯 著   李中文 译

44 《烟火撩人:香烟的历史》[法]迪迪埃·努里松 著   陈睿、李欣 译

45 《菜单中的秘密:爱丽舍宫的飨宴》[日]西川惠 著   尤可欣 译

46 《气候创造历史》[瑞士]许靖华 著   甘锡安 译

47 《特权:哈佛与统治阶层的教育》[美]罗斯·格雷戈里·多塞特 著   珍栎 译

48 《死亡晚餐派对:真实医学探案故事集》[美]乔纳森·埃德罗 著   江孟蓉 译

49 《重返人类演化现场》[美]奇普·沃尔特 著   蔡承志 译

50 《破窗效应:失序世界的关键影响力》[美]乔治·凯林、凯瑟琳·科尔斯 著 陈智文 译

51 《违童之愿:冷战时期美国儿童医学实验秘史》[美]艾伦·M.霍恩布鲁姆、朱迪斯·L.纽曼、格雷戈里·J.多贝尔 著 丁立松 译

52 《活着有多久:关于死亡的科学和哲学》[加]理查德·贝利沃、丹尼斯·金格拉斯 著 白紫阳 译

53 《疯狂实验史Ⅱ》[瑞士]雷托·U.施奈德 著 郭鑫、姚敏多 译

54 《猿形毕露:从猩猩看人类的权力、暴力、爱与性》[美]弗朗斯·德瓦尔 著 陈信宏 译

55 《正常的另一面:美貌、信任与养育的生物学》[美]乔丹·斯莫勒 著 郑嬿 译

56 《奇妙的尘埃》[美]汉娜·霍姆斯 著 陈芝仪 译

57 《卡路里与束身衣:跨越两千年的节食史》[英]路易丝·福克斯克罗夫特 著 王以勤 译

58 《哈希的故事:世界上最具暴利的毒品业内幕》[英]温斯利·克拉克森 著 珍栎 译

59 《黑色盛宴:嗜血动物的奇异生活》[美]比尔·舒特 著 帕特里曼·J.温 绘图 赵越 译

60 《城市的故事》[美]约翰·里德 著 郝笑丛 译

61 《树荫的温柔:亘古人类激情之源》[法]阿兰·科尔班 著 苜蓓 译

62 《水果猎人:关于自然、冒险、商业与痴迷的故事》[加]亚当·李斯·格尔纳 著 于是 译

63 《囚徒、情人与间谍:古今隐形墨水的故事》[美]克里斯蒂·马克拉奇斯 著 张哲、师小涵 译

64 《欧洲王室另类史》[美]迈克尔·法夸尔 著 康怡 译

65 《致命药瘾:让人沉迷的食品和药物》[美]辛西娅·库恩等 著 林慧珍、关莹 译

66 《拉丁文帝国》[法]弗朗索瓦·瓦克 著 陈绮文 译

67 《欲望之石:权力、谎言与爱情交织的钻石梦》[美]汤姆·佐尔纳 著 麦慧芬 译

68 《女人的起源》[英]伊莲·摩根 著 刘筠 译

69 《蒙娜丽莎传奇:新发现破解终极谜团》[美]让-皮埃尔·伊斯鲍茨、克里斯托弗·希斯·布朗 著 陈薇薇 译

70 《无人读过的书:哥白尼〈天体运行论〉追寻记》[美]欧文·金格里奇 著 王今、徐国强 译

71 《人类时代:被我们改变的世界》[美]黛安娜·阿克曼 著 伍秋玉、澄影、王丹 译

72 《大气:万物的起源》[英]加布里埃尔·沃克 著 蔡承志 译

73 《碳时代:文明与毁灭》[美]埃里克·罗斯顿 著 吴妍仪 译

74 《一念之差：关于风险的故事与数字》[英]迈克尔·布拉斯兰德、戴维·施皮格哈尔特 著 威治 译

75 《脂肪：文化与物质性》[美]克里斯托弗·E.福思、艾莉森·利奇 编著 李黎、丁立松 译

76 《笑的科学：解开笑与幽默感背后的大脑谜团》[美]斯科特·威姆斯 著 刘书维 译

77 《黑丝路：从里海到伦敦的石油溯源之旅》[英]詹姆斯·马里奥特、米卡·米尼奥-帕卢埃洛 著 黄煜文 译

78 《通向世界尽头：跨西伯利亚大铁路的故事》[英]克里斯蒂安·沃尔玛 著 李阳 译

79 《生命的关键决定：从医生做主到患者赋权》[美]彼得·于贝尔 著 张琼懿 译

80 《艺术侦探：找寻失踪艺术瑰宝的故事》[英]菲利普·莫尔德 著 李欣 译

81 《共病时代：动物疾病与人类健康的惊人联系》[美]芭芭拉·纳特森-霍洛威茨、凯瑟琳·鲍尔斯 著 陈筱婉 译

82 《巴黎浪漫吗？——关于法国人的传闻与真相》[英]皮乌·玛丽·伊特韦尔 著 李阳 译

83 《时尚与恋物主义：紧身褡、束腰术及其他体形塑造法》[美]戴维·孔兹 著 珍栎 译

84 《上穷碧落：热气球的故事》[英]理查德·霍姆斯 著 暴永宁 译

85 《贵族：历史与传承》[法]埃里克·芒雄-里高 著 彭禄娴 译

86 《纸影寻踪：旷世发明的传奇之旅》[英]亚历山大·门罗 著 史先涛 译

87 《吃的大冒险：烹饪猎人笔记》[美]罗布·沃乐什 著 薛绚 译

88 《南极洲：一片神秘的大陆》[英]加布里埃尔·沃克 著 蒋功艳、岳玉庆 译

89 《民间传说与日本人的心灵》[日]河合隼雄 著 范作申 译

90 《象牙维京人：刘易斯棋中的北欧历史与神话》[美]南希·玛丽·布朗 著 赵越 译

91 《食物的心机：过敏的历史》[英]马修·史密斯 著 伊玉岩 译

92 《当世界又老又穷：全球老龄化大冲击》[美]泰德·菲什曼 著 黄煜文 译

93 《神话与日本人的心灵》[日]河合隼雄 著 王华 译

94 《度量世界：探索绝对度量衡体系的历史》[美]罗伯特·P.克里斯 著 卢欣渝 译

95 《绿色宝藏：英国皇家植物园史话》[英]凯茜·威利斯、卡罗琳·弗里 著 珍栎 译

96 《牛顿与伪币制造者：科学巨匠鲜为人知的侦探生涯》[美]托马斯·利文森 著 周子平 译

97 《音乐如何可能？》[法]弗朗西斯·沃尔夫 著 白紫阳 译

98 《改变世界的七种花》[英]詹妮弗·波特 著 赵丽洁、刘佳 译

99	《伦敦的崛起：五个人重塑一座城》[英] 利奥·霍利斯 著　宋美莹 译	
100	《来自中国的礼物：大熊猫与人类相遇的一百年》[英] 亨利·尼科尔斯 著　黄建强 译	
101	《筷子：饮食与文化》[美] 王晴佳 著　汪精玲 译	
102	《天生恶魔？：纽伦堡审判与罗夏墨迹测验》[美] 乔尔·迪姆斯代尔 著　史先涛 译	
103	《告别伊甸园：多偶制怎样改变了我们的生活》[美] 戴维·巴拉什 著　吴宝沛 译	
104	《第一口：饮食习惯的真相》[英] 比·威尔逊 著　唐海娇 译	
105	《蜂房：蜜蜂与人类的故事》[英] 比·威尔逊 著　暴永宁 译	
106	《过敏大流行：微生物的消失与免疫系统的永恒之战》[美] 莫伊塞斯·贝拉斯克斯-曼诺夫 著　李黎、丁立松 译	
107	《饭局的起源：我们为什么喜欢分享食物》[英] 马丁·琼斯 著　陈雪香 译　方辉 审校	
108	《金钱的智慧》[法] 帕斯卡尔·布吕克内 著　张叶 陈雪乔 译　张新木 校	
109	《杀人执照：情报机构的暗杀行动》[德] 埃格蒙特·科赫 著　张芸、孔令逊 译	
110	《圣安布罗焦的修女们：一个真实的故事》[德] 胡贝特·沃尔夫 著　徐逸群 译	
111	《细菌》[德] 汉诺·夏里修斯 里夏德·弗里贝 著　许嫚红 译	
112	《千丝万缕：头发的隐秘生活》[英] 爱玛·塔罗 著　郑嬿 译	
113	《香水史诗》[法] 伊丽莎白·德·费多 著　彭禄娴 译	
114	《微生物改变命运：人类超级有机体的健康革命》[美] 罗德尼·迪塔特 著　李秦川 译	
115	《离开荒野：狗猫牛马的驯养史》[美] 加文·艾林格 著　赵越 译	
116	《不生不熟：发酵食物的文明史》[法] 玛丽-克莱尔·弗雷德里克 著　冷碧莹 译	
117	《好奇年代：英国科学浪漫史》[英] 理查德·霍姆斯 著　暴永宁 译	
118	《极度深寒：地球最冷地域的极限冒险》[英] 雷纳夫·法恩斯 著　蒋功艳、岳玉庆 译	
119	《时尚的精髓：法国路易十四时代的优雅品位及奢侈生活》[美] 琼·德让 著　杨冀 译	
120	《地狱与良伴：西班牙内战及其造就的世界》[美] 理查德·罗兹 著　李阳 译	
121	《骗局：历史上的骗子、赝品和诡计》[美] 迈克尔·法夸尔 著　康怡 译	
122	《丛林：澳大利亚内陆文明之旅》[澳] 唐·沃森 著　李景艳 译	
123	《书的大历史：六千年的演化与变迁》[英] 基思·休斯敦 著　伊玉岩、邵慧敏 译